OSHO

Der Vogel im Wind

OSHO

Der Vogel im Wind

DIE WEISHEIT DES ZEN

Aus dem Englischen übertragen
von Rajmani H. Müller

Allegria

Titel der englischen Originalausgabe:
A BIRD ON THE WING, by OSHO

Dieses Buch ist eine Transkription von Originalaufnahmen Oshos vor Live-Publikum. Alle Vorträge von Osho wurden bereits vollständig in Buchform publiziert, sind aber genauso als Originalhörbücher und / oder Videoaufnahmen erhältlich. Weitere Informationen entnehmen Sie bitte dem Angebot der OSHO-Onlinebibliothek auf www.osho.com

FSC
Mix
Produktgruppe aus vorbildlich bewirtschafteten Wäldern, kontrollierten Herkünften und Recyclingholz oder -fasern
Zert.-Nr. SGS-COC-003091
www.fsc.org
©1996 Forest Stewardship Council

Allegria ist ein Verlag der Ullstein Buchverlage GmbH
Herausgeber: Michael Görden

ISBN: 978-3-7934-2182-5

Übersetzung: Rajmani HJ. Müller
Lektorat: Marita Böhm
Umschlaggestaltung: FranklDesign, München
Titelabbildungen:
Shivananda Ackermann; Lex/Fotolia.com
Gesetzt aus der Sabon
Satz: Keller & Keller GbR
Druck und Bindearbeiten: Bercker, Kevelaer
Printed in Germany

Inhalt

I

Leere deine Tasse

Der japanische Meister Nan-in empfing einen
Professor der Philosophie zu Besuch.
Nan-in schenkte seinem Besucher Tee ein,
doch als die Tasse voll war, goss er immer weiter.
Der Professor sah zu, wie die Tasse überfloss,
bis er nicht mehr an sich halten konnte:
»Halt! Die Tasse ist schon übervoll,
mehr geht nicht hinein!«
Nan-in sagte: »Wie diese Tasse bist auch du voll
von deinen eigenen Ansichten und Spekulationen.
Wie soll ich dir Zen zeigen,
bevor du nicht deine Tasse geleert hast?«

Du bist an einen viel gefährlicheren Mann geraten, als Nan-in es war. Denn mit einer leeren Tasse ist es nicht getan. Die Tasse muss ganz und gar zerbrechen. Selbst wenn du leer bist, bist du voll, denn du bist noch da. Sogar die Leere füllt dich. Wenn du meinst, leer zu sein, bist du alles andere als leer: Du bist noch vorhanden. Nur der Name hat sich geändert; jetzt bezeichnest du dich als »Leere«. Mit der leeren Tasse ist es nicht getan; sie muss restlos zerbrechen. Nur wenn du nicht bist, kann dir der Tee eingeschenkt werden. Wenn du nicht bist, ist es nicht einmal nötig, dir den Tee einzuschenken. Denn wenn du nicht bist, ergießt sich die ganze Schöpfung, und sie strömt von überall auf dich ein, aus allen Bereichen, aus sämtlichen Richtungen. Wenn du nicht bist, ist das Göttliche.

Die Geschichte ist wunderschön. So etwas konnte nur einem Philosophieprofessor passieren. Die Geschichte erzählt, dass ein Professor der Philosophie zu Nan-in kam. Er muss aus falschen Beweggründen gekommen sein, denn ein Philosophieprofessor liegt an und für sich schon falsch. *Philo-sophia* bedeutet »Liebe zur Weisheit«, aber sie bedient sich des Intellekts, des logischen Denkens und Nachsinnens, des Argumentierens und Disputierens. Daran ist schon von vornherein etwas falsch, denn du kannst die Existenz nicht in Liebe betrachten, wenn es dir um Argumente geht. Argumentieren ist die Barriere. Wenn du argumentierst, bist du verschlossen. Dann bleibt dir die ganze Existenz verschlossen. Dann bist du nicht offen, die Existenz steht dir nicht offen.

Wenn du argumentierst, behauptest du dich. Du vertrittst einen Standpunkt, und das ist offensiv und aggressiv. Doch ein aggressiver Verstand kann die Wahrheit nicht erkennen. Die Wahrheit kann nicht mit Gewalt aufgedeckt werden. Du kannst die Wahrheit nur erkennen, wenn du liebst. Aber Liebe streitet nicht. Die Liebe kennt kein Argumentieren, weil sie keine Aggression kennt.

Und wohlgemerkt: Es geht nicht bloß um diesen Philosophieprofessor. Du bist nicht anders als er. Jeder Mensch hat seine eigene Philosophie, und jeder ist auf seine Weise ein Professor. Ihr seid Profis im Dozieren von Meinungen und Vorstellungen. Ihr glaubt an sie. Ihr haltet an euren Vorstellungen und Konzepten fest. Das trübt euren Blick, und ihr könnt nicht sehen. Es beschränkt euren Geist, und er kann nicht erkennen.

Feste Vorstellungen machen dumm. Je mehr Vorstellungen ihr habt, umso mehr bürdet ihr eurem Verstand auf. Wie kann ein so befrachteter Verstand etwas erkennen? Je mehr Vorstellungen ihr habt, umso mehr verdecken sie eure Klarheit. Wie eine dicke Staubschicht, die einen Spiegel überzieht. Wie kann ein solcher Spiegel etwas spiegeln? Wie kann der Spiegel etwas reflektieren? Eure Intelligenz wird überdeckt vom Staub der Meinungen. Wer mit Meinungen befrachtet ist, kann nur unintelligent und dumm sein. Darum sind Philosophieprofessoren fast ausnahmslos beschränkt. Sie wissen zu viel, um überhaupt etwas zu wissen. Ihr Geist ist zu sehr befrachtet. Sie können nicht zum Himmel fliegen, sie haben keine Flügel. Und weil sie zu viel im Kopf sind, fehlen ihnen auch die Wurzeln in der Erde. Sie sind weder in der Erde verwurzelt noch sind sie frei, in den Himmel zu fliegen.

Aber vergiss nicht, du bist genauso. Es mag quantitative Unterschiede geben, aber von der Grundqualität sind sich alle Köpfe gleich. Denn der Verstand denkt und grübelt, sammelt Wissen und speichert es, und so wird er dumm. Nur Kinder sind intelligent. Wenn du dir aber deine Kindlichkeit bewahren kannst, wenn du deine Kindlichkeit immer wieder einforderst, bleibst du unbelastet, unschuldig, intelligent. Sobald du Staub ansammelst, verlierst du diese kindliche Unschuld, und der Verstand wird trübe und dumm. Dann kannst du dich in irgendwelchen Philosophien bewegen. Je mehr Philosophie, umso weiter entfernst du dich vom Göttlichen.

Ein religiöser Geist ist ein nicht philosophischer Geist. Ein religiöser Geist ist ein unbelasteter, unschuldiger, intelligenter Geist: ein klarer Spiegel, auf dem sich kein Staub abgesetzt hat. Und jeden Tag wird er neu gereinigt. Das nenne ich Meditation.

Dieser Philosophieprofessor kam also zu Nan-in. Offenbar aus den falschen Gründen. Offenbar wollte er bestimmte Antworten. Diese Leute, die voller Fragen sind, suchen immer Antworten. Und Nan-in kann keine Antworten geben. Sich mit Fragen und Antworten abzugeben ist töricht. Nan-in kann dir ein neues Bewusstsein geben, Nan-in kann dir ein neues Sein geben, Nan-in kann dir ein neues Dasein geben, in dem keine Fragen mehr auftauchen. Aber Nan-in hat kein Interesse, irgendwelche speziellen Fragen zu beantworten. Er hat kein Interesse, Antworten zu geben. Genauso wenig wie ich.

Ihr seid sicher mit vielen Fragen zu mir gekommen. Das kann gar nicht anders sein, weil der Kopf ständig Fragen ausheckt. Er ist eine Fragenfabrik. Gib ihm irgendetwas ein, und er liefert dir eine Antwort, und viele weitere Folgen. Gib ihm eine Antwort, und sofort werden neue Fragen daraus. Ihr kommt voller Fragen her. Eure Tasse ist bereits voll. Nan-in braucht nicht erst einzuschenken, ihr fließt bereits über.

Ich kann euch ein neues Dasein geben, dazu lade ich euch hier ein. Antworten gebe ich keine. Alle Fragen, alle Antworten sind zwecklos, reine Energieverschwendung. Aber ich kann euch transformieren – und das ist die einzige Antwort. Diese eine Antwort löst alle Fragen.

Die Philosophie hat viele Fragen, viele Antworten – unzählige. Religion hat nur eine Antwort. Was auch immer die Frage sein mag, die Antwort bleibt die gleiche. Wie Buddha es ausdrückte: »Der Geschmack von Meerwasser ist überall gleich salzig.«

Es ist tatsächlich unwesentlich, was für Fragen ihr stellt. Ich antworte immer mit dem Gleichen, denn ich habe nur eine Antwort. Aber diese eine Antwort ist wie ein Zentralschlüssel, der alle Türen öffnet. Sie braucht kein spezielles Schloss; sie ist der Schlüssel, der in jedes Schloss passt und es öffnet. Wahre Religion hat nur eine Antwort, und diese Antwort lautet: Meditation.

Meditation zeigt dir, wie du dich leer machen kannst.

Der Professor muss müde gewesen sein, als er nach langem Fußmarsch die Hütte von Nan-in erreichte. Und Nan-in sagte zu ihm: »Warte ein Weilchen«, denn er muss es wohl eilig gehabt haben. Der Kopf hat es immer eilig. Der Kopf ist immer auf schnelle Aha-Erlebnisse aus. Zu warten ist für den Kopf sehr schwierig, fast unmöglich.

Nan-in sagte: »Ich will dir einen Tee machen, du siehst müde aus. Warte ein bisschen, ruh dich ein wenig aus und trink erst mal eine Tasse Tee. Danach können wir reden.« Und Nan-in kochte Wasser und fing an, den Tee zu bereiten. Dabei hat er bestimmt den Professor im Auge behalten. Nicht nur das Wasser kochte, auch der Professor kochte, innerlich. Nicht nur der Teekessel summte, im Professor sprudelte es noch viel mehr; ein großer Redeschwall floss in ihm über. Offenbar bereitete er sich innerlich vor: Was sollte er fragen, wie sollte er fragen, womit sollte er anfangen? Er muss in ein tiefgründiges Selbstgespräch versunken gewesen sein. Nan-in wird ihn lächelnd beobachtet haben. Dieser Mann ist einfach zu voll! So voll, dass nichts zu ihm durchdringen kann. Die Antwort kann ihm nicht gegeben werden, weil da niemand ist, der sie in Empfang nehmen könnte. Der Gast kann nicht eintreten, es ist kein Platz im Haus. Nan-in wäre wohl gerne als Gast in diesen Professor eingetreten.

Aus Mitgefühl möchte ein Buddha immer Gast in euch sein. Er klopft von allen Seiten an, aber da ist keine Tür. Und selbst wenn er sich eine Öffnung bricht, was sehr schwierig ist, findet er keinen Platz. Ihr seid so voll von euch selbst. Mit all dem Müll und dem wertlosen Krempel, den ihr seit vielen, vielen Leben in euch angesammelt habt, findet ihr nicht einmal Zugang zu euch selbst. Es ist kein Platz da, kein Raum. Ihr lebt draußen vor der Tür, auf dem Treppenabsatz. Ihr findet keinen Zugang zu eurem inneren Sein. Alles ist verrammelt.

Und dann schenkte Nan-in den Tee ein. Dem Professor wurde es unbehaglich, denn Nan-in hörte nicht auf zu gießen. Der Tee floss über, gleich würde er auf den Boden fließen. Da rief der Professor: »Halt! Was machst du denn? Es geht doch kein Tee mehr in die Tasse, nicht ein Tropfen. Bist du verrückt? Was soll das?«

Nan-in sagte: »Genauso ist es mit dir. Wenn du so wach und aufmerksam bist, zu bemerken, dass die Tasse voll ist und nichts mehr hineingeht, warum bist du nicht genauso aufmerksam, was dich selbst betrifft? Du fließt über vor lauter Ansichten und Philosophien, Lehrsätzen und Zitaten. Du weißt schon viel zu viel. Ich kann dir gar nichts geben. Du hast die Reise umsonst gemacht. Bevor du zu mir kamst, hättest du deine Tasse leer machen sollen. Dann könnte ich dir etwas einschenken.«

Aber lasst euch sagen: Ihr seid zu jemand noch Gefährlicherem gekommen. Nein, ich werde nicht einmal eine leere Tasse zulassen, denn solange die Tasse noch da ist, macht ihr sie wieder voll. Ihr seid so süchtig danach und habt euch so daran gewöhnt, dass ihr eine leere Tasse nicht einen Augenblick ertragen könnt. Sobald irgendwo Leere auftaucht, stopft ihr sie sofort zu. Die Leere macht euch Angst, ihr fürchtet sie so sehr. Die Leere erscheint euch wie der Tod. Ihr müsst sie mit irgendetwas füllen, egal was. Nein, ich habe euch hierher eingeladen, damit diese Tasse endgültig zerbrechen kann. Damit ihr sie nicht wieder füllen könnt, selbst wenn ihr es wolltet.

Leere bedeutet: Von der Tasse ist nichts mehr übrig. Die Wandung ist verschwunden, der Boden herausgefallen. Ein bodenloser Abgrund ... Jetzt kann ich meinen Tee in dich einschenken. Viel ist möglich, wenn du es zulässt. Aber es zuzulassen ist schwierig, denn um es zuzulassen, musst du dich hingeben. Leere heißt Hingabe.

Nan-in wollte dem Professor damit sagen: »Beuge dich nieder! Gib dich hin! Mach deinen Kopf leer! Ich bin bereit einzuschenken.« Dieser Professor hat noch nicht einmal die Frage gestellt, da hat ihm Nan-in schon geantwortet. Denn man braucht die Frage eigentlich nicht zu stellen. Die Frage bleibt immer die gleiche.

Ob ihr mich fragt oder nicht, ich kenne die Frage. Ihr könnt noch so viele sein, ich kenne die Frage. Denn im Grunde dreht sich die Frage immer um das Gleiche: die Angst, das Leid, die Sinnlosigkeit, die Nichtigkeit dieses ganzen Lebens ... Nicht zu wissen, wer du bist.

Aber ihr seid zu voll. Erlaubt mir, diese Tasse zu zerbrechen. Dieses Meditationscamp[1] ist ein Untergang, ein Tod. Wenn ihr bereit seid unterzugehen, wird etwas Neues entstehen. Jeder Untergang kann eine Neuerschaffung werden. Wenn ihr bereit seid zu sterben, könnt ihr ein neues Leben erlangen, eine neue Geburt.

Ich bin hier nur die Hebamme. Das hat Sokrates oft von sich gesagt: »Ein Meister ist nichts als eine Hebamme.« – Ich kann Hilfe geben, ich kann Schutz geben, ich kann Hinweise geben – das ist alles. Das Eigentliche, die Transformation, geschieht in euch. Es wird nicht schmerzlos sein, denn keine Geburt ist schmerzlos. Es wird viel Schmerz hochkommen, denn ihr habt ihn angesammelt und müsst ihn loswerden. Ein tiefer Reinigungsprozess wird nötig sein, eine Katharsis.

Eine Geburt ist wie ein Tod, aber es lohnt sich, dafür zu leiden. Aus der Finsternis des Leidens dämmert ein neuer Morgen, und eine neue Sonne geht auf. Die Morgendämmerung ist nah, wenn die Nacht am schwärzesten ist. Wenn das Leiden unerträglich wird, ist die Seligkeit nah.

Versuche also nicht, dem Schmerz zu entgehen. An dieser Stelle kannst du die Chance verpassen. Versuche nicht, das Leiden zu vermeiden; gehe mitten hindurch. Versuche nicht, einen Weg zu finden, der drum herumführt – nein, das wird nicht funktionieren. Durchleide es. Das Leiden wird dich verbrennen, es wird dich zerstören. Aber in Wirklichkeit bist du unzerstörbar.

Zerstört werden kann nur der Müll, den du angesammelt hast. Zerstört werden kann nur das, was du *nicht* bist. Wenn das alles zerstört ist, wirst du dich als unzerstörbar, als unsterblich erleben. Wer den Tod durchlebt, bewusst durch den Tod hindurchgeht, wird sich des ewigen Lebens bewusst.

In den wenigen Tagen, die ihr hier mit mir verbringt, kann vieles geschehen. Aber als ersten Schritt, der zu beachten ist, müsst ihr den Schmerz durchleiden. Viele Male werde ich Leiden für euch kreieren, viele Male werde ich Situationen herbeiführen, in denen alles Unterdrückte ans Licht kommen kann. Schiebt es nicht weg, drückt es nicht runter. Lasst es zu, lasst es frei werden.

Wenn du dein Leiden, all deinen unterdrückten Schmerz freizusetzen vermagst, wirst du frei davon. In den Zustand der Glückseligkeit gelangst du nur, wenn alles Leiden durchlitten, der unterdrückte Schmerz ausgedrückt und komplett fallen gelassen wurde.

Und ich kann in euch hineinschauen: Die Flamme der Glückseligkeit ist zum Greifen nah. Habt ihr einmal einen Blick darauf erhascht, wird sie zu eurer Flamme. Ich werde euch auf vielfache Weise schubsen, um euch eine Kostprobe davon zu geben. Wenn ihr es verpasst, ist niemand außer euch selbst dafür verantwortlich. Der Fluss strömt dahin, aber wenn ihr euch nicht beugen könnt, wenn ihr in eurer egoistischen Haltung verharrt, kann es sein, dass ihr durstig wieder weggeht. Dann gebt nicht dem Fluss die Schuld. Der Fluss war verfügbar, aber ihr wart blockiert durch euer Ego[2].

Darum sagt Nan-in: Leere die Tasse. Das heißt, leere den Geist. Aber da ist das Ego, voll bis zum Rand, und mit einem überfließenden Ego ist nichts zu machen. Die Fülle der Existenz umgibt dich, aber es ist nichts zu machen. Ringsum das Göttliche ... Du bist darin eingebettet, aber dennoch ist nichts zu machen. Gott, das Göttliche, kann von keiner Seite an dich herankommen. Du hast eine solche Bastion errichtet. Leere die Tasse. Oder noch besser: Wirf die ganze Tasse fort. Und wenn ich sage, wirf die ganze Tasse fort, meine ich damit: Mach dich so leer, dass nicht einmal das Gefühl »Ich bin leer« aufkommt.

Es geschah einmal, dass ein Jünger zu Bodhidharma kam und sagte: »Meister, du hast gesagt, ich müsste leer werden. Jetzt bin ich leer geworden. Was sagst du jetzt?«

Bodhidharma nahm seinen Stab und gab ihm einen festen Schlag auf den Kopf. Er sagte: »Geh und wirf auch noch diese Leere weg.«

Wenn jemand sagt: »Ich bin leer«, dann ist das »Ich« noch vorhanden, und dieses »Ich« kann nicht leer sein. Niemand kann die Leere für sich in Anspruch nehmen, niemand kann sagen: »Ich bin leer.« Genauso wenig, wie jemand sagen kann: »Ich bin bescheiden.« Sobald du sagst: »Ich bin bescheiden«, bist du es nicht. Wer ist es denn, der behauptet, bescheiden zu sein? Bescheidenheit lässt sich nicht behaupten. Wenn du bescheiden bist, dann bist du es einfach, aber du kannst es nicht sagen. Nicht nur nicht sagen, du kannst nicht einmal das Gefühl haben, bescheiden zu sein, denn genau dieses Gefühl lässt wieder dein Ego entstehen. Sei leer, aber denke nicht, du seist leer, sonst machst du dir nur selbst etwas vor.

Ihr seid mit vielen Philosophien im Gepäck hierhergekommen. Werft sie weg! Sie haben euch überhaupt nichts gebracht, haben euch nicht geholfen. Es ist höchste Zeit, die richtige Zeit, sie loszuwerden. Werft sie komplett über Bord, nicht nur stückweise, nicht ein bisschen hier, ein bisschen da. In diesen paar Tagen, die ihr hier mit mir verbringt, seid einfach hier, ohne zu denken. Ich weiß, das ist schwierig, aber dennoch sage ich, es ist möglich. Und wenn ihr erst einmal den Dreh heraushabt, werdet ihr euch über den ganzen absurden Verstand, den ihr so lange als Gepäck mit euch herumgeschleppt habt, kaputtlachen.

Ich habe von einem Mann gehört, einem einfachen indischen Dorfbewohner, der zum ersten Mal mit der Eisenbahn fuhr. Er stieg in den Zug, mit seinem Gepäck auf dem Kopf, und dachte sich: »Wenn ich es abstelle, dann schafft es der Zug nicht. Und außerdem habe ich ja nur für mich bezahlt. Die Fahrkarte habe ich zwar gekauft, aber nicht für das Gepäck.« Also behielt er sein Gepäck auf dem Kopf. Und wisst ihr was? Der Zug transportierte ihn mitsamt seinem Gepäck. Dem Zug war es egal, ob er sein Gepäck auf dem Kopf trug oder es abstellte.

Das unnötige Gepäck ist euer Verstand. Dem Leben, das euch transportiert, ist es egal, ob ihr es auf dem Kopf tragt. Aber es ist unnötig, diese Last zu tragen. Darum sage ich euch: »Legt sie ab! Die Bäume leben ohne Verstand, und sie leben viel besser als irgendein Mensch. Die Vögel leben ohne Verstand, und sie leben viel ekstatischer als irgendein Mensch. Seht euch die Kinder an, wenn sie noch nicht dressiert sind, wenn sie noch unverdorben sind. Sie leben ohne Verstand, und selbst ein Jesus oder

Buddha würde sie um ihre Unschuld beneiden. Dieser Verstand ist zum Leben nicht nötig. Die ganze Welt spielt sich auch ohne ihn ab. Was schleppt ihr ihn also mit euch herum? Oder denkt ihr etwa, dass Gott, oder das Leben, es sonst nicht schafft?

Wenn ihr den Kopf abstellen könnt, und sei es auch nur für eine einzige Minute, wird es euer ganzes Dasein transformieren. Dann gelangt ihr in eine neue Dimension, die Dimension der Schwerelosigkeit.

Dies will ich euch geben: Flügel für die Lüfte, für den Himmel – Schwerelosigkeit gibt euch diese Flügel – und Wurzeln in die Erde, ein geerdetes Sein, ein Leben aus der Mitte. Diese Erde hier unten und dieser Himmel dort oben – beide sind Teile des großen Ganzen. In diesem Leben, eurem sogenannten Alltagsleben, braucht ihr Wurzeln. Und im spirituellen Leben, in eurem inneren All, braucht ihr Flügel, um schwerelos zu sein. Um frei zu fliegen, zu fließen, euch vom Göttlichen tragen zu lassen.

Wurzeln und Flügel, die kann ich euch geben, wenn ihr mich lasst. Denn ich bin hier nur die Hebamme. Ich kann die Geburt eures Kindes nicht erzwingen. Eine erzwungene Geburt wäre hässlich und ein gewaltsam herausgeholtes Neugeborenes wahrscheinlich nicht lebensfähig. Aber lasst mich nur machen. Das Kind wartet schon, ihr seid bereits schwanger. Jeder Mensch ist schwanger mit Gott. Das Kind ist bereits vorhanden, und ihr geht schon viel zu lange mit ihm schwanger. Die neunmonatige Schwangerschaft ist längst überfällig. Vielleicht ist das der Hauptgrund für eure Qual: dass ihr mit etwas schwanger geht, das geboren werden will, das herauskommen muss, das auf die Welt gebracht werden soll. Denkt an eine Frau, eine werdende Mutter, die ihr Kind schon länger als neun Monate in sich trägt. Es wird immer beschwerlicher. Und wenn die Geburt nicht stattfindet, stirbt die Mutter, weil sie es nicht mehr tragen kann. Vielleicht ist das der Grund, warum ihr so unter Druck steht und so sehr in Angst und Sorge seid. Etwas will aus euch geboren werden, ein neues Leben will aus eurem Mutterschoß hervorkommen. Dabei kann ich helfen.

Dieses Meditationscamp soll eine Hilfe für euch sein, damit das, was ihr schon als Samenkorn in euch tragt, aus eurem Boden hervorsprießen kann. Damit daraus etwas Lebendiges, eine lebendige Pflanze werden kann.

Das Wesentliche ist: Wenn ihr mit mir sein wollt, müsst ihr euren Kopf weglassen. Beides zusammen geht nicht. Sobald ihr im Kopf seid, seid ihr nicht mit mir. Sobald der Kopf weg ist, seid ihr mit mir. Und ich kann meine Arbeit nur tun, wenn ihr mit mir seid.

Leert die Tasse. Werft die Tasse fort. Lasst sie zerbrechen.[3]

Gibt es eine Frage?

Osho,

was du zuletzt gesagt hast, ist sehr schön und beglückend. Aber das davor hat mir Angst gemacht: die Tasse zerbrechen, leiden ... Sofort mischt der Kopf sich wieder ein. Er greift in seine Körpertrickkiste und sagt: »Aber hier tut's mir weh! Und da ist eine Blase am Zeh!«

Kannst du uns einen Tipp geben, wie wir die Hindernisse überwinden, die wir uns selbst aufbauen, wenn wir es mit der Angst zu tun bekommen?

Jeder Konflikt erzeugt noch mehr Hindernisse. Wenn Angst auftaucht und du anfängst, etwas daran ändern zu wollen, kommt eine neue Angst hinzu: die Angst vor der Angst. Das macht es noch komplizierter. Es gibt also nur eines: Wenn du Angst hast, nimm sie an. Tu gar nichts damit, denn was du auch anstellst, hilft nicht. Alles, was du aus Angst tust, erzeugt nur noch mehr Angst. Alles, was du aus Verwirrung tust, macht die Verwirrung größer. Tu gar nichts.

Wenn Angst da ist, stelle einfach fest, dass Angst da ist, und nimm sie an. Was kannst du machen? Nichts kannst du machen. Du hast Angst. Sieh mal, wenn du einfach die Tatsache zur Kenntnis nimmst, dass du Angst hast, wo bleibt dann die Angst? Du nimmst sie einfach zur Kenntnis – und plötzlich ist sie weg. Annehmen bringt die Lösung. Nur Annehmen, sonst nichts. Sobald du dagegen angehst, schaffst du eine weitere Störung. Und das kann endlos so weitergehen. Dann ist kein Ende in Sicht.

Leute kommen zu mir, die sagen: »Wir haben solche Angst. Was sollen wir tun?« Würde ich ihnen etwas zu tun geben, dann würden sie es aus ihrem angstbesetzten Sein heraus tun. Ihr Handeln wäre von Angst bestimmt. Und jedes Handeln, das von Angst bestimmt wird, kann nichts anderes sein als Angst.

Mir ist zu Ohren gekommen, dass Adolf Hitler unter starken Depressionen und Schwermut gelitten haben soll. Die Psychologen meinten, es läge an einem verdrängten Minderwertigkeitskomplex. Sämtliche arischen Psychologen wurden konsultiert, und sie taten ihr Bestes, aber nichts half. Ihre Analyse brachte gar nichts. Schließlich schlug einer vor, einen jüdischen Psychoanalytiker zu Rate zu ziehen. Hitler hielt zunächst gar nichts davon, einen Juden zu holen, aber da er keinen anderen Ausweg sah, gab er schließlich nach. Ein bedeutender jüdischer Psychoanalytiker wurde gerufen. Er analysierte ihn, durchforschte Hitlers Seele bis in die hintersten Winkel seiner Träume und kam zu dem Schluss: »Eigentlich kein großes Problem. Sie müssen sich nur immer wieder sagen: ›Ich bin wichtig, ich bin bedeutend, ich bin unentbehrlich.‹ Wie ein *Mantra*[4]. Tag und Nacht, immer wenn es Ihnen einfällt, wiederholen Sie einfach: ›Ich bin wichtig, ich bin bedeutend, ich bin unentbehrlich.‹«

Hitler sagte: »Hören Sie auf! Das ist ein schlechter Rat, den Sie mir da geben.«

Der Psychoanalytiker verstand nicht. Er sagte: »Wieso? Warum soll das ein schlechter Rat sein?«

Hitler sagte: »Weil ich mir selbst nicht glauben kann, was ich sage. Ich bin ein solcher Lügner, dass ich mir kein

Wort abnehme. Ich bin ein solcher Lügner, dass ich kein Wort von dem glaube, was ich sage. Und jetzt sagen Sie, ich soll nur wiederholen: ›Ich bin unentbehrlich.‹ Aber ich weiß, dass das gelogen ist, weil ich es sage. Ich bin ein Lügner.«

Aus einer Lüge können nur Lügen entstehen, egal was du sagst. Aus Angst kann nur wieder Angst entstehen, egal was du tust. Aus Hass kann, selbst wenn du so tust, als würdest du lieben, nur verborgener Hass hervorkommen. Etwas anderes kann eine solche Liebe nicht sein, weil die Person voller Hass ist. Wenn du zu den Moralpredigern gehst, sagen sie: »Gib dir Mühe zu lieben.« Das ist Unsinn. Wie kann jemand, der voller Hass ist, versuchen zu lieben? Wenn er sich Mühe gibt zu lieben, ist seine Liebe nur eine Frucht des Hasses. Sie ist von vornherein vergiftet, an der Wurzel vergiftet. Und das ist die Misere mit allen Moralpredigern.

Mahatma Gandhi predigte gewalttätigen Leuten: »Bemüht euch um Gewaltlosigkeit.« Aber dann wurzelt ihr Versuch, gewaltlos zu sein, in der Gewalt. Ihre Gewaltlosigkeit ist reine Fassade, nur eine Show. Innerlich brodelt Gewalt. Wenn eure sexuelle Enthaltsamkeit, euer Zölibat, von einem Zuviel an sexueller Energie herrührt, ist es nichts anderes als pervertierter Sex.

Also erzeuge bitte keinen Konflikt. Wenn du ein Problem hast, schaffe dir nicht noch ein anderes. Bleibe bei dem einen. Kämpfe nicht und erzeuge kein zusätzliches Problem. Es ist leichter, das eine Problem zu lösen als ein zusätzliches. Das erste Problem ist näher an der Quelle, das zweite weiter davon entfernt. Je weiter entfernt es ist, umso schwieriger wird die Lösung.

Wenn du Angst hast, hast du eben Angst. Warum ein Problem daraus machen? Dann weißt du, dass du Angst hast, genauso wie du zwei Hände hast. Warum ein Problem daraus machen, als hättest du nur eine Nase statt zwei. Warum ein Problem daraus machen? Die Angst ist da. Nimm sie an, nimm sie zur Kenntnis. Nimm sie an und kümmere dich nicht weiter um sie. Was geschieht dann? Irgendwann bemerkst du plötzlich, dass sie verschwunden ist. Es ist eine innere Alchemie.

Ein Problem verschwindet, sobald du es annimmst. Wenn du aber einen Konflikt erzeugst, wird das Problem immer größer und undurchschaubarer. Gewiss, Schmerz ist da, und plötzlich taucht Angst auf. Nimm sie an. Sie ist vorhanden, und daran ist nichts zu ändern. Und wenn ich sage, daran ist nichts zu ändern, denkt bloß nicht, dass ich euch Pessimismus predige. Wenn ich sage, daran ist nichts zu ändern, gebe ich euch den Schlüssel zur Lösung des Problems.

Der Schmerz ist da. Er gehört zum Leben, zum Wachsen. Das ist nicht weiter schlimm. Schmerz wird erst dann schlimm, wenn er zerstörerisch wird, statt schöpferisch zu sein. Leiden wird erst dann schlimm, wenn du leidest und nichts dadurch gewinnst. Aber ich sage euch: Durch Leiden kann das Göttliche erlangt werden. So wird es schöpferisch. Dunkelheit ist schön, wenn aus ihr bald der Morgen dämmert. Doch Dunkelheit ist gefährlich, wenn sie kein Ende nimmt, wenn sie nicht in eine Dämmerung übergeht, sondern einfach immer weitergeht. Dann bewegst du dich nur im Kreis, in einem Teufelskreis.

Aber genau das ist mit euch geschehen. Nur um dem einen Schmerz zu entkommen, schafft ihr euch einen neuen. Und aus diesem flüchtet ihr wieder in einen anderen und in den nächsten. Und so geht es immer weiter. Und alle Schmerzen, die ihr noch nicht durchlitten habt, warten auf euch. Ihr lauft davon, aber damit lauft ihr nur einem neuen Leid in die Arme. Denn der Kopf, der das alte Leid erzeugte, wird für ein neues sorgen. Ihr könnt also von einem Leid ins nächste flüchten, aber das Leiden wird bestehen bleiben, denn euer Kopf ist die treibende Kraft.

Nehmt den Schmerz an und geht hindurch. Weicht ihm nicht aus. Dies ist eine völlig neue Dimension, mit der ihr arbeiten könnt. Das Leiden ist eine Gegebenheit: Begegnet ihm, geht hindurch. Die Angst wird kommen: Nimm sie an. Und wenn du zitterst, dann zittere halt. Warum so tun, als würdest du nicht zittern, als wärst du ohne Furcht? Wenn du feige bist, nimm es einfach hin.

Jedermann ist feige. Die Leute, die ihr tapfer nennt, sind es nur an der Oberfläche. Dahinter verbergen sich die gleichen, wenn nicht noch größere Angsthasen als alle anderen. Um ihre Feigheit zu verstecken, spielen sie die Helden. Und manchmal wollen sie mit ihrem Verhalten nur aller Welt beweisen, dass sie keine Feiglinge sind. Doch ihre Kühnheit ist nur Gehabe. Wie kann der Mensch kühn sein angesichts des Todes? Wie kann der Mensch tapfer sein, wo er doch nur ein Blatt im Wind ist? Wie kann das Blatt *nicht* zittern? Wenn der Wind bläst, muss das Blatt zittern. Aber es würde niemandem einfallen, dem Blatt zu sagen: »Du bist feige.« Wir finden es allenfalls lebendig. Wenn du also zitterst und die Angst dich packt, sei wie ein Blatt im Wind. Wunderbar! Warum ein Problem daraus machen?

Aber die Gesellschaft macht aus allem ein Problem. Fürchtet sich ein Kind im Dunkeln, sagen wir: »Hab keine Angst, sei tapfer!« Warum? Das Kind ist so unschuldig, natürlich fürchtet es sich im Dunkeln. Aber dann setzen wir es unter Druck: »Reiß dich zusammen!« Und es wird krampfhaft versuchen, sich nichts anmerken zu lassen. Es wappnet sich gegen die Dunkelheit und macht sich starr. Sein ganzes Wesen will zittern, aber das Kind unterdrückt es. Dieses unterdrückte Zittern wird es dann sein Leben lang begleiten. Es wäre völlig in Ordnung gewesen, im Dunkeln zu zittern; daran war nichts verkehrt. Es war gut, zu weinen und wegzulaufen, daran war nichts falsch. Das Kind wäre aus der Dunkelheit erfahrener, wissender hervorgegangen. Und wenn es zitternd und weinend und schluchzend durch die Dunkelheit gelaufen wäre, hätte es letztlich erkannt, dass es gar nichts zu fürchten gab.

Alles, was du unterdrückst, erfährst du nie in seiner Ganzheit, und so lernst du nichts daraus. Zur Weisheit gelangst du durch Leiden, zur Weisheit gelangst du durch

Annehmen. Was auch immer der Fall sein mag: Nimm es gelassen hin.

Und achte nicht auf die Gesellschaft mit ihren Urteilen. Hier wird niemand ein Urteil über dich fällen, und hier kann sich niemand zum Richter aufspielen. Urteile nicht über andere und lass dich nicht vom Urteil anderer verwirren und stören. Du bist allein und du bist einzigartig. Es hat dich noch nie zuvor gegeben und es wird dich nie wieder geben. Du bist schön. Nimm es an. Und was auch immer geschieht, lass es zu und geh hindurch. Dann wird aus dem Leiden bald ein Lernen werden. Dann ist es schöpferisch geworden.

Aus der Angst wird die Angstlosigkeit hervorgehen. Aus der Wut kommt das Mitgefühl. Aus dem Verstehen des Hasses wird die Liebe in dir geboren. Aber das geschieht nicht, wenn du im Konflikt bist, nur wenn du mit wacher Bewusstheit durch alles hindurchgehst. Nimm es an und durchlebe es. Und wenn es dir zur Übung wird, jede Erfahrung zu durchleben, dann stößt du schließlich auf den Tod, die intensivste Erfahrung überhaupt. Verglichen damit ist das Leben nichts, denn das Leben kann nicht so intensiv sein wie der Tod.

Das Leben erstreckt sich über eine lange Zeit: siebzig Jahre, hundert Jahre. Der Tod wird so intensiv erlebt, weil er keine Ausdehnung hat. Er geschieht in einem einzigen Augenblick. Das Leben verteilt sich auf siebzig oder auch hundert Jahre; es hat nicht diese Intensität. Der Tod kommt in einem einzigen Augenblick. Er kommt als Ganzes, nicht häppchenweise. Es wird eine so intensive Erfahrung sein, wie du sie noch nie erlebt hast. Wenn du ängstlich bist und dich davonmachst, bevor der Tod kommt, wenn du bewusstlos wirst aus Furcht vor dem Tod, dann wirst du eine goldene Gelegenheit verpassen, das goldene Tor. Hast du aber dein Leben lang alles angenommen, dann wirst du, wenn der Tod kommt, ihn geduldig und widerstandslos annehmen. Dann gehst du ohne Fluchtversuch hinein. Wenn du widerstandslos und still in den

Tod gehst, ganz mühelos, so verschwindet der Tod. Krishna und Christus, Buddha und Mahavira sagen, dass ihr todlos seid. Sie predigen kein Dogma, sie sprechen aus eigener Erfahrung.

Es kann auch hier, während dieses Meditationscamps, geschehen, denn *Samadhi*[5] ist ein Tod, Meditation ist ein Tod. Gelegentlich wird es vorkommen, dass ihr in einem Moment plötzlich das Gefühl habt, als würdet ihr sterben. Weicht dem nicht aus. Lasst zu, dass es geschehen kann. Wenn ihr es zulasst, verschwindet der Tod. Dann gibt es keinen Tod mehr, und die innere Flamme, ohne Anfang und ohne Ende, wird geboren. Sie war schon immer da, aber jetzt könnt ihr sie erst wahrnehmen.

Nehmt dies als Richtlinie mit: Wenn Angst, Hass, Eifersucht, was auch immer, auftaucht: Macht kein Problem daraus! Nehmt es an, lasst es zu, durchlebt es. Dann werdet ihr alles Leiden, allen Tod besiegen.

Gibt es noch etwas?

Osho,

auf der einen Seite sagst du, dass wir leiden müssen, aber gleichzeitig forderst du uns auf, alles zu genießen. Es erscheint mir schwierig, diese beiden Dinge unter einen Hut zu bringen.

Wenn ich sage: »Leidet und genießt«, klingt das widersprüchlich. Der Verstand fragt sofort, wie sich beides unter einen Hut bringen lässt, denn für euch sind das Gegensätze. Sie sind es nicht. Das scheint nur so. Du kannst fröhlich leiden.

Was ist das Geheimnis? Wie soll man leidend fröhlich sein? Erstens: Wenn du nicht wegläufst, wenn du das Leiden zulässt und bereit bist, ihm ins Auge zu sehen, wenn du nicht versuchst, es irgendwie zu verdrängen, dann bist du schon von ihm getrennt. Das Leiden ist da, aber nur an der Oberfläche. Nicht in deiner Mitte, nur an der Peripherie. Im Innersten kann es unmöglich Leiden geben. Das liegt nicht in der Natur der Dinge. Schmerz gibt es immer nur an der Peripherie. Du dagegen bist im Zentrum.

Wenn du es also geschehen lässt, wenn du nicht ausweichst, nicht wegläufst, nicht in Panik gerätst, stellst du plötzlich fest: Aller Schmerz ist dort draußen, am Rande, als ob er nicht dir, sondern einem andern geschieht, und du kannst zusehen. Dann breitet sich eine subtile Freude in dir aus, denn du hast eine Grundwahrheit des Lebens erkannt: *Du* bist Seligkeit, nicht Leid.

Wenn ich also sage: »Genieße es«, meine ich nicht, dass du ein Masochist werden sollst. Ich meine nicht, dass du dir Schmerz bereiten sollst, um dich darin zu weiden. Ich meine nicht: »Mach nur so weiter, stürze dich von einer Klippe, brich dir alle Knochen – und dann genieße es!«

Nein! Es gibt Leute von diesem Schlag; man findet sie unter den Asketen. Sie schaffen sich selbst ein Martyrium. Es sind Masochisten, sie sind krank. Diese Leute sind sehr gefährlich. Sie würden lieber andere quälen, aber dazu fehlt ihnen der Mut. Sie würden lieber andere töten, ihnen Gewalt antun, sie verkrüppeln, aber so mutig sind sie nicht. So hat sich ihre ganze Gewalttätigkeit nach innen gewandt. Nun verkrüppeln sie sich selbst, quälen sich selbst – und genießen es.

Ich sage nicht, dass du ein Masochist sein sollst. Ich sage einfach nur, dass Leiden vorhanden ist. Ihr braucht es nicht zu suchen. Es ist schon mehr als genug Leiden vorhanden, ihr braucht nicht danach zu suchen. Das Leiden ist schon da. Das Leben schafft von Natur aus Leiden. Es gibt Krankheit, es gibt Tod, es gibt den Körper. Das alles bringt von Natur aus Leid mit sich. Seht das einfach, betrachtet es mit unbeteiligten Augen. Seht euch an, was es ist. Was geschieht da? Lauft nicht weg. Denn der Verstand meldet sich sofort: »Nichts wie weg von hier! Bloß nicht hinsehen!« Aber wer wegläuft, wird niemals glücklich.

Wenn du das nächste Mal krank wirst und der Arzt dir Bettruhe verschreibt, nimm es als Segen an. Mach die

Augen zu und bleib still im Bett. Schau dir einfach die Krankheit an. Beobachte, was sie ist. Unternimm keinen Versuch, sie zu analysieren. Lass alle Theorien. Beobachte nur, was es ist. Der ganze Körper ist erschöpft, fiebert – beobachte es. Plötzlich wirst du spüren, wie das Fieber dich einhüllt, aber mitten in dir ist eine kühle Stelle, unberührt vom Fieber, unbeeinflusst von der inneren Hitze. Der ganze Körper mag brennen, aber diese kühle Stelle wird davon nicht berührt.

Ich habe von einer Zen-Nonne gehört, die im Sterben lag. Und ehe sie starb, fragte sie ihre Schüler: »Was schlagt ihr vor – wie soll ich sterben?«

Es ist eine alte Tradition im Zen, dass Meister so fragen. Sie sind in der Lage, bewusst zu sterben, darum können sie so fragen. Und sie gehen sogar mit dem Tod so spielerisch und humorvoll um, dass sie darüber lachen, Witze reißen und ihren Spaß daran haben, sich Varianten auszudenken, wie man sterben könnte.

So hat es Schüler gegeben, die vorschlugen: »Meister, wäre es nicht eine gute Idee, beim Kopfstand zu sterben?« Oder ein anderer meinte: »Im Gehen! Wir haben noch nie jemanden im Gehen sterben sehen!« Diese Zen-Nonne fragte also: »Was schlagt ihr vor?«

Sie sagten: »Wir könnten ein Feuerchen machen, und du setzt dich rein und stirbst in Meditation.«

Die Nonne sagte: »Großartig! Das war noch nie da.« Also errichteten sie einen Scheiterhaufen, und die Nonne machte es sich im Lotossitz darauf bequem. Dann entzündeten sie das Feuer.

Ein Mann aus der Menge fragte: »Wie fühlst du dich dort? Es ist so heiß, dass ich nicht näher kommen kann, dich zu fragen. Deshalb muss ich schreien. Wie fühlt es sich dort an?«

Die Nonne lachte und sagte: »Nur ein Narr kann fragen, wie es sich dort anfühlt. Dort fühlt es sich immer kühl an, absolut kühl.«

Sie spricht von ihrem inneren Sein, von der Mitte. *Dort* ist es immer kühl, und nur ein Narr kann so fragen.

Warum sagt sie, dass nur ein Narr so fragen kann? Wenn jemand bereit ist, sich meditierend ins Feuer zu setzen, und wenn dann das Feuer brennt und er still darin sitzen bleibt, ist es offensichtlich: Dieser Mensch ist im innersten Zentrum angekommen, an dem kühlen Ort, der von keinem Feuer berührt werden kann. Anders ist es gar nicht möglich.

Wenn du also im Bett liegst, fiebernd, der ganze Körper in Flammen, dann beobachte es. Das Beobachten führt dich zurück bis an den Ursprung. Im Beobachten erlangst du eine Balance, einen Rhythmus. Nur durch deine Aufmerksamkeit, ohne irgendetwas zu tun. Denn was könntest du tun? Das Fieber ist da, und du musst es durchstehen. Es wäre zwecklos, dagegen zu kämpfen. Also ruhst du dich einfach aus. Wenn du dem Fieber Widerstand leistest, heizt du es nur an. Also beobachte es.

Indem du das Fieber beobachtest, wirst du kühl. Je länger du es beobachtest, umso kühler wirst du. Durch reines Beobachten erreichst du einen Gipfel, einen so kühlen Gipfel, dass selbst der Himalaja neidisch werden könnte. Nicht einmal seine Gipfel sind so kühl. Du hast den *Gourishankar*, den inneren Everest, erreicht. Und wenn du spürst, dass das Fieber weg ist ... in Wirklichkeit war es nie da. Es war nur in deinem Körper, weit weg von dir.

Zwischen dir und deinem Körper ist unendlich viel Raum. Unendlich viel Raum, sage ich. Ein unüberbrückbarer Abstand trennt dich von deinem Körper. Und alles Leiden ist nur an der Peripherie. Die Hindus bezeichnen es als einen Traum, denn die Entfernung ist so riesig, so unüberbrückbar. Es ist wie ein Traum, der irgendwo anders abläuft, wie in einer anderen Welt, auf einem anderen Planeten. Er hat nichts mit dir zu tun.

Wenn du zuschaust, wie du leidest, kommt ein Punkt, an dem du plötzlich nicht mehr der Leidende bist. Dann beginnst du Freude zu empfinden. Das Leiden macht dir den Gegenpol bewusst: dein seliges inneres Sein.

Wenn ich also sage: »Genießt es!«, sage ich: »Beobachtet es!«, geht zurück zum Ursprung, geht mitten hinein. Dann gibt es plötzlich keine Agonie mehr, nur Ekstase. Wer an der Peripherie lebt, ist in Agonie. Für ihn gibt es keine Ekstase. Wer jedoch zu seiner Mitte vorgedrungen ist, für den gibt es keine Agonie. Für ihn gibt es nur noch Ekstase.

Wenn ich sage: »Zerbrecht die Tasse!«, spreche ich von der Auflösung der Peripherie. Und wenn ich sage: »Seid ganz leer!«, spreche ich von der Rückkehr zur ursprünglichen Quelle. Denn wir werden geboren aus der Leere und in die Leere kehren wir zurück. »Leere« ist eigentlich das Wort, das wir anstelle von »Gott« gebrauchen sollten. Denn bei »Gott« hat man immer das Gefühl, es handle sich um eine Person. Darum spricht Buddha nie von Gott. Er spricht stets von *Shunyata*, der Leere, dem Nichts.

Im Innersten bist du ein Nichtsein, ein Nichts, ein unermesslicher Raum, ewig kühl, still und selig.

Wenn ich also sage: »Genießt!«, meine ich: »Schaut zu!«, und ihr werdet es genießen. Wenn ich sage: »Genießt!«, meine ich: »Lauft nicht weg!«

Genug für heute.

II

Kein Geist, keine Wahrheit

Der Schüler Doko kam zum Meister und fragte:
»In welchem Geisteszustand muss ich sein,
wenn ich nach der Wahrheit suche?«
Der Meister antwortete: »Es gibt keinen Geist,
den du in irgendeinen Zustand versetzen könntest,
und es gibt keine Wahrheit, die du suchen könntest.«
Doko sagte: »Wenn es weder Geist noch Wahrheit gibt,
warum kommen all diese Schüler täglich zu dir
zur Unterweisung?«
Der Meister schaute herum und sagte:
»Ich sehe niemanden.«
Der Schüler bohrte weiter: »Warum lehrst du sie dann?«
»Ich habe keine Zunge, wie könnte ich lehren?«,
antwortete der Meister.
Da sagte Doko traurig: »Ich kann dir nicht folgen;
ich verstehe das nicht.«
Der Meister sagte: »Ich verstehe es selbst nicht.«

Das Leben ist ein solches Mysterium, niemand kann es verstehen. Und wer behauptet, es zu verstehen, ist einfach unwissend. Er weiß nicht, was er sagt, welchen Unsinn er da redet. Wenn du weise bist, ist dies die erste Erkenntnis: Das Leben ist nicht zu verstehen. Verstehen ist unmöglich. Nur so viel kann man verstehen: dass Verstehen unmöglich ist. Davon handelt diese schöne Zen-Anekdote.

Der Meister sagt: »Ich verstehe es selbst nicht.« Geht und fragt die Erleuchteten: Das wird ihre Antwort sein. Geht ihr aber zu den Unerleuchteten und fragt sie, so werden sie euch viele Antworten geben. Sie werden viele Theorien aufstellen und sie werden alles tun, um das Geheimnis zu enträtseln, das nicht enträtselt werden kann. Denn es ist kein Rätsel. Ein Rätsel kann gelöst werden, aber ein Mysterium ist seinem Wesen nach unlösbar. Es gibt keine Möglichkeit, es zu enträtseln.

Sokrates hat gesagt: »Als ich jung war, glaubte ich, viel zu wissen. Als ich älter wurde und reifer an Weisheit, gelangte ich zu dem Verständnis, dass ich nichts weiß.«

Von Junaid, einem Meister der Sufis, wird berichtet, dass er mit einem neuen Schüler zu arbeiten begann. Der junge Mann hatte keine Ahnung von Junaids innerer Weisheit, und Junaid führte ein so gewöhnliches Leben, dass man scharfe Augen haben musste, um zu erkennen, dass man einen Buddha vor sich hatte. Junaid arbeitete wie ein einfacher Arbeiter, und nur wer Augen hatte, konnte ihn erkennen. Einen Gautama Buddha zu erkennen ist ein Kinderspiel: Er sitzt unter dem *Bodhi*-Baum und leuchtet. Aber einen Junaid zu erkennen, das war äußerst schwierig! Er schuftete wie ein Arbeiter und saß unter keinem *Bodhi*-Baum. Er war in jeder Hinsicht ganz gewöhnlich.

Dieser junge Mann arbeitete also mit ihm und er wusste ständig über alles Bescheid. Bei allem, was Junaid tat, sagte er: »Das ist falsch. Das wird so und so gemacht. Nur so ist es richtig.« Er wusste einfach alles besser.

Schließlich musste Junaid lachen und sagte: »Junger Mann, ich bin nicht jung genug, um so viel zu wissen.« Das ist wirklich gut. Er sagte: »Ich bin nicht jung genug, um so viel zu wissen.« – Nur ein junger Mensch kann so töricht sein, so unerfahren.

Sokrates hatte Recht, wenn er sagte: »Als ich jung war, wusste ich zu viel. Als ich reifer und erfahrener wurde, wurde mir eines klar: dass ich völlig unwissend bin.«

Das Leben ist ein Mysterium. Das bedeutet, es kann nicht enträtselt werden. Und wenn deine sämtlichen Bemühungen, es zu enträtseln, sich als vergeblich erwiesen haben, dämmert dir das Mysterium. Dann öffnen sich die Türen, und du wirst hereingebeten. Als ein Alleswisser kann niemand in das Göttliche eintreten. Als ein Kind, unwissend und unschuldig, nimmt das Mysterium dich in seine Arme. Mit einem wissenden Geist bist du schlau, aber nicht unschuldig. Unschuld ist die Tür.

Dieser Zen-Meister liegt völlig richtig, wenn er sagt: »Ich verstehe es selbst nicht.« Das ist sehr tief, wirklich tief … Die tiefgründigste Antwort, die man geben kann. Aber das ist schon der Schluss dieser Anekdote. Lasst uns von vorne anfangen.

Der Schüler kommt zu dem Zen-Meister und fragt: »In welchem Geisteszustand muss ich sein, wenn ich nach der Wahrheit suche?«

Der Meister sagt: »Es gibt keinen Geist, also kann es auch keinen Zustand des Geistes geben.«

Der Geist[6] ist eine Illusion – etwas, was es gar nicht gibt, was nur so scheint. Aber der Geist, oder dein Verstand, dein Denken, erscheint so wirklich, dass du meinst, dieser Geist zu *sein*. Der Geist ist *Maya*, der Geist ist nur ein Traum, der Geist ist nur eine Projektion … Eine Seifenblase mit nichts darin. Aber er erscheint wie eine Seifenblase, die auf dem Fluss treibt. Die Sonne geht eben auf, ihre Strahlen fallen durch die Seifenblase. Sie erstrahlt wie ein Regenbogen, und nichts ist darinnen. Wenn du die Blase berührst, platzt sie, und alles verschwindet: die Regenbogenfarben, die ganze Pracht. Nichts bleibt davon übrig. Nur Leere, die eins wird mit der unendlichen Leere. Dazwischen war nur eine Haut, eine dünne Hülle. Dein Geist ist wie die Hülle einer Seifenblase: innen – deine Leere, außen – meine Leere. Nur eine Blase. Ein Piks – und der Geist ist verschwunden.

Der Meister sagt: »Es gibt keinen Geist. Von welchem Zustand redest du also?« Das ist schwer zu verstehen.

Die Leute kommen zu mir und sagen: »Wir wollen einen stillen Geisteszustand erlangen.« Sie glauben, dass der Verstand still werden kann. Der Geist kann niemals still sein. Der Geist an sich ist Aufruhr, der Geist ist die Störung, die Krankheit. Der Geist bedeutet Anspannung, der Geist an sich bedeutet Stress. Der Geist kann niemals still sein. Wenn Stille herrscht, ist der Geist nicht da. Wenn Stille eintritt, verschwindet der Geist. Sobald der Geist da ist, ist die Stille nicht mehr da.

Einen stillen Geist kann es also nicht geben – genauso wenig, wie es eine gesunde Krankheit geben kann. Oder könnt ihr eine gesunde Krankheit haben? Wenn Gesundheit da ist, verschwindet die Krankheit. Stille ist die innere Gesundheit. Der Geist ist die innere Krankheit, die innere Störung.

Einen stillen Geist kann es also überhaupt nicht geben, und dieser Schüler fragt: »Um welche Art von Geist, um welchen Zustand des Geistes soll ich mich bemühen?«

Und der Meister sagt unverblümt: »Es gibt keinen Geist, also bemühe dich nicht um irgendeinen Zustand.« Also lass diese Illusion fallen! Versuche nicht, irgendeinen Zustand innerhalb der Illusion zu erreichen.

Es ist so, als wolltet ihr auf dem Regenbogen reiten, und ihr fragt mich: »Was sollen wir unternehmen, um auf dem Regenbogen zu reiten?« Ich sage: »Es gibt keinen Regenbogen. Der Regenbogen ist nur eine optische Täuschung. Deshalb kann man nichts damit unternehmen.« Ein Regenbogen ist nur ein Trugbild; er ist nicht wirklich vorhanden. Er ist nicht real, nur eine falsche Interpretation der Wirklichkeit.

Der Geist ist nicht eure Wirklichkeit, er ist nur eine falsche Interpretation. Du bist nicht der Geist, du warst nie der Geist und du wirst niemals der Geist sein können. Das ist deine Schwierigkeit: Du hast dich mit etwas identifiziert, was gar nicht existiert. Du bist wie ein Bettler, der glaubt, ein Königreich zu besitzen. Er macht sich große Sorgen um sein Reich: wie er es verwalten, wie es regieren, wie er Anarchie verhindern soll. Dabei gibt es dieses Königreich gar nicht! Aber er macht sich Sorgen deswegen.

Tschuang-tse träumte einmal, er sei ein Schmetterling geworden. Am Morgen war er sehr bedrückt. Seine Freunde fragten: »Was ist geschehen? Wir haben dich noch nie so bedrückt gesehen.«

Tschuang-tse sagte: »Ich bin verwirrt, ich blicke nicht mehr durch. Ich verstehe nicht! Letzte Nacht, während ich schlief, träumte mir, ich sei ein Schmetterling.«

Da lachten die Freunde: »Wer will sich über Träume aufregen? Wenn du aufwachst, ist der Traum verschwunden. Was bist du so beunruhigt?«

Tschuang-tse sagte: »Ihr versteht nicht. Was mich verwirrt, ist: Wenn Tschuang-tse im Traum zum Schmetterling wird, ist es auch möglich, dass nun der Schmetterling schläft und träumt, er sei Tschuang-tse.«

Wenn Tschuang-tse im Traum zum Schmetterling werden kann, wieso nicht auch umgekehrt? Der Schmetterling kann träumen und Tschuang-tse werden. Was also ist wirklich? Hat Tschuang-tse geträumt, er sei ein Schmetterling, oder träumt nun der Schmetterling, er sei Tschuang-tse? Was ist wirklich?

Regenbogen sind da. Im Traum kannst du zum Schmetterling werden. Und in dem größeren Traum, den ihr das Leben nennt, bist du zu deinem Geist geworden. Wenn du aufwachst, gelangst du nicht in einen erwachten Zustand des Geistes, sondern in den Nichtzustand des Geistes. Du gelangst in den Nichtgeist, *No-Mind*.

Was bedeutet Nichtgeist? Es ist nicht einfach, dem zu folgen. Aber manchmal, unwissentlich, ist es dir schon untergekommen, auch wenn du es vielleicht nicht erkannt hast. Manchmal, wenn du einfach so dasitzt und nichts weiter tust, ist kein Gedanke da. Wenn kein Gedanke da ist, wo ist dann der Geist? Wo kein Gedanke, da ist auch kein Geist. Denn der Geist ist nichts anderes als der Denkprozess. Er hat keine Substanz; es ist nur ein Vorgang, eine Abfolge von Gedanken.

Ihr alle seid hier. Ich könnte auch sagen: Eine Menge ist hier. Aber gibt es tatsächlich so etwas wie eine Menge? Ist »die Menge« wirklich als Substanz vorhanden, oder nur einzelne Personen? Und wenn einer nach dem anderen von hier weggeht, bleibt dann noch etwas von dieser »Menge« übrig? Wenn die Einzelnen fort sind, gibt es keine Menge mehr.

Der Geist ist wie die Menge, die Gedanken sind wie die Einzelpersonen. Und weil ein ständiger Strom von Gedanken stattfindet, haltet ihr diesen Gedankenstrom für eine substanzielle Realität. Wenn ihr jeden einzelnen Gedanken fallen lasst, bleibt letztlich nichts übrig. Es gibt keinen Geist an sich, nur Gedanken.

Doch die Gedanken bewegen sich so schnell, dass ihr den Raum zwischen den Gedanken nicht wahrnehmt. Trotzdem ist dieser Zwischenraum jedes Mal da. Dieser Zwischenraum – das bist *du*. In diesem Zwischenraum gibt es weder Tschuang-tse noch den Schmetterling. Der Schmetterling ist ein Gedanke, und Tschuang-tse ist ebenfalls ein Gedanke. Schmetterling ist eine bestimmte gedankliche Verbindung, Tschuang-tse eine andere, aber beides sind gedankliche Konstrukte.

Wenn der Verstand nicht da ist, wer bist du – Tschuang-tse oder ein Schmetterling? Weder noch. Und was ist das für ein Zustand? Bist du dann in einem erleuchteten Zustand? Wenn du denkst, im Zustand der Erleuchtung zu sein, ist das wiederum nur ein Gedanke. Und solange das Denken da ist, bist *du* nicht anwesend. Selbst wenn du das Gefühl hast, ein Buddha zu sein, ist das ein Gedanke. Der Verstand hat sich wieder eingeschaltet. Der Prozess ist wieder im Gange. Der Himmel ist wieder bewölkt, das Blau verschwunden. Du kannst das unendliche Blau nicht mehr sehen.

Zwischen zwei Gedanken versuche wachsam zu sein. Achte auf die Lücke, den Raum dazwischen. Auf diese

Weise wirst du *No-Mind*, den Nichtgeist, entdecken. Das ist deine wahre Natur. Denn Gedanken kommen und gehen, wie zufällig. Aber der innere Raum bleibt. Wolken bilden sich und ziehen weiter, sie kommen und gehen wie zufällig, aber der Himmel bleibt. *Du* bist der Himmel.

Einmal geschah es, dass ein Suchender zu Bayazid, einem Sufi-Mystiker, kam und ihn fragte: »Meister, ich bin ein jähzorniger Mensch. Ich werde so leicht wütend. Und dann werde ich so wütend, dass ich völlig ausraste. Dann tue ich etwas, von dem ich nachher nicht glauben kann, dass ich es getan habe. Ich bin wie von Sinnen. Wie kann ich diese Wut verlieren? Wie kann ich sie im Zaum halten, wie sie überwinden?«

Bayazid nahm den Kopf dieses Schülers zwischen seine Hände und schaute ihm in die Augen. Dem Schüler wurde etwas unbehaglich dabei. Bayazid fragte: »Wo ist die Wut? Ich möchte sie mir genauer ansehen.«

Der Schüler lachte verlegen und sagte: »Im Augenblick bin ich nicht wütend. Es geschieht nur manchmal.«

Da sagte Bayazid: »Das, was nur manchmal geschieht, kann nicht deine wahre Natur sein. Es ist Zufall. Es kommt und geht, wie die Wolken. Warum sich um die Wolken sorgen? Behalte den Himmel im Auge, der immer da ist.«

Das ist die Definition von *Atman*: der Himmel, der immer da ist. Alles, was kommt und geht, ist nebensächlich. Kümmert euch nicht darum, es ist wie Rauch. Der Himmel, der ewig bleibt, ist unwandelbar und unveränderlich. Lass dich zwischen zwei Gedanken in ihn hineinfallen. Zwischen zwei Gedanken ist er immer vorhanden. Vertiefe dich in seine Wahrnehmung, dann wirst du plötzlich erkennen, dass du im *No-Mind*, im Nichtdenken, bist.

Der Meister hatte Recht, als er sagte: »Es gibt keinen Geist, darum kann es auch keinen Zustand des Geistes geben. Was redest du für einen Unsinn?«

Doch der Unsinn hat seine eigene Logik. Wenn du an den Bestand des Geistes glaubst, wirst du natürlich verschiedene Geisteszustände unterscheiden: einen unwissenden und einen erleuchteten Geisteszustand, einen verwirrten und einen stillen Geisteszustand. Sobald du diesen eingebildeten Geist als tatsächlich vorhanden annimmst, triffst du ständig alle möglichen Unterscheidungen. Sobald du den Geist als gegeben annimmst, setzt du etwas in Gang, was in dir ständig auf der Suche ist.

Die Geistesaktivität beruht auf diesem ständigen Suchen nach irgendetwas. Wieso? Suchen heißt wünschen. Suchen heißt, in die Zukunft gerichtet zu sein. Suchen heißt, Träume zu fabrizieren. So sucht der eine Macht und politischen Einfluss, der andere Schätze und Königreiche, der Dritte sucht die Wahrheit. Das Suchen ist allen gemeinsam. Das Suchen an sich ist das Problem – nicht, was man sucht. Das Ziel ist nie die Schwierigkeit; jedes Ziel erfüllt den Zweck. Die Gedanken können sich an jedes Ziel heften. Jeder Vorwand genügt, um den Verstand weiter in Gang zu halten.

Der Meister sagte: »Es gibt keinen Geisteszustand, weil es keinen Geist gibt. Und es gibt keine Wahrheit. Wovon redest du also? Es gibt nichts zu suchen.«

Das ist eine der großartigsten Aussagen, die je getroffen wurden. Aber sie ist schwer zu verstehen. Für den Schüler ist es unvorstellbar, dass es keine Wahrheit geben soll. Was meint der Meister, wenn er sagt, es gäbe keine Wahrheit? Meint er wirklich, dass es die Wahrheit nicht gibt? Nein, er sagt damit nur, dass es für dich als Suchenden keine Wahrheit geben kann. Suchen führt stets zur Unwahrheit. Nur wer nicht sucht, erkennt, was ist. Sobald du suchst, gehst du an dem vorbei, was ist. Suchen bewegt sich immer in die Zukunft, Suchen kann nie hier und jetzt sein. Wie könntest du hier und jetzt suchen? Du kannst nur *sein*. Suchen ist wünschen; es bringt die Zeit ins Spiel, das Zukünftige, und dieser Augenblick, das Hier und Jetzt, wird verpasst. Die Wahrheit ist hier, jetzt.

Wenn du zu einem Buddha gehst und ihn fragst: »Gibt es Gott?«, wird er es ohne Zögern abstreiten: »Es gibt keinen Gott.« Wenn er es zugibt, macht er dich zum Suchenden. Wenn er sagt, dass es Gott gibt, wirst du anfangen, ihn zu suchen. Wie kannst du ruhig bleiben, wenn es Gott zu suchen gibt? Wo wirst du hinrennen? Du bist wiederum einer Täuschung erlegen.

Also hat Buddha gesagt: »Es gibt keinen Gott.« Das hat niemand verstanden. Die Menschen dachten, er sei Atheist. Aber er leugnete nicht Gott, er leugnete den Sucher. Hätte er zugegeben, dass es Gott gibt, so hätte er damit den Sucher in die Welt gesetzt. Der Sucher *ist* die Welt. Suchen ist nichts anderes als *Maya*. Millionen von Leben warst du ein Sucher. Du warst hinter diesem oder jenem her, diesem Ziel, jenem Ziel, der diesseitigen Welt, der jenseitigen Welt, aber ein Sucher. Jetzt bist du ein Sucher nach Wahrheit, und der Meister sagt: »Es gibt keine Wahrheit.« Damit raubt er dir den Grund für deine Suche. Er zieht dir den Teppich unter den Füßen weg, nimmt dir den Boden weg, auf dem du stehst, auf dem dein Verstand steht. Er stößt dich einfach in den Abgrund.

Der Fragende sagte: »Aber wozu dann all diese Sucher um dich herum? Wenn es nichts zu suchen gibt und wenn es keine Wahrheit gibt, warum dann diese Ansammlung von Leuten?« – Das müsst ihr gewesen sein, die da um den Meister herumsaßen.

Kommt jemand zu mir und ich sage ihm: »Es gibt kein Suchen. Man braucht nicht zu suchen, weil es nichts zu suchen gibt«, so wird er notgedrungen fragen: »Was wollen dann all diese Leute hier? Warum sind diese *Sannyasins*[7] hier? Was tun sie denn hier?«

Aber der Fragende verstand immer noch nicht. Der Meister schaute herum und sagte: »Ich sehe niemanden; es ist niemand hier.« Der Fragende begreift wieder nichts, denn der Intellekt verpasst immer das Wesentliche. Er hätte hinsehen können. Es war tatsächlich so: Da war niemand.

Du kannst auf zwei Arten da sein – aber nur auf eine Art, wenn du etwas suchst, etwas begehrst. Wenn du nicht suchst, bist *du* nicht da. Erst das Suchen macht aus dir ein Ego. Wenn ihr jetzt in diesem Augenblick niemanden und nichts sucht, dann seid ihr nicht hier, dann gibt es hier keine Menge. Wenn ich nichts lehre, weil es nichts zu lehren gibt, keine Wahrheit zu lehren gibt ... Wenn ich nichts lehre und wenn ihr nichts lernt, wer ist dann hier? Dann herrscht Leere und die Seligkeit reiner Leere. Die Individuen verschwinden und tauchen ein in das ozeanische Bewusstsein.

Individuen gibt es nur, weil euer Denken und Wünschen individuell verschieden ist. Du verfolgst andere Wünsche als dein Nachbar; das unterscheidet dich von ihm.

Wünsche schaffen Unterschiede. Ich suche etwas, und du suchst etwas anderes. Dadurch unterscheidet sich mein Weg von deinem, unterscheidet sich mein Ziel von deinem. Dadurch unterscheide ich mich von dir. Wenn ich nichts suche und du nichts suchst, verschwinden die Ziele, und es gibt keine Wege mehr. Sag, wie können die Egos dann noch bestehen? Wie können die Wände, die das Denken errichtet, noch bestehen? Die Tasse ist zerbrochen. Mein Tee ergießt sich in dich, und dein Tee ergießt sich in mich. Unser Dasein wird ozeanisch.

Der Meister schaute umher und sagte: »Ich sehe niemanden; da ist niemand.«

Der Intellekt trifft ständig daneben. Der Schüler fragte: »Was lehrst du sie dann? Wenn niemand da ist, wen lehrst du?«

Und der Meister sagt: »Ich habe keine Zunge, wie könnte ich lehren?« Er gibt ihm laufend Hinweise, damit er aufmerksam wird und hinschaut, aber der Fragende ist zu sehr in seinen Verstand verstrickt. Der Meister setzt ihm immer noch eins drauf, er hämmert auf seinen Kopf. Er redet Unsinn, nur um ihn da herauszuholen.

Wärt ihr dabei gewesen, hätte der Frager euch sicher mehr überzeugt als der Meister. Ihr hättet dem Frager Recht gegeben. Dieser Meister war offenbar verrückt, total absurd! Er redete und behauptete dennoch: »Es ist keine Zunge da, wie kann ich also reden?« Er sagte: »Ich habe keinen Körper, wie kann ich mich bewegen, wie kann ich reden?« Er sagte: »Sieh mich an, ich bin ohne Form. Sieh mich an: Ich bin nicht verkörpert. Zwar erscheint dir der Körper real, aber das bin nicht ich. Wie kann ich also reden?« – Das kann der Kopf nicht fassen. Das ist das Kreuz mit dem Verstand. Man versetzt ihm einen Stoß, aber er rappelt sich wieder auf. Man stößt ihn an, und für einen kurzen Moment taumelt und wackelt er, aber dann sitzt er schon wieder fest im Sattel.

In Japan gibt es eine Puppe, die *Daruma*-Puppe genannt wird. Vielleicht kennt ihr sie? Man kann sie hinwerfen, wie man will, seitwärts, kopfüber, aber egal, was man mit ihr anstellt: Die Puppe sitzt immer da wie ein Buddha. Ihr Unterteil ist so schwer, dagegen kann man nichts ausrichten. Egal, wie man sie hinwirft: Die Puppe landet im Lotossitz. Der Name *Daruma* ist hergeleitet von Bodhidharma. Der buddhistische Meister Bodhidharma heißt in Japan Daruma. Dieser Daruma, dieser Bodhidharma, soll gesagt haben: »Euer Geist ist wie diese Puppe.« Er besaß wohl eine solche Puppe. Man kann sie schubsen und herumstoßen, wie man will, die Puppe ist nicht aus dem Gleichgewicht zu bringen. Das Hinterteil ist so schwer, und selbst wenn man sie auf den Kopf stellt, kehrt sie wieder in die alte Position zurück.

Genauso schubste dieser Meister seinen Schüler. Der Geist geriet dabei wohl etwas ins Wackeln, aber er rappelte sich immer wieder auf, genau wie die Puppe. – Wieder daneben! Verzweifelt sagte der Frager schließlich: »Ich kann dir nicht folgen. Ich verstehe das nicht.«

Und da holt der Meister zum letzten Schlag aus: »Ich verstehe es selbst nicht.«

Ich höre nicht auf, euch zu lehren, obwohl ich weiß, dass es nichts zu lehren gibt. Nur deshalb kann ich ewig weitermachen. Wenn es etwas zu lehren gäbe, wäre ich schon längst damit fertig. Buddhas können ewig so weitermachen, weil es nichts zu lehren gibt. Es ist eine endlose Geschichte, die nie zu einem Abschluss kommt. Darum kann ich immer weiterreden. Ich werde nie damit fertig sein. Eher seid ihr fix und fertig, bevor meine Geschichte endet, denn sie nimmt nie ein Ende.

Jemand fragte mich: »Wie kommt es, dass du Tag für Tag immer weiterredest?«

Ich antwortete: »Weil es nichts zu lehren gibt.«

Eines Tages werdet ihr plötzlich gewahr werden, dass ich gar nicht rede, dass ich gar nicht lehre. Dann habt ihr die Erkenntnis erlangt: Es gibt nichts zu lehren, denn es gibt keine Wahrheit.

Welche Lehre gebe ich euch? Keine. Ein gelehrter Kopf ist immer noch ein Kopf, nur noch sturer, hartnäckiger, dogmatischer. Ein dogmatischer Verstand ist nur dümmer. Seht euch diese dogmatischen Mönche auf der ganzen Welt an – egal, ob christlich, hinduistisch, buddhistisch ... Wenn ihr jemanden trefft, der sich absolut an Dogmen orientiert, könnt ihr sicher sein, einen Dummkopf dahinter zu finden! Da ist der Fluss ins Stocken geraten. Diese Leute sind so darauf versessen, etwas zu finden, dass sie zu allem bereit sind, was man ihnen sagt. Wenn du sagst: »Stell dich für eine Stunde auf den Kopf«, sind sie bereit, auf dem Kopf zu stehen. Sie lechzen geradezu danach. Wenn man durch stundenlanges Kopfstehen zu Gott gelangen kann, sind sie dazu bereit. Sie wollen um jeden Preis an ihr Ziel kommen.

Ich gebe euch kein Ziel, keine Wünsche. Es gibt nichts zu erreichen, nirgendwo anzukommen. Wenn ihr das erkennt, seid ihr im selben Augenblick angekommen. In diesem gegenwärtigen Augenblick bist du bereits vollkommen. Nichts muss getan werden, nichts muss verändert werden. Du bist in diesem Augenblick bereits *Brahman*, das vollkommene Absolute.

Darum sagte der Meister: »Ich verstehe es selbst nicht.« Ein Meister, der sagt: »Ich verstehe es selbst nicht«, ist schwer zu finden. Ein Meister sollte den Anspruch erheben, zu wissen, nur dann werdet ihr ihm folgen. Nicht nur sollte er behaupten, dass er weiß, sondern er muss behaupten, dass außer ihm es keiner weiß: »Alle anderen Meister liegen falsch. Ich allein weiß es.« Dann werdet ihr ihm folgen. Nur wenn ihr euch absolut sicher seid, werdet ihr bereit sein, einem Meister zu folgen. Diese Sicherheit gibt euch das Gefühl: »Hier bin ich richtig! Wenn ich diesem Menschen folge, komme ich ans Ziel.«

Ich will euch eine Geschichte erzählen: Ein sogenannter Meister ging auf Reisen. In jedem Dorf, in das er kam, verkündete er: »Ich bin am Ziel angekommen. Ich habe das Göttliche erkannt. Wer will, der komme und folge mir.«

Die Leute sagten dann: »Wir haben zu viele Verpflichtungen. Eines Tages werden wir dir hoffentlich folgen können.« Sie berührten seine Füße, erwiesen ihm die Ehre, bedienten ihn. Nur folgen wollte ihm niemand. Denn bevor man aufbricht, Gott zu suchen, hat man noch viel zu erledigen. Eins nach dem andern. Das Göttliche steht immer ganz unten auf der Liste. Und das Letzte kommt nie an die Reihe, weil die Liste der Dinge, die vorher erledigt werden müssen, unendlich ist.

Doch in einem Dorf sagte ein Irrer – und irre muss er gewesen sein, denn wer käme sonst auf diese Idee: »Gut, du hast es also gefunden?«

Der Meister zögerte einen Moment, als er den Irren sah. Der Mann erschien ihm gefährlich. Er könnte ihm folgen und Unannehmlichkeiten bereiten. Aber vor dem ganzen Dorf konnte er es nicht abstreiten, also sagte er: »Ja.«

Der Irre sagte: »Dann weihe mich ein. Ich werde dir folgen bis ans Ende meiner Tage. Ich will auch zu Gott kommen.« Dem sogenannten Meister wurde es unbehaglich. Aber was konnte er machen? Von nun an folgte ihm der Irre wie ein Schatten.

Ein Jahr verging. Der Verrückte sagte: »Wie weit noch? Wie weit ist der Tempel?« Und er sagte: »Ich habe keine Eile, aber wie lange wird es dauern?«

Inzwischen wurde es dem Meister äußerst unbehaglich und unleidlich mit diesem Mann. Dieser Irre schlief bei ihm, folgte ihm auf Schritt und Tritt, er war sein lebender Schatten. Und seinetwegen wurde er unsicher. Wenn er jetzt in den Dörfern »Folgt mir!« rief, wurde ihm ganz bange, weil ihn der Irre fragend ansah: »Ich folge dir, Meister, aber ich bin immer noch nicht angekommen.«

Ein zweites Jahr verstrich, ein drittes, ein sechstes, und der Irre sagte: »Wir sind nirgendwo angekommen. Wir ziehen durch die Dörfer, und du erzählst den Leuten: ›Folgt mir.‹ Und ich folge dir. Alles, was du verlangst, befolge ich. Du kannst nicht behaupten, dass ich deine Anweisungen nicht befolge.« Der Irre war wirklich irre, denn er tat aufs Wort, was ihm geheißen wurde. Der Meister konnte ihn also nicht täuschen, indem er ihn tadelte, dass er es nicht richtig mache. Schließlich, eines Abends, sagte der Meister zu ihm: »Deinetwegen bin ich von meinem Weg abgekommen. Bevor ich dich traf, war ich mir sicher, jetzt bin ich es nicht mehr. Verlass mich jetzt, bitte.«

Wenn jemand sicher genug auftritt und du verrückt genug bist, wirst du ihm folgen. Aber kannst du auch einem folgen, der sagt: »Ich weiß selbst nicht, ich verstehe es selbst nicht«? Wenn du so einem folgen kannst, wirst du ankommen. Du bist bereits angekommen, wenn du dich entschließt, ihm zu folgen. Denn der Verstand will Sicherheit, der Verstand will Wissen. Der Verstand will dogmatische Gewissheiten. Wenn du also bereit bist, einem zu folgen, der sagt: »Ich weiß selbst nicht«, hat alles Suchen aufgehört, denn nun verlangst du nicht mehr nach Wissen.

Wer nach Wissen verlangt, kann nicht nach Sein verlangen. Wissen ist Schrott, Sein ist Leben.

Wenn du aufhörst, nach Wissen zu verlangen, hast du aufgehört, nach der Wahrheit zu fragen, denn die Wahrheit ist das Ziel allen Wissens. Du hinterfragst nicht mehr das, was ist. Stattdessen wirst du still, so leer von Gedanken ... Und das, was ist, offenbart sich.

Ich für mein Teil sage: Ich weiß nicht. Ihr könnt keinen Unwissenderen finden als mich. Es gibt keine Wahrheit und es gibt keinen Weg. Ich bin nirgendwo angekommen, ich bin einfach hier und jetzt. Wenn du diesem unwissenden Mann folgen kannst, wird dein Verstand seinen Geist aufgeben. Denn der Verstand folgt immer dem Wissen, und wenn der Verstand in die Brüche geht, brauchst du nirgendwo mehr hinzugehen. Alles ist zugänglich, war immer zugänglich; es hat dir nie daran gemangelt. Und nur weil du auf der Suche bist, kannst du es nicht sehen. Dein Verstand, der auf die Zukunft, auf das Ziel fokussiert ist, kann nichts sehen.

Die Wahrheit ist überall um dich herum, du lebst mittendrin. Wie der Fisch im Meer lebst du in der Wahrheit. Gott ist kein Ziel. Das Göttliche ist das, was hier und jetzt ist. Diese Bäume, dieses wehende Lüftchen, diese ziehenden Wolken, der Himmel, du, ich – das alles ist Gott. Das Göttliche ist kein Ziel.

Gebt den Verstand auf und das Göttliche dazu. Gott ist kein Objekt, Gott ist ein Verschmelzen. Gegen dieses Verschmelzen sträubt sich der Verstand, er will sich nicht aufgeben. Der Verstand ist berechnend und raffiniert.

Diese Zen-Geschichte ist wunderbar. Dieser Frager, das seid ihr alle. Ihr seid zu mir gekommen, um zu fragen, wie ihr zur Wahrheit gelangt. Ihr seid gekommen, um zu fragen, wie ihr in einen Zustand der Seligkeit kommt. Ihr seid gekommen, um Wissen zu erwerben, das Mysterium zu lösen. Und ich wiederhole es euch noch einmal: Es gibt keinen Zustand des Geistes, weil es keinen Geist gibt. Es gibt keine Wahrheit, mithin ist Suchen nicht zulässig. Alles Suchen ist vergeblich; Suchen an sich ist töricht. Suche und du wirst es verlieren; suche nicht, und es ist da. Renne hinterher und du verfehlst es. Halte an. Es ist schon immer hier. Und versuche nicht zu verstehen – *sei*!

Verstehen ist oberflächlich. Buddha unter dem *Bodhi*-Baum wusste nicht mehr. Gut möglich, dass du sogar mehr weißt als er.

Viele Gelehrte kamen zu Buddha, die mehr Wissen hatten als er. Mahakashyapa kam, ein großer Pandit. Sariputra kam, auch er ein großer Pandit. Als Sariputra ankam, brachte er fünfhundert Schüler mit, seine eigenen Schüler. Er war im ganzen Land bekannt. Doch Sariputra wollte mehr als Wissen, denn Wissen hatte er zur Genüge. Wahrscheinlich wusste er viel mehr als Buddha. Er war ein sehr tiefgründiger, scharfsinniger Gelehrter, der sich in allen Schriften auskannte, ein bedeutender brahmanischer Gelehrter. Sämtliche *Vedas* waren ihm so geläufig, dass er sie hätte rezitieren können. Doch er bat Buddha: »Gib mir etwas, was mehr ist als Wissen. Vom Wissen habe ich die Nase voll, endgültig.«

Und was sagte Buddha zu Sariputra? Er sagte: »Verlerne alles. Wirf dein Wissen weg. Und das, was darüber hinausgeht, wird dir geschehen.«

Ein wahrer Meister lehrt dich, zu verlernen. Er lehrt dich niemals Gelehrsamkeit. Ihr seid zu mir gekommen: Nun verlernt alles, was ihr wisst. Werft es bitte weg. Werdet wieder unwissend, wie die Kinder. Nur das Herz eines Kindes kann an die Tür des Göttlichen klopfen und nur das Herz eines Kindes wird erhört. Eure Gebete bleiben ungehört; sie sind berechnend. Nur ein Kind, nur ein Herz, das nichts weiß, kann *sein*.

Das ist der Sinn dieser Geschichte. Und sie passt gut für euch, denn das Gleiche trifft auf euch zu.

Noch etwas?

Osho,

du sagst, dass du uns nichts zu lehren hast, und gestern Abend war ich sehr schockiert, als du sagtest, dass deine Arbeit, was dich betrifft, getan ist und dass du nur unseretwegen an deinem Körper festhältst. Der junge Jesus sagte auch: »Wisst ihr denn nicht, dass ich mich um das Geschäft meines Vaters kümmern muss?« Was ist oder war dein Geschäft?

Wenn ich sage, dass meine Arbeit getan ist, meine ich damit, dass meine Suche beendet ist. Ich meine damit: Ich habe erkannt, dass es nichts zu erkennen gibt, nichts zu wissen, nichts zu erreichen gibt. Dieser Augenblick ist genug, dieser Augenblick ist die Ewigkeit. Wenn ich sage, dass meine Arbeit getan ist, meine ich, dass kein Verlangen mehr da ist.

Das Verlangen treibt das Geschäft, die Geschäftigkeit an: Dann muss man etwas unternehmen, um glücklich zu sein. Ich bin glücklich – einfach so. Grundlos glücklich. Es hängt nicht mehr von irgendeinem Tun ab. Darin besteht der Unterschied zwischen Glück und Seligkeit. Glück ist begründet: Du hast einen Freund und darüber bist du glücklich. Deine Geliebte ist zurückgekommen, also bist du glücklich. Du hast in der Lotterie gewonnen, und das macht dich glücklich. Es gibt Gründe, aber du kannst sie nicht beeinflussen, sie liegen außerhalb von dir.

Dein Glück kommt also von außen. Es hat eine Ursache, aber etwas, was verursacht ist, kann nicht ewig währen. Die Geliebte kann dich wieder verlassen, der Freund kann zum Feind werden. Und so geschieht es auch: Freunde werden zu Feinden. Alles, was du gewonnen hast, ist vielleicht bald schon zerronnen. Was verursacht ist, kann nicht beständig sein, es kann nicht ewig bestehen.

Wenn ich sage, meine Arbeit ist getan, meine ich: Mein Glück ist nun grundlos. Es gibt nichts, was mir zur Seligkeit verhilft. Ich bin einfach glückselig. Es kann mir nicht genommen werden. Wenn etwas keine Ursache hat, kann es auch nicht rückgängig gemacht werden. Es unterliegt keinem Einfluss, es entzieht sich einfach. Es ist unzerstörbar. Mein Geschäft ist erledigt und vorbei. Und wenn ich das sage, meine ich: Es ist vorbei mit mir – erledigt! Das Ich kann nur bestehen, solange es etwas zu erledigen gibt, solange das Geschäft besteht. Warum bin ich dann hier? Dies ist eine der ältesten Fragen.

Buddha lebte nach seiner Erleuchtung noch vierzig Jahre. Nachdem sein Geschäft sich erledigt hatte, lebte er noch vierzig Jahre lang. Oftmals wurde er gefragt: »Warum bist du noch hier?« Wenn das Werk getan ist, sollte man abtreten. Wozu sollte Buddha, selbst für einen Augenblick, in seinem Körper weiterleben? Es erscheint unlogisch. Wenn kein Verlangen mehr da ist, wie kann der Körper weiterbestehen?

Hier ist etwas sehr Tiefes zu verstehen. Wenn der Antrieb des Ichs, all sein Wünschen, Begehren und Verlangen, verschwindet, bleibt die Energie, die ins Verlangen geflossen war, trotzdem erhalten. Sie kann nicht verschwinden. Verlangen ist eine Erscheinungsform von Energie. Das ist auch der Grund, warum sich eine Begierde in eine andere verwandeln kann.

Aus Wut kann Sexualität werden, aus Sexualität Wut. Sexualität kann zu Habgier werden. Wenn ihr einen habgierigen Menschen trefft, werdet ihr bemerken, dass er weniger sexuell ist. Ein besonders raffgieriger Mensch ist überhaupt nicht mehr sexuell. Er lebt als *Brahmachari*, sexuell enthaltsam, weil seine ganze Energie ins Habenwollen geht. Und bei einem sehr sexuellen Menschen werdet ihr keine Habgier finden, weil keine Energie dafür übrig bleibt. Wenn aber jemand seine Sexualität unterdrückt, ist er voller Zorn und Ärger. Sein Zorn schwelt immer unter der Oberfläche, jederzeit zum Ausbruch bereit. Ihr könnt es in seinen Augen lesen, in seinem Gesicht, dass er wütend ist. Die ganze Sexenergie hat sich in Wut verwandelt.

Darum sind die sogenannten Mönche und *Sadhus*[8] immer so sauer. Die Art, wie sie gehen, drückt ihre Wut aus. Die Art, wie sie einen ansehen, verrät, dass sie voller Wut sind. Ihre Stille ist nur eine dünne Schicht, und wenn man ein wenig daran kratzt, gehen sie sofort hoch. Nicht gelebte sexuelle Energie wird zu Wut. Es sind nur verschiedene Ausdrucksformen ein und derselben Lebensenergie.

Was passiert also, wenn alles Wünschen und Begehren verschwindet? Energie kann nicht verschwinden, sie ist unzerstörbar. Fragt die Physiker: Auch sie sagen, dass Energie unzerstörbar ist.

Bevor Gautama Buddha erleuchtet wurde, verfügte er über eine bestimmte Menge an Energie, die sich als Sexualität, Ärger, Gier, in tausenderlei Formen ausdrückte. Alle diese Formen verschwanden. Was geschah mit der Energie? Sie kann nicht einfach verschwinden, und wenn keine Begierden mehr da sind, wird sie formlos, aber sie ist weiter vorhanden. Was ist nun ihre Funktion? Aus dieser Energie wird Mitgefühl.

Ihr kennt dieses Mitgefühl nicht, weil euch dazu die Energie fehlt. Ihr verschleudert eure Kräfte – mal im Sex, mal im Zorn oder in der Gier. Mitgefühl hat keine Form. Erst wenn all eure Begierden verschwunden sind, wird aus der formlosen Energie das Mitgefühl, *Karuna*. Mitgefühl lässt sich nicht kultivieren. Wenn du wunschlos bist, entsteht Mitgefühl. Dann strömt deine gesamte Energie ins Mitgefühl und damit nimmt sie eine völlig andere Richtung. Wünsche haben eine Motivation, ein Ziel. Mitgefühl ist selbstlos, ohne Ziel und Zweck. Es ist einfach nur überfließende Energie.

Wenn ich also sage, dass ich euretwegen da bin, meine ich nicht, dass ich etwas *unternehme*, um für euch da zu sein. Ich tue nun gar nichts mehr. Alle Formen des Wünschens sind verschwunden. Die Energie ist da, aber ohne mich. All diese Energie ist in Bewegung und fließt ständig über. Ihr könnt daran teilhaben, ihr könnt euch von ihr nähren. Das hat Jesus wohl gemeint, als er sagte: »Esst mich. Macht mich zu eurem Blut; macht mich zu eurer Speise.« Diese überfließende Energie kann euch laben, euch ewig Nahrung geben.

Ich tue überhaupt nichts. Wenn ich sage, dass ich für euch lebe, ist das nur ein sprachlicher Ausdruck, weil es keinen anderen dafür gibt. Ich tue nichts, und so geschieht es eben. Meine Wunschformen sind verschwunden; nur eine formlose Energie ist geblieben, die immerfort überfließt. Wenn ihr klug seid, lasst ihr sie euch nicht entgehen. Schon bald kann sie auch körperlos werden. Erst wird die Energie formlos, wunschlos und letztlich wird sie körperlos.

Der Körper hat seine eigene Antriebsenergie. Wenn ein Mensch, auch ein Buddha, geboren wird, entsteht er aus der Verbindung zweier Körper, aus Vater und Mutter. Bestimmte Chromosomen, bestimmte Zellen bilden seinen Körper. Diese Zellen haben eine bestimmte Lebenskraft mitbekommen. Die angeborene Lebensenergie bestimmt, ob ein Körper siebzig, achtzig Jahre lang leben wird. Der körperliche Bauplan ist darauf ausgelegt, ob ein Körper achtzig Jahre alt wird. Der Körper weiß aber nicht und kann es auch nicht wissen, ob die Seele, die in ihn eingetreten ist, erleuchtet werden wird. Dieses Haus des Körpers weiß nicht, ob der Mensch, der es bewohnt, erleuchtet werden wird. Selbst wenn die Erleuchtung geschieht, hat die körperliche Hülle keine Ahnung davon. Das Haus bleibt aber bestehen, denn es hat sein Eigenleben. Der Körper hat sein eigenes Leben und ist völlig ahnungslos, dass Erleuchtung in ihm passierte. Er lebt einfach weiter, aufgrund seiner Antriebsenergie, seines eigenen Treibstoffs.

Mit vierzig wurde Buddha erleuchtet. Der Körper wurde unwichtig, existierte aber weiter. Er lebte weiter und vollendete seinen Zyklus, bis er achtzig war. Das war gut so, denn die verbleibenden vierzig Jahre waren die Jahre des Überfließens. Dadurch konnten wir überhaupt erst erfahren, was Erleuchtung ist. Wäre Buddha im Augenblick seiner Erleuchtung gleich abgetreten, hätte es keine Religion gegeben. Hätte der Körper aufgegeben und wäre Buddha im Augenblick seiner Erleuchtung tot umgefallen, dann hätte er nicht einmal berichten können, was geschehen war. Es war gut so. Die Existenz hat viel Mitgefühl gezeigt. Buddha lebte noch vierzig Jahre weiter, nicht aus persönlichem Antrieb, sondern nur aus der Schwungkraft der körperlichen Energie. So konnte er einfach ständig weiter überfließen. Auch dieser Körper hier wird dahingehen, wenn seine Schwungkraft erschöpft ist.

Ich tue nichts für euch. Denn auch das wäre selbstsüchtig, wenn einer glaubt, er täte etwas für euch. Niemand tut irgendetwas. Es geschieht einfach. Die Formen des Begehrens sind verschwunden, und die Energie wird zu Mitgefühl. Der Körper muss seinen Lebenszyklus vollenden; er muss seine Schwungkraft vollenden, seinem Bauplan folgen. Diese Zeitspanne wird ein Überfließen sein. Ein Fest, zu dem nicht ich euch einlade, sondern ein Fest, zu dem der ganze Kosmos einlädt.

Die Sprache erzeugt Probleme. Die Sprache ist immer dualistisch, sie gehört immer zu dieser irdischen Welt. Die Sprache gehört zur Unwissenheit, sie gehört zum Begehren. Sie enthält all die Begriffsinhalte und assoziierten Nebenbedeutungen, was es so schwierig macht, irgendetwas über die Dinge zu sagen, die nicht von dieser Welt sind. Man muss entweder schweigen – aber auch das Schweigen kann missverstanden werden – oder man muss Sprache gebrauchen. Doch jedes Wort ist vorbelastet.

Wenn ich sage, dass ich nur für euch da bin, könntet ihr es so interpretieren, dass es wie ein Geschäft aussieht, eine Arbeit. Das ist aber nicht der Fall, ganz und gar nicht. Es ist einfach ein Überfließen von Liebe. Und ich mache es nicht, denn würde ich es machen, dann könnte Liebe nicht fließen. Da brennt nur ein Licht. So könnt ihr den Weg finden, denn das Licht ist da. Ihr könnt es nutzen, ihr könnt es zu eurer Flamme werden lassen. Es kann auch ein Licht in euch entzünden. Aber das hängt von euch ab. Ich bin einfach hier.

Ihr seid eingeladen – nicht von mir, sondern von der Energie selbst. Labt euch an mir, so viel ihr nur könnt. Lasst mich Teil von euch werden. Genießt dieses Fest.

Auch die Worte von Jesus erzeugen wieder Probleme, denn Worte erzeugen immer Probleme. Hätte Jesus hier in

Indien gelebt, im Land der Upanischaden, der Buddhas und Mahaviras, er hätte eine ganz andere Sprache gesprochen. Jesus wurde als Jude geboren; er musste sich der jüdischen Sprache, Mythologie und Symbolik bedienen. Und so sagte er: »Die Arbeit, das Geschäft, das mir mein Vater übertragen hat, ist getan.«

Hätte Jesus hier gelebt, wäre kein Wort von einem Vater gefallen. Der Vater ist eine jüdische Vorstellung – ein gutes, schönes Konzept, aber sehr menschbezogen. Gott ist kein Vater, Gott ist keine Person und Gott gehört keiner Geschäftemacherei an. Aber Juden sind Geschäftsleute, und so ist ihr Gott ebenfalls ein Geschäftsmann. Der Supergeschäftsmann, der alles lenkt, kontrolliert, manipuliert. Und genau wie einen Geschäftsmann könnt ihr ihn verführen, ihn bestechen. Er ist wie ein realer Mensch und er kann böse werden: Wer sich ihm nicht unterordnet, den wirft er in die Hölle. Wer ihm folgt, der kommt ins Paradies – in den Himmel mit all seinen himmlischen Freuden.

Diese ganze Sprache gehört zur Welt des Profits, der Geschäftemacherei. Aber jede Sprache hat ihre eigenen Probleme. Diese Sprache ist anschaulich und gibt der ganzen Schöpfung den Anstrich eines Familienunternehmens: Vater, Sohn und das Geschäft ... Und den Vater kannst du über den Sohn erreichen ... Jesus benutzte einfach nur die Sprache, die gebräuchlich war.

Hier in Indien haben wir viele Sprachmuster ausprobiert. Hindus haben Tausende von Ausdrucksmöglichkeiten, denn der Hinduismus ist nicht eine, sondern ein Gemisch vieler Religionen. Im Hinduismus sind sämtliche Arten von Religionen enthalten; er ist ein Sammelsurium, ein Phänomen für sich. Jede Religionsart, die es je auf der Welt gab, findet sich im Hinduismus. Es ist ein Wunder.

Sogar ein Atheist kann Hindu sein, aber ein Atheist könnte nie Christ sein. Und selbst ein Atheist kann erleuchtet werden. Buddha war Atheist, er glaubte nicht an Gott. Er sagte, es gibt keinen Gott, und – was noch unbegreiflicher ist – er sagte, es gibt keine Seele. Er sagte: Nichts ist. Und trotzdem wurde er ins Pantheon der hinduistischen Götter erhoben. Es ist wirklich unbegreiflich. Dieser Atheist Gautama Buddha wurde zum zehnten *Avatar*, zur zehnten Inkarnation Gottes. Er leugnete Gott, doch die Hindus sagten: Dieser Mann ist eine Inkarnation Gottes, er ist *Bhagwan*.

Die Hindus sagen, sogar eine Leugnung sei eine Art von Anerkennung. Sogar Nein zu sagen bedeute, Ja zu sagen. Das ist rätselhaft. Sie sagen, wer behaupte, dass es Gott nicht gibt, spreche dennoch von Gott, wenn auch verneinend. Wenn Gott bejahend ausgedrückt werden könne, warum nicht auch verneinend? »Etwas« ist ein Wort, »nichts« ist auch ein Wort, und das eine sei so treffend wie das andere. Buddha sagte Nein. Damit wurde das Nein zum Absoluten, das Nichts zur Natur der Dinge. Shankara sagte Ja. Damit wurde das Ja zum Absoluten, diese »Ja-heit«, *Brahman*, wurde zum Ursprung des Seins. Doch für die Hindus bedeutet beides das Gleiche. Jede Sprache und jedes Ausdrucksmuster haben ihre eigenen Vorzüge, ihre eigenen Gefahren und Fallstricke.

Ich selbst bin eher der Verneinung zugeneigt, daher meine Vorliebe für die Zen-Meister. Diese Anekdoten liebe ich über alles: kein Geist, keine Wahrheit, kein Verstehen.

Euer Verlangen ist bejahend. Wenn Gott bejahend ausgedrückt wird, stirbt das Verlangen nicht, sondern es wendet sich Gott zu. Dann sehnt ihr euch nach Gott. Der Weg der Verneinung führt dazu, allem Verlangen den Rücken zu kehren, allen Objekten des Begehrens Nein zu sagen. Auf diesem Weg lösen sich alle Wünsche auf, lösen sich alle Objekte auf, und nur du selbst bleibst übrig in deiner ganzen Reinheit. Diese Reinheit, diese Unschuld – und der Segen, den sie bringen – das wünsche ich euch, mit mir genießen zu können. Es ist keine Lehre. Ich bin kein Lehrer. Es ist kein Dogma. Nur eine Einladung: Freut euch mit mir! Ich bin bereit, und wenn ihr euren Kopf weglasst, können wir feiern. Ich tanze einen inneren Tanz, und ihr könnt mittanzen. Wenn ihr wollt, könnt ihr das »mein Geschäft« nennen.

Meine Arbeit ist getan, was mich betrifft, denn mein Ich hat sich erledigt. Die Energie ist zu Menschenliebe geworden, zu überströmender Liebe. Und alle, die wirklich davon kosten wollen, sind dazu eingeladen, ohne jede Bedingung. Ihr braucht nichts zu geben, ihr braucht nur zu nehmen. Keine Disziplin, kein Kuhhandel – nichts wird von euch erwartet. Es ist ein Geschenk. Das war es schon immer, und es wird immer so sein. Die höchste Seligkeit ist immer ein Geschenk. Darum haben wir es Gnade genannt, *Prasad*. Als ob das Göttliche euch aus seiner Fülle überströmender Energie beschenkt.

Ich will euch eine Geschichte erzählen, die Jesus zu erzählen pflegte. Er hat sie oft wiederholt, er muss diese Geschichte sehr geliebt haben:

Es war einmal ein reicher Mann, der Arbeiter für seinen Weinberg brauchte. Also schickte er jemanden zum Markt, der alle Arbeiter anheuerte, die verfügbar waren. Sie fingen an, im Weinberg zu arbeiten. Andere hörten davon und kamen am Nachmittag. Und selbst bei Sonnenuntergang kamen noch welche; er stellte sie trotzdem ein.

Nach Sonnenuntergang rief er sie alle zusammen und zahlte jedem den gleichen Lohn. Nun murrten die, die beriets am Morgen gekommen waren, und sagten: »Wie ungerecht! Wo bleibt da die Gerechtigkeit? Was soll das? Wir sind seit dem Morgen hier und haben den ganzen Tag gearbeitet, und die da kamen am Nachmittag und haben nur zwei Stunden gearbeitet. Und einige sind eben erst gekommen und haben gar nichts getan. Das ist ungerecht!«

Der Reiche lachte und sagte: »Denkt nicht an andere. Was ich euch bezahlt habe, ist das nicht genug?«

Sie sagten: »Mehr als genug, aber es ist ungerecht. Wieso bekommen diese Leute, die gerade erst gekommen sind, genauso viel?«

Der Reiche sagte: »Ich gebe ihnen, weil ich zu viel habe. Aus Überfluss gebe ich ihnen. Sorgt euch nicht deswegen. Ihr habt mehr bekommen, als ihr erwarten konntet, vergleicht also nicht. Ich gebe ihnen nicht für ihre Arbeit, ich gebe ihnen, weil ich zu viel habe, aus meinem Überfluss.«

Jesus sagt damit: Einige arbeiten hart, zum Göttlichen zu gelangen, einige kommen erst am Nachmittag und einige bei Sonnenuntergang. Und alle bekommen sie das gleiche Gottesgeschenk. Die morgens schon da waren, murren natürlich: »So geht's nicht!«

Wartet nur ab: Ihr habt so viel meditiert, und dann kommt einer kurz vor Ladenschluss und wird erleuchtet. Und ihr habt euch so geplagt! Stellt euch vor, wenn all die Asketen in den Himmel kommen und dort die Sünder sehen, die gleich zur Rechten Gottes sitzen, was dann? Die werden lange Gesichter machen! »Was geht hier vor? Diese Sünder haben ein zügelloses Leben gelebt, haben nie an sich gearbeitet und jetzt sind sie hier! Und wir dachten, sie würden in der Hölle landen!«

Es gibt keine Hölle; es kann sie nicht geben. Wie könnte es eine Hölle geben? Aus Gottes Fülle ist überall der Himmel. So sollte es sein, so muss es sein, es kann nicht anders sein. Aus seinem Überfluss entsteht der Himmel. Die Hölle kann es nicht geben. Die Hölle ist von diesen Asketen erfunden worden, weil sie Sünder im Himmel nicht leiden. Sie müssen Abteilungen schaffen. Sie leiden es nicht, dass ihr im Himmel seid.

Es wird berichtet, dass Baal Shem, ein chassidischer Rabbi, von einer Frau besucht wurde. Sie war um die siebzig, ihr Ehemann war achtzig und wurde jetzt langsam vernünftig. Sein Leben lang war er ein Sünder gewesen. Also kam sie, um sich zu bedanken, dass Baal Shem ihren Ehemann endlich bekehrt hatte – was niemand für möglich gehalten hatte. Er, der sein ganzes Leben lang gesündigt hatte! Aber jetzt hatte er sich gewandelt, dafür war sie Baal Shem sehr dankbar. Sie war immer eine Betschwester gewesen, die nie vom guten Pfad abwich, nie einen Fehltritt beging. Und nun rechnete sie fest damit, dass das Himmelstor für sie weit offen stehe. Und genauso fest hatte sie damit gerechnet, dass ihr Mann in die Hölle käme.

Also sagte sie zu Baal Shem: »Jetzt besteht Hoffnung, dass sogar mein Mann in den Himmel kommt!«

Baal Shem lachte und sagte: »Je größer der Sünder, umso größer der Heilige.«

Die Frau wurde traurig und sagte: »Warum hast du mir das nicht eher gesagt? Du hättest es mir vor vierzig Jahren sagen sollen!«

Je größer der Sünder, umso größer der Heilige. Diese Frau wird eine solche Hölle erleben, wenn sie ihren Mann im Himmel findet! Die sogenannten tugendsamen Leute haben die Hölle erfunden. Aus der Fülle des Göttlichen kann es jedenfalls keine Hölle geben. Heiligen wird gegeben, weil sie schon am Morgen da waren. Sündern wird gegeben, auch wenn sie erst am Abend gekommen sind. Jedem wird gegeben. Es ist ein Geschenk.

Ich bin hier, nicht als Geschäft, sondern als Geschenk. Aber ihr seid ängstlich und zaghaft. Auf Geschäfte versteht ihr euch; ihr kennt die Bedingungen. Ein Geschenk versteht ihr nicht; ihr kennt nicht die Bedingungen. Wenn Bedingungen zu erfüllen sind, dann könnt ihr es verstehen. Wenn aber nichts von euch gefordert wird, blickt ihr nicht mehr durch.

Zum Verstand, zur Welt des Geistes gehören alle Erwartungen, alle Disziplinierung, alle sogenannte Heiligkeit und alle sogenannte Sünde. Wo der Verstand aufhört, gibt es weder Sünder noch Heilige. Das Geschenk ergießt sich einfach über euch alle.

Genug für heute.

III

Die Tore von Himmel und Hölle

Ein Krieger kam zu Zen-Meister Hakuin und fragte:
»Gibt es so etwas wie Himmel und Hölle?«
Hakuin fragte: »Wer bist du?«
Der Krieger antwortete: »Ich bin
der oberste Samurai des Kaisers.«
Hakuin sagte: »Du, ein Samurai? Mit diesem
Gesicht siehst du eher aus wie ein Bettler!«
Da wurde der Krieger wütend und zückte sein Schwert.
Hakuin stand ruhig vor ihm und sagte:
»Hier öffnen sich die Tore der Hölle.«
Als er den Meister so gelassen dastehen sah,
steckte der Soldat sein Schwert in die Scheide
und verneigte sich. Da sagte Hakuin:
»Und hier öffnen sich die Tore des Himmels.«

Himmel und Hölle sind keine geografischen Orte. Wenn ihr euch aufmacht, sie zu suchen, werdet ihr sie nirgends finden, denn sie sind in euch. Sie gehören zu eurer Psyche. Der Verstand ist Himmel und auch Hölle. Der Verstand ist zu beidem fähig. Aber die Leute stellen sich immer alles irgendwo da draußen vor. Unser Blick geht ständig nach außen, denn nach innen zu schauen ist schwierig. Wir sind nach außen gerichtet. Wenn jemand sagt, dass es Gott gibt, schauen wir zum Himmel. Irgendwo da oben sitzt wohl Gott in Person.

Ein Psychologe befragte kleine Kinder in einer amerikanischen Schule, wie sie über Gott denken. Kinder haben eine klarere Wahrnehmung; sie sind ehrlicher, nicht so gerissen, und sie geben besser darüber Aufschluss, wie der Mensch denkt. Sie sind noch unverfälscht. Also befragte er diese kleinen Kinder und sammelte die Antworten. Das Ergebnis war lachhaft. Fast alle stellten sich Gott als einen großen, alten Mann mit langem Bart vor, sehr gefährlich, einfach zum Fürchten. Wenn du ihm nicht gehorchst, wirft er dich ins Höllenfeuer. Wenn du brav betest und seine Gebote befolgst, belohnt er dich mit dem Paradies und allen paradiesischen Freuden. Er sitzt auf einem Thron im Himmel und sieht jeden. Du kannst dich nicht vor ihm verstecken; er sieht dich sogar im Badezimmer.

Der nach außen gerichtete Verstand verlegt alles nach außen. Dies ist auch euer Gott. Lacht nicht. Glaubt ja nicht, dies seien nur kindliche Vorstellungen – nein, das seid ihr selbst. Genau so stellt ihr euch Gott vor: als kosmischen Spion, der ständig darauf aus ist, euch zu verdammen, zu bestrafen, in die Hölle zu werfen. Grausam und rachsüchtig.

Somit sind alle diese Religionen auf Angst aufgebaut: Wenn du tust, was man dir sagt, wirst du belohnt; wenn du nicht tust, was man dir sagt, wirst du bestraft. Aber die Grundlage ist offensichtlich Angst. Gott scheint nichts weiter zu sein als ein mächtiger Kaiser, der auf einem Thron im Himmel sitzt. Die ganze Vorstellung ist töricht, aber menschlich. Der menschliche Verstand *ist* töricht. Diese ganze Gottesvorstellung ist menschbezogen.

In der Bibel heißt es, Gott habe den Menschen nach seinem eigenen Bilde geschaffen. In Wirklichkeit zeigt sich aber, dass es genau umgekehrt ist: Der Mensch hat Gott nach seinem eigenen Bilde geschaffen. Wir haben einen Gott nach unserer Einbildung erfunden. Er ist ein menschlicher Geist, nur vergrößert, das ist alles. Ihr müsst wissen: Wenn ihr euch Gott irgendwo da draußen denkt, habt ihr nicht einmal den ersten Schritt zur Religion getan.

Das Gleiche gilt für alle solche Vorstellungen: Der Himmel ist außen, die Hölle ist außen – als ob es das Innere gar nicht gäbe. Was ist innen in dir? Sobald du an das Innere denkst, scheint alles leer zu werden. Was ist innen? Die Welt ist außen, Sex ist außen, Sünde ist außen, Tugend ist außen. Gott, Himmel, Hölle – alles ist außen. Und was ist innen? Wer bist du? Sobald du an das Innere denkst, wird dein Geist leer; da ist nichts.

In Wirklichkeit ist *alles* innen; das Außen ist nur eine Projektion. Angst ist in dir. Und diese Angst wird als Hölle nach außen verlegt. Es ist, als würde ein inneres Bild deiner Angst als Hölle auf eine Leinwand projiziert – deiner Angst, Wut, Eifersucht und allem, was in dir giftig ist, allem, was in dir böse ist. Der Himmel ist ebenfalls ein projiziertes Bild auf der Leinwand – von allem, was gut und schön ist, von allem, was in dir selig ist. Der Teufel ist der gefallene Mensch. Gott ist der aufgestiegene Mensch. Gott ist die höchste Möglichkeit deines Glücks, der Teufel dein tiefster Fall. Ein Wesen namens Teufel gibt es nirgends. Du wirst ihn niemals treffen, es sei denn, du wirst zu ihm. Und du wirst Gott niemals begegnen, es sei denn, du wirst Gott.

Die Religionen des Ostens haben diese anthropozentrische Haltung schon in grauer Vorzeit hinter sich gelassen. Östliche Religionen stellen den Menschen nicht in den Mittelpunkt. Sie sagen: Du kannst Gott nicht begegnen; du kannst nur Gott *werden*. Sie sagen: Wenn du zum höchsten Gipfel der Schöpfung gelangst, nimmt kein Gott dich dort freundlich in Empfang. Da bist nur du – in deiner Göttlichkeit.

So viel kann also gesagt werden, und darauf bestehe ich: Es gibt keinen Gott; das Dasein ist göttlich. Es gibt da nirgendwo eine Person, keinen Supermenschen, niemanden. Gott existiert nicht; nur Göttlichkeit existiert. Sobald ich es »Göttlichkeit« nenne, wird es zu etwas Innerem. Sobald ihr »Gott« sagt, projiziert ihr es nach außen.

Diese Geschichte ist wunderbar. Mit Meister Hakuin entfaltet das Zen eine seiner schönsten Blüten.

Ein Krieger kam zu ihm, ein Samurai, ein großer Soldat, und fragte: »Gibt es einen Himmel, gibt es eine Hölle? Und wenn es Himmel und Hölle gibt, wo sind die Eingänge? Wo kann ich hinein? Wie kann ich der Hölle entgehen und den Himmel wählen? Wo sind die Tore?« Er war ein einfacher Krieger. Und Krieger sind immer einfach.

Es ist schwer, einen einfachen Geschäftsmann zu finden. Ein Geschäftsmann ist immer klug und gerissen, sonst wäre er kein Geschäftsmann. Ein Krieger ist immer einfach, sonst wäre er kein Krieger. Ein Krieger kennt nur zwei Dinge: Leben und Tod. Nicht sehr viel. Sein Leben steht immer auf dem Spiel. Sein Leben ist ein ständiges Glücksspiel. Er ist ein einfacher Mensch. Darum haben die Geschäftsleute keinen einzigen Mahavira, keinen einzigen Buddha hervorgebracht.

Nicht einmal die Brahmanen brachten einen Rama, einen Buddha, einen Mahavira hervor. Brahmanen sind auch gerissen, auf andere Weise gerissen. Sie sind ebenfalls Geschäftsleute, Unternehmer einer anderen Welt, des Jenseits. Sie führen die Geschäfte nicht dieser Welt, sondern der anderen Welt. Ihr Priestertum ist Geschäft; ihre Religion ist Rechnen, Einmaleins. Das sind schlaue, sogar sehr schlaue Leute, noch schlauer als die Geschäftsleute. Der Geschäftsmann beschränkt sich auf diese Welt. Ihre Schläue hat es auf Höheres abgesehen. Sie denken immerzu an die andere Welt, an die Belohnungen, die sie dort bekommen werden. Ihre Rituale, all ihre Gedanken kreisen nur darum, wie sie an die höchsten Genüsse herankommen können – dort drüben. Sie suchen Genuss. Sie sind Krämerseelen. Selbst die Brahmanen konnten keinen Buddha hervorbringen.

Ist es nicht seltsam? Alle vierundzwanzig erleuchteten *Tirthankaras* der Jainas[9] waren *Kshatriyas*, Krieger. Auch Buddha war ein Krieger; Rama und Krishna waren Krieger. Sie waren einfache Menschen, ohne Verschlagenheit, ohne Kalkül. Sie kannten nur zwei Dinge: Leben und Tod.

Dieser einfache Krieger kam also zu Hakuin, um zu fragen, wo sich Himmel und Hölle befinden. Er wollte keine großen Lehren hören. Er wollte nur wissen, wo das Tor ist, das Tor zur Hölle, um es zu meiden, und das des Himmels, um ihn betreten zu können. Und Hakuin antwortete ihm auf eine Art, die nur ein Krieger versteht. Wäre ein Brahmane gekommen, hätte er die Schriften bemühen müssen. Dann hätte er aus den Vedas oder Upanischaden, der Bibel oder dem Koran zitiert. Das hätte ein Brahmane verstanden. Alles, was ein Brahmane zum Leben braucht, findet sich in den Schriften. Das ist seine Welt. Ein Brahmane lebt im Wort. Wäre er ein Geschäftsmann gewesen, dann hätte er diese Antwort genauso wenig verstanden – diese Erwiderung, die Hakuin gab, die Art, wie er auf diesen Krieger einging. Ein Geschäftsmann fragt zuerst: »Was kostet dein Himmel? Wie hoch ist der Preis? Wie kann ich ihn erwerben? Was muss ich tun? Wie tugendhaft muss ich sein? In welcher Währung muss ich zahlen? Was muss ich tun, um mir den Himmel zu verdienen?« Er fragt als Erstes, was es kostet.

Ich habe eine schöne Geschichte gehört ... Sie handelt vom Anfang, als Gott die Welt erschuf: Gott kam zur Erde, um mit den verschiedenen Völkern über die Zehn Gebote, die zehn Lebensregeln, zu verhandeln. Die Juden haben diesen Zehn Geboten enorme Bedeutung beigemessen. Die Christen auch, ebenso die Mohammedaner[10]. All diese Religionen sind jüdischen Ursprungs, ihre Quelle ist das Jüdische. Und der Jude ist der Inbegriff des Geschäftsmanns.

Gott ging also mit einer Frage hausieren. Er kam zu den Hindus und fragte: »Wollt ihr die Zehn Gebote haben?«

Diese sagten: »Wie lautet das erste? Gib uns ein Beispiel. Wir wissen ja nicht, was das für Zehn Gebote sind.«

Gott sagte: »Du sollst nicht töten.«

Die Hindus sagten: »Das wird schwierig. Das Leben ist so verwickelt, das Töten gehört dazu. Es ist ein kosmisches Spiel: Da gibt es Geburt, Tod, Kampf, Streit. Wenn du uns den Streit wegnimmst, wird die ganze Sache langweilig und platt. Deine Gebote gefallen uns nicht. Sie verderben uns das ganze Spiel.«

Danach kam Gott zu den Mohammedanern und sagte: »Ihr sollt nicht ehebrechen.« Das war das Beispiel, das er den Mohammedanern gab; sie hatten ebenfalls nach einem Beispiel gefragt.

Da sagten die Mohammedaner: »Das ist nicht so einfach. Das Leben würde alles Salz verlieren. Wir brauchen mindestens vier Frauen. Nenne es Ehebruch, aber was hat das Leben sonst schon zu bieten? Ein rechtschaffener Mann hat das redlich verdient. Und wer weiß, was das Leben im Jenseits bringt? Dies ist unsere Welt; du hast sie uns gegeben, damit wir uns daran freuen. Und jetzt kommst du uns mit diesen Zehn Geboten? Das widerspricht sich.«

Gott ging von einem Volk zum anderen. Schließlich kam er zu Moses, dem Anführer der Juden. Moses fragte gar nicht erst nach einem Beispiel. Als Gott anhub: »Ich habe hier Zehn Gebote ...«, bekam er es mit der Angst zu tun: Wenn Moses Nein sagte, blieb niemand mehr übrig. Gott hatte alle gefragt, aber keiner wollte sie haben. Moses war seine letzte Hoffnung. Als Gott Moses fragte: »Möchtest du diese Zehn Gebote haben?«, was wollte Moses da wissen? Er fragte: »Was kosten sie?« So denkt der Geschäftsmann; als Erstes fragt er nach dem Preis.

Gott sagte: »Sie kosten nichts.«

Und Moses sagte: »Dann nehme ich alle zehn. Wenn sie nichts kosten, gibt es kein Problem.« Und so kam es zu den Zehn Geboten.

Aber dieser Samurai, das war kein Jude. Er war kein Geschäftsmann, er war ein Krieger. Er war mit einer einfachen Frage gekommen. Er hatte kein Interesse an den

Schriften. Ihn interessierte weder der Preis noch hatte er irgendein Interesse an einer wortreichen Antwort. Er war an der Wirklichkeit interessiert.

Und was tat Hakuin? Er fragte: »Wer bist du?«

Und der Krieger antwortete: »Ich bin ein Samurai.«

In Japan ist es eine äußerst ehrenhafte Sache, ein Samurai zu sein. Er ist der vollendete Krieger, der keinen Augenblick zögert, sein Leben aufs Spiel zu setzen. Für ihn sind Leben und Tod nur Spiel.

Er sagte: »Ich bin ein Samurai. Ich bin ein Anführer von Samurai. Selbst der Kaiser zollt mir Ehre.«

Hakuin lachte und sagte: »Du, ein Samurai? Du siehst aus wie ein Bettler!«

Das verletzte den Stolz des Samurai; sein Ego war angeschlagen. Er vergaß, weswegen er gekommen war. Er zückte sein Schwert und wollte Hakuin auf der Stelle töten. Er vergaß, dass er zu diesem Meister gekommen war, um nach dem Eingang zum Himmel und zur Hölle zu fragen. Da lachte Hakuin und sagte: »Hier ist das Tor zur Hölle. Mit diesem Schwert, diesem Jähzorn, diesem Ego – hier öffnet sich das Tor.« Diese Sprache kann ein Krieger verstehen. Und er begriff sofort: Hier ist das Höllentor. Er steckte sein Schwert zurück in die Scheide. Und Hakuin sagte: »Hier öffnen sich die Tore des Himmels.«

Himmel und Hölle sind in dir. Beide Tore sind in dir. Wenn du unbewusst bist, dich unbewusst verhältst, tut sich das Tor zur Hölle auf. Wenn du wach und bewusst wirst, stehst du vor dem Tor zum Himmel.

Was ging in dem Samurai vor sich? Als er drauf und dran war, Hakuin zu töten, war er da bewusst? War er sich dessen bewusst, was er vorhatte? War er sich bewusst, weswegen er gekommen war? Alle Bewusstheit war wie weggeblasen. Wenn das Ego dich übermannt, kannst du nicht wach sein. Das Ego ist die Droge, das Rauschmittel, das dich vollkommen unbewusst werden lässt. Du tust etwas, aber dein Tun kommt aus der Unbewusstheit, nicht aus deiner Bewusstheit. Und jedes Mal, wenn du aus der

Unbewusstheit heraus handelst, öffnet sich das Tor zur Hölle. Egal was du tust: Wenn dir nicht bewusst ist, was du tust, öffnet sich das Höllentor. Augenblicklich wurde der Samurai hellwach. Als Hakuin sagte: »Hier ist das Tor. Du hast es schon geöffnet«, muss das Geschehen ihn schlagartig wachgerüttelt haben.

Stell dir vor, du wärst dieser Krieger gewesen, dieser Samurai, mit gezücktem Schwert, bereit zum Todeshieb. Wie hättest du dich gefühlt? Noch eine Sekunde, und Hakuins Kopf wäre am Boden gerollt. Eine Sekunde länger, und sein Kopf wäre vom Körper getrennt gewesen.

Da sagte Hakuin: »Dies ist das Tor zur Hölle.« Das ist keine philosophische Antwort. Kein Meister gibt philosophische Antworten. Philosophie ist nur etwas für durchschnittliche, unerleuchtete Geister. Ein Meister antwortet zwar, aber seine Antwort liegt nicht in Worten, sie ist allumfassend. Hakuin spielte mit der Gefahr. Dass dieser Mann ihn um ein Haar getötet hätte, ist ihm gleichgültig: »Wenn du mich tötest und dadurch erwachst, ist es das wert.« Hakuin hielt sich an das Spiel. Hätte er auch nur eine Sekunde verloren, wäre er von diesem Mann getötet worden. Aber genau im richtigen Augenblick sagte Hakuin: »Dies ist das Tor.«

Ihr wisst vielleicht nichts über Samurai. Wenn zum Beispiel jemand drauf und dran ist, einen Samurai zu töten, das Schwert in der Hand, bereit, den Hals zu treffen, und der Samurai steht schutzlos vor ihm, ohne jede Waffe … In einem solchen Augenblick benutzen die Samurai einen speziellen Laut, ein Mantra. Er braucht nur dieses eine Wort von sich zu geben, so laut, dass dem Gegner alle Kraft erlahmt. Er steht betäubt, wie eine Statue. Der Samurai sagt nur: »He!«, und der andere erstarrt; seine Hand kann sich nicht mehr bewegen. Dieser Laut lässt einem das Herz stocken, von wo alles gesteuert wird. Die Hand ist wie gelähmt, das Hirn setzt aus. Man ist nicht mehr handlungsfähig. Einen Samurai kann man nicht töten, selbst wenn er ohne Waffen ist. Er vermag sogar Töne als Schutz einzusetzen. Zielt man mit einer Pistole auf ihn, so kann man nicht abdrücken, oder die Kugel geht daneben. Dabei ist es nur ein Ton, aber ein Ton, der so beschaffen ist, dass er dem andern tief ins Herz dringt und sein Tun in eine andere Richtung lenkt. Das ganze Handlungsmuster wird verändert.

Als Hakuin sagte: »Dies ist das Tor!«, muss dieser Samurai lahm gelegt worden sein. In diesem Zustand der Lähmung, wo alles Tun innehält, wird man bewusst. Jede Verstandesaktivität, jede Geistesregung bedeutet Unbewusstheit. Euer Verstand ist fortwährend mit irgendetwas beschäftigt; keinen Moment seid ihr unbeschäftigt. Dieses Beschäftigtsein ist eure Droge. Darum fühlt ihr euch so unwohl, wenn ihr ohne Aktivität seid. Vielleicht lest ihr dieselbe Zeitung zum x-ten Mal oder macht irgendetwas, egal was – öffnet das Fenster und schließt es wieder ... Irgendeine Beschäftigung muss herhalten, sonst würde eure Unbewusstheit unterbrochen und ihr würdet bewusst.

Im Zen heißt es: Wer sechs Stunden lang still dasitzen kann, ohne etwas zu tun, wird erleuchtet. Nur sechs Stunden lang. Aber sechs Stunden sind tatsächlich zu lang. Ich sage: Sechs Minuten reichen. Selbst sechs Sekunden sind genug. Was passiert, wenn du sechs Sekunden lang vollkommen ohne Aktivität sein kannst? Wenn du nicht mit etwas beschäftigt bist, kannst du nicht unbewusst bleiben. Wenn du unbeschäftigt bist, wird deine gesamte Energie zu Bewusstheit. Eine ungeheure Befreiung findet statt.

Deine Energie wird durch Beschäftigung gebunden. Dein Kopf denkt, dein Körper arbeitet, du bist beschäftigt, und deine ganze Kraft geht in Aktivität und verpufft in die Welt. Beim Denken verausgabst du deine Energie, denn jeder Gedanke nimmt Kraft, braucht Energie. Du denkst ununterbrochen und vergeudest Energie für nichts und wieder nichts. Es ist reine Verschwendung. Jede Aktivität verbraucht Energie, und deine unendliche Energiequelle wird ständig abgebaut. Du leckst an allen Seiten.

Darum fühlst du dich so schwach, so enttäuscht, so ohnmächtig. Diese Ohnmacht gibt dir das Gefühl der Hilflosigkeit. Du bist allmächtig und fühlst dich ohnmächtig. Du hast die Quelle einer unendlichen Energie in dir. Du bist mit der kosmischen Quelle verbunden, aber du fühlst dich ohnmächtig, weil du ständig deine Energie verschleuderst.

Wenn das Denken auch nur für einen winzigen Moment aussetzt und jegliche Aktivität aufhört, wenn du wie eine Statue innen und außen bewegungslos bist, ohne dass der Körper oder der Geist sich regt, wird eine ungeheure Energie frei. Wo soll sie hin? Ohne Aktivität kann sie nicht nach außen abfließen. Du wirst zu einer Säule von Energie, einer Flamme von Energie. Alles in dir wird bewusst, alles wird erhellt. Dein ganzes Wesen füllt sich mit Licht.

Genau das muss sich in dem Krieger abgespielt haben: Er stand da, mit gezücktem Schwert, und Hakuin ihm gegenüber. Er stand vor einem Meister, einem erleuchteten Meister! Hakuins Augen lachten, sein ganzes Gesicht lachte, und die Tore des Himmels öffneten sich. Da verstand er. Das Schwert kam zurück in die Scheide. Während er das Schwert in die Scheide zurücksteckte, muss er völlig still gewesen sein, friedlich. Die Wut war verschwunden. Die Energie der Wut hatte sich in Stille verwandelt.

Wenn du mitten in einem Wutanfall plötzlich aufwachst, wirst du einen Frieden fühlen wie nie zuvor. Gerade war die Energie noch im Aufruhr und plötzlich steht sie still. Eine Stille, eine plötzliche Stille kommt über dich. Du fällst in dein innerstes Sein, und dieses Fallen geschieht so unerwartet, dass du bewusst wirst. Es ist kein langsames Fallen. Es geschieht so plötzlich, dass du aus deiner Unbewusstheit gerissen wirst. Unbewusst bleiben kannst du nur bei gewohnheitsmäßigen Abläufen, bei Dingen, die langsam vor sich gehen. Wenn du dich so langsam bewegst, dass du die Bewegung gar nicht wahrnimmst. Aber das hier war ein Ruck – vom Tun zum Nichttun, vom Denken zum Nichtdenken, vom Geist zum Nichtgeist. Und der Krieger gelangte zur Erkenntnis. Als das Schwert in die Scheide zurückfuhr, erkannte der Krieger.

Und Hakuin sagte: »Hier öffnen sich die Tore des Himmels.«

Stille ist das Tor.
Innerer Frieden ist das Tor.
Gewaltlosigkeit ist das Tor.
Liebe und Mitgefühl sind das Tor.

Himmel und Hölle sind keine geografischen Orte, sie sind in eurer Psyche. Es sind psychologische Gegebenheiten. Und darüber wird nicht erst am Tag des Jüngsten Gerichts entschieden. Der menschliche Verstand ist so schlau im Vermeiden, im Ausweichen. Und so haben die Christen, die Mohammedaner, die Juden sich eine Vorstellung vom Jüngsten Tag zurechtgezimmert, an dem über jeden das Urteil gefällt wird. Ihr werdet aus euren Gräbern geholt und gerichtet. Wer brav war und Jesus gefolgt ist und sich immer richtig verhalten hat, kommt in den Himmel. Und wer sich schlecht benommen hat, Jesus nicht gefolgt und nicht zur Kirche gegangen ist, muss in der Hölle braten. Und diese Hölle währt ewig.

Die christliche Hölle ist eine der größten Absurditäten. Sie währt ewig, sie hört nie auf. Was für eine Ungerechtigkeit! Was immer du an Sünden begangen haben magst, eine Strafe für die Ewigkeit kann niemals gerecht sein.

Bertrand Russell macht sich irgendwo lustig darüber: »Wenn ich all meine Sünden zusammenzähle, die Sünden, die ich begangen, und die Sünden, die ich nur erwogen habe, selbst wenn ich die mitrechne, kann mich selbst der strengste Richter nicht länger als vier Jahre dafür ins Gefängnis stecken. Aber in die Hölle der Christen schicken sie dich auf ewig!« Bertrand Russell hat ein Buch geschrieben, *Warum ich kein Christ bin*, und dieses ist eines seiner Argumente. Ein ausgezeichnetes Argument, denn die ganze Sache ist einfach lächerlich. Und die Christen glauben nur an ein Leben ...

Wenn du, wie die Hindus sagen, Tausende Sünden in Tausenden von Leben begangen hast, mag es einleuchten, dich für alle Ewigkeit in die Hölle zu schicken. Aber die Christen glauben nur an ein einziges Leben, das etwa siebzig Jahre währt. Wie könnte jemand so viele Sünden begehen, dass er dafür die ewige Hölle verdient? Selbst wenn er siebzig Jahre lang ununterbrochen sündigt, erscheint eine ewige Höllenstrafe nicht gerecht. Doch das Ganze riecht nach Rachsucht. Gott wirft dich nicht zur Buße deiner Sünden in die Hölle, sondern weil du ungehorsam warst, weil du rebellisch warst, weil du nicht auf ihn gehört hast. Das sieht nach Rache aus. Doch Rache kann sehr ungerecht sein. Ist es eine Bestrafung? Das erscheint lächerlich.

Dieses Jüngste Gericht hat sich der menschliche Verstand ausgedacht. Warum? Warum erst am letzten Tag? Der Verstand verschiebt die Dinge gerne auf morgen, er schiebt alles auf die lange Bank. Dann besteht das Problem nicht jetzt und hier. Es hat Zeit bis zum Tag des Jüngsten Gerichts. Dann werden wir ja sehen. Es drängt nicht. Wir werden sehen, was passiert. Es gibt immer Mittel und Wege ... Im letzten Augenblick kannst du dich zu Jesus bekehren, fünf vor zwölf kannst du dich Gott zuwenden und ihm beichten: »Ich war ein Sünder.« Bereue, und es wird dir vergeben. Gott ist unendliches Erbarmen. Gott ist die Liebe. Er wird dir vergeben.

Die Christen haben sich auch das Verfahren der Beichte ausgedacht. Du hast gesündigt? Dann geh zum Priester und beichte. Wenn du gebeichtet hast, fühlst du dich erleichtert. Wenn du ehrlich gebeichtet hast, bist du bereit, wieder drauflos zusündigen. Vergangene Sünden sind dir vergeben. Wenn du den Trick erst einmal herausgefunden hast, dann kennst du den Schlüssel: Erst sündigen, dann beichten und Vergebung erlangen. Wer wird dich hindern, so viel zu sündigen, wie du willst? Die Leute, die jeden Sonntag zur Kirche gehen, sind dieselben, die zur Beichte zum Priester kommen. Manchmal lässt ihr Ego sie sogar Sünden beichten, die sie gar nicht begangen haben. Dein Ego kann sich beim Beichten so sehr identifizieren und hineinsteigern, dass du Sünden gestehst, die du nicht begangen hast. Ein großer Sünder zu sein ist eine solche Befriedigung für das Ego. Je größer der Sünder, umso größer die Vergebung Gottes.

Diejenigen, die Leo Tolstois autobiografische Aufzeichnungen gründlich studiert haben, behaupten, dass er viele Sünden, die er darin begangen haben will, gar nicht begangen hat. Darüber zu schreiben hat ihm wohl Freude bereitet. Auch Jean-Jacques Rousseau verfasste die *Bekenntnisse*, seine Autobiografie. Die Sünden, die er darin beichtet, hat er nie begangen. Dasselbe lässt sich wohl von Mahatma Gandhi sagen. In seiner Autobiografie stehen Dinge, die er angeblich begangen hat, aber er hat wohl übertrieben. So funktioniert das Ego. Wenn es solche Geständnisse macht, geht es leicht ins Extrem. Es erlangt eine gewisse Befriedigung, zu sagen: »Ich habe alles gebeichtet. Jetzt bin ich erleichtert, denn es wurde mir vergeben. Früher war ich ein Sünder, aber jetzt bin ich ein Heiliger.«

Das Jüngste Gericht, die Beichte, das sind Tricks des Verstandes. Himmel und Hölle warten nicht auf dich, sie sind hier und jetzt. Jeden Augenblick geht ein Tor auf, jeden Augenblick schwankst du zwischen Himmel und Hölle. Jeder Augenblick zählt. Da gibt es nichts aufzuschieben. In einem einzigen Augenblick kannst du vom Himmel in die Hölle und aus der Hölle in den Himmel fallen.

Darin liegt der Sinn dieser Geschichte. In einem winzigen Augenblick – keine Sekunde ist verstrichen, und Hakuin sagt: »Dies ist das Tor der Hölle. Hier öffnet sich das Tor zur Hölle.« Und es vergeht nicht einmal eine Sekunde, da sagt er: »Schau, hier ist das Tor zum Himmel.«

Himmel und Hölle liegen nicht weit auseinander, sie sind Nachbarn. Nur ein niedriger Zaun trennt sie. Du kannst den Zaun locker überspringen, nicht mal ein Türchen hat er. Und ihr springt wirklich ständig hin und her. Morgens bist du im Himmel, doch ehe es Abend geworden ist, bist du in der Hölle gelandet. In diesem Moment im Himmel, im nächsten in der Hölle. Es ist nur eine Stimmung, eine Geisteshaltung, je nachdem, wie du dich fühlst. In einem einzigen Leben wirst du der Hölle viele Male einen Besuch abstatten, und viele Male wirst du den Himmel besuchen. Ja, sogar an einem einzigen Tag …

Es gibt eine schöne Geschichte über einen Schüler Mahaviras. Er war ein großer König, doch eines Tages dankte er ab und wurde Mahaviras Schüler. Er war sehr asketisch, streng und hielt sich an alles, was Mahavira ihm empfahl, bis ins Extrem. Sein Name verbreitete sich überall im Land; er hieß Prasannachandra. Sogar Könige kamen und huldigten ihm.

Ein König namens Bimbasar, der ein Freund Prasannachandras gewesen war, als er noch herrschte, kam zu Prasannachandras Höhle und fand ihn in der Sonne stehend, nackt, die Augen geschlossen. Bimbasar verbeugte sich vor Prasannachandra. Er muss wohl gedacht haben: »Wann wird die Zeit kommen, wo auch ich so friedvoll, so still, so selig sein werde? Dieser Mann hat heimgefunden.«

Danach ging er zu Mahavira, Prasannachandras Meister, der in der Nähe war, im selben Wald. Er fragte Mahavira: »Bhagwan, ich komme gerade von Prasannachandra zu dir. Er stand da mit geschlossenen Augen, so selig und dem Himmel so nah. Er ist angekommen. Wann wird meine Zeit kommen? Ich bin nicht so gesegnet, ich beneide ihn. Und ich habe noch eine andere Frage: Wenn Prasannachandra nun gestorben wäre, just in dem Moment, als ich bei ihm war und ihm meine Ehrerbietung erwies: Wo wäre er hingegangen? In welchen Himmel wäre er gekommen?« – Denn die Jainas sagen, es gibt sieben Himmel und sieben Höllen.

Mahavira sagte: »In die siebente Hölle.«

Bimbasar war sprachlos; er war verwirrt und verstand nicht: »Was sagst du, die siebente Hölle? Prasannachandra stand so still da, so friedvoll, so meditativ, in solcher Ekstase! Wenn er in die siebente Hölle kommt, was soll dann erst aus mir werden? Gibt es denn noch mehr Höllen als sieben? Ach, du machst sicher Witze. Sag mir die Wahrheit.«

Mahavira sagte: »Das ist die Wahrheit. Kurz vor dir kamen ein paar Leute vorbei. Sie waren auch gekommen, um Prasannachandra zu huldigen, und fingen an, über ihn zu lästern. Er hörte es. Und das Tor der Hölle öffnete sich. Es waren Leute aus der Hauptstadt, wo er König gewesen war. Sie sagten: ›Dieser Narr hat alles aufgegeben. Der Kanzler, dem er das Reich übergab, ist ein Dieb. Er bereichert sich und macht alles kaputt. Wenn Prasannachandras Sohn mündig ist und König werden soll, wird nichts mehr übrig sein. Und dieser Idiot steht hier und macht die Augen zu.‹ Das hörte Prasannachandra. Schlagartig öffneten sich die Höllentore, er vergaß sich.«

Auch er war Samurai, ein Krieger, ein *Kshatriya*. Er vergaß völlig, dass er der Welt entsagt hatte. Er vergaß, dass er kein Schwert besaß. Er vergaß völlig, dass er nun ein Mönch war. Jener Samurai, der Hakuin aufsuchte, hatte ein Schwert, aber Prasannachandra hatte keins. Er stand völlig nackt da. Er zog sein Schwert – doch das Schwert existierte nur in seiner Vorstellung – und hatte völlig vergessen, dass er jetzt Mönch war. Was er eben gehört hatte, war ein solcher Schock und regte ihn dermaßen auf, dass er das Schwert zückte und rief: »Noch bin ich am Leben! Was denkt sich dieser Kerl, dieser Kanzler? Ich werde hingehen und ihm den Kopf abschlagen! Noch bin ich hier!« Und aus alter Gewohnheit … denn früher hatte er sich, wenn er wütend war, immer an die Krone gefasst. Das tat er jetzt auch. Aber da war keine Krone, nur ein glatt rasierter Schädel. Da erinnerte er sich: »Was tue ich? Hier ist ja gar kein Schwert. Ich bin *Sannyasin,* und es geht mich nichts mehr an.«

Mahavira sagte: »Wäre er in diesem Augenblick gestorben, er wäre in den siebenten Himmel gekommen. Prasannachandra erkannte, was seine Einbildung ihm da vorgegaukelt hatte. Durch bloße Einbildung war das Tor zur Hölle aufgegangen. Jetzt hatte es sich wieder geschlossen. Wäre er in diesem Augenblick gestorben, hätte er den siebenten Himmel erreicht.«

Hölle und Himmel sind in dir. Die Türen liegen nebeneinander: Mit der rechten Hand kannst du die eine öffnen, mit der linken Hand die andere. Eine kleine Veränderung in deinem Gemüt, und dein ganzes Wesen ändert sich: vom Himmel zur Hölle, von der Hölle zum Himmel. Das geht ständig so weiter. Was ist das Geheimnis?

Das Geheimnis ist: Sobald du unbewusst bist und unbewusst handelst, ohne Gewahrsein, bist du in der Hölle. Und sobald du bewusst bist und aus wacher Bewusstheit handelst, bist du im Himmel. Wenn deine Bewusstheit so beständig und ungebrochen wird, dass du sie nie mehr verlierst, gibt es für dich keine Hölle mehr. Wenn deine Unbewusstheit so beständig und ungebrochen ist, dass sie nie weggeht, gibt es für dich keinen Himmel.

Zum Glück kann Unbewusstheit sich nie völlig verfestigen. Ein Teil von dir bleibt immer bewusst. Selbst wenn es so aussieht, als wäre dein ganzes Wesen unbewusst, ist ein Teil von dir, der Zeuge von allem ist, dennoch bewusst, auch im Schlaf. Ein Teil von dir bleibt Zeuge. Darum sagst du morgens manchmal, dass du gut geschlafen hast. Oder dass dein Schlaf unruhig war, voller Albträume. Oder: »Ich hab so tief geschlafen, so friedlich. Es war der reinste Himmel.« – Wie kannst du das wissen? Du hast ja fest geschlafen. Wer ist es, der weiß, dass du glücklich warst im Schlaf? Der Teil, der Zeuge war. Etwas in dir, das ständig wach war, weiß es. Dass du Albträume hattest, dass du rastlos, unruhig, unbehaglich warst – wer hat das mitbekommen? Du hast fest geschlafen; wie kannst du das wissen? Ein Teil ist Zeuge geblieben. Selbst im Schlaf gibt es einen Teil von dir, der alles mitbekommt. Du kannst also nie völlig unbewusst werden.

Bewusstheit, die einmal erlangt wurde, kann nicht wieder verloren gehen. Du kannst sie vergessen, aber du kannst sie nicht verlieren. Dieser Vorgang lässt sich nicht rückgängig machen.

Ewig in der Hölle zu sein ist nicht möglich – die christliche Auffassung ist falsch. Aber ewig im Himmel zu sein ist nach hinduistischem Verständnis möglich. Die Hölle kann höchstens ein vorübergehender, zeitweiliger Zustand sein; sie ist zeitlich. Der Himmel kann jedoch ewig bestehen. Um den Zustand des zeitlich begrenzten Himmels von dem des ewigen Himmels zu unterscheiden, verwenden die Hindus ein drittes, besonderes Wort: *Moksha*. Während Christen, Mohammedaner und Juden nur zwei Begriffe, Himmel und Hölle, kennen, haben die Hindus drei Begriffe: Sie sagen *Naraka* für Hölle, *Swarga* für Himmel und *Moksha*, die Transzendenz beider. Ein drittes Wort für das, was jenseits von Himmel und Hölle ist. Den Himmel, *Swarga*, zu suchen, sagen die Hindus, lohne sich nicht, weil er wieder verloren gehen kann.

Wenn der himmlische Zustand ewig währt und nie mehr verloren gehen kann, ist es *Moksha*: die vollkommene Freiheit. Seligkeit ist nun deine Natur; Himmel und Hölle sind verschwunden. Jetzt ist es gleich, wo du dich befindest: Du bist in dauernder Seligkeit.

Dieser dritte Zustand ist das Ziel. Aber dieses Dritte erreichst du nicht, solange du ständig hin und her pendelst, zwischen Himmel und Hölle schwankst. Dann kann sich nichts festigen, integrieren, weil du in diesem ständigen Wechsel lebst. Es kommt zu keiner Kristallisation; dein Wesen bleibt schwankend. Manchmal ist es die Hölle, manchmal der Himmel. Kristallisation bedeutet, du wirst immer bewusster, immer zentrierter, immer geerdeter. Du bist immer weniger verschlafen, immer wacher und bewusster. Es kommt der Augenblick, da bist du sogar im Schlaf bewusst.

Ananda schlief stets im selben Zimmer wie Buddha. Es lohnt sich, einen Buddha im Schlaf zu beobachten. Ananda tat das zuweilen. Ein schlafender Buddha – was für ein Anblick! Wie ein kleines Kind, unschuldig, unbelastet vom Tag, traumlos.

Ihr träumt, weil ihr eine Last mitschleppt. Ihr träumt, weil euer Tag unerfüllt geblieben ist. Vieles blieb unvollendet, das müsst ihr im Traum nachholen. Du sahst eine Frau, wolltest sie haben, aber es war nicht möglich. Die Gesellschaft, das Gesetz, der Staat, die Moral, dein eigenes Gewissen haben dich abgehalten. Du hast dich abgelenkt, hast dich schnell verdrückt. Jetzt verfolgt dich die Frau bis in deine Träume. Das Geschehen drängt nach Vollendung. Du willst mit dieser Frau schlafen, wenn nicht in Wirklichkeit, so zumindest im Traum. Erst dann bist du erleichtert. Alles Unfertige wird zur Last.

Ein Buddha schläft traumlos, weil nichts unvollständig geblieben ist. Keine Sehnsucht ist da, keine Leidenschaft. Nichts kommt und nichts bleibt. Alles zieht vorüber wie vor einem Spiegel. Eine Frau geht vorbei, und Buddha sieht sie, aber keine Leidenschaft kommt auf. Die Frau ist vorübergegangen. Der Spiegel ist wieder leer. Keine Spur, kein Eindruck bleibt zurück. Er ist traumlos.

Nicht einmal ein Kind ist traumlos. Selbst ein Kind hat Wünsche. Es begehrt keine Frau, sondern vielleicht ein neues Spielzeug oder sonst etwas, aber selbst ein Kind träumt. Sogar eine Katze, ein Hund träumt. Sieh dir eine Katze an, und du wirst merken, wie sie von Mäusen träumt, wie sie springt und jagt. Manchmal enttäuscht, manchmal froh, die Maus gefangen zu haben. Sieh dir einen schlafenden Hund an. Du kannst spüren, wie er von Fliegen träumt, von Knochen, vom Kämpfen. Mal angespannt, mal entspannt. Auch sein Schlaf ist nicht ungestört.

Einem Buddha beim Schlafen zuzusehen ist sehr schön. Und so schaute Ananda ihn oft an. Wenn Buddha schlafen ging, setzte sich Ananda hin und schaute ihn an: Er war wie ein stiller, ungekräuselter See des Seins. Nichts war unvollendet. Alles, jeder Augenblick, erfüllt und vollkommen. Ohne Traum, ohne Spuren des Tages. Sein Geist war ein reiner Spiegel. Das Wasser seines Bewusstseins war ungetrübt, kristallklar.

Ananda rätselte, wieso Buddha immer in der gleichen Position schlief. Die ganze Nacht blieb er in derselben Haltung und rührte sich nicht, genau so, wie er sich hingelegt hatte. Diese Stellung ist sehr berühmt geworden. Vielleicht habt ihr Fotos von diesem »liegenden Buddha« gesehen. Es gibt viele solche Buddha-Statuen in Sri Lanka, Thailand, China, Japan, Indien. Wenn ihr nach Ajanta kommt, findet ihr dort eine Statue vom liegenden Buddha. Diese Stellung, in der Buddha schlief, ist von Ananda beschrieben worden. Dieselbe Position während der ganzen Nacht, ohne sich zu rühren.

Eines Tages fragte ihn Ananda: »*Bhagwan*[11], es ist alles in Ordnung, aber eins verwirrt mich: Du bleibst die ganze Nacht in derselben Position. Schläfst du oder nicht? Wenn man schläft, bewegt man sich doch. Schläfst du überhaupt? Selbst wenn du schläfst – zumindest sieht es so aus –, scheint es, dass du wach bist, dass du bewusst bist. Es sieht aus, als wüsstest du, was der Körper tut. Du veränderst nicht einmal unmerklich deine Stellung.«

Buddha sagte: »Ja, wenn der Geist still ist, nicht träumt, schläft nur der Körper. Das Bewusstsein bleibt wach.«

Krishna sagt zu Arjuna in der *Gita*[12]: »Wenn du schläfst, bleibt der *Yogi*[13] wach. Selbst nachts ist sein Schlaf nicht Schlaf. Sein Schlaf ist nur körperlich, ein Ruhen des Körpers, eine Entspannung des Körpers, aber sein Bewusstsein bleibt wach.«

Tatsächlich braucht das Bewusstsein eines Yogis keine Entspannung, denn es ist immer entspannt. Es kennt keine Spannungen. Entspannung ist nötig, wo Verspannung herrscht. Ihr seid den ganzen Tag so verspannt, dass euer Bewusstsein sich entspannen muss. Der Yogi entspannt seinen Körper, weil der Körper müde wird. Sein Körper ist ein Mechanismus. Doch sein Bewusstsein ist immer wach, dauernd wach. Es ist ein ununterbrochener Strom von Wachheit.

Wenn dein Bewusstsein so stetig wird, ist die Bewusstheit lückenlos. Wenn alle Dunkelheit aus dir gewichen ist, strahlt dein ganzer innerer Tempel im Licht. Jeder Winkel ist erhellt und kein Teil deines inneren Hauses ist im Dunkel. Du bist ein *Mukta*, ein freier Mensch.

Dies ist die Bedeutung von »Christus«. Du bist ein Christus, auferstanden, wieder erstanden. Jetzt gibt es für dich keine Nacht mehr, nur noch Tag. Jetzt geht die Sonne nie mehr unter.

Himmel bedeutet Bewusstheit, Hölle bedeutet Unbewusstheit. Du kannst dich in beide Richtungen bewegen. Verschwindet diese Möglichkeit, gibt es keinen Himmel, keine Hölle mehr. Dann öffnet das Dritte, das Höchste seine Pforten: Du wirst frei. Du wirst Freiheit. Das Ziel ist erreicht.

Hakuin hat einen Volltreffer erzielt. Aber so konnte er nur mit einem Krieger umgehen. Der Krieger reagierte auf der Stelle; er wurde wütend, blind vor Wut. Wäre er ein Geschäftsmann gewesen, hätte er gelächelt und seine Wut weggesteckt. Er wäre nicht rückhaltlos bereit gewesen, Hakuin den Kopf abzuschlagen. Hakuins Worte hätten ihre Wirkung verfehlt.

Ihr macht es genauso: Wenn ihr wütend seid, lächelt ihr. Ihr seid so unaufrichtig und unecht, dass ihr sogar lügt, wenn ihr wütend werdet. Eure Liebe ist unglaubwürdig, weil nicht einmal eure Wut glaubwürdig ist. Euer ganzes Leben ist eine fortgesetzte Lüge. Bei allem, was ihr tut, seid ihr unehrlich. Eure Wut ist nicht ehrlich. Ihr lächelt, ihr übertüncht sie, ihr versteckt sie. Ihr zeigt etwas anderes. Wie soll euch da einer klarmachen, dass dies das Tor zur Hölle ist?

Dieser Krieger war wie ein Kind. Er wurde total wütend. Er geriet so außer sich vor Wut, dass er drauf und dran war, diesen Mann umzubringen, zu dem er als Schüler gekommen war. Er war gekommen, einen Meister zu finden, und nun war er bereit, diesen Mann zu töten! Er war nicht halbherzig. Seine Totalität war hilfreich. Wenn ihr in eurer Wut total sein könnt, werdet ihr auch total sein, wenn die Wut verschwindet. Wenn ihr in eurer Wut unecht seid, könnt ihr auch in eurer Stille nicht echt sein.

Als Hakuin sagte: »Sieh, du hast das Tor zur Hölle geöffnet«, erkannte der Samurai es sofort. Das kannst du nur erkennen, wenn du rückhaltlos und wahrhaftig bist, sonst nicht. Ihr seid solche Täuscher, dass ihr Hakuin getäuscht hättet. Ihr hättet gelächelt. Mit anderen Worten, das Tor zur Hölle wäre aufgegangen, aber es hätte »Himmel« draufgestanden. Von außen hätte es wie der Himmel ausgesehen, aber drinnen wäre es die Hölle gewesen. Ihr hättet euch geteilt und gespalten. Nein, daraus hätte nichts werden können. Dieser Krieger ging völlig in seiner Wut auf; er verlor alle Bewusstheit. Er wurde zur Wut. Es war niemand da, der wütend war, nur Wut. Seine gesamte Energie wurde zu Wut. Er war rasend. An solchen Höhepunkten ist Erkenntnis möglich. Tiefe Einblicke sind möglich, ein Mensch kann erwachen.

Hakuin sagte: »Sieh!«, und der Krieger konnte sehen. Er war ein wahrhafter Mensch. Hakuin sagte: »Dies ist das Tor zur Hölle«, und er erkannte es. Wenn du rückhaltlos bist, kannst du erkennen. Plötzlich verschwand die Wut, verschwand ganz, weil sie wahrhaftig war. Wäre sie halbherzig gewesen, wäre sie nicht ganz verschwunden. So verschwand sie restlos. Eine tiefe Stille blieb zurück.

Das ist es, was ich euch ständig sage: Seid total, seid authentisch, seid wahrhaftig. Wenn du ein Sünder bist, sei ein wahrhaftiger Sünder. Versuche nicht, eine Fassade von Heiligkeit aufzubauen. Ein wahrer Sünder wird früher oder später zu einem Heiligen. Zeit spielt dabei keine

Rolle. Ein wahrer Sünder ist wahr, darauf kommt es an. Die Sünde ist nebensächlich.

Ich habe gehört: Ein Hausierer wurde festgenommen und vor Gericht gestellt. Er hatte seine Waren ohne Genehmigung verkauft. Er war neu in der Stadt, wusste aber, dass er eine Genehmigung brauchte. Es wurden noch ein paar andere Personen dem Richter vorgeführt. Auch drei Frauen waren festgenommen worden: Prostituierte ohne Gewerbeschein. Was für eine Welt! Die Behörden erteilen Lizenzen für Prostitution! Diese Frauen hatten keine amtliche Erlaubnis für ihre Tätigkeit. Also fragte der Richter die erste Frau: »Was haben Sie vorzubringen? Wer sind Sie und was tun Sie?«

Die Frau sagte: »Ich bin Modell.« Das war eine Lüge. Der Richter verurteilte sie zu dreißig Tagen harter Arbeit.

Er fragte die zweite Frau. Sie sagte: »Das ist eine Verwechslung, man hat mich irrtümlich mitgenommen. Ich bin Schauspielerin.« Der Richter gab ihr sechzig Tage.

Er sah die dritte Frau an. Die dritte Frau sagte: »Euer Ehren, ich bin eine Hure.«

Der Richter konnte es nicht glauben, dass eine Prostituierte so aufrichtig sein konnte, dass jemand ein so offenes Geständnis machte. Er sagte: »Ehrlichkeit ist so rar geworden, dass sie mich betroffen macht. Ich habe noch nie jemanden getroffen, der so ehrlich war. Geh, ich vergebe dir. Ich werde dich nicht bestrafen.«

Dann war der Hausierer an der Reihe. Der Richter fragte: »Und was haben Sie gemacht?«

Er sagte: »Um ganz ehrlich zu sein, ich bin auch eine Hure.«

So läuft das: Masken, falsche Gesichter überall, Täuschung. Euch ist noch nicht einmal klar, wie ihr täuscht und wen ihr täuscht. Ihr braucht niemandem etwas vorzumachen. Ihr täuscht euch selbst, indem ihr wegzulaufen versucht, indem ihr euch zu verstecken sucht.

Dieser Krieger war ein aufrichtiger Mann. Unwahrhaftigkeit war ihm fremd. Er war bereit zu töten oder bereit zu sterben. Sein Zorn entflammte, er brannte lichterloh. Die Tür stand offen.

Eure Tür ist nie ganz offen. Ihr schlüpft durch die Löcher. Euer Himmel ist auch nie offen – ihr schleicht durch die Hintertür.

Hundertprozentig zu sein, ungeteilt zu sein ist eine Voraussetzung für jeden Sucher. Für jeden, der sich aufmacht auf die Suche nach Stille und Wahrheit. Wenn du wütend bist, sei wütend. Denke nicht an die Folgen. Nimm die Konsequenzen auf dich, ertrage es. Aber täusche nicht dich selbst. Wenn du in die Hölle gehst, geh ganz hinein. Lass nicht dein halbes Herz draußen. Geh hinein, geh hindurch, erleide sie. Schmerz wird da sein, aber Schmerz bringt Reife. Leiden wird da sein, aber du gehst darüber hinaus, indem du verstehst. Nur ein rückhaltloser Geist kann verstehen. Und wenn die Wut verschwindet, wirst du so still, so meditativ.

Wenn du liebst, liebe hundertprozentig. Wenn du hasst, hasse hundertprozentig. Sei nicht halbherzig. Erleide die Folgen. Wegen der Folgen bist du nicht ehrlich – du bist Hausierer und täuschst eine Prostituierte vor. Wegen der Folgen wirst du nie wütend, nie hasserfüllt. Aber so verpasst du auch den Himmel. Jemand, der unfähig ist, das Tor zur Hölle ganz zu öffnen, ist auch nicht fähig, das Tor zum Himmel ganz aufzumachen. Du musst durch die Hölle. Der Pfad geht mitten hindurch. Den Himmel erreichst du durch die Hölle. Das ist die Bedeutung dieser Geschichte.

Hakuin hat dem Krieger zuerst die Hölle bereitet. Zuerst ist die Hölle dran, und die Hölle ist leicht herzustellen. Dazu seid ihr stets bereit, da klopft ihr laufend an. Ängstlich, aber stets bereit. Alles andere als mutig, aber immer bereit. Ihr wollt nichts wagen, aber seid immer bereit. Innen brodelt es immerzu. Hakuin hätte nicht mit dem Himmel anfangen können. Das geht nicht. Dafür ist niemand bereit. Der Himmel ist zu weit weg. Die Hölle ist ganz nah, gleich um die Ecke. Ein Schritt, und du bist drin!

Ich kann euch auch nicht den Himmel bereiten. Darum sind alle meine Meditationstechniken darauf angelegt, euch zuerst in die Hölle zu führen. Leute kommen zu mir und sagen: »Wir wollen still werden. Wieso verlangst du, dass wir verrückt spielen?«

Es geht nicht anders, denn ihr könnt nicht gleich still werden. Werdet zuerst einmal vollkommen verrückt. Ich schaffe euch die Hölle, und ihr müsst durch sie hindurch. Es ist das, was am nächsten liegt, dazu seid ihr am besten in der Lage. Der Himmel ist noch viel zu weit weg. Und wer nicht durch die Hölle gegangen ist, kann den Himmel nicht erreichen. Meine Forderung ist sehr wohl überlegt.

Jetzt könnt ihr die Geschichte verstehen. Hakuin sagte zu dem Krieger: »Du, ein Samurai? Dein Gesicht sieht aus wie das eines Bettlers.« Das kann kein Samurai auf sich sitzen lassen. Das ging zu weit. Ein Bettler? Er und betteln? Niemals, nicht einmal um sein Leben! Lieber würde er sterben, als zu betteln. Das traf ihn zutiefst. Ein Bettler? Unmöglich! Er zog das Schwert.

Ich packe euch, schlage euch, hämmere euch. Alle meine Meditationstechniken sollen eure Hölle hervorlocken. Aber ihr seid solche Feiglinge. Selbst wenn ihr eure Hölle herauslasst, ist es nicht die ganze. Ihr spielt damit. Ihr seid nicht mit ganzem Herzen dabei, ihr seid halbherzig, höchstens lauwarm.

Doch lauwarm ist nicht genug. Ihr müsst kochen, nur dann könnt ihr verdampfen. Das Ego verdampft erst am Siedepunkt, bei hundert Grad, eher nicht. Ihr werdet nur lauwarm, aber das bringt gar nichts. Es ist eine unnötige Energieverschwendung. Danach werdet ihr wieder kalt. Nach der Meditation kühlt ihr wieder ab.

Du musst einfach alles geben. In der Katharsis-Phase[14] reiße die Tür zur Hölle auf! Ich verspreche dir: Wenn du das machst, werde ich die andere Tür sofort öffnen. Sie steht immer offen. Wenn du die Tür zur Hölle geöffnet hast, ist die Himmelstür ganz nah.

Es genügt, zu sagen: »Sieh, hier ist das Tor zur Hölle«, und es schließt sich. Dann öffnet sich das andere Tor.

Noch etwas?

Osho,

wie passt das, was du eben über Himmel und Hölle gesagt hast, mit dem zusammen, was du über Flügel und Wurzeln gesagt hast? Wenn du sagst: »Flügel in den Himmel und Wurzeln in die Erde«, fühle ich eine unüberbrückbare, unendliche Distanz. Die Erde scheint so nah, aber der Himmel so weit weg. »Diesseits« und »Jenseits« – was genau bedeutet das?

Ja, die Erde ist nah. Es liegt aber nicht daran, dass sie nah ist – es liegt an dir. Der Himmel ist weit weg. Es liegt aber nicht daran, dass er weit weg ist – es liegt an dir.

»Diesseits« bedeutet diese Welt, »Diesseits« bedeutet dieser Körper: unsere Triebe, unsere Leidenschaften, das Körperliche, das Sichtbare. »Diesseits« ist all das, was die Religionen immer verteufelt haben. Sie waren schon immer gegen das Diesseits und für das Jenseits. »Jenseits« bedeutet das Göttliche, »Jenseits« bedeutet *Brahman*, »Jenseits« bedeutet *Moksha*. »Diesseits« bedeutet die materielle Welt, diese teuflische Welt, die zu verdammen sei. Alle Religionen haben die diesseitige Welt verdammt.

Ich verdamme sie nicht. Ich möchte euch Wurzeln in dieser Welt geben.

Alle Religionen haben behauptet, solange ihr nicht eure Wurzeln in der diesseitigen Welt herausreißt, könnten euch keine Flügel wachsen in die jenseitige Welt. Sie sind gegen das Diesseits – diese Welt, diesen Körper, die Materie, das Sichtbare. Alles, was du als nah empfindest, weisen sie von sich. Sie treten für etwas ein, was weit weg ist, etwas Abstraktes: Gott, *Brahman*, *Moksha*. Keiner kennt es, keiner ist damit verbunden, damit verschmolzen, damit in Berührung. Es erscheint eher wie ein Traum, etwas Zusammengereimtes, ein Fantasieprodukt.

Sämtliche Religionen haben das Diesseits verurteilt. Sie behaupten, man müsse sich davon lösen, alle Wurzeln kappen. Sie reden davon, der Welt zu *entsagen*. Für sie bedeutet *Sannyas* die Entsagung des Diesseits, Abkehr vom Weltlichen. Für mich nicht. Damit erzeugen die Religionen einen Dualismus, eine Spaltung, ja sogar einen Zwiespalt, eine unüberbrückbare Kluft zwischen Diesseits und Jenseits, zwischen Zeit und Ewigkeit, zwischen Körper und Geist.

Wie ich es sehe, sind eure Wurzeln in der diesseitigen Welt eine Hilfe, um eure Flügel in die jenseitige Welt wachsen zu lassen. Ich schaffe keinen Zwiespalt, wo kein Gegensatz besteht. Dieser Zwiespalt stammt aus einem kämpfenden Geist, einer gespaltenen Psyche. Innere Konflikte führen zu Theorien, die dualistisch sind und einen scheinbaren Widerspruch erzeugen. Ich bin nicht dualistisch, ich habe keine inneren Konflikte. Deshalb sehe ich das Jenseitige nicht im Widerspruch zum Diesseitigen, sondern als dessen höchste Blüte. Ich sehe die Flügel nicht im Widerspruch zu den Wurzeln, sondern als deren Blüte. Diesen Bäumen hier sind Flügel in den Himmel gewachsen: Ihre Zweige und ihre Äste sind die Flügel. Sie haben Wurzeln, die gehen in die Erde, und Flügel, die gehen in den Himmel.

Ich möchte euch als starke Bäume sehen – mit Wurzeln im Diesseits und Flügeln im Jenseits.

Mein Gott ist nicht im Widerspruch zu dieser Welt, mein Gott ist *in* dieser Welt. Mein Gott *ist* die Welt. Diese Erde ist nicht im Widerspruch zu jenem Himmel; es sind die beiden Pole ein und desselben Phänomens.

Das Diesseits erscheint dir nah, weil dein Geist noch nicht imstande ist, das Unsichtbare zu sehen. Dein Geist ist so durcheinander, so verwirrt, dass du nur das Sichtbare, Grobstoffliche sehen kannst. Das Feinstoffliche entgeht dir. Wenn dein Geist still wird, frei vom Denken, wird er das Feinstoffliche wahrnehmen können. Gott ist nicht unsichtbar; er ist überall sichtbar.

Dein Bewusstsein ist aber noch nicht darauf eingestimmt, das Subtile, Feinstoffliche, Unsichtbare zu sehen. Es *ist* möglich, das Unsichtbare zu sehen, auch wenn das Wort eigentlich bedeutet, dass man es nicht sehen kann. Aber nein, das Unsichtbare *kann* gesehen werden, man braucht dazu nur einen feineren, hellsichtigeren Blick. Ein Blinder kann nicht sehen; was für dich sichtbar ist, kann er nicht sehen. Seine Augen können aber geheilt werden, und dann wird er das Sonnenlicht, die Farben, den Regenbogen sehen können. Alles, was vorher unsichtbar war, wird für ihn sichtbar.

Gott ist nicht unsichtbar. Du hast dafür bloß nicht die richtigen Augen, das ist alles. Dein Wesen ist nicht darauf eingestimmt, dass die Türen der feinstofflichen Welt sich für dich öffnen.

Diesseits und Jenseits sind für mich nicht getrennt. Das Diesseitige und das Jenseitige durchdringen sich gegenseitig. Für dich ist das Jenseits weit weg, nicht für mich. Für mich sind Diesseits und Jenseits eins. Und eines Tages wird das auch für dich so sein: »Dieses« und »jenes« werden eins sein. Diese Welt *ist* Gott. Im Sichtbaren verbirgt sich das Unsichtbare.

Darum ist mein *Sannyas* nicht Weltabkehr. Mein *Sannyas* weist überhaupt nichts von sich, es ist gegen gar nichts. Es schließt alles ein, es ist für die Gesamtheit, für das Ganze.

Seid im Körper verwurzelt, damit ihr Flügel in der Seele haben könnt. Seid in der Erde verwurzelt, damit ihr euch in den Himmel ausbreiten könnt. Seid im Sichtbaren verwurzelt, damit ihr ins Unsichtbare reichen könnt. Erzeugt keine Spaltung und schafft keinen Zwiespalt. Wenn ich überhaupt gegen etwas bin, dann gegen Zwiespalt. Ich bin dagegen, gegen irgendetwas zu sein. Ich bin für das Ganze, den vollen Kreis.

Welt und Gott sind nirgendwo getrennt. Es gibt keine Grenze. Die Welt weitet sich ins Göttliche, und Gott weitet sich in die Welt. In der Tat, zwei verschiedene Wörter dafür zu verwenden ist nicht richtig. Doch die Sprache schafft Schwierigkeiten: Wir sprechen von Schöpfer und Schöpfung – wir teilen, denn die Sprache ist dualistisch. In Wirklichkeit gibt es in der Existenz weder einen Schöpfer noch das Geschaffene, die Schöpfung. Es gibt nur einen unendlichen Schöpfungsprozess, eine unendliche Manifestation von Schöpfungsenergie. Nichts ist geteilt. Alles ist eins, ein ungeteiltes Ganzes.

Sprache ist wie die politische Landkarte. Nur im Atlas sind Indien, Pakistan und Bangladesch geteilt. Wenn ihr euch aber auf der Erde bewegt und die Erde selbst fragt, wo Indien aufhört und Pakistan anfängt, wird sie euch auslachen und für verrückt halten. Die Erde ist rund. Sie ist eins. Nur auf den politischen Karten nicht – und diese sind falsch. Und Politiker sind geistesgestört. Sie sind Geistesgestörte, die an die Macht gelangt sind. Sie sind gefährlicher als die Verrückten, die in den Irrenhäusern leben, denn sie haben Macht.

Sprache ist wie politische Landkarten. Worte trennen und unterteilen, doch die Existenz ist eins. Wo hörst du auf, wo fange ich an? An welcher Stelle können wir eine Linie ziehen zwischen dir und mir? Wo? – Eine Trennlinie kann es nicht geben. Die Luft strömt ständig in dich ein und wieder aus. Du atmest. Wenn die Luft auch nur für einen Augenblick nicht in dich einströmt, wenn der Atem nicht strömt, bist du tot. Und die Luft, die ich ausatme, war eben noch in mir, jetzt ist sie in dir. Eben war sie noch mein Leben, und jetzt ist sie dein Leben. Und dein Atem kam zu mir zurück. Er war dein Leben, jetzt ist er mein Leben. Wo gäbe es eine Grenze zwischen uns?

Das Leben fließt ständig. Leben ist etwas, was sich zwischen dir und mir ereignet. Der Baum gibt ständig Sauerstoff ab, und du atmest ihn ein. Wenn die Bäume verschwinden, wirst auch du verschwinden. Die Bäume verwandeln ständig kosmische Strahlen in Nahrung. Früchte und Gemüse sind nichts anderes. Wenn sie verschwinden, kannst auch du nicht mehr sein. Sie produzieren ständig Nahrung für dich. Du lebst durch sie. Alles, was grünt, bringt immerzu Nahrung für dich hervor. Du hängst davon ab.

Die ziehenden Wolken bringen dir Wasser. Alles ist verknüpft. Die weit entfernte Sonne schickt ihre Strahlen zu dir, und diese Strahlen sind Leben. Verschwindet die Sonne, verschwindet alles Leben. Selbst die Sonne bezieht ihre Energie aus einer Quelle, auch wenn die Wissenschaftler diese Quelle noch nicht gefunden haben. Aber wenn diese Quelle verschwindet, wird alles verschwinden. Alles ist miteinander verknüpft, alles hängt zusammen. Diese Welt existiert nicht in Bruchstücken, sie ist ein Ganzes, eine Einheit.

Für mich gilt: »Diesseits« plus »Jenseits« ist gleich das Göttliche. Darum bin ich sehr widersprüchlich. Ich möchte euch beides geben: Wurzeln in diese Erde, in alles Irdische, und Flügel in jenen Himmel – in das, was jetzt noch abstrakt für euch ist. In das, was euch unfasslich erscheint, was ihr nicht verstehen könnt, was ihr euch nicht vorstellen könnt. Wurzeln ins Endliche und Flügel ins Unendliche.

Wenn ihr das »Diesseits« verwerft, wenn ihr das »Irdische« verwerft, verleugnet ihr eure Wurzeln. Genau das ist geschehen. Darum sehen eure Mönche, eure *Sadhus*, so tot aus. Sie haben das Irdische verleugnet, haben dem Irdischen entsagt. Sie sind entwurzelte Wesen. Wenn man einen Baum entwurzelt, bringt man den Teil ans Licht, der in der Erde verborgen war. Doch bald sterben die Blüten ab, verdorren die Äste, fallen die Blätter ab.

Das ist es, was mit euren *Sannyasi*[15] geschieht, den sogenannten *Sannyasi* vom alten Schlag: Sie zerstören ihre Wurzeln, weil sie gegen diese Erde sind, und damit hören sie zu blühen auf. Habt ihr je einen alten *Sannyasi* in Blüte gesehen? Einen, der täglich neue Blüten treibt, der sich täglich erneuert? Einen, der jeden Tag ins Unbekannte erblüht? Nein, ihr findet nichts als ein verkrustetes, erstarrtes, zuchtvolles Wesen, etwas Totes.

Mahavira mag lebendig gewesen sein, aber seht euch seine Gefolgschaft an. Seht in ihre Gesichter – da gibt es kein Blühen. Ihre Augen sind abgestorben. Sie sind entwurzelte Bäume. Sie sind zu bedauern, sie brauchen Hilfe, Mitgefühl. Sie sind krank. Ohne Wurzeln können sie nur krank sein. Sie mögen alle sexuellen Regungen abgetötet haben, aber sie wissen nicht, dass sie damit auch ihre Liebe zerstört haben. Sex gehört zum Diesseits und Liebe zum Jenseits. Tötet den Sex und ihr zerstört die Liebe.

Ich aber sage euch: Macht so tiefe Erfahrungen mit Sex, dass Liebe daraus wird. Geht so tief, dass ihr bis in die Wurzeln Blüten treibt, dass eure Wurzeln selbst zu Blüten werden. Der Anfang wird zum Ende, der Same wird zum Baum. Geht so tief hinein, bis ihr auf das andere stoßt, das dort verborgen liegt. Es ist immer da. Ihr könnt eure Wut zügeln, aber dann kennt ihr kein Mitgefühl. Geht so tief in die Wut hinein, dass die Wut selbst zu Mitgefühl wird.

Dann ist dir ein Wunder geschehen. Dann bist du gesegnet. Dann ist alles gesegnet. Dann, nur dann, kommt die Ekstase.

Diese Erde steht für alles, was je verdammt wurde, und jener Himmel für alles, was je begehrenswert war. Aber ich unterscheide nicht. Für mich ist beides eins. Und der Tag wird kommen für euch, da ihr erkennen werdet, dass »dieses« mit »jenem« schwanger geht. Diese Welt ist der Mutterschoß des Göttlichen. Das Irdische ist nur eine Hülle, eine schützende Hülle für das Überirdische. Der Same, die Schale des Samenkorns, ist nicht gegen den Baum; er ist nur ein Schutz. Die Materie ist nur eine Schutzhülle für das Göttliche.

Sieh hin und versuche stets, die Einheit zu finden. In der Einheit ist Religion. In Uneinheit geht Religion verloren.

Und vermeide es, gegen etwas zu sein. Wenn du gegen etwas bist, wirst du starr, hart, und je härter du wirst, umso lebloser bist du.

Ich habe einmal von einer Bande von Räubern gehört, die versehentlich ein Kloster überfiel. Sie hatten es für das Haus eines Reichen gehalten, das Kloster sah sehr wohlhabend aus: Also drangen sie ein. Aber die Mönche lieferten ihnen ein so hartes Gefecht, sie waren froh, mit heiler Haut davonzukommen. Als sie sich wieder trafen, außerhalb der Stadt, zählte einer der Räuber nach: »Nicht schlecht, wir haben alles in allem hundert Taler bei uns.«

Der Anführer sagte: »Ihr Narren, ich habe euch immer gesagt, geht den Mönchen aus dem Weg. Wir hatten fünfhundert Taler, als wir das Kloster überfielen.«

Das ist auch mein Rat: Macht einen Bogen um Mönche! Wenn ihr das Kloster mit fünfhundert Blumen betretet, kommt ihr mit hundert heraus. Sie sind Feinde, Feinde des »Diesseits«. Und ich sage, die Feinde des Diesseits sind die Feinde des Jenseits, ob sie es wahrhaben wollen oder nicht.

Liebt alles Diesseitige und liebt es so tief, dass eure Liebe über das Diesseitige hinausgeht und das Jenseitige erreicht. Das meine ich, wenn ich sage: Wurzeln in diese Erde und Flügel in jenen Himmel.

Genug für heute.

IV

Trink eine Tasse Tee

Zen-Meister Joshu fragte einen neuen Mönch im Kloster:
»Habe ich dich schon einmal gesehen?«
Der neue Mönch antwortete: »Nein, mein Herr.«
Joshu sagte: »Dann trink eine Tasse Tee.«
Dann wandte sich Joshu an einen anderen Mönch:
»Habe ich dich hier schon gesehen?«
Der zweite Mönch sagte: »Ja, Meister, natürlich hast du das!«
Joshu sagte: »Dann trink eine Tasse Tee.«
Später fragte der Mönch, der das Kloster verwaltete:
»Meister, wie kommt es, dass du bei jeder Antwort Tee anbietest?«
Da donnerte Joshu: »Verwalter, bist du noch da?«
Der Verwalter antwortete: »Natürlich, Meister.«
Joshu sagte: »Dann trink eine Tasse Tee.«

Die Geschichte ist zwar einfach, aber schwer zu verstehen. So ist das immer: Je einfacher etwas ist, umso schwerer ist es zu verstehen. Um etwas zu verstehen, muss es kompliziert sein. Um etwas zu verstehen, musst du es zergliedern und analysieren. Etwas Einfaches kann nicht zergliedert und analysiert werden. Da gibt es nichts zu teilen und zu ergründen, es ist so einfach. Das Einfachste entzieht sich jedem Verständnis. Deshalb ist Gott nicht zu verstehen. Gott ist das Einfachste, das Allereinfachste. Die Welt ist verstehbar, sie ist sehr kompliziert. Je komplizierter etwas ist, umso mehr hat der Verstand zu tun. Wenn es einfach ist, gibt es nichts zu knacken. Der Verstand kann nirgendwo ansetzen.

Die Logiker sagen: Einfache Eigenschaften sind undefinierbar. Wenn dich zum Beispiel jemand fragt: »Was ist Gelb?«, eine einfache Eigenschaft, die Farbe Gelb – wie würdest du sie definieren? Du wirst sagen: »Gelb ist Gelb.« Der andere wird sagen: »Das weiß ich, aber wie definierst du Gelb?« Wenn du sagst, Gelb ist Gelb, definierst du es nicht, du wiederholst nur das Gleiche. Es ist eine Tautologie.

Einer der scharfsinnigsten Denker des zwanzigsten Jahrhunderts, G. E. Moore, schrieb das Buch *Principia Ethica*. Das ganze Werk ist der hartnäckige Versuch, zu definieren, was »gut« ist. Von allen Richtungen geht Moore dies an, zweihundert, dreihundert Seiten lang. Und zwei-, dreihundert Seiten von G. E. Moore sind so viel wert wie dreitausend Seiten eines anderen Autors. Er kommt zu dem Schluss: »Gut« ist undefinierbar. Es entzieht sich jeder Definition, weil es eine so einfache Eigenschaft ist. Wenn etwas kompliziert ist, enthält es vielerlei Aspekte. Dann lässt sich ein Aspekt durch einen anderen, ebenfalls darin enthaltenen Aspekt definieren. Wenn du und ich in einem Zimmer sind und du mich fragst: »Wer bist du?«, kann ich zumindest sagen: »Ich bin nicht du«, und dies kann als Definition dienen, als Hinweis. Bin ich aber allein im Zimmer und frage mich selbst: »Wer bin ich?«, dann hängt die Frage in der Luft, ohne Antwort. Wie soll man es definieren?

Aus diesem Grund wurde Gott verfehlt. Der Intellekt leugnet ihn, die Vernunft streitet ihn ab. Gott ist der einfachste Nenner von allem, was existiert, das Einfachste, Grundlegendste. Da steht der Verstand still.

Wenn es nichts als Gott gibt, wie soll man ihn definieren? Er ist allein im Zimmer. Deshalb haben die Religionen es mit ihrer Haarspalterei versucht; dann wird eine Definition möglich. Sie sagen: »Diese Welt ist nicht jene Welt. Gott ist nicht die Welt. Gott ist nicht Materie. Gott ist nicht der Körper. Gott ist nicht das Begehren.« Das alles sind Versuche einer Definition.

Das eine muss gegen das andere gesetzt werden, dann kann eine Grenze gezogen werden. Aber wo ziehst du eine Grenze, wenn es keine Nachbarn gibt? Wo errichtest du den Zaun deines Hauses, wenn es keine Nachbarschaft gibt? Wenn es niemanden neben dir gibt, wie kannst du dein Haus einzäunen? Die Grenze deines Grundstücks wird vom Vorhandensein eines Nachbarn definiert. Aber Gott ist allein, er hat keine Nachbarn. Wo fängt er an? Wo hört er auf? Nirgendwo. Wie kannst du also Gott definieren? Nur um Gott zu definieren, wurde der Teufel erfunden. Gott ist nicht der Teufel, so viel jedenfalls lässt sich sagen. Man kann zwar nicht sagen, was Gott ist, aber zumindest kann man sagen, was er nicht ist: Gott ist nicht die Welt.

Kürzlich las ich das Buch eines christlichen Theologen. Er sagt: Gott ist alles, nur nicht das Böse. Das reicht schon für eine Definition. Damit zieht er schon eine Grenze: nur nicht das Böse. Aber ihm ist eins nicht klar: Wenn Gott alles ist, woher soll dieses »Böse« denn kommen? Es muss doch aus dem »Alles« kommen. Sonst gäbe es noch eine andere Quelle des Daseins außer Gott, und diese andere Daseinsquelle wäre Gott ebenbürtig. Dann wäre das Böse unüberwindbar, weil es seine eigene Daseinsquelle besitzt. Dann wäre das Böse nicht von Gott abhängig, und wie sollte Gott es überwinden? Dieser Gott denkt nicht daran, das Böse zu vernichten. Würde das Böse vernichtet, ließe sich Gott nicht definieren. Um Gott zu definieren, wird der Teufel gebraucht, immer schön an seiner Seite. Heilige brauchen Sünder, sonst gäbe es sie nicht. Wie würde man sonst wissen, wer ein Heiliger ist? Jeder Heilige braucht Sünder neben sich; sie schaffen die Abgrenzung.

Als Erstes muss man also verstehen, dass das Komplizierte verstanden werden kann, das Einfache nicht. Das Einfache steht für sich allein.

Diese Geschichte von Joshu ist sehr einfach – so einfach, dass ihr sie nicht packen könnt. Du versuchst sie zu packen, versuchst sie zu fassen, doch sie entzieht sich. Sie ist so einfach, dass der Verstand hier nicht greift. Versucht, die Geschichte zu erspüren. Ich sage nicht verstehen, denn verstehen könnt ihr sie nicht. Versucht, sie zu erspüren. Vieles ist darin verborgen, wenn ihr es erspüren könnt. Wenn ihr sie verstehen wollt, greift ihr ins Leere. Die ganze Geschichte ist absurd.

Joshu sieht einen Mönch und fragt: »Habe ich dich schon einmal gesehen?«

Der Mann sagt: »Nein, mein Herr, auf keinen Fall. Ich bin zum ersten Male hier. Ich bin neu hier. Ihr könnt mich noch nicht gesehen haben.«

Joshu sagt: »Gut, dann trink eine Tasse Tee.« Dann fragt er einen anderen Mönch: »Habe ich dich schon mal gesehen?«

Der Mönch sagt: »Ja, Meister, natürlich hast du mich schon gesehen. Ich bin schon ewig hier. Ich bin doch kein Fremder.«

Das muss ein Schüler Joshus gewesen sein. Und Joshu erwidert: »Gut, dann trink eine Tasse Tee.«

Der Verwalter des Klosters ist verwirrt. Wenn zwei verschiedene Leute verschieden antworten, muss man doch verschieden darauf eingehen! Aber Joshu behandelt beide gleich: den Fremden ebenso wie den Freund, den, der zum ersten Mal hier ist, und den, der schon immer da war. Mit dem Unbekannten und dem Bekannten geht Joshu auf die gleiche Art um. Er macht keinen Unterschied, nicht den geringsten. Er sagt nicht: »Du bist ein Fremder, willkommen! Trink eine Tasse Tee«, und zu dem andern: »Du bist schon so lange hier, du brauchst keinen Tee.« Und er sagt auch nicht: »Du bist schon so lange hier, du brauchst keine Antwort von mir.«

Vertrautheit schafft Langeweile. Das Vertraute bekommt keine besondere Begrüßung. Deine Ehefrau – siehst du sie überhaupt noch? Ihr seid schon so viele Jahre zusammen, dass du beinahe vergessen hast, dass sie da ist. Wie sieht das Gesicht deiner Frau aus? Wann hast du sie zum letzten Mal angesehen? Vielleicht weißt du schon gar nicht mehr, wie sie aussieht. Wenn du die Augen schließt und nach innen gehst und dich zu erinnern versuchst, taucht möglicherweise das Gesicht auf, das sie hatte, als du sie zum ersten Mal gesehen hast. Deine Frau sieht aber immer anders aus, sie wandelt sich ständig, sie ist im Fluss. Ihr Gesicht hat sich sehr verändert; sie ist älter geworden. Der Fluss ist immer weiter geflossen und hat eine neue Biegung erreicht. Der Körper hat sich verändert. Hast du deine Frau in letzter Zeit angesehen? Sie ist dir so sehr vertraut, dass du sie nicht anzusehen brauchst. Was uns nicht vertraut ist, das sehen wir; was uns fremd vorkommt, das sehen wir. Ein Sprichwort sagt: Vertraulichkeit schafft Verachtung. Sie schafft Langeweile.

Ich habe eine Anekdote gehört: Zwei reiche Geschäftsleute entspannen sich in Miami am Strand beim Sonnenbaden. Da sagt der eine: »Ich begreife nicht, was die Leute an dieser Schauspielerin Elizabeth Taylor finden. Ich kann nicht verstehen, was an ihr dran sein soll und warum alle so von ihr schwärmen. Was hat sie denn schon? Mal abgesehen von ihren Augen, den Haaren, den Lippen, der Figur – was bleibt denn noch übrig? Was denkst du?«

Da grunzt der andere und antwortet traurig: »Meine Frau – das bleibt übrig!«

So ist es auch mit eurer Frau, eurem Mann geworden: Nichts ist übrig geblieben. Weil euch der andere so vertraut ist, hat sich alles verflüchtigt. Der Ehemann ist ein Gespenst, die Ehefrau ist ein Gespenst – ohne Figur, ohne Lippen, ohne Augen, eine gruselige Erscheinung. Das war nicht immer so. Es gab eine Zeit, da warst du in diese Frau verliebt. Aber diese Frau gibt es nicht mehr. Jetzt schaust du sie gar nicht mehr an.

Eheleute vermeiden es, sich anzusehen. Ich habe bei vielen Familien gewohnt und beobachtet, wie die Eheleute gegenseitig ihre Blicke meiden. Sie haben viele Vermeidungsspiele entwickelt. Allein wissen sie nichts miteinander anzufangen. Gäste sind immer willkommen, denn dann können sie beide den Gast anschauen und sich gegenseitig meiden.

Dieser Joshu scheint völlig anders zu sein: Er benimmt sich gleich, dem Fremden und dem Freund gegenüber. Der Mönch sagt: »Ich bin schon ewig hier, Meister. Du kennst mich gut.«

Und Joshu sagt: »Dann trink eine Tasse Tee.«

Der Verwalter begriff das nicht. Verwalter sind immer begriffsstutzig. Zum Verwalten braucht es keinen besonders hellen Verstand. Ein Verwalter wird nie sehr meditativ sein können. Das verträgt sich schlecht. Er muss kalkulierend sein, ein Realist. Er achtet auf die äußere Welt und arrangiert die Dinge entsprechend. Der Verwalter war verstört: Was ist da los? Was geht hier vor? Wo bleibt die Logik? Einem Fremden bietet man eine Tasse Tee an, aber diesem Schüler, der schon ewig hier ist? Also fragte er: »Wieso antwortest du verschiedenen Leuten, die dir verschiedene Antworten geben, auf die gleiche Weise?«

Da rief Joshu: »Verwalter, bist du noch da?«

Der Verwalter sagte: »Ja, Meister, natürlich bin ich hier.«

Und Joshu sagte: »Dann trink eine Tasse Tee.«

Diese laute Frage »Verwalter, bis du noch da?« ruft seine Präsenz, seine Bewusstheit hervor. Bewusstheit ist immer neu, immer fremd, immer unbekannt. Der Körper wird vertraulich, aber die Seele nicht, niemals. Mit dem Körper deiner Frau kannst du vertraut sein, aber mit dieser Unbekannten, die darin verborgen ist – nie und nimmer. Du kannst sie niemals kennen, aber du kannst sie lieben. Es ist ein Geheimnis, das du nicht erklären kannst.

Als Joshu rief: »Verwalter, bist du noch da?«, wurde der Verwalter plötzlich wach. Er vergaß, dass er der Verwalter war, vergaß, dass er ein Körper war. Er antwortete aus dem Herzen und sagte: »Ja, Meister.« Diese laute

Frage kam so plötzlich – es war wie ein Schock. Und es war so überflüssig. Darum sagte er: »Natürlich bin ich hier. Du brauchst mich nicht zu fragen, diese Frage erübrigt sich.« Mit einem Schlag fällt die Vergangenheit, fällt das Alte, fällt der Verstand von ihm ab. Der Verwalter ist nicht mehr da, nur ein Bewusstsein, das antwortet. Das Bewusstsein ist immer neu, immer frisch. Es wird ständig neu geboren, es wird niemals alt.

Und Joshu sagt: »Dann trink eine Tasse Tee.«

Das Erste, was ihr hier spüren könnt: Einem Joshu ist alles neu, fremd, geheimnisvoll. Ob es bekannt ist oder unbekannt, vertraut oder unvertraut, spielt keine Rolle.

Wenn ihr jeden Tag in diesen Garten hier kommt, werdet ihr nach und nach aufhören, die Bäume anzusehen. Ihr glaubt, sie schon zu kennen. Ihr wisst, wie sie aussehen. Nach und nach werdet ihr aufhören, die Vögel zu hören; sie werden singen, aber ihr werdet nicht mehr hinhören. Ihr seid zu vertraut geworden. Eure Augen verschließen sich, eure Ohren verschließen sich. Wenn Joshu in diesen Garten käme – und selbst wenn er tagtäglich viele, viele Leben lang hier gewesen wäre: Er würde die Vögel hören, er würde die Bäume ansehen. Alles, in jedem Augenblick, ist neu für ihn.

Das ist mit Bewusstheit gemeint. Für die Bewusstheit ist ständig alles neu. Nichts ist alt, nichts kann alt sein, denn alles wird in jedem Augenblick erschaffen. Es ist ein ununterbrochener Strom der Schöpfung. Bewusstheit trägt nie die Last der Erinnerung.

Erstens also: Ein meditativer, bewusster Mensch lebt immer im Neuen, im Frischen. Die ganze Schöpfung wird ständig neu geboren, frisch wie ein Tautropfen, frisch wie ein junges Blatt im Frühling. Frisch wie die Augen eines Neugeborenen: Alles ist jung und klar, ohne Staub. Das solltet ihr als Erstes fühlen. Wenn ihr die Welt anseht und alles alt und grau findet, zeigt das nur, dass ihr nicht meditativ seid. Wenn euch alles alt vorkommt, zeigt es nur, dass ihr einen alten, morbiden Geist habt. Für einen frischen Geist ist die ganze Welt frisch. Es liegt nicht an der Welt, es liegt am Spiegel. Wenn Staub auf dem Spiegel liegt, ist die Welt alt. Wenn aber kein Staub auf dem Spiegel ist, wie könnte die Welt da alt sein? Wenn alles alt erscheint, lebt ihr in Langeweile. Die Leute leben alle in Langeweile. Jeder langweilt sich zu Tode.

Seht euch die Gesichter der Menschen an: Sie tragen das Leben wie eine Bürde, gelangweilt, ohne Sinn. Alles erscheint ihnen wie ein Albtraum, wie ein grausamer Scherz. Wie ein Streich, den ihnen jemand spielt, um sie zu quälen. Für sie ist das Leben kein Fest. Wie könnte es? Mit einem Geist, der mit Erinnerung beladen ist, kann das Leben kein Fest sein. Selbst wenn ihr lacht, ist euer Lachen mit Langeweile befrachtet. Seht die Leute, wie sie lachen. Ihr Lachen ist angestrengt. Ihr Lachen ist reine Höflichkeit. Sie lachen nur, weil sich's gehört.

Ich habe von einem hohen Würdenträger gehört, der einen afrikanischen Stamm besuchte, einen sehr alten, primitiven Eingeborenenstamm. Er hielt eine langatmige Rede, in der eine sehr lange Anekdote vorkam. Fast eine halbe Stunde dauerte sie. Danach stand der Dolmetscher auf, sagte nur vier Wörter, und der ganze Stamm bog sich vor Lachen. Der hohe Besucher war erstaunt. Eine halbe Stunde lang hatte er die Geschichte erzählt – wie war es möglich, sie mit vier Wörtern zu übersetzen? Das schien unmöglich. Doch die Leute hatten verstanden, sie lachten aus vollem Halse.

Verwundert sagte er zu dem Dolmetscher: »Sie haben ein Wunder vollbracht. Sie haben nur vier Wörter gesagt. Ich weiß zwar nicht, was Sie gesagt haben, aber wie kann man eine Geschichte, die so lang ist, in nur vier Wörtern wiedergeben?«

Der Dolmetscher sagte: »Geschichte zu lang. Also ich sagen: ›Er sagen Witz – lachen!‹«

Was für ein Lachen wird das sein? Nur ein höfliches Getue wird dabei herauskommen. Und dieser Mann hatte sich eine halbe Stunde lang abgemüht! Sehr euch das Lachen der Leute an. Es ist eine kopfige Angelegenheit, es kostet sie Mühe. Ihr Lachen ist unecht, es ist aufgesetzt, nur eine Fassade, Gesichtsjogging. Es kommt nicht von Herzen, aus dem Innern, es kommt nicht aus dem Bauch. Es ist künstlich.

Es ist so deutlich, dass wir gelangweilt sind. Und alles, was wir tun, kommt aus Langeweile und führt zu neuer Langeweile. Ihr könnt euch an nichts freuen. Freude wird erst möglich, wenn das Leben ständig neu ist, wenn die Schöpfung ewig jung ist. Wenn nichts alt wird und nichts stirbt – weil alles ständig neu geboren wird –, dann wird es zu einem Tanz. Dann wird es zu einer inneren Musik, einem inneren Strömen. Unabhängig davon, ob du ein Instrument spielst oder nicht: Die Musik strömt.

Ich habe eine Geschichte gehört: Sie ereignete sich in Ajmer. Vielleicht habt ihr schon mal von einem Sufi-Mystiker gehört, der Muinuddin Chishti hieß. Sein Grabmal, oder *Dargah*, befindet sich in Ajmer. Chishti war ein großer Mystiker, einer der größten, die es je gab. Und er war Musiker. Musiker zu sein hieß, gegen den Islam zu sein, denn Musik war verboten. Er spielte Sitar und andere Instrumente. Er war ein großer Musiker und hatte seine Freude daran. Fünf Mal am Tag, immer zur vorgeschriebenen Gebetszeit, spielte er auf seinem Instrument, statt zu beten. Das war sein Gebet.

Das war gotteslästerlich, aber Chishti ließ sich davon nicht abbringen. Oftmals kamen Leute, ihm Vorhaltungen zu machen, aber er fing einfach zu singen an. Und sein Gesang war so wunderschön, dass sie völlig vergaßen, weshalb sie gekommen waren. Oder er spielte auf seinem Instrument, so andächtig, dass selbst Gelehrte, *Pundits* und *Maulvis*, die gekommen waren, ihn zu rügen, es ganz vergaßen. Erst zu Hause fiel es ihnen wieder ein. Sobald sie wieder daheim waren, erinnerten sie sich an ihre ursprüngliche Absicht.

Chishtis Ruhm verbreitete sich im ganzen Land. Aus allen Ecken der Welt besuchten ihn Leute. Ein Mann namens Jilani, selbst ein großer Mystiker, kam aus Bagdad, nur um Chishti zu sehen. Als Chishti von Jilanis Kommen hörte, fand er: »Jilani zu Ehren lass ich diesmal mein Instrument lieber beiseite. Er ist ein so orthodoxer Mohammedaner, es wäre kein guter Willkommensgruß. Er könnte sich verletzt fühlen.« Und an diesem Tag, dem einzigen in seinem Leben, beschloss er, nicht zu spielen, nicht zu singen. Er wartete von morgens früh, und nachmittags traf Jilani ein. Chishti hatte seine Instrumente versteckt.

Als sie beide schweigend zusammensaßen, begannen die Instrumente, Musik zu machen. Der ganze Raum war erfüllt. Chishti wusste nicht, was er tun sollte. Er hatte sie versteckt, und solch eine Musik hatte er noch nie gehört. Jilani lachte und sagte: »Für dich gibt es keine Vorschriften. Du brauchst sie nicht zu verstecken. Vorschriften sind für gewöhnliche Leute, nicht für dich. Du sollst sie nicht verstecken. Wie könntest du deine Seele verstecken? Auch wenn deine Hände nicht spielen und deine Kehle nicht singt, so ist doch dein ganzes Wesen Musik. Und dieser ganze Raum ist so erfüllt von Musik, so voller Schwingungen, dass er jetzt von allein musiziert.«

Wenn dein Geist frisch ist, wird die ganze Schöpfung zu einer Symphonie. Wenn du frisch bist, ist überall Frische, und die ganze Schöpfung antwortet darauf. Wenn du jung bist, unbelastet von Vergangenem, ist alles jung und neu und unbekannt.

Dieser Joshu ist wunderbar. Ihr müsst das ganz tief fühlen, dann versteht ihr die Geschichte. Aber dieses Verstehen ist mehr ein Fühlen als ein Verstehen. Nicht vom Kopf, sondern vom Herzen her.

Und noch einige andere Ebenen verbergen sich in dieser Geschichte, nämlich: Wenn du zu einem Erleuchteten kommst, spielt es keine Rolle, was du sagst. Seine Antwort an dich bleibt gleich. Was du ihn fragst, was du ihm erwiderst, ist unwesentlich. Seine Antwort bleibt die gleiche. Joshu behandelte alle drei Mönche gleich, weil ein Erleuchteter immer gleichermaßen in sich ruht. Keine äußeren Gegebenheiten können ihn verändern; er bleibt unberührt vom äußeren Geschehen.

Ihr aber werdet von äußeren Gegebenheiten verändert. Sie beeinflussen euch völlig. Ihr lasst euch von den Umständen manipulieren. Wenn du jemanden triffst, der dir fremd ist, ändert sich dein Verhalten. Du bist angespannt, versuchst, die Situation einzuschätzen. Was ist das für ein Mensch? Ist er gefährlich, ungefährlich? Wird er sich freundlich zeigen oder nicht? Du betrachtest ihn mit Misstrauen. Deshalb fühlst du dich Fremden gegenüber unbehaglich.

Wenn man in Indien im Zug reist, kann man beobachten, wie die Leute sich zuallererst nach dem Beruf, der Religion, dem Reiseziel erkundigen. Warum diese Fragen? Sie dienen den Leuten dazu, sich in Sicherheit zu wiegen. Wenn du Hindu bist und sie sind auch Hindus, können sie sich entspannen. Dann bist du nicht mehr so fremd. Aber wehe, du sagst, du bist Mohammedaner, dann wird der Hindu steif. Er wittert Gefahr, wittert einen Fremden. Und er wird ein Stück von dir abrücken. Er kann nicht locker bleiben, kann nicht entspannt sein. Vielleicht wechselt er sogar den Platz. Aber immerhin ist ein Mohammedaner gläubig. Wenn du sagst: »Ich bin Atheist. Ich glaube an gar nichts. Ich gehöre zu keiner Religion«, dann bist du wirklich ein Fremder. Ein Atheist? Das gibt einem Hindu das Gefühl, dass er schon unrein wird, wenn er bloß neben dir sitzt. Gerade so, als wärst du eine Krankheit. Er wird dich meiden.

Die Leute stellen all diese Fragen, nicht weil sie wirklich etwas über dich erfahren wollen. Nein, sie wollen lediglich die Situation abtasten und herausfinden, ob sie beruhigt sein können. Ob sie in vertrauter Umgebung sind oder ob sie vor etwas Fremdem auf der Hut sein müssen. Sie sind auf Wachtposten, und ihre Fragerei dient allein der Sicherheit.

Dein Gesicht ändert sich ständig. Wenn du einen Fremden ansiehst, hast du ein anderes Gesicht, als wenn du einen Freund ansiehst. Du setzt sofort ein anderes Gesicht auf. Bei einem Untergebenen hast du ein anderes Gesicht als bei einem Vorgesetzten. Du änderst ständig deine Masken, weil du von äußeren Situationen abhängig bist. Du hast keine Seele, du bist nicht integriert. Und das, was um dich herum geschieht, verändert dich.

Einem Joshu passiert das nicht. Bei einem Joshu liegt der Fall völlig anders. Er beeinflusst seine Umgebung, nicht seine Umgebung ihn. Bei allem, was um ihn herum geschieht, bleibt sein Gesicht gleich. Er braucht keine Masken zu wechseln.

Einst, so wird berichtet, kam ein Statthalter zu Joshu, natürlich ein sehr mächtiger Mann, ein großer Politiker, eben ein Statthalter. Er schrieb auf ein Stück Papier: »Ich, der und der, Statthalter der und der Provinz, bin erschienen, um dich zu besuchen.« Bewusst oder unbewusst wollte er Joshu damit beeindrucken.

Joshu sah auf das Papier, warf es weg und sagte zu dem Überbringer: »Bestell diesem Burschen, ich will ihn nicht sehen. Wirf ihn raus.«

Der Bote ging und sagte: »Joshu hat gesagt: ›Wirf ihn raus.‹ Er hat deinen Zettel weggeworfen und gesagt: ›Ich will diesen Burschen nicht sehen.‹«

Der Statthalter verstand. Er schrieb einen neuen Zettel, aber diesmal nur seinen Namen, und dazu: »Ich möchte dich sehen.«

Der Zettel erreichte Joshu, und er sagte: »Ach, der! Lass ihn ein.«

Der Statthalter kam herein und fragte: »Aber warum hast du dich so seltsam benommen? Du hast gesagt: ›Wirf den Mann raus.‹«

Joshu sagte: »Fassaden sind hier nicht erlaubt. ›Statthalter‹ ist eine Fassade, eine Maske. Dich erkenne ich sehr wohl, nicht aber deine Maske. Und wenn du mit einer Maske kommst, wirst du nicht reingelassen. Nun ist es recht. Dich kenne ich sehr gut, aber ich kenne keinen Statthalter. Wenn du das nächste Mal kommst, lass den Statthalter zu Hause. Bring ihn gar nicht erst mit.«

Wir tragen fast ständig Masken. Augenblicklich ändern wir sie. Sobald wir merken, dass eine Situation sich verändert, wechseln wir sofort. Als ob wir keinen Mittelpunkt hätten, keine kristallisierte Seele.

Für Joshu ist alles gleich: dieser Fremde, dieser Freund, ein Schüler, dieser Verwalter. Bei seiner Antwort »Trink eine Tasse Tee« bleibt er innerlich gleich.

Und warum eine Tasse Tee? Das ist für Zen-Meister ein wichtiges Symbol. Der Tee ist eine Entdeckung der Zen-Meister, und für sie ist Tee nichts Gewöhnliches. In jedem Zen-Kloster gibt es einen Teeraum. Er ist etwas Besonderes, wie ein Tempel. Ihr könnt das vielleicht nicht nachvollziehen, denn Tee ist für einen Zen-Meister, ein Zen-Kloster etwas sehr Religiöses. Tee ist wie ein Gebet. Er wurde von ihnen entdeckt.

In Indien hält man einen *Sannyasi*, einen spirituellen Sucher, der Tee trinkt, nicht für tugendsam. Mahatma Gandhi hätte in seinem Ashram niemandem erlaubt, Tee zu trinken. Tee war verboten. Tee war eine Sünde. Keiner durfte Tee trinken. Hätte Gandhi diese Geschichte gelesen, wäre er beleidigt gewesen: Joshu, ein Erleuchteter, der die Leute zum Teetrinken auffordert?

Doch Zen hat eine andere Einstellung zum Tee. Der Name selbst kommt von einem chinesischen Kloster, Ta. Dort wurde der Tee zum ersten Mal entdeckt. Sie fanden heraus, dass Tee die Meditation unterstützt. Tee macht wach, er verleiht eine gewisse Bewusstheit. Darum kann man nach dem Teetrinken nicht gleich einschlafen. Sie fanden heraus, Tee fördert Wachheit, Bewusstheit. Darum gehört in einem Zen-Kloster Tee zur Meditation. Was könnte Joshu mehr anbieten als Bewusstheit? Wenn er also sagt: »Trink eine Tasse Tee«, bietet er damit eine Tasse Bewusstheit an. Tee ist sehr symbolisch für Zen. Er sagt damit: »Trink eine Tasse Bewusstheit.«

Mehr kann Erleuchtung nicht für dich tun. Wenn ihr zu mir kommt, was kann ich euch anbieten? Ich habe nichts anderes als eine Tasse Tee.

Für den Vertrauten wie den Unvertrauten, für den Fremden wie den Freund, ja selbst für den Verwalter, der seit eh und je das Kloster verwaltet: »Trink eine Tasse Tee.« Das ist alles, was euch ein Buddha zu bieten hat. Aber es gibt auch nichts Wertvolleres.

Jedes Zen-Kloster hat also einen Teeraum. Er ist wie ein Tempel, ein Allerheiligstes. Du kannst nicht mit Schuhen eintreten, weil es der Teeraum ist. Du kannst nicht eintreten, ohne ein Bad genommen zu haben, weil es der Teeraum ist, und Tee steht für Bewusstheit. Und das Ritual ist ein Gebet. Wenn Leute einen Teeraum betreten, kommen sie frisch gebadet und lassen die Schuhe draußen. Sie tragen frische Kleidung und werden still. Wenn sie den Raum betreten, ist kein Sprechen mehr erlaubt. Alle werden schweigsam. Sie sitzen auf dem Boden in Meditationshaltung, und dann bereitet der Gastgeber oder die Gastgeberin den Tee. Jeder ist still. Das Teewasser beginnt zu kochen, und jeder hört zu, hört auf den Ton, auf die Musik des Kessels. Alle müssen dem lauschen. Das Trinken hat schon begonnen, noch ehe der Tee fertig ist.

Wenn ihr Zen-Leute fragt, werden sie sagen: Tee ist nicht etwas, was du unbewusst einschenken und wie jedes andere Getränk schlürfen darfst. Er ist kein Getränk. Er ist Meditation, er ist Andacht. Also hört jeder dem Kessel und seiner Melodie zu, und während er zuhört, wird er stiller, wacher. Dann werden die Teeschalen vor sie hingestellt und berührt. Es sind keine gewöhnlichen Tassen. Jedes Kloster hat seine eigenen, unverwechselbaren Schalen, die dort selbst hergestellt werden. Selbst wenn sie auf dem Markt gekauft wurden, werden sie erst zerbrochen und dann wieder zusammengeklebt, damit die Schale eine ganz besondere wird und es davon nirgends ein Zweitstück gibt.

Jeder berührt also die Schale, fühlt die Schale. Die Schale, das ist der Körper. Wenn Tee Bewusstheit bedeutet, dann bedeutet die Schale den Körper. Und wenn du wach werden willst, so muss es von den Wurzeln deines Körpers her geschehen. Die Berührung macht hellwach, meditativ. Der Tee wird eingeschenkt. Das Aroma, der Duft verbreitet sich. Das dauert sehr lange, eine Stunde, zwei Stunden. Es passiert nicht schnell, in einer Minute: Tee trinken, Schale absetzen, weggehen. Nein, es ist ein langsamer Vorgang, so langsam, dass dir jeder Schritt bewusst wird. Und dann trinken sie. Der Geschmack, die Wärme: Alles muss mit wacher Umsicht geschehen.

Darum schenkt der Meister dem Schüler ein. Wenn es der Meister ist, der dir den Tee einschenkt, wirst du besonders wach und aufmerksam. Wenn es ein Diener tut, könntest du ihn leicht übersehen. Wenn Joshu dir Tee einschenkt, wenn ich komme und dir Tee einschenke, bleiben deine Gedanken stehen. Du wirst still. Etwas Besonderes ereignet sich, etwas Heiliges. Tee wird zur Meditation.

Joshu sagte »Trink eine Tasse Tee« zu allen Dreien. Der Tee ist nur ein Vorwand. Joshu gibt ihnen größere Bewusstheit. Und Bewusstheit kommt durch Empfindsamkeit. Ihr müsst empfindsamer werden, bei allem, was ihr tut, selbst mit so gewöhnlichen Dingen wie Tee. Kannst du etwas Gewöhnlicheres finden als Tee? Kannst du etwas Mittelmäßigeres, Durchschnittlicheres finden als Tee? Nein, das kannst du nicht. Und Zen-Meister und Mönche haben dies Allergewöhnlichste zum Außergewöhnlichsten gemacht. Sie haben das Diesseitige und das Jenseitige verbunden, als wären Tee und Gott eins geworden. Solange der Tee nicht göttlich wird, kannst du nicht göttlich sein. Denn das Geringste muss zum Erhabensten werden, das

Gewöhnliche zum Ungewöhnlichen, die Erde zum Himmel. Sie müssen zusammengefügt werden, lückenlos.

Einen Meister in einem Zen-Kloster Tee trinken zu sehen ist für indische Augen sehr verwirrend. Was ist denn das für einer, dass er Tee trinkt? Könnt ihr euch Buddha unterm *Bodhi*-Baum vorstellen, wie er Tee trinkt? Das ist unvorstellbar. In Indien spricht man seit je von Nichtzweiheit, hat jedoch überall nur Zweiheit geschaffen. Es wird so viel über *Advaita*, die ungeteilte Einheit, das Eine, geredet, aber was ihr auch anpackt, es entsteht ein Zwiespalt. Und der Zwiespalt ist so groß, er erscheint unüberbrückbar. Aus diesem Grund musste Shankara[16] von *Maya*, von Illusion, sprechen. Ihr habt eine solche Kluft zwischen dieser und jener Welt erzeugt, dass sie unüberbrückbar ist. Was ist also zu tun?

Laut Shankara ist diese Welt eine Illusion. Er sagt, es gebe nichts zu überbrücken, weil diese Welt nicht wirklich sei. Und der einzige Weg, zum Einen zu gelangen, bestehe darin, das Andere rundweg zu leugnen. – Aber das Leugnen hilft gar nichts. Selbst wenn man diese Welt als illusorisch bezeichnet, ist sie doch vorhanden. Und warum besteht er so sehr darauf, sie illusorisch zu nennen, wenn sie nicht wirklich da ist? Wo liegt das Problem? Wozu verbrachte Shankara sein ganzes Leben damit, den Leuten zu predigen, dass diese Welt eine Täuschung sei? Wäre sie wirklich illusorisch, würde sich keiner darum kümmern. Wenn Shankara sich der Täuschung so sicher war, warum macht er dann so viel Aufhebens davon? Hier scheint es eine Schwierigkeit zu geben: Es lässt sich nicht überbrücken, also bleibt nur, es völlig aus dem Bewusstsein zu verdrängen. Dann wird behauptet, das Andere existiere gar nicht, damit nur das Eine übrig bleibt. Der einzige Weg, zum Einen zu gelangen, bestehe darin, das Andere zu leugnen.

Zen geht einen anderen Weg, und er ist, finde ich, sehr viel schöner. Er braucht das Andere nicht zu leugnen. Und es lässt sich auch gar nicht leugnen. Gerade im Leugnen bekräftigt man es. Wenn man sagt: »Diese Welt existiert nicht«, deutet man genau auf diese Welt, die nirgendwo existiert. Worauf zeigt man also? Worauf richtet man den Finger, wo doch gar nichts da ist? So hält man sich zum Narren. Diese Welt ist da, und sie illusorisch zu nennen ist nur eine Interpretation. Wenn das Diesseits eine Illusion ist, kann auch das Jenseits nicht wirklich sein, denn der Weg geht vom Diesseitigen zum Jenseitigen. Wenn diese Welt eine Täuschung ist, kann auch euer *Brahma* nicht wirklich sein. Wenn die Schöpfung eine Illusion ist, wie kann der Schöpfer wirklich sein? Denn die Schöpfung kommt vom Schöpfer. Wenn der Ganges illusorisch ist, wie kann *Gangotri*[17] wirklich sein? Wenn ich illusorisch bin, dann müssen auch meine Eltern illusorisch sein, denn Träume können nur aus Träumen entstehen. Wenn die Eltern wirklich sind, muss auch das Kind wirklich sein.

Zen sagt, beides ist wirklich, Diesseits und Jenseits, aber sie sind nicht zwei. Verbindet sie: Aus Tee wird Andacht. Das Alltäglichste wird zum Allerheiligsten. Es ist ein Symbol. Und Zen sagt: Erst wenn dein gewöhnliches Leben außergewöhnlich wird, erst dann bist du spirituell, ansonsten bist du's nicht. Entdecke im Gewöhnlichen das Außergewöhnliche, im Vertrauten das Fremde, im Bekannten das Unbekannte, im Nahen das Ferne, in diesem jenes. Also sagt Joshu: »Komm und trink eine Tasse Tee.«

Eine weitere Ebene ist in der Geschichte enthalten, und das ist die Ebene des Willkommenseins. Jeder ist willkommen. Egal, wer du bist, du bist willkommen. Am Tor eines erleuchteten Meisters, am Tor eines Joshu oder Buddha, sind alle willkommen. Die Tür steht sozusagen offen: Komm rein und trink eine Tasse Tee. Was heißt das: Komm rein und trink eine Tasse Tee? Joshu sagt damit: Komm herein und entspanne dich.

Wenn ihr zu anderen sogenannten Meistern geht, zu Mönchen und sogenannten Heiligen, verkrampft ihr euch.

Dort könnt ihr nicht entspannt sein. Geht mal hin zu einem sogenannten Heiligen: Ihr werdet euch angespannt und ängstlich fühlen, denn er macht euch Schuldgefühle. Sein abschätziger Blick, seine ganze Art, euch von Kopf bis Fuß zu messen, sagt: Du Sünder. Und er wird alles Mögliche verurteilen: Dieses und jenes ist nicht richtig; dieses und jenes musst du aufgeben.

Ein wirklich Erleuchteter verhält sich anders: Er vermittelt dir ein entspanntes Gefühl.

Ein chinesisches Sprichwort sagt: Kommst du zu einem wirklich großen Mann, fühlst du dich bei ihm wohl. Gerätst du an einen falschen großen Mann, wird er dir eine innere Verspanntheit vermitteln. Er wird sich alle Mühe geben, bewusst oder unbewusst, dir zu beweisen, wie tief du stehst, ein Sünder, schuldig; und er steht hoch, erhaben, jenseits von allem. Ein Buddha wird dir helfen, dich zu entspannen, denn nur in tiefem Entspanntsein wirst auch du zum Buddha. Einen anderen Weg gibt es nicht.

»Trink eine Tasse Tee«, sagt Joshu: Komm und entspanne dich bei mir. Der Tee ist symbolisch: Entspanne dich. Wenn du Tee trinkst mit einem Buddha, spürst du augenblicklich, dass ihr euch nicht fremd seid, keine Unbekannten. Da ist Buddha, der dir Tee einschenkt … Buddha, der sich zu dir gesetzt hat … Buddha, der zu dir, zu »diesem« gekommen ist. Er bringt das »Jenseits« ins »Diesseits«. Christen, Juden können sich das nicht vorstellen, Mohammedaner auch nicht. Wenn du ans Himmelstor klopfst, rechnest du kaum damit, dass dir Gott entgegenkommt und sagt: »Komm rein. Ein Tässchen Tee?« Das wäre zu profan. Gott hat auf seinem Thron zu sitzen, und er mustert dich mit seinen tausend Augen, bis in jeden Winkel deiner Seele hinein, um zu sehen, wie viele Sünden du begangen hast. Du stehst vor Gericht.

Dieser Joshu richtet nicht. Er urteilt nicht über dich, er nimmt dich einfach an. Was du auch sagst, er nimmt es an und sagt: »Komm und entspanne dich bei mir.« Entspannung ist das Wesentliche. Und wenn du dich in der Gegenwart eines Erleuchteten entspannst, fängt sein Erleuchtetsein an, dich zu durchdringen. Denn wenn du entspannt bist, wirst du durchlässig. Wenn du verkrampft bist, bist du verschlossen. Wenn du entspannst, kommt er herein. Während du entspannst, dich wohl fühlst, Tee trinkst, bewirkt Joshu etwas. Er kann nicht durch deinen Verstand in dich eindringen, er kommt durch dein Herz. Zu einer Tasse Tee eingeladen zu werden, das stimmt dich entspannt, freundlich; du rückst näher.

Und vergiss nicht: Mit jemandem zu essen und zu trinken schafft Vertrautheit. Essen und Sex sind die beiden intimsten Handlungen. Beim Sex ist man sich nahe, und beim Essen ist man sich nahe. Gemeinsames Essen ist eine grundlegendere Intimität als Sex. Denn das Erste, was ein Neugeborenes von der Mutter bekommt, ist Nahrung. Sex kommt erst später, mit der Geschlechtsreife, vierzehn, fünfzehn Jahre später. Das Erste, was du auf dieser Welt empfangen hast, war Nahrung. Und diese Nahrung war etwas zu trinken. Die erste Vertrautheit auf dieser Welt ist die zwischen einer Mutter und ihrem Kind.

Joshu sagt: »Komm, trink eine Tasse Tee.« Lass mich deine Mutter sein. Lass mich dir zu trinken geben. Und ein Meister ist eine Mutter. Ich bestehe darauf: Ein Meister ist eine Mutter. Ein Meister ist kein Vater. Die Christen haben Unrecht, wenn sie ihre Priester »Vater« nennen. Der Vater ist etwas sehr Unnatürliches, ein gesellschaftliches Phänomen. Den Vater gibt es nirgends in der Natur, nur in der menschlichen Gesellschaft. Er ist eine künstlich geschaffene Einrichtung. Die Mutter ist natürlich. Es gibt sie auch ohne jede Kultur, Erziehung, Gesellschaft. Es gibt sie überall in der Natur. Selbst Bäume haben eine Mutter.

Es mag neu für euch sein, dass nicht nur ihr eurer Mutter das Leben verdankt, sondern dass sogar Bäume eine Mutter haben.

Es gab Versuche in England, in einem Speziallabor, wo man mit Pflanzen experimentierte und auf ein äußerst mysteriöses Phänomen stieß: Wenn ein Same auf die Erde fällt und der Mutterbaum, von dem er stammt, in der Nähe ist, keimt der Same schneller. Ist die Mutter weiter weg, dauert es länger. Wenn die Mutter gefällt wurde, dauert es sehr lange, bevor der Same sprießt. Die Gegenwart der Mutter, selbst bei einem Baumsprössling, ist hilfreich.

Ein Meister ist eine Mutter, er ist kein Vater. Mit einem Vater bist du nur intellektuell verbunden; mit einer Mutter bist du es mit deinem ganzen Wesen. Du warst Teil der Mutter, du gehörst völlig zu ihr. Genauso ist es mit einem Meister, nur in umgekehrter Richtung. Du bist aus der Mutter gekommen, in den Meister gehst du hinein. Es ist eine Rückkehr zum Ursprung.

Zen-Meister laden dich also immer zu einem Trunk ein. Symbolisch geben sie dir damit zu verstehen: Komm und werde mein Kind. Lass mich deine Mutter werden; lass mich dein zweiter Mutterschoß sein. Tritt in mich ein. Ich werde dich neu gebären.

Nahrung ist Vertrautheit, und das ist so verwurzelt in dir, dass dein ganzes Leben davon bestimmt wird.

Die Männer, gleich in welchen Gesellschaften oder Kulturen auf der ganzen Welt, hören nicht auf, an weibliche Brüste zu denken. In Gemälden, Skulpturen, Filmen, Romanen – was es auch sei: Die Brust steht im Mittelpunkt. Woher kommt diese Anziehungskraft der Brust? Durch sie erlebtest du die erste Vertrautheit mit der Welt, sie war dein erster Kontakt mit dem Leben. Darin lag die erste Berührung mit der Welt. Zum ersten Mal kamst du der Existenz nahe, zum ersten Mal erfuhrst du das Andere: durch die Brust. Daher die große Anziehungskraft der Brust. Von Frauen, die keine Brüste haben, die flache Brüste haben, wirst du nicht angezogen. Es ist schwierig, weil du bei ihnen nicht die Mutter fühlst. Und selbst eine hässliche Frau wirkt anziehend, wenn sie schöne Brüste hat. Als ob es auf die Brüste ankäme, als ob sie das Wesentliche wären. Und was ist die Brust? Die Brust ist Nahrung. Sex kommt später, erst kommt das Essen.

Joshu lädt sie, indem er allen dreien eine Tasse Tee anbietet, zu einer vertrauten Runde ein. Freunde essen gemeinsam. Du fühlst dich unwohl, wenn sich dir beim Essen ein Fremder nähert. Wenn Fremde miteinander essen, fühlen sie sich unwohl. Darum läuft in einem Hotel, einem Restaurant etwas völlig schief: Wenn ihr gemeinsam mit Fremden esst, wird das Essen vergiftet durch eure Anspannung und Nervosität. Ihr seid keine Familie. Du bist nicht entspannt.

Essen, das von jemandem zubereitet wird, der dich liebt, hat eine völlig andere Qualität, sogar, was die chemische Beschaffenheit angeht. Und Psychologen sagen: Wenn deine Frau böse ist, erlaube ihr nicht, Essen zu kochen. Es wird giftig. Schwierig, denn die Frau ist meistens böse. Und die Psychologen sagen: Wenn dir die Frau beim Essen eine Szene macht, wenn sie keift und zetert, dann hör auf zu essen. Kann sein, dass du dann verhungerst, weil dir die Frau fast ständig beim Essen Szenen macht. Das ist eine sehr lieblose Welt. Die Frau weiß, wenn sie auch nur einen Funken Verständnis hat, dass die schlechteste Zeit für Streit die ist, während der Mann isst. Wenn er gestresst ist, angespannt und nervös, wird seine Nahrung zu Gift und braucht mehr Zeit, um verdaut zu werden. Die Psychologen sagen: doppelt so lange. Und der ganze Körper leidet darunter.

Nahrung ist Intimität, sie ist Liebe. Und Zen-Meister laden dich immer zum Tee ein. Sie führen dich in den Teeraum und reichen dir Tee. Sie geben dir Nahrung, etwas zu trinken. Sie sagen damit: »Komm näher. Steh nicht so weit abseits. Fühl dich ganz wie zu Hause.«

Das sind verschiedene Ebenen dieser Geschichte, aber es sind Ebenen des Fühlens. Verstehen kannst du sie nicht, nur fühlen. Fühlen ist ein höheres Verstehen, Liebe ist ein höheres Wissen. Und das Herz ist das höchste Zentrum des Wissens, nicht der Verstand. Der Verstand ist zweitrangig, wenn auch brauchbar und nützlich. Mit dem Verstand könnt ihr höchstens die Oberfläche kennenlernen, aber nicht das Zentrum.

Das Herz habt ihr völlig vergessen, als wäre es ein Nichts. Ihr wisst nichts von ihm. Und wenn ich vom Herzen spreche, meine ich das Herzzentrum. Dann denkt ihr an die Lunge, aber nicht an das Herz. Die Lunge ist nicht das Herz. Die Lunge, der Brustkorb, ist nur der Raum, in dem das Herzzentrum liegt. Das Herz verbirgt sich tief drinnen, inmitten der Lunge. So, wie sich die Seele in eurem Körper verbirgt, verbirgt sich das Herz in der Lunge. Es ist nichts Körperliches. Wenn ihr einen Arzt fragt, wird er sagen, dort ist kein Herzzentrum, kein Herz, nur die Lunge. Und nach seinem Wissen hat er Recht, denn wenn man den Körper seziert, findet man kein Herzzentrum, nur die Lunge. So, wie eure Seele im Körper verborgen ist, ist das Herzzentrum in der Lunge verborgen.

Dieses »Herz« versteht auf seine Weise. Joshu kann nur mit dem Herzen verstanden werden. Wenn du ihn mit dem Intellekt zu verstehen versuchst, kannst du ihn missverstehen, aber verstehen wirst du ihn nicht. So viel ist gewiss.

Noch etwas?

Osho,

ich fühle, ich möchte dir nah sein, aber gleichzeitig will ich vor dir so weit wie nur möglich weglaufen. Ich verstehe diese Angst nicht, denn so ein Gefühl habe ich sonst bei niemandem.

Es ist natürlich, daran ist nichts Ungewöhnliches. Immer wenn du das Gefühl hast, dass du einem Menschen wie mir nahe sein möchtest, wird diese Angst auftauchen. Mir nahe zu kommen bedeutet, zu sterben. Mir nahe zu sein bedeutet, dich selbst zu verlieren. Es ist die gleiche Angst, die den Fluss erfasst, wenn er das Meer erreicht. Seine Ufer werden verschwinden, und der Fluss wird sich verlieren.

Und jeder Fluss versucht umzukehren, aber es gibt keinen Weg zurück.

Wenn du einen tiefen Drang verspürst, mir näher zu kommen, gibt es nun kein Entkommen mehr. Du kannst es versuchen, aber es wird dir nicht gelingen. Andere haben es versucht, andere werden es weiterhin versuchen. Wenn du einen tiefen Drang verspürst, mir näher zu kommen, wirst du kommen müssen. Du kannst es höchstens hinauszögern; indem du dich wehrst, zu flüchten versuchst, kannst du es hinauszögern. Du kannst es aufschieben, mehr nicht. Denn dieser tiefe Drang kommt aus deinem innersten Sein. Die Angst ist nur im Verstand. Der Drang, näher zu sein, kommt aus dem innersten Kern deines Seins. Doch dem Verstand wird angst und bange, denn diese Nähe bedeutet Tod.

Einem Meister nahe zu sein ist ein Tod. Dein Ego wird dran glauben müssen. Das Ich denkt sofort: »Ich muss fliehen, bevor etwas geschieht. Bevor ich verloren gehe, muss ich fliehen.« Das Ich wird dir ständig einflüstern, das Weite zu suchen. Das Ich wird Vorwände finden. Es wird Fehler an mir entdecken, nur um dir einen Ausweg zu verschaffen. Es wird alles versuchen, dich zu überzeugen: Das ist der falsche Mann. Liebe ist dem Tod ähnlich. Und keine Liebe ist todesähnlicher als die zu einem Meister.

Wenn du eine Frau liebst, kannst du sie beherrschen. Darum spielen Liebende politische Spiele: wer wen beherrscht, wer wen besitzt. Aus Angst, dass der andere dich beherrscht, dass er dich verschlingt, versuchst du, ihn zu beherrschen. So kämpfen sie ständig. Eheleute, Liebende kämpfen ununterbrochen. Es ist ein ständiger Existenzkampf, ein Kampf ums Überleben. Die Angst ist: »Ich könnte mich im andern verlieren.«

Aber wenn du zu einem Meister kommst, kannst du ihn nicht beherrschen, kannst du es nicht mit ihm aufnehmen. Darum geht die Angst tiefer, denn du kannst keine Schachzüge machen. Entweder du fliehst oder du löst dich auf, eine andere Alternative gibt es nicht. Wenn du flüchtest, sagt eine Stimme im Innersten deines Wesens: »Du tust das Falsche. Wenn du jetzt wegläufst, musst du wiederkommen.« Wenn du näher kommst, sagt der Kopf: »Wohin willst du? Einen Schritt näher, und du verbrennst!« Und das stimmt; das Ego hat Recht. Die Flamme ist da, und wenn du näher kommst, verbrennst du. Ein Zwiespalt entsteht, eine innere Spannung, großer Schmerz. Du kannst es höchstens aufschieben, mehr nicht. Früher oder später wirst du dich auflösen. Kein Fluss entgeht dem Meer. Bist du mir einmal nahe gekommen, gibt es keinen Weg zurück.

Es gibt keine Umkehr. Du bist hier. Du warst lange unterwegs. Nicht nur im physischen Raum, auch im inneren Raum bist du weit gereist. Viele, viele Leben lang hast du dich auf diesen Punkt zubewegt, hast ihn herbeigesehnt. Und jetzt, dem Punkt so nahe, wird dir angst und bange. Du fühlst, dass du dich auflöst. Die Angst ist natürlich. Versteh sie, aber lass dich davon nicht überwältigen. Mach den Sprung! Und dieser Sprung wird nicht einfach ein Tod sein, sondern eine Wiedergeburt. Aber woher solltest du das wissen? Nur das Sterben siehst du, nur den Tod. Das, was hinter dem Tod verborgen ist, kannst du nicht sehen. Ich kann es sehen. Ich weiß, du wirst wiedergeboren. Aber niemand wird wiedergeboren, ohne zu sterben.

Der Tod ist also nicht das Ziel, der Tod ist nicht das Ende, er ist der Anfang. Wenn du bereit bist zu sterben, bist du bereit, wiedergeboren zu werden. Das Alte wird verschwinden, und etwas ganz Neues wird an seine Stelle treten. Dieses Neue kämpft sich den Weg aus deinem innersten Kern frei. Das Alte kämpft vom Kopf aus, denn der Kopf ist Erinnerung, Altes, Vergangenes. In dir ringen Vergangenheit und Zukunft miteinander. Das ist die Schwierigkeit. Nun liegt es bei dir: Lässt du dich vom Vergangenen überwältigen, dann wirst du es hinauszögern, wirst es aufschieben. Und du kannst es noch viele Leben lang hinauszögern. Es ist nicht das erste Mal, dass du es auf später verschiebst. Du hast schon oft die Gelegenheit verpasst. Oft genug bist du einem Buddha, einem Mahavira, einem Jesus begegnet – und hast das Weite gesucht. Du hast dich verdrückt, hast die Augen zugemacht. Wieder und wieder hast du dieses Spiel getrieben.

Aber es ist natürlich, sage ich dir, denn du kannst nur den Tod sehen. Der Fluss sieht nur, dass er sich auflösen wird. Er kann nicht sehen, dass er zum Ozean wird. Wie könnte er es sehen? Dieses ozeanische Sein kommt erst, wenn der Fluss nicht mehr da ist. Das kann der Fluss nicht sehen. Wenn dein Ich nicht mehr da ist, wirst du wissen, wer du bist – erst dann.

Erlaube nicht der Angst, dich zu überwältigen. Erlaube der Liebe, dich zu überwältigen. Liebe kommt aus deiner Mitte, Angst immer aus den Randbereichen. Lass nicht zu, dass die Strömungen vom Rand dich beherrschen. Was hast du zu verlieren? Selbst wenn es keine Neugeburt gäbe – aber es gibt sie –, doch ich sage, selbst wenn es keine gibt und du einfach stirbst: Was hast du zu verlieren? Was geht verloren? Was hat der Fluss, das sich zu bewahren lohnte? Sein Lauf durchs Gebirge war ein mühsamer Kampf, sein Lauf in den Ebenen eine schmutzige Strecke. Was hat der Fluss zu verlieren, wenn er sich ins Meer ergießt? Nichts.

Also denke darüber nach. Was hast du zu verlieren, wenn du näher kommst? Dein Leiden? Deinen Wahnsinn? Was hast du zu verlieren? Es gibt nichts zu verlieren, aber wir schauen nie nach innen, um zu sehen, dass wir nichts zu verlieren haben. Denn auch davor haben wir Angst. Es wäre dir lieb, wenn du viel zu verlieren hättest, einen Schatz. So schaust du besser nicht hin. Es gibt keinen Schatz. Das Haus ist leer. Es war nie etwas darin. Aber du hast solche Angst, dass du nie hinschaust, denn du weißt: Da ist nichts. Auch ein Bettler träumt, er sei ein Kaiser. In seinen Träumen wird er zum Kaiser und genießt es. Doch dann bekommt er Angst: Was ist, wenn das Reich verloren geht? Aber das Reich hat es nie gegeben.

Ihr seid zu mir gekommen, weil es nie irgendein Reich gegeben hat. Du hast nichts zu verlieren, und nun bekommst du Angst. Schau dir die Tricks des Verstandes an, die Täuschungsmanöver des Ego, und durchschaue sie.

Ein Mann betrat eine Tierhandlung. Er sah sich um und fragte den Verkäufer: »Wie viel soll der große Hund da kosten?« Er zeigte auf einen gefährlich aussehenden Schäferhund.

Der Mann sagte: »Fünfhundert.«

Das war ihm zu teuer. Also fragte er: »Und was kostet dieser Kläffer?« Es war ein etwas kleinerer Hund.

Der Verkäufer sagte: »Tausend.«

Er versuchte es noch mal und sagte: »Und dieser Winzling?« Es war ein sehr kleines Hündchen.

Der Mann sagte: »Zweitausend.«

Da wurde der Kunde stutzig und verwirrt. Schließlich fragte er: »Und was kostet es, wenn ich gar nichts kaufe?«

Der Preis wird immer höher und der Hund immer weniger. Wenn ich jetzt gar nichts kaufe, wie viel muss ich dann zahlen? – Das ist auch deine Angst. Was wird geschehen, wenn du mir näher kommst? Gar nichts, denn du hast nichts zu verlieren. Und alles wird geschehen, denn wenn einmal dieses Nichts verloren ist, wird alles möglich. Sobald dieses Schutzdach, das dich mehr hindert als schützt, verloren geht, öffnet sich der Himmel in die Unendlichkeit. Sobald diese Ufer, die dich eingezwängt haben, weichen, wirst du uferlos, wirst du unendlich.

Lass den Fluss furchtlos ins Unbekannte fließen, ins Unerforschte. Der Tod wird dort sein, aber dem Tod folgt immer eine Wiedergeburt. Stirb und werde, verliere dich selbst und finde. Angst kommt aus dem Verstand, Liebe aus dem Herzen. Höre auf das Herz.

Es geschah einmal, dass ein König eine Orgel in seinem Palast hatte, die er sehr liebte. Aber etwas war mit ihr nicht mehr in Ordnung. Und die Orgel war so einmalig, niemand wusste, wie sie in Gang zu bringen war. Niemand hatte je ein Instrument wie dieses gesehen. Der König hatte die Orgel als kleines Kind gehört, als sein Vater noch lebte. Aber seitdem war irgendetwas kaputtgegangen. Doch er liebte die Orgel so sehr, dass er sie in seinem Zimmer aufbewahrte. Sie war wunderschön; selbst von außen war sie wunderschön. Viele Fachleute wurden geholt, aber vergeblich. Sie bemühten sich sehr, aber das machte alles nur schlechter. Die Orgel wurde mehr und mehr zerstört. Der König verlor alle Hoffnung, dass die Orgel noch zu reparieren war. Eines Tages erschien ein Bettler. Er sagte zum Torwächter: »Ich habe gehört, dass mit der Orgel des Königs etwas nicht stimmt. Ich kann sie richten.«

Der Torwächter musste lachen, denn es waren schon Experten aus allen Ländern der Welt da gewesen, große Musiker. Sie konnten nicht herausfinden, was kaputt war. Sie konnten nicht einmal feststellen, was für eine Orgel es war und was für eine Musik man darauf spielen konnte. So kompliziert war sie. Dem Torwächter war zum Lachen, aber er sah diesen Bettler, und seine Stimme und seine Augen erweckten Vertrauen. Er schien sehr zuversichtlich. Er war ein Bettler, aber sein Gesicht war würdevoll. Der Torwächter dachte bei sich: »Es wird wieder vergeblich sein«, aber sein Herz sagte: »Dieser Mann erscheint so vertrauenswürdig, was kann es schaden, wenn er es versucht?« Also brachte er ihn zum König.

Wie er den Bettler sah, lachte der König und sagte: »Bist du verrückt? Alle möglichen Experten haben es versucht und sind gescheitert. Du musst verrückt sein. Du glaubst, du kannst sie richten?«

Der Bettler sagte: »Mehr kann man sowieso nicht daran verderben. Die Orgel ist schon völlig hinüber. Ich könnte nicht noch mehr kaputt machen. Was kann es schaden, wenn du mir eine Gelegenheit gibst?«

Der König überlegte: »Er hat Recht. Mehr Schaden kann nicht angerichtet werden.« Also sagte er: »Abgemacht, versuche es.« Tagelang verschwand der Bettler hinter der Orgel. Er arbeitete und arbeitete und arbeitete.

Und eines Mitternachts, plötzlich, fing er an, auf der Orgel zu spielen. Der ganze Palast füllte sich mit einer unbekannten Melodie, einer so göttlichen Musik, dass alle herbeigelaufen kamen, um zu sehen, was da geschah. Der König kam aus seinem Schlafgemach und rief: »Du hast es geschafft! Es muss ungeheuer schwierig gewesen sein. Es war ja fast unmöglich. Du hast ein Wunder vollbracht!«

Der Mann sagte: »Nein, es war nicht schwer. Schließlich habe ich sie ja gebaut. Zu Lebzeiten deines Vaters habe ich diese Orgel gebaut, es war also nicht schwierig.«

Wenn du so weit bist, ist eines sicher: Mehr Schaden kann dir nicht zugefügt werden. Du bist beschädigt genug. Ich kann dich nicht noch schlimmer zurichten, so viel steht fest. Schau mir in die Augen und fühle meine Stimme. Gib mir eine Gelegenheit. Es ist nicht schwierig, ich verspreche es dir. Sobald sich jemand ins Unendliche aufgelöst hat, ist er an der Quelle, aus der er kommt. Ich bin nicht da. Wenn ich da wäre, wenn das Ich da wäre, würde es schwierig sein. In mir gibt es keinen Fachmann. Der Fachmann ist längst gestorben. Das Ich ist der Fachmann. Aber ich weiß gar nichts. Ich bin nicht mehr da, ich habe mich aufgelöst.

Der Ozean ist. Gott ist. Nicht ich.

Du bist der Quelle nahe, aus der du kommst, schon immer nah gewesen. Und für Gott ist nichts unmöglich, denn er hat dich ja geschaffen. Ich bin nicht mehr da, sonst wäre es sehr schwierig. Wenn das Ich noch da wäre, würde es dir schaden. Das Ego kann nur Schaden anrichten. Fachleute können nur schaden, sie können dich nicht ganz machen. Du warst schon bei vielen Fachleuten, und sie haben jeden erdenklichen Schaden angerichtet. Jetzt bist du irreparabel.

Doch der Fluss kann im Meer aufgehen, und plötzlich entsteht die Melodie. Eine Musik wird aus dir strömen, eine Musik, die du noch nie gehört hast. Sie ist in dir verborgen. Das Ego muss nur aus dem Weg geräumt werden.

Ein Lehrer fragt seine Erstklässler: »Wie helft ihr euren Eltern zu Hause?«

Ein kleiner Junge sagt: »Ich mache mein Bett selbst.«

Ein anderer: »Ich wasche ab.« Und so weiter und so fort.

Da fällt dem Lehrer auf, dass der kleine Max noch gar nichts gesagt hat. Er fragt ihn: »Und du, Max, was machst du?«

Max zögert einen Augenblick, und dann sagt er: »Ich schaue, dass ich ihnen nicht im Weg bin.«

Halte dich einfach aus dem Weg, das ist alles. Stell dich nicht zwischen dich und mich. Sei dir nicht im Weg. Wenn du auch nur einen Augenblick nicht im Weg stehst, kann es geschehen: Das Alte kann sterben, und das Neue kann geboren werden.

Genug für heute.

V

Meister des neuen Klosters

Hyakujo rief seine Mönche zusammen,
da er einen von ihnen aussenden wollte,
ein neues Kloster zu gründen.
Er stellte einen wassergefüllten Krug
auf den Boden und fragte:
»Wer kann sagen, was dies ist,
ohne es beim Namen zu nennen?«
Der oberste Mönch, der damit rechnete,
die Stelle zu bekommen, sagte:
»Niemand kann es einen hölzernen Schuh nennen.«
Ein anderer Mönch sagte:
»Es ist kein Teich, denn man kann es tragen.«
Der Koch, der in der Nähe war, kam hinzu,
stieß den Krug um und ging weg.
Hyakujo lächelte und sagte:
»Der Koch wird
der Meister des neuen Klosters.«

Die Wirklichkeit ist nicht durch Denken zu erkennen, aber durch Handeln. Denken ist nur ein Traumgespinst. In dem Augenblick, da du handelst, wirst du Teil der Wirklichkeit. Die Wirklichkeit ist Tun, Handeln. Das Denken ist nur Stückwerk. Wenn du handelst, bist du ganz. Was immer du tust, dein ganzes Wesen nimmt daran teil. Das Denken spielt sich nur in einem Teil des Gehirns ab. Es ist nicht dein ganzes Sein daran beteiligt. Das Denken kann sich als automatischer Vorgang fortspinnen, ohne dich.

Das muss gründlich verstanden werden. Es ist eines der grundlegendsten Dinge für jeden, der die Wahrheit finden will und nicht sonst irgendetwas. Darin unterscheiden sich Religion und Philosophie: Religion ist Handeln, Philosophie ist Denken.

Diese Geschichte sagt vieles. Der Meister wollte, dass einer seiner Schüler Leiter des neuen Klosters würde, das eben gegründet werden sollte. Wen sollte er hinschicken? Wer war am geeignetsten, um dort die Leitung zu übernehmen? Jemand, der viel Philosophie im Kopf hat?

Jemand, der reden und diskutieren und argumentieren kann? Jemand, der ein gelehrter Bücherwurm ist? Oder jemand, der spontan handeln kann? Er mochte nicht viel wissen, mochte ein einfacher Mensch sein, kein Intellektueller, aber ganz er selbst musste er sein.

Der oberste Mönch sah seinen Traum in Erfüllung gehen; er glaubte, er sei der Auserlesene. Der Kopf ist immer ehrgeizig. Er muss sich zurechtgelegt haben, wie er sich benehmen, was er sagen sollte, um zum Leiter des neuen Klosters erkoren zu werden. Er muss nächtelang wach gelegen haben. In seinem Kopf muss er ständig solche Gedanken gewälzt haben.

Das Ego plant, aber es plant an der Wirklichkeit vorbei. Der Wirklichkeit kannst du nur spontan begegnen. Wenn du dir im Voraus darüber Gedanken machst, magst du zwar gut vorbereitet sein, aber du verfehlst sie. Gut präpariert verfehlst du die Wirklichkeit; darin liegt der Widerspruch. Wer unvorbereitet ist, wer nichts geplant hat, wer spontan handelt, trifft ins Herz der Wirklichkeit.

Der Meisterschüler muss Luftschlösser gebaut haben. Ihm werden viele Möglichkeiten durch den Kopf gegangen sein. Der Meister würde jemanden aussuchen, also würde es eine Art Prüfung geben. Was sagten die Schriften? Denn auch in alten Zeiten hatten die Meister Schüler dazu erwählt, ein neues Kloster zu gründen. Wie haben sie ihre Auswahl getroffen? Welche Prüfungen musste man bestehen? Wie konnte er die Wahl gewinnen?

Es gibt hierzu viele Geschichten aus alten Zeiten, aber im Grunde waren sie fast immer gleich: Der Zen-Meister fordert seine Schüler auf, etwas auszudrücken, ohne die Sprache zu gebrauchen. Er wird sagen: »Sag etwas über dieses Ding, aber verwende keinen Namen, denn der Name ist nicht das Ding.«

Hier ist dieser Sessel, auf dem ich sitze. Ein Zen-Meister würde sagen: »Sag etwas über diesen Sessel, aber verwende nicht den Namen, denn das Wort Sessel ist nicht der Sessel. Gebrauche gar keinen verbalen Ausdruck, keine Sprache, aber sag etwas, sprich!«

Da ist der Kopf ratlos, denn er kennt nur Sprache, nichts anderes. Wenn ihm die Sprache genommen wird, ist ihm alles genommen. Was ist das Denken denn anderes als sprachliche Anhäufungen von Namen, Wörtern, Bezeichnungen? Und wenn der Meister sagt: »Verwende nicht den Namen«, sagt er damit: »Benutze nicht deinen Kopf. *Tue* etwas, das ausdrückt, was der Sessel ist.«

Das Wort Gott ist nicht Gott. Das Wort Mensch ist nicht der Mensch. Das Wort Rose ist keine Rose. Auch ohne die Sprache existiert die Rose, auch ohne die Sprache existiert trotzdem der Baum. Das, was ihn ausmacht, ist nicht von der Sprache abhängig.

Dieser Obermönch muss darüber lange und ausgiebig gebrütet haben. Er muss sich schon im Vorhinein etwas zurechtgelegt haben. Das machte ihn tot. Als es drauf ankam, fiel er durch.

Wenn du innerlich schon festlegst, was du tun wirst, und dich an diese Entscheidung hältst, gehst du an der Wirklichkeit vorbei. Die Wirklichkeit ist immer fließend, immer in Bewegung. Keiner weiß, wo's hingeht, keiner weiß, was passieren wird. Keiner kann es vorhersagen. Es ist unvorhersehbar.

Da gibt es eine Zen-Geschichte: Zwei Klöster waren eng benachbart, und jeder der beiden Meister hatte einen Knaben, der für ihn Besorgungen erledigte. Die beiden

Knaben gingen täglich zum Markt, um für den Meister einzukaufen, manchmal Gemüse, manchmal anderes. Die beiden Klöster waren sich spinnefeind. Doch wie Jungs so sind, vergaßen sie die Regeln und trafen sich unterwegs und unterhielten sich, um ein bisschen Spaß zu haben. Eigentlich war das verboten. Es war ihnen nicht erlaubt, miteinander zu sprechen. Das andere Kloster war schließlich der Feind.

Eines Tages kam der Junge des ersten Klosters heim und sagte: »Ich bin ganz durcheinander. Auf dem Weg zum Markt traf ich den Jungen vom anderen Kloster und fragte ihn: ›Wohin gehst du?‹ Er sagte: ›Wohin der Wind mich trägt.‹ Darauf wusste ich gar nichts zu sagen. Er hat mich verwirrt.«

Der Meister sagte: »Das ist nicht gut. Keiner aus unserem Kloster hat gegenüber dem anderen Kloster je den Kürzeren gezogen, nicht einmal ein Laufbursche. Diesem Jungen werden wir's zeigen. Morgen fragst du ihn wieder, wohin er geht. Und wenn er antwortet: ›Wohin der Wind mich trägt‹, dann sagst du: ›Und wenn kein Wind geht, was dann …?‹«

Der Junge tat die ganze Nacht kein Auge zu. Er versuchte, sich immer wieder vorzustellen, wie es am nächsten Tag ablaufen würde, und er probte es viele Male. Er würde die Frage stellen, der andere Junge würde darauf eingehen, und dann würde er ihm seine Antwort geben.

Am nächsten Tag wartete er am Weg. Der Junge vom Nachbarkloster kam, und er fragte: »Wohin gehst du?«

Der Junge antwortete: »Wohin mich die Füße tragen.«

Jetzt war er wieder in Verlegenheit. Er hatte sich eine Antwort zurechtgelegt, aber die Wirklichkeit ist unvorhersehbar. Er kam ganz traurig zurück und sagte zum Meister: »Auf diesen Jungen ist kein Verlass. Er hat etwas anderes gesagt, und da wusste ich nicht, was ich machen sollte.«

Da sagte der Meister: »Wenn er morgen wieder sagt: ›Wohin mich die Füße tragen‹, antwortest du: ›Und wenn du zum Krüppel wirst und deine Beine verlierst, was dann ...?‹«

Wieder konnte er nicht schlafen. Schon frühmorgens stand er am Straßenrand. Als der andere Junge kam, fragte er ihn: »Wohin gehst du?« Und der Junge sagte: »Zum Markt, Gemüse kaufen.«

Völlig verstört kam er wieder und sagte zu seinem Meister: »Dieser Junge ist unmöglich. Er ist unberechenbar.«

Das Leben ist wie dieser Junge. Es ist unberechenbar. Die Wirklichkeit ist keine konstante Größe. Du musst für sie gegenwärtig, musst spontan sein, um wirklich darauf eingehen zu können. Wenn du die Antwort im Vorhinein festlegst, bist du schon tot. So verpasst du das Leben. Wenn das Morgen kommt, wirst du nicht präsent sein, weil du noch im Gestern, im Vergangenen festhängst.

All die Köpfe, die zu sehr an den Worten hängen, sind so festgelegt und starr. Ihre Antworten sind festgeschriebene Vergangenheit. Frag mal einen Theologen: »Was ist Gott?« Er fängt schon an, dir zu antworten, bevor du mit deiner Frage fertig bist. Er wird nicht auf deine Frage antworten, weil er seine Antwort schon parat hat, bevor du die Frage formuliert hast. Die Antwort ist tot. Sie ist schon vorgefertigt. Sie braucht nur aus dem Gedächtnis abgerufen zu werden. Auf die Frage geht sie nicht ein.

Das ist der Unterschied zwischen einem Wissenskundigen und einem Weisen. Ein Wissenskundiger verteilt Antworten von der Stange. Sobald er etwas gefragt wird, holt er seine fertigen Antworten hervor. Du als Fragender bist völlig unwichtig; deine Frage ist unwesentlich. Die Antwort existiert schon vor der Frage. Deine Frage aktiviert nur das Gedächtnis eines solchen Vielwissers. Kommst du hingegen zu einem Weisen, hat er keine fertigen Antworten für dich; er hat nichts Vorbereitetes. Er ist offen, er ist still. Und er wird auf dich eingehen. Er lässt deine Frage erst in seinem Wesen widerhallen, nicht in seinem Gedächtnis. Aus seinem ganzen Sein taucht eine Antwort auf.

Niemand kann vorher wissen, wie sie lauten wird. Wenn du am nächsten Tag wiederkommst und die gleiche Frage stellst, wird die Antwort nicht die gleiche sein.

Es geschah einmal, dass ein Mann Buddha auf die Probe stellen wollte. Jedes Jahr ging er zu ihm hin und stellte immer dieselbe Frage. Er dachte: »Wenn er wirklich wissend ist, muss die Antwort immer gleich sein. Wie könnte sie anders ausfallen? Wenn ich komme und frage: ›Gibt es Gott?‹, muss er Ja oder Nein sagen, wenn er wirklich ein Wissender ist. Und nächstes Jahr frage ich ihn wieder.«

So kam er, jahrein, jahraus, und wurde immer verwirrter. Manchmal sagte Buddha Ja, manchmal Nein, manchmal schwieg er, manchmal lächelte er nur und war still.

Das verwirrte den Mann, und er sagte: »Was soll das? Wenn du es weißt, musst du dir doch sicher sein, und deine Antwort muss unumstößlich sein. Aber jedes Mal sagst du etwas anderes. Einmal sagst du Ja, dann wieder Nein. Hast du vergessen, dass ich dir diese Frage schon mal gestellt hatte? Und einmal hast du nur geschwiegen, und nun lächelst du? Darum habe ich jedes Mal ein Jahr gewartet, nur um zu prüfen, ob du es wirklich weißt.«

Buddha sagte: »Als du zum ersten Mal kamst und fragtest: ›Gibt es Gott?‹, habe ich geantwortet. Aber meine Antwort galt nicht nur der Frage, sie galt auch dir. Du hast dich verändert, darum kann ich dir nicht die gleiche Antwort geben. Und nicht nur du hast dich verändert, auch ich habe mich verändert. Viel Wasser ist den Ganges hinabgeflossen. Dieselbe Antwort kann nicht mehr gegeben werden. Ich bin keine heilige Schrift, wo du nachschlagen und immer dieselbe Antwort finden kannst.«

Ein Buddha ist ein lebendiger Strom. Ein Fluss fließt ununterbrochen und wandelt sich ständig. Morgens, wenn die Sonne aufgeht, ist er wie flüssiges Gold. Am Mittag ist er anders, am Abend wieder anders. Und in der Nacht, wenn die Sterne sich in ihm spiegeln, hat er sich total verwandelt. Im Sommer schrumpft er zu einem Rinnsal, in der Regenzeit schwillt er kräftig an. Ein Fluss ist kein Gemälde, er ist eine lebendige Kraft. Nur ein Gemälde bleibt immer gleich, ob es draußen regnet oder heiß ist. Während der Regenzeit wird ein gemalter Fluss nicht über die Ufer treten. Er ist tot. Aber ansonsten, in der Wirklichkeit, wandelt sich alles in jedem Augenblick. Nur eines ist von Dauer, und das ist der Wandel. Nur eines geht ständig vor sich, und das ist die Erneuerung. Alles andere ist nicht von Dauer, nur die Erneuerung. Sie vollzieht sich ununterbrochen.

Dieser Musterschüler von einem Mönch hatte also vorweg entschieden, was er sagen würde. Nun wartete er nur noch auf die Frage des Meisters. Da stellte der Meister den Krug vor sie hin, einen großen, mit Wasser gefüllten Topf, und sagte: »Sagt etwas, aber nennt nicht den Namen. Sagt etwas, aber benutzt nicht den Verstand. Sagt etwas, aber ohne Sprache.«

Allein das erscheint schon völlig absurd. Wenn jemand sagt: »Sag etwas, aber sag es ohne Sprache«, stellt er eine unmögliche Situation her. Wie soll man ohne Sprache etwas sagen? Aber wenn du nicht imstande bist, über einen gewöhnlichen Krug voll Wasser etwas auszusagen, ohne Sprache zu gebrauchen, wie willst du etwas über Gott sagen können, der vom ganzen Universum erfüllt ist? Wenn du über diesen gewöhnlichen Krug ohne Sprache nichts aussagen kannst, wie willst du versuchen, jenen großen Krug, das Universum, Gott, die Wahrheit, begreiflich zu machen? Und wenn du diese einfache Sache nicht begreiflich machen kannst, wie willst du Leiter eines Klosters werden? Es werden Leute zu dir kommen, die nicht Worte wissen wollen, sondern die Wirklichkeit. Es werden keine Leute zu dir kommen, die in Philosophie unterrichtet werden wollen. Dafür gibt es Universitäten, zu Tausenden. Dort werden Worte gelehrt.

Was ist also der Sinn eines Klosters? Ein Kloster muss die Wirklichkeit lehren, nicht Worte. Es muss Religion lehren, nicht Philosophie. Es muss Existenzielles lehren, nicht Theorie. Wenn du über einen ganz gewöhnlichen Krug nichts sagen kannst, was machst du, wenn jemand fragt: »Was ist Gott?« Was machst du, wenn jemand fragt: »Wer bin ich?«

Der Meisterschüler gab seine Antwort. Wenn der Kopf mit einer solchen Situation konfrontiert ist, findet er nur den Ausweg, es negativ zu erklären. Wenn jemand sagt: »Sag etwas über Gott, ohne ihn zu benennen«, was wirst du tun? Was bleibt dir anderes übrig, als es verneinend auszudrücken? Du kannst sagen: »Gott ist nicht die Welt, Gott ist nicht die Materie.«

Schau in die Wörterbücher, schlag die *Encyclopaedia Britannica*[18] auf und sieht dir ein paar Definitionen an. Du wirst dich wundern: Unter dem Stichwort »Geist« (*mind*) findest du die Definition: »Geist ist, was nicht Materie ist.« Wenn du dann bei »Materie« nachschlägst, findest du: »Materie ist, was nicht Geist ist.« Was sind das für Definitionen? Wenn du wissen willst, was Geist ist, heißt es: Nichtmaterie. Wenn du wissen willst, was Materie ist, heißt es: Nichtgeist. Nichts ist definiert. Die Katze beißt sich in den Schwanz. Wenn ich nach A frage, sagt man, es ist nicht B; wenn ich nach B frage, sagt man, es ist nicht A. Man definiert die eine Unbekannte durch die andere. Wie soll das gehen? Das sind Taschenspielertricks. Lexika sind die größten Taschenspielertricks der Welt. Sie sagen nichts und tun doch so, als ob sie alles sagten. Alles wird erklärt, und alles ist unerklärbar. Nichts kann erklärt werden.

Also sagte der Meisterschüler etwas Verneinendes – aber er sagte etwas. Wenn der Kopf nicht weiterweiß, flüchtet er sich ins Verneinen. Möglicherweise ist der Atheismus nur eine Flucht. Gott ist, aber wie soll man es definieren? Wenn der Kopf nicht weiterweiß, ist der einfachste Ausweg der, zu sagen, dass es Gott nicht gibt. Damit ist das Problem erledigt.

Ein anderer Schüler sagte: »Es ist kein Teich, denn man kann es tragen.«

Aber wie soll ein Krug voll Wasser dadurch definiert sein, dass man sagt, er sei kein Teich? Dann erkläre, was ein Teich ist, ohne es zu benennen.

Da trat der Koch des Klosters hervor. Er muss authentischer gewesen sein als diese Gelehrten. Ein Koch, der sich nie besonders für Schriften interessierte, ein Koch, der mit der Wirklichkeit zu tun hat und ihr tagtäglich begegnet, ohne über sie nachzugrübeln – er blieb stehen, stieß den Krug um und ging fort.

Was sagte er damit? Er sagte etwas, aber auf sehr realistische Weise. Umstoßen ist nicht Denken, es ist Handeln. Er stieß den Krug um und gab dem Meister zu verstehen: »Was für ein Quatsch! Du redest Unsinn. Du verlangst von uns, etwas ohne Worte zu sagen. Ohne Worte kann nur etwas getan, aber nichts gesagt werden.« Dieser Koch sah, worum es ging. Etwas kann ohne Worte getan, aber nicht gesagt werden. Also tat er etwas. Er stieß den Krug um.

Der Meister sagte: »Der Koch ist der Richtige. Er wird in das neue Kloster gehen und dort Meister sein. Er weiß zu handeln, ohne den Kopf. Er weiß zu antworten, ohne den Verstand zu gebrauchen. Er hat damit gesagt, dass die Aufgabe sinnlos ist.«

Merke dir eines: Wenn die Aufgabe sinnlos ist, kannst du sie nicht verstandesmäßig lösen. Wer es versucht, ist ein Narr. Er beweist, dass er töricht ist. Auf eine sinnlose Frage kann es keine sinnvolle Antwort geben. Wer das versucht, erweist sich als Narr. Dieser Meisterschüler muss ein solcher Narr gewesen sein. Der andere, der sagte, es sei kein Teich, muss auch ein Narr gewesen sein. Vielwisser sind Dummköpfe, sonst wären sie keine Vielwisser. Sie vergeuden ihr Leben mit Büchern und Worten. Niemand vertut sein Leben mit Worten, außer er ist stockdumm.

Dieser Koch war gescheiter. Er stieß es um. Nicht bloß den Krug, er stieß das ganze Problem um, er stieß die ganze Situation um. Er sah, wie absurd sie war. Er machte den Mund nicht auf, sagte kein Wort. Stellt euch nur vor, wie dieser Koch mit ganzem Einsatz dem Krug einen Tritt versetzte. Er war mit jeder Faser dabei, mit Geist, Körper und Seele. Dieser Tritt lebte. Es war ein spontaner Tritt, nicht vorher überlegt. Der Koch hatte keine Ahnung, dass so etwas aus ihm herauskommen würde. Ihm war vielleicht nicht einmal klar, dass er damit eine Antwort gab. Er sah nur, was vor sich ging. Da passierte plötzlich dieser Tritt.

Der Meister erkannte wohl diesen Zustand, als der Koch reines Handeln war: kein Gedanke, nur Leere. Aus dieser Leere, aus diesem Nichtdenken tauchte die Handlung auf. Wenn das Handeln von dem gesteuert wird, der handelt, ist es tot. Wenn das Handeln vom Ich kommt, ist es vorbedacht. Wenn das Handeln ohne Ich geschieht, ohne jeden Gedanken, ohne dass du dich einmischst, wenn das Tun aus dem Nichtsein hervorbricht, dann ist es ungeteilt, dann kommt es aus dem Göttlichen.

Nicht der Koch löste diesen Tritt aus. Es war, als hätte das Ganze, die Existenz selbst, den Krug umgestoßen. Damit warf er alle Gelehrsamkeit, alle Schriften, den ganzen Intellekt mit seinen Teufelskreisen über den Haufen – und ging fort. Er wartete nicht. Versteht ihr? Er ging einfach weg. Hätte er gewartet, um zu sehen, was der Meister sagt, dann wäre er durchgefallen. Es hätte bedeutet, dass ein Hintergedanke da war, der nach dem Ergebnis, dem Ausgang der Sache schielte.

Der Verstand ist immer ergebnisorientiert: Was kommt dabei heraus? Was passiert, wenn ich dies tue? Was wird diese Ursache für eine Wirkung haben? Der Verstand schielt immer nach dem Ergebnis. Er ist immer am Ergebnis interessiert.

Aber der Koch ging einfach weg. Er wartete nicht ab, was geschehen würde. Er rechnete nicht damit, gewählt zu werden. Wie käme man auf die Idee, Meister eines Klosters zu werden, nur weil man einen Krug umgestoßen hat? Nein, das kümmerte ihn überhaupt nicht.

Genau das sagt Krishna in der *Gita* zu Arjuna: »Handle! Mach! Aber kümmere dich nicht um das Ergebnis.« – Stoß ihn um und geh. Arjuna hatte sich ständig über das Ergebnis Gedanken gemacht und gefragt: »Wenn ich kämpfe, wenn ich diesen Krieg auf mich nehme, was wird geschehen? Was wird dabei herauskommen? Gutes oder Böses? Werde ich gewinnen oder verlieren? Steht es dafür, so viele Menschen zu töten?«

Und Krishna sagt: »Denk nicht ans Ergebnis. Überlass das Ergebnis mir. Handle einfach.«

Der Verstand kann das nicht. Bevor der Verstand handelt, will er das Ergebnis wissen. Er geht vom Ergebnis aus. Nur wenn es ein Ergebnis gibt, handelt er.

Es kommen Leute zu mir, die fragen: »Was haben wir davon, wenn wir meditieren? Was ist das Ergebnis?«

Vergesst nicht: Meditation kann niemals am Ergebnis orientiert sein. Du meditierst einfach, das ist alles. Alles Mögliche geschieht, aber nicht als Ergebnis. Wenn du ein Ergebnis suchst, geschieht nichts. Dann ist Meditation sinnlos. Wenn du ein Ergebnis willst, ist der Verstand im Spiel. Wenn du kein Ergebnis willst, ist es Meditation. Stoß den Krug um und geh. Meditiere und geh. Frag nicht nach dem Ergebnis. Sag nicht: »Was wird geschehen?« Wenn du darüber nachdenkst, was geschehen wird, kannst du nicht meditieren.

Der Verstand denkt immer nur ans Ergebnis. Er kann nicht hier und jetzt sein, er ist stets in der Zukunft. Wenn du meditierst und denkst: »Wann werde ich es erreichen? Ich bin noch nicht am Ziel.« – Ist das Meditation? Wenn du liebst und ständig denkst: »Wann wird sich das Glück einstellen? Es ist noch nicht da.« – Ist das Liebe?

Wenn du das Ergebnis völlig vergisst, wenn im Kopf nicht ein Funke von einem Gedanken ans Ergebnis aufflackert, wenn nicht die kleinste Welle sich in die Zukunft kräuselt, wenn du zu einem stillen Teich geworden bist: Im Hier und Jetzt geschieht alles.

In der Meditation sind Ursache und Wirkung nicht zweierlei. Die Ursache *ist* die Wirkung. Handlung und Ergebnis sind nicht zweierlei. Die Handlung *ist* das Ergebnis. Sie sind nicht getrennt. In der Meditation sind Same und Baum nicht zweierlei. Der Same *ist* der Baum.

Für den Verstand ist alles zweigeteilt. Der Same und der Baum sind zwei, die Handlung und das Ergebnis sind zwei. Das Ergebnis ist immer in der Zukunft, und die Handlung ist hier. Du handelst um der Zukunft willen. Dem Verstand zuliebe wird die Gegenwart ständig der Zukunft geopfert, aber die Zukunft existiert nicht. Es gibt keine Zukunft, es gibt immer nur Gegenwart, das ewige Jetzt. Und du opferst dieses Jetzt für etwas, das es nicht gibt und nirgendwo geben kann.

In der Meditation wird der ganze Vorgang umgekehrt: Die Zukunft wird der Gegenwart geopfert. Das, was nicht ist, wird dem geopfert, was ist. Es gibt kein Ergebnis, kein Resultat. Stoß den Krug um und geh. Frag nicht nach dem Ergebnis.

Das war das Schöne daran. Der Koch ging schnurstracks weg, und damit sagte er: »Das Ganze hier ist absurd, deine Frage ebenso wie die Antworten dieser Leute. Das hier ist ein sinnloses Spiel. Hier hab ich nichts zu suchen.« Er wird in seine Küche, zurück an seine Arbeit gegangen sein. So handelt ein meditativer Mensch. Und der Meister sagte: »Dieser Mann ist der Richtige. Er wird der Leiter des neuen Klosters. Er weiß, wie man rückhaltlos handelt, wie man spontan handelt. Er weiß, wie man ohne Absicht, ohne Hintergedanken, ohne Nachdenken handelt. Dieser Mann kann andere in die Meditation einführen, kann andere leiten. Dieser Mann ist angekommen. Mehr gibt es nicht zu verwirklichen.«

Die Geschichte ist wunderschön, ein Kleinod. Dringt tief in sie ein. Das könnt ihr aber nur, wenn ihr anfangt, so zu handeln wie der Koch. Doch es gibt einen Haken dabei, eine Fallgrube: wenn ihr aus Berechnung handelt. Wenn ich einen Krug vor dich hinstelle und du stößt ihn um, gehst du an der Sache vorbei. Du weißt schon im Voraus die Antwort. Dann denkst du: »So, das ist jetzt meine Chance! Ich stoße den Krug um und geh.« Das bringt nichts. Du kannst dich nicht verstellen, denn sobald sich dein Kopf einmischt, strahlt dein ganzes Sein eine andere Schwingung aus. Einen Meister kannst du nicht täuschen.

Und vergiss nicht: Dasselbe hat sich schon viele Male zugetragen. Zen-Meister sind wirklich einmalig. Sie stellen immer wieder die gleiche Aufgabe, und wer sich in den Schriften auskennt, benimmt sich wie gehabt. Dann denkt er, die richtige Antwort zu kennen: Stoß den Krug um, geh weg – und du bist der Chef!

Aber einem Zen-Meister kannst du nichts vormachen. Ihn kümmert nicht, was du tust. Ihn kümmert nur, was du *bist*, im Augenblick des Tuns. Das ist etwas ganz anderes. Du hast einen Geruch, einen ganz bestimmten Wohlgeruch, wenn du aus der Leere heraus handelst. Und wenn ich sage, einen Wohlgeruch, meine ich das buchstäblich. Das ist keine Metapher. Wenn du aus der Leere heraus handelst, hast du einen Duft von Frische, als ob plötzlich mitten am Tag ein heller Morgen erstrahlt. Eine Frische, die dich umgibt, eine Schwingung, die andere erreicht, eine Lebendigkeit von solcher Intensität, dass sie ringsum alles berührt ... Deine Augen, dein ganzes Wesen, die Art, wie du sitzt, wie du stehst, wie du dem Krug einen Stoß gibst ...

Doch wenn *du* es bist, der in einer bestimmten Absicht den Krug umstößt, ist das Ich dabei. Dann besorgt das Ich den Stoß, und du bist gewalttätig. Als dieser Koch den Krug umstieß, war es nicht gewaltsam. Es war nur eine Feststellung. Es lag keine Gewalt darin.

Ich habe gehört: Ein Mann, ein armer Bettler – und ich sage »armer Bettler«, denn es gibt auch reiche –, bat um Essen. Die Dame des Hauses hatte Mitleid mit ihm und sagte: »Ich gebe dir etwas zu essen, und wenn du auch Arbeit willst, habe ich ein wenig Holz zu hacken. Ich bezahle dich dafür.«

Also arbeitete der Mann und hackte Holz. Am Abend, als er gehen wollte, sagte die Hausherrin: »Dein Rock hat einen Riss. Gib her, in fünf Minuten hab ich es dir geflickt.«

Der Mann sagte: »Nein, der Riss im Rock erfüllt seinen Zweck. Es macht einen Unterschied, wenn er geflickt ist. Ein geflickter Rock sieht nach inszenierter Armut aus. Der Riss kann jetzt eben passiert sein, durch ein Missgeschick. Wenn er geflickt ist, sieht es nicht mehr zufällig aus. Dann sieht es nach vorbedachter Armut aus. Ich möchte, dass meine Armut spontan bleibt.«

Dein ganzer Verstand ist Flickwerk, vorbedachte Armut. Du kennst alle Antworten, aber spontane Erwiderung ist dir fremd. Du hast bereits entschieden, was du tun wirst. Mit dieser Entscheidung begehst du einen Mord an dir selbst. Du tötest dich selbst; es ist selbstmörderisch.

Der Verstand ist Selbstmord.

Fang an, spontan zu handeln. Das wird anfangs schwer sein. Es wird sich sehr unbequem anfühlen. Bei einer überlegten Antwort fühlst du dich wohler, weil du dich sicherer fühlst. Warum sind wir nicht spontan? Aus Angst. Wir fürchten, unsere Antwort könnte falsch sein. Es ist besser, im Vorhinein zu entscheiden, dann bist du sicher. Aber Sicherheit und Tod sind eins. Vergiss nie: Das Leben ist immer unsicher. Alles Tote ist sicher. Leben ist immer unsicher. Alles Tote ist fest, unverrückbar, da gibt es nichts mehr zu rütteln. Alles Lebendige bewegt sich, verändert sich. Es ist im Fluss, wandelbar, kann sich in alle Richtungen bewegen. Je sicherer du wirst, umso mehr gehst du am Leben vorbei. Und die Wissenden wissen: Leben ist Gott. Wenn du das Leben verpasst, verpasst du Gott.

Handle spontan. Wenn dir anfangs unwohl dabei ist, lass es zu. Verstecke es nicht und unterdrücke es nicht. Und ahme niemanden nach. Sei kindlich, aber nicht kindisch. Wenn du kindlich bist, wirst du ein Heiliger; wenn du kindisch bist, wirst du ein großer Gelehrter.

Ein Mann kam eines Tages nach Hause. Er sah seine Kinder mit den Nachbarskindern auf den Stufen sitzen und fragte sie: »Was macht ihr?«

»Wir spielen Kirche«, sagten sie.

Er wunderte sich, denn sie saßen einfach da und taten nichts. Er erkundigte sich: »Was für eine Kirche ist denn das?«

Sie antworteten: »Wir haben gesungen, gebetet und gepredigt, alles, wie es sich gehört. Jetzt sitzen wir auf den Stufen und rauchen.«

Man kann auch nachahmen. Gelehrsamkeit ist Nachahmung. Wenn ein Buddha etwas sagt, kommt es aus seiner Weisheit, nicht aus der Gelehrtheit, nicht aus dem Gedächtnis. Es ist seine eigene Erfahrung. Ihr könnt es nachahmen, ihr könnt Kirche spielen, ihr könnt es auswendig lernen und nachplappern. Aber das wäre kindisch. Ihr sollt kindlich sein, nicht kindisch. Kindlich zu sein bedeutet, spontan zu sein. Ein Kind ist unbelastet, ohne Antworten, ohne angehäufte Erfahrung. Es hat tatsächlich noch keine Erinnerung. Es handelt einfach. Was immer in sein Dasein kommt, drückt es durch Handeln aus. Es überlegt nicht, verfolgt keine Absicht, denkt nicht an Ergebnisse, an die Zukunft. Es ist unschuldig.

Dieser Koch war wirklich unschuldig. Unschuld ist Meditation.

Fange an, in deinen Handlungen meditativ zu sein, schon in ganz kleinen Dingen. Während du isst, sei spontan. Während du sprichst, sei spontan. Während du gehst, sei spontan. Geh auf das Leben ein, gib keine vorgefertigten Antworten. Wenn dich jemand etwas fragt, beobachte, ob du dich nur wiederholst und etwas tust, was du immer tust, aus Gewohnheit, oder ob deine Antwort ein Mitschwingen ist. Beobachte, ob der Verstand nur eine alte

Gewohnheit abspult, ob deine Antwort aus dem Gedächtnis kommt oder ob sie aus dir kommt.

Daran liegt es, wenn ihr euch gegenseitig langweilt. Jeder langweilt jeden, weil alles tot ist, geborgt, abgestanden; es riecht nach Tod. Es ist nicht frisch. Sieh dir spielende Kinder an und fühl diese Frische. Vielleicht vergisst du sogar für einen Augenblick, dass du alt geworden bist. Hör den Vögeln zu, sieh die Bäume und die Blumen und vergiss dich für einen Augenblick. Der Verstand steht still. Die Blumen blühen. Sie sind springlebendig wie dieser Koch, der den Krug umwarf. Die Vögel zwitschern, springlebendig wie das Leben selbst, jenseits aller Theorien.

Am Anfang wird es unbequem sein. Aber hab Geduld, geh durch dieses Unbehagen. Bald wirst du einen Energiezuwachs spüren. Es ist gefährlich, darum vermeiden es die Leute. Spontan zu sein ist gefährlich, denn wenn die Wut kommt, kommt sie. Der Verstand sagt: »Überlege gut! Werde nicht wütend. Es könnte dich teuer zu stehen kommen.« Also überlegst du es dir gut und lässt deine Wut nur an denen aus, die schwächer sind als du, nicht an denen, die stärker sind.

Oder plötzlich ist die Liebe da, aber Liebe ist nicht erlaubt. Liebevoll darfst du nur zu deiner Ehefrau sein. Das Leben weiß aber nicht, wer deine Frau ist und wer nicht. Das Leben ist ganz und gar amoralisch, es kennt keine Moral. Du kannst dich in die Frau eines andern verlieben, denn das Leben kennt keine Verwandtschaft, keine festen Einrichtungen. Alle Institutionen sind vom Menschen geschaffen. Hier lauert Gefahr. Und so sagt der Verstand: »Überleg es dir vorher! Sie ist nicht deine Frau, darum darfst du sie nicht so liebevoll anschauen. Das ist unmoralisch. Nur deine Frau hier, die sollst du liebevoll anschauen. Lächle!« – egal, ob dir danach ist oder nicht. Die Pflicht gebietet es. So haben wir uns alle gegenseitig tot gemacht. Jeder lebt in einer Institution, nicht im Leben.

Wegen dieser Gefahr überlegt sich der Verstand vorher, was er sagen wird. Wenn du spät nach Hause kommst, stellst du dir vor, was deine Frau sagen wird und wie du ihr darauf antworten wirst. Die Frau wartet. Sie weiß, dass alles, was du sagen wirst, gelogen ist. Sie kennt deine Entschuldigungen, die gleichen alten Ausreden.

Ich habe gehört, dass ein Mann einmal seine Frau anrief und sagte: »Ein alter Freund ist aufgetaucht. Ich bringe ihn heute Abend zum Essen mit.«

Die Frau schrie ihn an: »Du Idiot! Du weißt genau, die Köchin ist fort, das Baby bekommt seine Zähne, und ich liege seit drei Tagen mit Fieber im Bett.«

Der Mann antwortete sehr sanft: »Ich weiß. Genau deshalb will ich ihn ja mitbringen. Der Dummkopf denkt ans Heiraten.«

Das ganze Leben ist zu einer Einrichtung geworden. Ein Irrenhaus, wo die Gesetze der Pflicht erfüllt werden, nicht der Liebe. Wo man dir Benehmen beibringt und nicht, spontan zu sein. Wo du einem Muster folgen sollst, nicht dem Fluss des Lebens und der Energie. Deshalb überlegt und entscheidet der Verstand alles im Voraus. Sonst droht Gefahr.

Ich nenne den einen *Sannyasin*, der aus diesen Einrichtungen ausbricht, der spontan lebt. Ein *Sannyasin* zu sein ist der mutigste Akt, den es gibt. *Sannyasin* zu sein heißt, ohne Vorwissen zu leben, und sobald du ohne Vorwissen lebst, lebst du ohne Gesellschaft.

Der Verstand hat die Gesellschaft geschaffen, und die Gesellschaft hat den Verstand geschaffen. Das eine hängt vom anderen ab. Ein *Sannyasin* zu sein bedeutet, allem Falschen den Rücken zu kehren. Nicht die Welt zu fliehen, aber allem den Rücken zu kehren, was unecht ist, was heuchlerisch ist, weg von den stereotypen Antworten. Es heißt, offen zu sein, spontan und offen, und nicht an die Ergebnisse zu denken, sondern authentisch zu sein.

Das ist schwierig … denn ihr habt viel investiert in die Falschheit, in die Masken, in die aufgesetzten Gesichter, in die Spielchen, die ihr immerzu spielt. Als *Sannyasin* eingeweiht zu werden bedeutet, dass du jetzt anfängst, echt zu sein. Was immer die Folgen sein werden, du nimmst sie auf dich und lebst in der Gegenwart. Von nun an opferst du die Zukunft um der Gegenwart willen. Nie mehr willst du die Gegenwart der Zukunft opfern. Dieser Augenblick enthält dein ganzes Sein. Du eilst nicht mehr voraus.

Das bedeutet *Sannyas*. Wirf den Krug um und geh – ohne abzuwarten, was kommt. Das Ergebnis kümmert sich um sich selbst. Es wird dir hinterherlaufen.

Es steht zwar nicht in der Geschichte, aber ich weiß es: Der Meister ist dem Koch hinterhergelaufen, hat ihn gepackt und ihm gesagt: »Warte, die Wahl fällt auf dich! Du gehst in das neue Kloster und führst die Leute ins Leben und in die Meditation.«

Noch etwas?

Osho,

jeden Tag, wenn ich hier vor dir sitze, versuche ich, ganz da zu sein, ohne Fragen im Kopf, und einfach nur zuzuhören, ohne etwas zu proben und in Gedanken durchzuspielen. Jedenfalls versuche ich das. Dann sagst du: »Noch etwas?« In dem Moment geht eine Wand runter und ich komme nicht mehr zu dir durch. Dann rede ich zu mir selbst, und mein Verstand schottet mich von allen Seiten ab.

Das passiert, weil wir immer Angst haben. Angst, etwas könnte schiefgehen. Aber hab keine Angst vor mir. Es kann nichts schiefgehen. Und wenn spontan etwas schiefläuft, dann ist es das Richtige! Denn Spontaneität ist das Richtige, nicht das, was passiert. Der Verstand manipuliert aus Angst. Du stellst vielleicht eine Frage, und die anderen fangen an zu lachen. Sie halten dich vielleicht für dumm. Also musst du etwas fragen, worüber sich keiner lustig machen kann. Dann werden alle denken, du hast eine ernst zu nehmende Frage gestellt, eine bedeutsame Frage. Der Verstand hat Angst, und diese Angst manipuliert dich.

In meiner Nähe besteht kein Grund zur Angst. Du kannst die absurdesten, die dümmsten Fragen stellen, denn für mich ist der Verstand an sich absurd. Er kann nicht anders, also gibt es da gar kein Problem. Du kannst höchstens den Anschein erwecken, als wäre einiges ernst zu nehmen. Aber der Verstand kann gar nicht anders, als dumm zu fragen. Alle Fragen sind töricht. Der ganze Verstand muss über Bord geworfen werden, erst dann wirst du kein Dummkopf mehr sein.

Aber aus Angst üben wir alles ein. Das Ich möchte sich wichtig machen. In meiner Nähe ist kein Grund zur Angst. Ich erwarte nicht, dass ihr etwas Weises fragt. Es gibt nichts Weises zu fragen. Kein Mensch hat je eine weise Frage gestellt. Es ist nicht möglich, denn wenn du weise wirst, hören alle Fragen auf. Wenn du weise bist, gibt es keine Frage mehr.

Ihr könnt Weisheit auch vortäuschen, indem ihr nichts fragt. Das hilft aber nichts. Diejenigen, die nicht fragen, sollten sich nicht für weise halten und den Fragesteller für dumm. Er fragt stellvertretend für euch, also muss er sich noch törichter fühlen als ihr. Wer so viel Dummheit zu vertreten hat, die Dummheit von euch allen, der muss sich natürlich ängstlich fühlen. Das ist natürlich.

Lass nach und nach das Manipulieren sein, denn wenn du damit aufhörst, wirst du in meiner Nähe natürlich, und das gibt dir den ersten Lichtblick. Natürlich zu sein gibt dir den ersten Vorgeschmack, und das macht dir Mut, im Leben natürlich zu sein. Denn wenn du in meiner Nähe nicht spontan sein kannst, wie willst du da im Leben spontan sein?

Wenn du zu anderen sogenannten Meistern gehst, wollen sie dir Angst einflößen. Du kannst in ihrer Gegenwart nicht lachen. Sie würden es als Beleidigung ansehen. Du musst ein ernstes, trauriges Gesicht aufsetzen, du musst sehr ernsthaft dreinschauen. Seht euch die Kirchen und Moscheen an, und die sogenannten Meister mit den langen Gesichtern. Die Christen behaupten, Jesus habe niemals gelacht. Jesus und lachen? Wenn er lacht, wäre er ja ein gewöhnlicher Mensch, ganz alltäglich.

Aber ich sage euch: Diese Ernsthaftigkeit ist ein Schutz. Damit versteckt ihr den ganzen Unsinn, der in euch ist. Lasst ihn hochkommen. Unterdrückt ihn nicht. Drängt ihn in keiner Weise zurück. Seid in meiner Nähe natürlich. Und nur indem ihr natürlich seid, werdet ihr das lernen, was auf keine andere Weise gelernt werden kann. In meiner Nähe zu sein, spontan zu sein hilft euch, den Verstand loszulassen und meditativ zu werden.

Ich antworte euch, nicht weil es mir um eure Fragen ginge; die sind unwichtig. Ich stille nicht eure Wissbegier; sie kann nicht gestillt werden. Was tue ich dann? Ich bin einfach hier mit euch zusammen. Die Antwort ist nur ein Vorwand, die Frage ist nur ein Vorwand, uns nahe zu sein, uns näherzukommen.

Warum können wir nicht einfach schweigend dasitzen? Ich kann es, aber für euch ist es schwierig. Wir können still dasitzen: ich, ohne zu reden, und ihr, ohne zu fragen. Aber im Innern werdet ihr weiterschwatzen. Ein ungeheures Geplapper, mehr als gewöhnlich. Denn wenn ihr dem Kopf sagt: »Sei still«, dann rebelliert er. Dann spielt er verrückt; dann produziert er noch mehr Worte, mehr Fragen, ein Selbstgespräch. Ihr könnt nicht still dasitzen. Darum bitte ich euch, Fragen zu stellen, und darum beantworte ich sie. Wenn ich rede, hört euer Kopf zu reden auf. Und mein Reden ist nicht zerstörerisch; euer Reden ist es. Wenn ich spreche, nehme ich euch ganz in Anspruch. Vielleicht bekommt ihr sogar ein paar Kostproben der Stille. So paradox ist das Leben: Ihr bekommt einen Geschmack von der Stille, während ich spreche. Denn ihr werdet davon so aufgesogen, so gefangen genommen, so sehr in Beschlag genommen, dass euer Verstand aufmerksam und wach zuhört, damit ihm ja nichts entgeht. In dieser Wachheit setzt das innere Geplapper aus. Ihr werdet still. Dieses Aussetzen, diese Lücke ist meine Antwort.

Es geht nicht um meine Antworten; sie fallen mal so, mal so aus. Die Leute denken, ich wäre widersprüchlich. Ich sage alles Mögliche, heute das, morgen etwas anderes. Aber was ich sage, ist unwichtig. Und ich kümmere mich nicht um Folgerichtigkeit. Meine Antworten sind wie Musik, die auf einer Gitarre gespielt wird. Da fragt ihr doch auch nicht nach Folgerichtigkeit, etwa: »Spiel uns dasselbe Lied immer wieder.« Der Musiker spielt immer etwas anderes. Und wenn ihr von der Musik aufgesogen werdet, erlebt ihr ein paar Momente der Stille. In diesen Lücken, in den Pausen könnt ihr euch zum ersten Mal bewusst werden, wer ihr seid. Mit der Zeit wird sich dieses Bewusstsein kristallisieren.

Zerbrecht euch also nicht den Kopf über das, was ihr fragt. Alles, was ihr fragt, ist recht. Ihr sollt es nicht einstudieren; lasst es spontan kommen. Das wird euch nicht leichtfallen, denn Spontaneität ist schwierig.

Ich habe von einem Prediger gehört, der zum ersten Mal von der Kanzel sprechen sollte. Die ganze Nacht lang übte er. Er hatte eine sehr schöne Bibelstelle gewählt, und nun stand er vor der größten Bewährungsprobe seines Lebens: Entweder würde er Erfolg haben oder er würde versagen. Der erste Erfolg oder Misserfolg ist entscheidend. Also stand er die ganze Nacht in seinem Zimmer und übte und übte und redete auf seine Zuhörer ein. Am Morgen war er so müde, so schläfrig, dass sein Kopf, als er auf der Kanzel stand, nicht mehr mitmachte.

Er hatte sich eine schöne Stelle über Jesus ausgesucht: »Sehet, ich komme!« Also fing er an: »Sehet, ich komme!« Dann war sein Kopf leer. Er hatte keine Ahnung mehr, was er sagen wollte. Also dachte er: »Am besten, ich wiederhole es noch mal, vielleicht komm ich dann in Schwung.«

So lehnte er sich wieder vor und sagte: »Sehet, ich komme!« Aber nichts kam.

Um ungezwungen zu wirken, lehnte er sich noch mehr vor, als würde er es absichtlich wiederholen, und sagte erneut: »Sehet, ich komme!«

Unter seinem Gewicht brach die Kanzel zusammen, und er fiel einer alten Frau in den Schoß. Verlegen sagte er: »Verzeihung, das war nicht beabsichtigt.«

Die Frau sagte: »Schon gut. Es ist nicht Ihre Schuld. Sie haben mich drei Mal gewarnt. Sie sagten ja: ›Sehet, ich komme!‹«

Es ist nicht nötig, irgendetwas zu proben oder sich vorher etwas zu überlegen. Lasst die Dinge kommen, wie sie kommen. Aber so, wie es in der Welt läuft, muss man sich Frage und Antwort genau überlegen. Die Fragen sind tot, die Antworten sind tot. Beide sind sie tot. Und wenn zwei tote Dinge zusammenkommen, entsteht kein Funke. Ich weiß, es ist schwer für euch, aber versucht es. Nach und nach werdet ihr es herausbekommen. Und wenn es so weit ist, dann lernt ihr die Freiheit vom Denken kennen. Dann werdet ihr schwerelos. Dann habt ihr Flügel und schwingt euch in den Himmel empor.

Noch etwas?

Osho,

mein dummer Verstand kaut schon jetzt an einem Widerspruch, den er zwischen deinem gestrigen und deinem heutigen Vortrag entdeckt hat. Heute hast du von Spontaneität in neuen Situationen gesprochen, und wie sie jedes Mal taufrisch sind. Gestern, bei der Geschichte über Joshu, war eine Botschaft die, dass alle Situationen gleich seien, dass alle Leute gleich seien. Darum bot Joshu drei verschiedenen Leuten eine Tasse Tee an. Für mich ist das ein Paradox.

Gestern gibt es nicht mehr. Joshu ist schon längst gestorben. Nur heute existiert, und selbst das ist schon vorbei.

Nur dieser Augenblick existiert. Der Kopf besieht sich die Dinge und findet Widersprüche, denn der Kopf denkt in Vergangenheit, Gegenwart und Zukunft. Nur die Gegenwart existiert. Der Kopf findet Widersprüche, weil er sich ständig aus der Vergangenheit über die Gegenwart in die Zukunft bewegt.

Einmal warst du eine winzige Zelle im Schoß deiner Mutter, so winzig, dass du mit bloßem Auge nicht zu sehen warst. Jetzt bist du völlig anders. Jetzt bist du jung, aber früher oder später wirst du alt und gebrechlich sein. Jetzt lebst du, aber es kommt der Tag, an dem du tot bist.

Der Verstand denkt an alle diese Dinge gleichzeitig, und so können ein Kind und ein alter Mann zu einem Paradox werden. Wie kann ein Kind, ein junger Mann alt sein? Für den Verstand sind Geburt und Tod gegensätzlich, weil sie beide gleichzeitig gedacht werden können. Für das Dasein gibt es keinen Tod, wenn eine Geburt sich ereignet, und keine Geburt, wenn der Tod sich ereignet.

Die Existenz kennt kein Paradox. Doch der Verstand kann auf die Vergangenheit, die Gegenwart und die Zukunft blicken, und sie erscheinen ihm paradox.

Gestern habt ihr mir zugehört. Lasst das vergangen sein. Es gibt kein Gestern mehr, aber der Verstand schleppt es mit. Wenn du mir gestern wirklich zugehört hast, schleppst du es nicht mehr mit. Und falls doch, wie kannst du mich dann heute hören? Der Rauch von gestern wird stören, der Staub hat sich noch nicht gelegt. Dann wirst du mich nur durch den Rauch von gestern hören – und nichts mitbekommen.

Ihr müsst das Gestern loslassen, damit ihr hier und jetzt da sein könnt. Da gibt es kein Paradox. Nur wenn du das Gestern mit dem Heute vergleichst, taucht ein Paradox auf. Wenn du Geburt und Tod vergleichst, entsteht ein Paradox. Heute und gestern können nicht zusammen existieren; nur in der Erinnerung können sie zusammen existieren. Das Dasein ist nicht paradox, nur das Denken ist paradox.

Warum an gestern denken? Wenn du darüber nachdenkst, wie kannst du dann hier sein? Das wird schwierig sein. Und sieh mal, wie absurd das ist: Wegen gestern kannst du mich heute nicht hören. Und gestern – hast du mich da gehört? Denn davor gab es andere Gestern. Und wirst du mich morgen hören können? Denn dieses Heute wird dann ein Gestern sein. Die Schichten von allen Gestern werden da sein. Diese Schichten werden dir die Gegenwart verstellen.

Alles, was ich also sagen kann, ist: Sei hier. Joshu ist tot! Der Mann, der gestern hier sprach, ist nicht mehr. Er ist tot. Dann ist Widersprüchlichkeit kein Thema. Morgen werde ich nicht hier sein, wirst du nicht hier sein. Morgen ist alles neu und unberührt. Wenn zwei Unberührtheiten zusammentreffen, dann funkt es. Und dieser tanzende Funke, dieser Tanz ist immer stimmig.

Eine mitgeschleppte Vergangenheit schafft Probleme. Das Problem ist nicht, was ich gestern gesagt habe oder was ich heute sage. Das Problem ist, dass ihr all die Gestern mitschleppt und das Heute versäumt.

Und alles, was du glaubst, von mir gehört zu haben, habe ich nicht gesagt. Du magst denken, es gehört zu haben, aber bei so vielen Gestern musst du alles, was ich sage, interpretieren. Du wirst Bedeutungen hineindenken, die nicht da sind, wirst Dinge auslassen, die da sind. Und was dabei herauskommt, ist deine eigene Schöpfung. Du kreierst viele Widersprüchlichkeiten, und dann ist dein Verstand verwirrt und kommt nicht mehr mit. Lass alle Gestern fallen.

Ich bin weder Philosoph noch Systematiker. Ich bin absolut anarchisch, so anarchisch wie das Leben selbst. Ich glaube nicht an Systeme. Wenn du zu einem Hegel oder Kant gehst und sagst: Hier ist ein Widerspruch, werden sie das sehr bestreiten. Sie werden sofort nachweisen, dass es keinen Widerspruch gibt. Und wenn du es doch nachweisen kannst, dann werden sie etwas ändern, damit ihr System stimmt.

Ein Glücksspieler sagte zu einem anderen: »Ich muss dir von diesem Typen erzählen, den ich gestern traf. Er ist ein verrückter Kerl, ein Rechengenie und Wirtschaftsexperte. Er hat ein System entdeckt, wie man eine Familie ohne Geld ernähren kann.«

Der andere Spieler wurde hellhörig. Er wollte wissen, was das für ein System sei. »Wie läuft es?«, fragte er.

Der Freund antwortete: »Das System ist fantastisch. Es hat nur einen Haken: Es funktioniert nicht. Das ist der einzige Haken, aber als System ist es fantastisch.«

Alle Systeme sind großartig. Die Systeme von Hegel, Kant und Marx sind alle großartig. Der einzige Haken ist: Sie sind tot.

Ich habe kein System. Systeme können nur tot sein, sie können nicht lebendig sein. Ich bin ein nicht systematischer, anarchischer Fluss, nicht einmal eine Person, nur ein Prozess. Ich weiß nicht, was ich euch gestern sagte. Derjenige, der es gesagt hat, ist nicht hier, um zu antworten. Er ist fort; ich bin da. Und ich kann nur für diesen Augenblick antworten. Wartet also nicht auf morgen, denn ich werde nicht da sein. Wer soll da den Zusammenhang herstellen, wer soll den roten Faden finden, der in allem übereinstimmt? Da ist niemand. Und ich möchte, dass auch ihr so lebt.

Nur dieser Augenblick existiert, ganz und gar stimmig. In ihm kann es keine Unstimmigkeit geben, weil es keinen Vergleich gibt. Da ist keine Vergangenheit, keine Zukunft; nur dieser Augenblick ist. Was willst du vergleichen? Wenn du in diesem Augenblick lebst, entsteht eine Art Stimmigkeit, die nicht von einem System, sondern vom Leben herrührt, die von der Energie selbst herrührt. Das ist die innere Stimmigkeit deines wahren Seins, nicht deines Denkens.

Ich bin am Sein interessiert, nicht am Verstand. Nehmt also meine Antworten nicht so ernst: Sie sind nur ein Spiel, ein Spiel mit Worten. Genießt und vergesst sie. Genießt mich, aber versucht nicht, mich in ein System zu zwängen. Die Mühe ist umsonst, und bei dieser Mühe entgeht euch viel Schönes, vieles, was in euch zu tiefer Ekstase werden kann.

Seht mich an und kümmert euch nicht um das, was ich sage. Seid mit mir, aber kümmert euch nicht um Theorien und Worte. Handelt mit mir, hört mir zu und versucht nicht, darüber nachzudenken. Dieses Zuhören sollte ein Handeln sein, keine geistige Anstrengung. Ich versuche nicht, euch zu überzeugen. Ich versuche nicht, euch etwas glauben zu machen. Ich versuche nicht, irgendeine Religion oder Sekte ins Leben zu rufen. Eine Lehre gibt es hier nicht. Wenn ich zu euch spreche, bin ich da. Mein Sprechen ist nur ein Vorwand. Heute mag ich das Christentum hernehmen, morgen den Hinduismus. Wenn ihr auf das schaut, werdet ihr sagen: »Du bist nicht stimmig, nicht konsequent. Gestern hast du über diese Religion geredet und heute redest du über jene.«

Ich sage: Schaut auf *mich*. Die Worte sind nur Beiwerk. Ich bin stimmig, weil mein Sein stimmig ist. Mein Sein ist nicht widersprüchlich, kann es gar nicht sein. Wie könnte das Sein widersprüchlich sein? Es hat keine Lücken. Es ist ein Kontinuum, ein stetiger Strom. Aber sobald der Verstand anfängt, nachzudenken und zu vergleichen, entstehen Probleme.

Einmal geschah es, dass ein Schüler zu einem Zen-Meister kam und ihn fragte: »Warum sind einige wenige Menschen so intelligent und andere so dumm? Warum sind einige Menschen so schön und andere so hässlich? Warum dieser Widerspruch? Wenn Gott überall ist, wenn er der Schöpfer ist, warum erschafft er den einen hässlich und den anderen schön? Und erzähle mir nichts von Karma. Ich kenne diese unsinnigen Erklärungen alle: dass der eine schön und der andere hässlich sei aufgrund des Karmas früherer Leben. Damit habe ich nichts am Hut. Am Anfang, als es noch kein Gestern gab, wie entstand da der

Unterschied? Warum wurde einer schön und der andere hässlich erschaffen? Und wenn alle gleich geschaffen wurden, gleich schön und gleich intelligent, wie können sie verschieden handeln, verschiedenes Karma haben?«

Der Meister sagte: »Warte! Das ist etwas so Geheimes, ich werde es dir sagen, wenn alle anderen weg sind.« Und es waren viele Leute da. Also blieb der Mann sitzen, begierig, es zu erfahren, aber die Leute kamen und gingen, und es gab keine Gelegenheit. Schließlich, am Abend, als alle fort waren, sagte der Mann: »Jetzt?« Und der Meister sagte: »Komm mit nach draußen.«

Der Mond ging gerade auf, und der Meister führte ihn in den Garten und sagte: »Schau, wie klein dieser Baum da ist, und wie groß der hier! Ich lebe seit Jahren mit diesen Bäumen zusammen, und sie haben nie die Frage gestellt, warum der eine Baum klein und der andere groß ist. Als ich noch im Verstand lebte, habe ich mir dieselbe Frage gestellt, wenn ich unter diesen Bäumen saß. Dann verschwand mein Grübeln und mit ihm die Frage. Jetzt weiß ich es: Dieser Baum ist klein und dieser groß. Da ist kein Problem. Mach die Augen auf! Da ist kein Problem.«

Der Kopf vergleicht. Oder kannst du vergleichen, ohne den Verstand zu benutzen? Wie kannst du dann sagen, dieser Baum sei klein und jener Baum groß? Mit dem Verstand verschwindet jeder Vergleich. Und wenn es keinen Vergleich mehr gibt, kommt die Schönheit der Schöpfung ans Licht. Sie explodiert förmlich, wie ein Vulkanausbruch. Plötzlich siehst du: Das Kleine ist groß, und das Große ist klein. Dann fallen alle Widersprüche, und die innere Stimmigkeit wird deutlich.

Lass den Verstand fallen und hör mir einfach zu. Dann wirst du nicht mehr fragen: »Warum das Gestrige? Warum heute dies und gestern das?« Dann gibt es kein Gestern und kein Heute mehr. Dann bin ich hier, und du bist hier, und in diesem Hier kommt es zur Begegnung. Und dieses Jetzt und Hier, ohne Denken, wird zur Kommunion.

Ich habe kein Interesse, euch irgendetwas zu kommunizieren. Was mich interessiert, ist *Kommunion*. Kommunikation heißt: Mein Verstand redet zu eurem Verstand. Kommunion bedeutet: Ich bin nicht im Verstand, du bist nicht im Verstand – unsere Herzen verschmelzen miteinander. Ohne Worte.

Das ist es, was diese Geschichte ausdrückt: Sag etwas über diesen Krug aus, ohne Worte. Der Koch stieß ihn um und ging. Was immer ich sage, stoße es um und geh nach innen!

Genug für heute.

VI

Das Wunder, gewöhnlich zu sein

Bankei saß eines Tages bei seinen Schülern
und sprach ruhig und gelassen zu ihnen.
Da wurde seine Rede plötzlich von einem Priester,
der einer anderen Sekte angehörte, unterbrochen.
Diese Sekte glaubte an die Kraft von Wundern und daran,
durch das Wiederholen heiliger Worte Erlösung zu erlangen.
Bankei hielt inne und fragte den Priester, was er zu sagen habe.
Der Priester brüstete sich, der Gründer seiner Religion könne
von dem einen Flussufer aus mit dem Pinsel in der Hand einen
heiligen Namen auf ein Blatt Papier schreiben, das ihm ein
Helfer vom anderen Flussufer aus hinhalte. Dann fragte
er Bankei: »Und was für Wunder kannst du wirken?«
Bankei antwortete: »Nur eines: Wenn ich hungrig bin,
esse ich, und wenn ich durstig bin, trinke ich.«

Das einzige Wunder, das unmögliche Wunder besteht darin, einfach nur gewöhnlich zu sein. Den Verstand verlangt es danach, außergewöhnlich zu sein. Das Ich dürstet und hungert nach Anerkennung. Das Ego braucht die Bestätigung, jemand zu sein. Der eine erfüllt sich diesen Traum durch Geld, der andere erfüllt ihn sich durch Macht, durch Politik; ein anderer verschafft sich Anerkennung durch Wunder und Taschenspielertricks, doch der Traum bleibt der gleiche: Man kann es nicht ertragen, ein Niemand zu sein.

Und worin besteht das Wunder? Es besteht im Annehmen, dass du ein Niemand bist, so gewöhnlich wie jeder andere. Dass du nicht nach Anerkennung lechzt, sondern einfach so lebst, als gäbe es dich gar nicht. So da zu sein, als wäre man nicht da – das ist das Wunder.

Das ist eine wunderbare Geschichte, eine der schönsten des Zen. Bankei ist einer der ganz großen Meister. Bankei war aber auch wirklich ein ganz gewöhnlicher Mensch.

Einmal geschah es, dass Bankei in seinem Garten arbeitete. Jemand kam, ein Suchender, ein Mann, der auf der Suche nach einem Meister war. Er fragte Bankei: »Gärtner, wo ist der Meister?«

Bankei lachte und sagte: »Warte. Geh durch diese Tür hinein. Drinnen findest du den Meister.«

Also ging der Mann dorthin und trat ein. Da sah er Bankei auf einem Thron sitzen – denselben Mann, der draußen der Gärtner gewesen war! Der Fremde sagte: »Spinnst du? Mach, dass du von dem Thron runterkommst. Das ist ein Sakrileg! Hast du so wenig Achtung vor dem Meister?«

Bankei kam herunter, setzte sich auf den Boden und sagte: »Nun, dann wird es schwierig sein. Jetzt wirst du hier den Meister nicht finden – denn ich bin der Meister.«

Für den Fremden war es schwer zu fassen, wie ein großer Meister im Garten arbeiten konnte. Wie er so gewöhnlich sein konnte! Er ging. Er wollte nicht glauben, dass dieser Mann der Meister war. Damit verpasste er die Gelegenheit.

Wir suchen alle das Außergewöhnliche. Aber warum suchst du das Außergewöhnliche? Weil du selbst gern außergewöhnlich wärst. Wie kannst du außergewöhnlich werden, etwas ganz Besonderes, wenn der Meister gewöhnlich ist?

Bankei hielt seinen Vortrag. Er sprach gerade zu seinen Schülern, als einer aufstand und über Wunder reden wollte. Er gehörte zu einer Sekte, die mit Mantras, mit heiligen Wörtern, arbeitete. Ihr müsst wissen, dass Mantras eine geheime Technik sind, mehr Macht zu gewinnen. Ein Mantra ist nicht spirituell, sondern politisch, aber nicht gewöhnliche Politik, sondern Politik im Reich des Innern.

Der Geist gewinnt Macht, indem man ihn einengt. Verengung ist die Methode. Je konzentrierter der Geist, umso mächtiger wird er. Es ist wie mit den Sonnenstrahlen, die auf die Erde fallen: Wenn du sie in einem Brennglas sammelst, kannst du mit den Strahlen ein Feuer entfachen. Nun werden die ungebündelten Strahlen durch die Linse gebündelt. Sie werden zu einem fokussierten, auf einen einzigen Punkt gerichteten Strahl. Jetzt kann Feuer entstehen.

Denken ist Energie, in der Tat die gleiche Energie, wie sie von der Sonne kommt, die gleichen feinen Wellen. Fragt die Physiker, sie sagen: Die Gedanken, die Gehirnwellen, haben eine bestimmte elektrische Spannung, eine Elektrizität.

Wenn man den Geist durch eine Linse bündelt – das Mantra ist die Linse –, wenn du also immerzu »*Ram, Ram, Ram*« wiederholst, oder »*Om, Om, Om*« oder ein anderes beliebiges Wort, wenn das immerzu wiederholt wird, konzentriert sich die geballte Energie des Denkens auf dieses eine Wort und wird zu einer Linse. Jetzt gehen alle Strahlen durch diese Linse hindurch. Auf einen Punkt verengt, gewinnen sie an Kraft. Diese Kraft kann Wunder wirken. Gedankenkraft kann Wunder vollbringen.

Aber vergesst nicht: Diese Wunder sind nichts Spirituelles. Macht ist niemals spirituell. Machtlos, hilflos, ein Nichts zu sein, das ist spirituell. Macht ist nie und nimmer spirituell. Hier liegt der Unterschied zwischen Magie und Religion. Magie ist auf Macht aus, Religion ist auf Nichts aus.

Ein Mantra gehört zum Rüstzeug der Zauberei, es hat mit Religion nicht das Geringste zu tun. Aber alles ist durcheinandergekommen, alles geht drunter und drüber. Leute, die Wunder wirken, sind Magier und kein bisschen spirituell. Sie sind vielmehr antispirituell, denn sie verbreiten Magie im Namen von Religion. Das ist sehr gefährlich.

Durch ein Mantra wird der Geist gebündelt. Je konzentrierter, umso machtvoller. Dann kann man alles Mögliche bewirken. Nur eines wird man dabei verpassen: Man verpasst sich selbst. Allerlei Wunder werden möglich, aber du verpasst das größte Wunder. Du verfehlst dich selbst. Denn durch geistige Konzentration lassen sich nur Objekte beeinflussen. Je mehr der Geist verengt wird, umso mehr fixiert er sich auf ein Objekt. Er wird objektorientiert. Dahinter steckst du, und das Objekt ist außen.

Wenn du Mantras beherrschst, kannst du zu diesem Baum sagen: »Stirb«, und der Baum wird sterben. Du kannst zu einem Menschen sagen: »Werde gesund«, und die Krankheit verschwindet. Oder du kannst sagen: »Sei krank«, und die Krankheit tritt ein. Du kannst vieles ausrichten. Dann bist du jemand, und die Leute werden dich als einen mächtigen Menschen anerkennen. Aber nicht als einen Menschen Gottes.

Ein Gottes-Mensch entsteht, wenn der Geist in keiner Weise eingeengt ist, wenn der Geist nicht in eine bestimmte Richtung fließt, sondern in alle Richtungen überfließt. Hier gibt es keine Linse, kein Mantra, und die Energie fließt in alle Bereiche, überallhin. Diese strömende Energie, diese nach allen Seiten überquellende Energie bringt dich zu höchster Wachheit, zur Bewusstheit deiner selbst. Dann gibt es kein Objekt mehr. Nur du bist, nur Subjektivität ist. Und durch dich selbst wirst du Gott gewahr, nicht durch irgendeine Macht.

Dieser Mann fragte Bankei: »Was für Wunder kannst du wirken? Mein Meister kann mit einem Mantra, einem heiligen Wort, Wunder vollbringen. So kann er sich am Flussufer hinstellen, und seine Schüler stehen am andern Ufer und halten ein Stück Papier in der Hand, weit entfernt. Und dann schreibt er etwas, und es erscheint drüben auf dem Papier. So etwas vermag unser Meister! Und was kannst du?«

Und Bankei sagte: »Wir kennen hier nur ein Wunder, und das ist: Wenn ich hungrig bin, esse ich, und wenn ich müde bin, schlafe ich. Mehr nicht.« Kein großes Wunder.

Euer Verstand wird sagen: »Das soll ein Wunder sein? Darauf brauchst du dir nicht viel einzubilden.«

Aber ich sage euch: Bankei hat das wahre Wunder benannt. Genau das ist es, was ein Buddha kann, was ein Mahavira tut, was ein Jesus vermag. Nur dann ist er Christus, sonst nicht.

Was Bankei da sagt, ist so einfach. Er sagt: »Wenn ich hungrig bin, esse ich.« Ist es so schwierig, dass er es ein Wunder nennt? Ich sage: Für dich, ja. Für den Verstand ist nichts schwieriger als das: Sich nicht einzumischen! Du fühlst dich hungrig, aber der Gedanke kommt: »Nein, heute ist ein religiöser Feiertag, heute faste ich.« Wenn du nicht hungrig bist, sagt ein Gedanke: »Iss etwas, du isst täglich um diese Zeit.« Und wenn der Magen übervoll ist, sagt ein Gedanke: »Iss weiter, das Essen schmeckt so gut.« Dein Verstand mischt sich immer ein.

Was Bankei im Grunde sagt, ist: »Meine Gedanken mischen sich nicht mehr ein. Wenn ich Hunger habe, esse ich, und wenn ich keinen Hunger habe, esse ich nicht.«

Das Essen ist zu einem spontanen Geschehen geworden. Der Verstand funkt nicht ständig dazwischen. »Wenn ich müde bin, geh ich schlafen.« Nein – das tut ihr eben nicht. Ihr geht aus Gewohnheit zu Bett, nicht wenn ihr müde seid. Und wenn ihr Hindus seid, ist das Aufstehen für euch ein Ritual, weil ihr vor Sonnenaufgang, *Brahmamuhurta*, aufstehen müsst. Dann stehst du auf, weil du Hindu bist. Wer ist dieser Hindu? Dein Verstand. Du selbst kannst kein Hindu, kein Mohammedaner sein. Die einzige Sekte ist für dich dein Verstand. Er flüstert: »Du bist Hindu, steh auf!« Also stehst du auf. Wenn er flüstert: »Jetzt ist Zeit zum Schlafengehen«, dann gehst du schlafen. Du folgst dem Verstand, nicht der Natur.

Bankei sagt: »Ich fließe mit der Natur. Ich tue das, wonach mein ganzes Wesen verlangt.«

Ihn gängelt kein verwirrtes, manipulierendes Denken. Manipulation ist das Problem. Ihr gängelt euch immerzu. Und diese Störung, diese Einmischung, diese Manipulation durch den Verstand ist das Problem.

Selbst noch im Traum gängelt ihr euch. Fragt die Psychologen. Sie sagen, während ihr wach seid, verzerrt ihr alles. Eure Gedanken erlauben euch nicht, das zu sehen, was da ist. Sie projizieren. Euer Verstand erlaubt euch nicht, zu hören, was zu euch gesagt wird. Er interpretiert. Selbst in euren Träumen seid ihr unecht, weil der Verstand seine Spielchen mit euch treibt.

Freud hat entdeckt, dass selbst unsere Träume lügen. Du möchtest zum Beispiel deinen Vater umbringen, aber im Traum bringst du nicht deinen Vater um, sondern jemanden, der ihm ähnlich sieht. Du möchtest deine Ehefrau am liebsten vergiften, aber selbst im Traum vergiftest du nur eine Frau, die ihr irgendwie ähnlich ist. Der Verstand drängt sich ständig dazwischen.

Ich habe gehört, dass ein Mann zu seinem Freund sagte: »Einen tollen Traum hatte ich heut Nacht! Ich war in Disneyland. Zuerst aß ich ein köstliches Eis. Und dann das Abendessen ... So gut hab ich mein Lebtag nicht gegessen!«

Der andere sagte: »Das nennst du einen tollen Traum? Ich hab geträumt, ich war mit Elizabeth Taylor und Marilyn Monroe zusammen, die eine links, die andere rechts. Und beide waren splitterfasernackt!«

Der andere wurde ganz neidisch und sagte: »Mensch, warum hast du mich nicht angerufen?«

»Hab ich doch«, sagte er. »Aber deine Frau sagte mir, du seist nach Disneyland gefahren.«

Selbst im Traum schafft sich der Verstand seine eigene Welt – Disneyland, Marilyn Monroe. Und ihr werdet sogar neidisch auf die Träume des anderen: »Warum hast du mich nicht angerufen?«

Bankei sagt: »Wir kennen nur ein Wunder. Wir lassen der Natur ihren Lauf. Wir mischen uns nicht ein.«

Durch Einmischung entsteht das Ego. Je mehr du dich einmischst, je mehr du manipulierst, desto mehr kannst du das Gefühl haben, jemand zu sein.

Seht euch die Asketen an. Ihre Egos sind so subtil, so raffiniert, so geschliffen. Wieso? Weil ihre Einmischung am größten ist. Sie gängeln sich selbst mehr als alle anderen. Sie töten ihre Sexualität ab, zerstören ihre Liebesfähigkeit, unterdrücken ihre Wut, besiegen ihren Hunger, ja sie machen ihr ganzes Körpergefühl zunichte. Ihre Egos haben allen Grund, sich großartig vorzukommen: Ihre Selbstzerstörung macht sie zu jemandem. Wenn ihr ihnen in die Augen schaut, findet ihr darin nichts als Ego. Ihr Körper ist wie tot, aber ihr Ego ist ganz obenauf. Sie fühlen sich, als hätten sie den höchsten Gipfel erklommen.

Diese Mönche und Heiligen würden nicht verstehen, was Bankei sagt. Er sagt: »Wir kennen nur ein Wunder: der Natur ihren natürlichen Lauf zu lassen. Wir mischen uns nicht ein.« Wer sich nicht einmischt, dessen Ego löst sich auf. Kampf ist das Mittel, es zu zementieren.

Es kommen Leute zu mir und fragen: »Wie kann ich das Ego aufgeben?« Ich sage ihnen: »Wer will es aufgeben? Wenn du versuchst, es aufzugeben, bist du genau dieses Ego. Dann wirst du eines Tages behaupten: ›Ich habe mein Ego aufgegeben.‹ Aber wer ist es, der das behauptet? Wer brüstet sich damit? Das Ego.« Und das subtilste Ego gibt immer vor, ichlos zu sein.

Auch ich kenne nur ein Wunder: der Natur ihren Lauf zu lassen, sie wirken zu lassen. Was auch geschieht, misch dich nicht ein, stell dich nicht quer. Auf einmal wirst du durchlässig. Ohne Widerstand, Kampf, Angriff, Gewalt kann das Ego nicht überleben. Das Ego verharrt durch den Widerstand. Das will in aller Tiefe verstanden sein. Je mehr du kämpfst, umso mehr wirst du verharren.

Warum fühlen sich Soldaten im Kampf so wohl? Kämpfen ist nicht gerade schön. Der Krieg ist eine hässliche

Angelegenheit. Wie kommt es, dass sich Soldaten beim Kämpfen so wohl fühlen? Wer einmal den Krieg geschmeckt hat, wird des Friedens nicht mehr recht froh. Im Kampf erreicht das Ego seinen Höhepunkt. Warum ist das Bekämpfen eines Gegners so befriedigend? Weil der Wettkampf das Ego anstachelt. Kämpfen macht stark.

Einen Gegner zu bekämpfen ist aber für das Ego nie ganz befriedigend, denn es besteht die Möglichkeit, dass es besiegt wird. Kämpfst du aber gegen dich selbst, dann bist du unbesiegbar. Du wirst immer der Sieger sein. Es gibt niemanden außer dir. Wenn du mit einem anderen kämpfst, ist Angst dabei – Angst, ein Versager zu sein. Wenn du mit dir selbst kämpfst, ist keine Angst da, denn du bist allein. Heute oder morgen gewinnst du. Am Ende gewinnst du auf jeden Fall, weil sonst niemand da ist.

Der Asket kämpft mit sich selbst. Der Soldat kämpft mit anderen, der Geschäftsmann kämpft mit anderen, aber der Mönch kämpft mit sich selbst. Mönche und Asketen sind schlauer. Sie haben sich den Weg ausgesucht, auf dem ihnen der Sieg gewiss ist. Ihr seid nicht so berechnend wie sie. Euer Weg ist gewagter: Ihr könnt erfolgreich sein oder versagen, und euer Erfolg kann sich jederzeit in Versagen umkehren, weil es so viele andere Kämpfer außer euch gibt. Ein so winziges, unbedeutendes Wesen wie du kann leicht dabei untergehen.

Kämpfst du aber mit dir selbst, dann bist du allein. Es gibt keine Rivalen. Die ganz Schlauen ziehen sich aus der Welt zurück und kämpfen mit sich selbst. Die weniger Schlauen, die einfacheren Menschen bleiben in der Welt und kämpfen mit anderen. Aber der Grundnenner bleibt gleich: Kampf.

Bankei sagt: »Ich bin kein Kämpfer. Ich kämpfe überhaupt nicht. Wenn ich hungrig bin, esse ich, wenn ich müde bin, leg ich mich schlafen. Wenn ich lebe, lebe ich. Und wenn ich sterbe, sterbe ich. Ich stelle mich nicht in den Weg.« Und er sagt: »Das ist das einzige Wunder, das wir kennen.«

Aber wieso es ein Wunder nennen? Die Tiere tun das auch, die Bäume tun es, die Vögel tun es. Die ganze Schöpfung macht es so. Warum es ein Wunder nennen? Weil der Mensch es nicht kann. Die ganze Schöpfung nimmt teil an diesem Wunder, ausgenommen der Mensch.

Die christliche Legende ist sehr einleuchtend. Dass der Mensch aus dem Garten Eden vertrieben wurde, das scheint genau richtig, sehr treffend. Die ganze Schöpfung ist ein ständiges Wunder, unaufhörlich. Wunder geschehen jeden Augenblick. Die Schöpfung ist ein einziges Wunder – nur der Mensch wurde daraus vertrieben.

Warum wurde der Mensch vertrieben? Der Legende zufolge, weil er die Frucht vom Baum der Erkenntnis aß, was Gott verboten hatte. Gott sagte: »Esst nicht die Frucht dieses Baumes, des Baumes der Erkenntnis. Alle anderen Bäume stehen euch frei, nur dieser eine nicht.«

Aber der Teufel überredete sie. Natürlich überredete er erst Eva. Der Teufel nähert sich immer über die Frauen. Warum? Weil die Frau die schwächste Seite des Mannes ist. An dieser schwächsten Stelle schlüpft der Teufel hinein. Geradewegs in den Mann kommt er nicht so leicht hinein, denn der würde sich redlich wehren. Das wäre zu schwierig. Aber über die Frau kann der Teufel den Mann überreden. Also sagte der Teufel zu Eva: »Dies ist die einzige Frucht, die sich zu essen lohnt. Darum hat Gott sie verboten. Wenn ihr diese Frucht esst, werdet ihr wie Götter sein.« – Und er ist neidisch, er hat Angst vor euch. »Wenn ihr von dieser Frucht esst, werdet ihr wie Götter sein.« Dann wirst du selbst zu einem Gott.

Dem konnte Eva nicht widerstehen; die Versuchung war zu groß. Sie überzeugte Adam. Er versuchte zwar zu sagen: »Das ist nicht gut«, Gott hatte es schließlich verboten. Aber wenn es darauf ankommt, zwischen Gott und deiner Frau zu wählen, wirst du dich an deine Frau halten. Tatsächlich hatte er keine andere Wahl, sonst hätte sie ihm einen solchen Ärger gemacht, vierundzwanzig Stunden am Tag … Gott könnte nie so viel Ärger machen.

Schließlich musste Adam in den Apfel beißen. Und in dem Moment, als er die Frucht aß, wurde ihm das Ego bewusst, wurde ihm bewusst: »Ich bin.« Im gleichen Augenblick wurde er aus dem Garten Eden vertrieben.

Eine schöne Geschichte. Sie enthält wirklich den Schlüssel zu allen Geheimnissen.

Dieses Wissen hat euch vertrieben aus der Welt voller Wunder, in der ihr lebt. Vorher war Adam wie ein Kind – nackt, aber seiner Nacktheit nicht bewusst. Nackt, aber nicht bewusst, dass darin irgendeine Schuld lag. Er liebte Eva, und die Liebe war natürlich. Er war sich überhaupt nicht bewusst, dass es irgendetwas Falsches geben könnte, noch dass es Sünde gab.

Es gab keine Sünde. Vor dem Wissen gibt es keine Sünde. Ein Kind kann keine Sünde begehen, nur ein alter Mann kann ein Sünder sein. Daher sind alle Sünder alt. Ein Kind kann kein Sünder sein. Wie denn? Ein Kind ist unschuldig, weil es nichts von sich selbst weiß.

Adam war wie ein Kind, Eva war wie ein Kind. Sie freuten sich, aber da war niemand, der sich freute. Sie waren Teil des Mysteriums, des Wunders. Wenn sie hungrig waren, aßen sie, wenn sie müde waren, schliefen sie, wenn sie sich lieben wollten, liebten sie sich. Aber das alles war ein natürliches Geschehen. Es war kein Verstand da, der alles manipulierte. Sie waren Teil dieses Universums – sie flossen wie Flüsse, blühten wie Bäume, sangen wie Vögel. Sie waren von all dem nicht getrennt. Die Trennung kam mit dem Wissen: »Ich bin.«

Was Adam und Eva dann als Erstes taten, war, dass sie ihre Nacktheit verbargen. Die Kindheit war verloren. Wenn ein Kind beginnt, sich nackt zu fühlen, ist es da, wo Adam und Eva aus dem Paradies vertrieben wurden.

Ich hatte schon immer das Gefühl, dass die Antwort auf diese biblische Legende in Mahavira liegt, nicht in Jesus, sondern in Mahavira. Denn wenn es so ist, dass Adam, als er vom Baum der Erkenntnis aß, sich seiner selbst bewusst wurde und sich wegen seiner Nacktheit schuldig fühlte, dann ist Mahavira die Antwort. In dem Augenblick nämlich, als Mahavira ins Schweigen einging, war das Erste, was er tat, sich nackt zu zeigen. Und ich sage: Mahavira betrat wieder den Garten Eden. Er war wieder Kind geworden. Die biblische Geschichte der Christen ist nur die eine Hälfte, die Geschichte, die die Jainas erzählen, ist die andere Hälfte; zusammen bilden sie das Ganze. Die ganze Existenz ist ein Wunder. Ihr seid herausgefallen.

Bankei sagt: »Wir kennen nur ein Wunder. Wir sind erneut in dieses große Wunder eingetreten: Wir sind nicht mehr getrennte Egos, getrennte Individuen. Hunger ist da, aber niemand, der hungrig ist. Schlaf kommt, aber niemand ist da, der müde ist. Kein Ego, das entscheidet oder sich sträubt. Wir fließen, wir treiben.« Nichts ist falsch und nichts ist gut. Das ist Transzendenz, das ist die Grenzüberschreitung, nach der es weder gut noch böse gibt. Man ist wieder unschuldig geworden.

Eure Heiligen können nicht unschuldig sein, denn ihr Gutsein ist zu sehr gewollt. Ihr Gutsein ist schon wieder hässlich, denn ihr Gutsein ist kultiviert, gesteuert, gemanagt, alles andere als unschuldig.

Ich habe von einer alten Frau gehört, die dreißig Jahre lang einem buddhistischen Mönch gedient und alles für ihn getan hatte. Sie war wie eine Mutter für ihn und gleichzeitig seine Schülerin. Und der buddhistische Mönch meditierte und meditierte und meditierte. Als die alte Frau im Sterben lag, ließ sie eine Prostituierte aus der Stadt rufen und sagte zu ihr: »Geh zur Hütte dieses Mönchs. Geh hinein, ganz nah an ihn heran, und umarme ihn. Und dann komm wieder und sag mir, wie er reagiert hat. Heute Nacht muss ich sterben, und ich möchte mir sicher sein, dass ich einem unschuldigen Mann gedient habe. Ich bin mir nicht sicher.«

Der Prostituierten war das nicht geheuer. Sie sagte: »Er ist so ein guter Mann, so heilig. Einen so heiligen Mann hatten wir noch nie.« Selbst diese Hure fühlte Scham, hinzugehen und diesen Mann auf die Probe zu stellen, doch die alte Frau gab ihr Geld und überredete sie.

Sie machte sich auf den Weg. Sie öffnete die Tür zur Hütte. Der Mönch meditierte. Es war Mitternacht. In dieser verlassenen Gegend gab es weit und breit niemanden. Der Mönch machte die Augen auf, sah die Hure, sprang hoch und sagte: »Was willst du hier? Verschwinde!« Er zitterte am ganzen Körper. Die Hure kam näher. Da stürzte der Mönch aus der Hütte und schrie: »Diese Frau will mich verführen!«

Wieder zurück, berichtete sie alles. Da schickte die alte Frau ihre Diener aus, die Hütte des Mönchs abzubrennen. Sie sagte: »Dieser Mann ist es nicht wert. Er ist immer noch nicht reinen Herzens. Er mag ein Heiliger sein, aber seine Heiligkeit ist hässlich, sie ist aufgesetzt. Wie konnte er eine Hure so schnell erkennen? Es war eine Frau, die eingetreten war, keine Hure. Warum glaubte er, dass sie ihn verführen wollte? Er hätte sich wenigstens höflich benehmen können. Er hätte sagen können: ›Komm, setz dich. Warum bist du gekommen?‹ Er hätte wenigstens ein bisschen Mitgefühl zeigen können. Und selbst wenn sie ihn umarmt hätte, was hätte er zu befürchten gehabt? Seit dreißig Jahren erzählt er mir: ›Ich bin nicht der Körper.‹ Wenn er nicht der Körper ist, warum hat er dann solche Angst vor ihm? Nein, seine Heiligkeit ist geheuchelt. Sie ist eine Pose. Sie kommt nicht von innen, sie ist aufgesetzt. Nach außen hat er es ganz gut hinbekommen, aber innen ist er nicht unschuldig. Er ist nicht wie ein Kind.«

Und Heiligkeit, die nicht kindlich ist, ist überhaupt keine Heiligkeit. Das ist nur eine Fassade, hinter der sich ein Sünder verbirgt.

Bankei sagte: »Wir kennen nur ein Wunder.« Welches Wunder? Das Wunder, kindlich zu sein. Wenn ein Kind Hunger fühlt, schreit es. Es ist hungrig. Wenn es müde ist, schläft es ein. Aber selbst Kinder können wir nicht in Ruhe lassen. Und so zerstören wir sie.

Im Westen gibt es Bücher, Anleitungen für Mütter. Was für eine Welt soll dabei herauskommen, wenn selbst die Mütter Anleitungen brauchen? Anleitungen, die sagen: Geben Sie Ihrem Kind alle drei Stunden die Brust, aber nicht früher. Stillen Sie es alle drei Stunden. Das Kind weint, das Kind hat Hunger, aber darauf kommt es nicht an. Im Buch steht: Alle drei Stunden! Also wartet die Mutter ab, und wenn die drei Stunden um sind, gibt sie dem Kind zu trinken. Einfach nur Mutter zu sein genügt nicht, eine Anleitung wird gebraucht. Das Schreien des Säuglings ist uns nicht glaubwürdig. Als ob der Säugling etwas vortäuschen könnte! Warum sollte er etwas vortäuschen? Wenn er hungrig ist, schreit er.

So zerstören wir die authentische Kindlichkeit des Kindes. Früher oder später wird es klein beigeben. Dann wird es selbst auf die Uhr sehen, und nach drei Stunden wird es einen Schrei von sich geben, um zu sagen: »Ich bin hungrig!« Ein solcher Hunger ist unecht. Und wenn schon der Hunger zur Lüge wird, wird alles verfälscht.

Wir zwingen unsere Kinder, zu einer Zeit schlafen zu gehen, die wir für richtig halten. Aber man kann den Schlaf nicht nach der Uhr stellen. Der Schlaf hat seinen inneren Rhythmus. Wenn das Kind müde wird, schläft es von selbst ein. Doch Mutter und Vater zwingen das Kind, schlafen zu gehen, als ob sich der Schlaf befehlen ließe.

Die Kinder müssen denken, dass ihr nicht richtig tickt, dass etwas falsch läuft in eurem Kopf. Wie kann man ein Kind zum Schlaf zwingen? Es kann so tun, als ob. Wenn ihr dabei seid, kann es die Augen zumachen, und wenn ihr weg seid, macht es sie wieder auf. Schlaf kann nicht erzwungen werden. Niemand, nicht einmal du, kann den Schlaf herbeizwingen. Wie willst du einschlafen, wenn du nicht müde bist?

Aber so wirkt das Gift der Gesellschaft. So schleicht sich der Teufel ein. So vertreiben wir jedes Kind aus dem Paradies. Vergesst nicht: Nicht nur Adam und Eva wurden im Paradies geboren. Jedes Kind wird dort geboren.

Es ist unser wahrer Geburtsort. Und dann vertreibt die Gesellschaft uns daraus. Die Gesellschaft ist also der Teufel. Die Gesellschaft flüstert: Tu dies, tu das, hol das Kind aus seinem Paradies heraus. Stutz es zurecht, bau sein Ego auf. So machen wir es zu einem Manipulierer.

Das einzig mögliche Wunder ist, den Garten Eden erneut zu betreten, wieder zum Kind zu werden, der Natur ihren freien Lauf zu lassen. Blockiere ihn nicht, stell dich ihm nicht in den Weg. Schieb den Fluss nicht an, sondern lass dich von ihm tragen. Du bist Natur, du bist das Tao. Du bist Teil des Mysteriums, das sich unaufhörlich ereignet.

Bankei hat Recht. Für uns ist das schwer, weil wir uns so abhängig vom Verstand gemacht haben, von seiner Manipulation. Und selbst wenn ich euch sage: Seid natürlich, werdet ihr euch bemühen, natürlich zu sein, und das kann nicht gelingen. Wie könnte man mit Absicht natürlich sein? Wenn ich sage: Tut nichts dazu, dann bemüht ihr euch, nichts dazu zu tun. Wenn ich sage: Seid inaktiv, dann strengt ihr euch an, inaktiv zu sein. Aber diese Anstrengung ist Aktivität.

Das musst du genau verstehen: Es ist keine Bemühung nötig. Jede Anstrengung von deiner Seite, und du gehst am Wunder vorbei. Was ist also zu tun?

Gar nichts. Nur einfach zu fühlen, die Natur zuzulassen. Am Anfang wird es schwierig sein, denn du hast immer dazwischengefunkt, hast dich ständig eingemischt. Am Anfang wird es schwierig sein, aber lass dem Natürlichen einmal drei Wochen lang freien Lauf: Bist du hungrig, iss. Bist du müde, geh schlafen. Bist du nicht hungrig, iss nicht. – Aber nicht wie beim Fasten, denn das Fasten wird vom Verstand auferlegt: Du hast Hunger, aber du hast beschlossen zu fasten. Und wenn du zur Schlafenszeit nicht müde bist, macht es nichts – der Körper braucht es nicht. Also zwinge ihn nicht. Bleib wach, geh spazieren, genieß es. Tanze ein bisschen im Zimmer herum, singe oder meditiere, aber zwinge dich nicht zum Schlafen. Bis du müde wirst, bis deine Augen sagen: »Jetzt geh schlafen.« Und zwinge dich morgens nicht, aufzustehen. Folge deiner inneren Natur, gib ihr eine Chance. Sie wird dir ein Zeichen geben: Die Augen werden sich von allein öffnen.

Ein paar Tage lang wird es schwierig sein, aber binnen drei Wochen ... Und ich sage drei Wochen, wenn du dich nicht einmischst. Wenn du dich einmischst, dann reichen drei Leben nicht! Misch dich nicht ein und warte ab. Lass die Dinge geschehen. Innerhalb von drei Wochen bist du wieder im Einklang mit der Natur. Und plötzlich erkennst du, dass du die ganze Zeit im Paradies warst. Adam wurde nie vertrieben, er dachte es nur. Das ist die eigentliche Erkenntnis der Frucht: Wir denken nur, wir seien vertrieben worden. Wohin könnte man uns vertreiben? Die ganze Natur ist das Paradies. Wohin könntest du vertrieben werden? Das ganze Haus ist Gott, wohin will er dich ausweisen?

Bankei sagt: »Ich bin wieder in den Garten eingetreten.«

Bankei lag im Sterben. Seine Schüler waren sehr besorgt und fragten ihn: »Was sollen wir tun? Was sollen wir mit deiner Leiche machen? Sollen wir sie einbalsamieren? Oder verbrennen, wie es die Hindus und Buddhisten tun? Sollen wir sie beerdigen, wie es bei Christen und Mohammedanern Sitte ist? Wir wissen nicht, was du bist«, sagte ein Schüler. »Ob Hindu, Buddhist oder Mohammedaner? Du hast uns völlig verwirrt! Wir wissen gar nicht, wer du bist. Was sollen wir tun?«

Bankei sagte: »Wartet, lasst mich erst sterben. Warum habt ihr es so eilig? Der Verstand eilt immer voraus. Warum habt ihr es so eilig? Und ihr nennt euch meine Schüler? Lasst mich sterben und dann macht, was ihr wollt, denn dann ist Bankei nicht mehr da. Ob ihr mich beerdigt oder verbrennt oder mich einbalsamiert, ist Bankei gleichgültig. Bankei ist nicht dabei. Aber lasst mich erst sterben und dann tut, was ihr wollt. Es ist gleichgültig. Überstürzt euch also nicht. Die Gedanken überstürzen sich leicht, sie eilen immer voraus.«

Ein Pastor lud seine Gemeinde zu einer Gartenparty ein. Er vergaß eine kleine alte Dame. Erst im letzten Augenblick fiel sie ihm ein. Er rief sie an, denn diese Dame war gefährlich – sehr fromm, und sehr fromme Leute sind immer gefährlich. Er hatte Angst, sie könnte Schwierigkeiten machen. Sie war eines der ältesten Mitglieder seiner Gemeinde, spendete viel für die Kirche und was nicht alles. Sie könnte Stunk machen. Also rief er sie an und sagte: »Bitte, kommen Sie. Ich habe vergessen, Sie einzuladen. Verzeihen Sie mir, aber Sie müssen unbedingt dabei sein.«

Die alte Dame sagte: »Jetzt ist es zu spät. Ich hab schon um Regen gebetet.«

Eine Gartenparty, und sie war nicht dazu eingeladen worden! Jetzt hatte sie schon um Regen gebetet. Nun war es zu spät, es war zwecklos. Jetzt konnte man nichts mehr machen.

Die Gedanken eilen immer voraus. So macht es der Verstand. Sieh zu, dass dieses Vorauseilen weniger wird. Oder, wenn dir das schwerfällt, lass den Verstand ein wenig auf der Stelle traben, aber lass ihn nicht davongaloppieren. Meditieren ist wie Joggen auf dem Laufband: Du läufst auf der Stelle. Der Verstand ist gewohnt, immer nach vorne zu preschen. Vielleicht ist es unmöglich, ihn gleich zum Stillstand zu bringen, also zügle ihn aufs halbe Tempo. Lass ihn nicht vorpreschen.

Du kannst herumhüpfen oder auf der Stelle joggen. Auch das ist Meditation. Dann halbiert sich schon das Tempo, und allmählich kannst du langsamer werden. Und dann bleibst du stehen und setzt dich hin. Wenn du im Hier und Jetzt angekommen bist und nur noch sitzt, ohne herumzuhüpfen, ist das Wunder vollbracht. Ganz im Augenblick zu sein ist das Wunder.

Aber mir ist klar: Bankei ist wenig verlockend für euch. Sai Baba ist viel reizvoller, weil der Verstand bei Sai Baba voll auf seine Kosten kommt. Mit Bankei kann euer Verstand nicht im Einklang sein. Da müsst ihr ihn fallen lassen, nur so kommt ihr mit ihm in Einklang. Was Sai Baba betrifft, den könnt ihr verstehen, denn er ist auf der gleichen logischen Ebene. Da kann der Verstand sagen: »Ein Wunder!« Es hat aber mit Religion nichts zu tun. Es ist einfach Zauberei.

Zwischen einem Houdini und einem Sai Baba ist kein Unterschied, außer dass Houdini ehrlicher war als Sai Baba. Er gab offen zu, ein Zauberkünstler zu sein, der mit Tricks arbeitet. Und alles, was Sai Baba vollbringt, kann jeder Zauberkünstler. Aber einen Zauberkünstler kannst du nicht anhimmeln, denn er ist so aufrichtig und gibt ehrlich zu: »Das sind Tricks.« Dann sagst du: »Aha, das sind Tricks, keine Wunder.«

Sagt aber einer: »Das sind keine Tricks, das sind Wunder. Die göttliche Kraft manifestiert sich durch mich«, fängt euer Verstand an zu hüpfen. Dann denkt ihr: »Wenn ich ein Jünger dieses Mannes werde, kann ich auch jemand werden, der so etwas tut!«

Wenn ihr gekommen seid, weil ihr euch solche Wunder von mir versprecht, dann seid ihr an den Falschen geraten. Ich bin der wiedererstandene Bankei. Ich kenne nur ein Wunder: hier und jetzt zu sein. Zu essen, wenn ich hungrig bin. Zu schlafen, wenn ich müde bin. Einfach nur gewöhnlich zu sein, einfach nur Teil des Kosmos zu sein.

Wenn ihr nach diesem Wunder sucht, kann in meiner Nähe viel geschehen. Wenn ihr das aber nicht sucht, wird gar nichts geschehen. Und vergesst nicht: Ihr selbst seid dafür verantwortlich, wenn euer Suchen im Ansatz nicht stimmt und wir deshalb nicht in Einklang kommen. Trefft also eine klare Entscheidung in eurem Verstand, geht in euch und versteht, welches Wunder ihr eigentlich sucht.

Ich kann dich ausgesprochen gewöhnlich machen, kann einen einfachen Menschen aus dir machen. Ich kann machen, dass du wie ein Baum wirst, wie ein Vogel. Hier gibt es keine Zauberei, nur Religion. Aber wenn du Augen hast, es zu sehen, ist dies das größte Wunder.

Noch etwas?

Osho,

du hast vorhin über das Essen gesprochen, und im Westen ist ein richtiger Kult um das Essen entstanden. Viele sehen in der Ernährung eine der Grundlagen für Spiritualität.

Du hast gesagt, wenn wir natürlich sind, werden wir wissen, was und wann wir essen sollen. Wir haben aber den Kontakt zu unserem natürlichen, kindlichen Instinkt verloren.

Auch heißt es in vielen Religionen, dass die Ernährung ausschlaggebend sei für den spirituellen Weg und die spirituelle Ebene, die man erreicht.

Kannst du uns etwas über Ernährung sagen, als Anleitung für den Westen?

Es ist genau umgekehrt. Was du isst, kann dich nicht spirituell machen, aber wenn du spirituell bist, werden sich deine Essgewohnheiten ändern. Was du isst, darauf kommt es nicht so sehr an. Man kann Vegetarier sein und dennoch grausam und äußerst gewalttätig. Du kannst Nichtvegetarier, Fleischesser, sein und dabei freundlich und liebevoll. Die Ernährung spielt keine so große Rolle.

In Indien gibt es Glaubensgemeinschaften, die sich ganz und gar vegetarisch ernähren. Die Jainas leben seit jeher vegetarisch, viele Brahmanen leben ganz vegetarisch, aber sie sind deswegen nicht gewaltfrei, und sie sind nicht unbedingt spirituell. Die Jainas sind die materialistischste Volksgruppe in Indien, versessen auf Besitz und Wohlstand. Darum sind sie auch die Reichsten. Sie sind die Juden Indiens.

Der nicht vegetarische Westen unterscheidet sich nicht im Geringsten von diesen vegetarischen Volksschichten in Indien, eher im Gegenteil. Man darf eine wichtige Sache nicht vergessen: Wer gewalttätig ist und dabei vegetarisch lebt, bei dem muss sich die Gewalt ein anderes Ventil suchen. Das ist natürlich, denn Fleisch zu essen ist ein Ventil für Gewalttätigkeit.

Wer Jäger kennt, hat vielleicht die Beobachtung gemacht, dass Jäger herzensgute Menschen sind. Ihre Aggressivität lebt sich im Jagen aus. Sie sind ausgesprochen freundlich und lieb. Aber ein vegetarischer Geschäftsmann, der kein anderes Ventil für seine Gewalt hat, steckt seine ganze Aggressivität in das Streben nach Reichtum und Macht. Alles fokussiert sich bei ihm darauf.

Es läuft also genau andersherum.

So erging es Mahavira. Er stammte aus einer Kriegerfamilie, er war ein *Kshatriya*. Gewalt war für ihn etwas Natürliches. Und dann wurde sein inneres Wesen umgewandelt durch eine zwölfjährige Schweigezeit, durch eine tiefe meditative Übung. Die innere Verwandlung fand ihren äußeren Ausdruck; als sich sein innerstes Sein änderte, veränderte sich auch sein Charakter. Aber die Charakterveränderung war nicht die Ursache, sondern die Wirkung.

Also antworte ich dir: Wenn du meditativ wirst, neigst du ganz von allein zu vegetarischer Kost. Mach dir darüber keine Gedanken. Und nur wenn es so herum geschieht, dass du vegetarische Kost zu dir nimmst, weil du meditativ geworden bist, nicht weil du es für besser hältst, dann ist es gut. Aber vom Kopf her zu begründen, dass vegetarische Kost besser sei, weil sie dich spirituell weiterbringen könne, hilft dir kein bisschen. Wie du dich kleidest, wie und was du isst, wie du lebst, dein ganzer Lebensstil, das alles wird sich ändern. Aber solche Veränderungen sind nicht die Hauptsache. Die eigentliche Veränderung findet innen statt. Alles Übrige ergibt sich daraus.

Wenn du lange genug tief meditierst, wird es dir unmöglich, anderen Wesen wehzutun, um dich davon zu ernähren. Das wird unmöglich. Das ist keine Frage der Überzeugung, keine Sache der Heiligen Schriften, nicht, weil es jemand gesagt hat. Es geschieht nicht aus dem Kalkül, dass du Gott näherkommst, indem du dich vegetarisch ernährst. Es kommt von allein. Es ist keine Frage der Berechnung, du wirst ganz einfach spirituell, und die ganze Fleischesserei kommt dir absurd vor. Nur fürs Essen Tiere zu töten, Vögel umzubringen, scheint so abwegig, dass es von dir abfällt. Deine Kleidung wird sich genauso ändern. Nach und nach wirst du lockere, leichte Kleidung bevorzugen. Je entspannter du innen bist, umso lieber wirst du Kleidung tragen, die dich nicht beengt. Das kommt automatisch. Dazu bedarf es keiner besonderen Entscheidung von deiner Seite. Mit der Zeit wirst du dich in engen Kleidern immer unbehaglicher fühlen. Enge Kleidung und enges Denken gehören zusammen. Lockere Kleidung und lockere Einstellung gehen Hand in Hand.

Aber es fängt mit der inneren Umwandlung an, und alles andere folgt daraus. Wenn du diese Reihenfolge auf den Kopf stellst, gehst du in die Irre. Dann wirst du zum Ernährungsfanatiker.

Es gibt da Leute ... Einmal kam ein Mann zu mir, der war so mager und dünn und blass, als könnte er jeden Moment sterben. Er sagte: »Ich will nur von Wasser leben. Alles andere steht der Spiritualität im Weg. Ich möchte von reinem Wasser leben.«

Dieser Mann kann nur sterben. Es hat zwar Menschen gegeben, die sich nur von Wasser ernährt haben, aber es geschah auf natürliche Weise. Das lässt sich nicht praktizieren. Sie waren Ausnahmen, in Not, sie hatten eine andere Körperchemie. Das kam vor. Manch einer konnte mit Wasser überleben, aber das kann man nicht nachahmen. Es mag vorkommen, dass jemand von der Luft lebt, aber das lässt sich nicht praktizieren. Vielleicht wird die Wissenschaft eines Tages den biochemischen Mechanismus verstehen lernen, und dann kann es jeder. Dann könnte die Wissenschaft eure Körperchemie so verändern, dass jeder nur von der Luft leben kann. Möglich wäre das schon, aber ihr könnt das nicht praktizieren. Und diese ganze Bemühung ist völlig sinnlos und die ganze Quälerei unnötig. Es gibt aber tatsächlich Verrückte, die so etwas versuchen. Durch absichtliche Bemühung ist es aber noch nie gelungen.

In Bengalen gab es eine Frau, die vierzig Jahre lang ohne Essen lebte, aber das geschah einfach so. Ihr Mann starb, und für ein paar Tage konnte sie nichts zu sich nehmen. Vor lauter Trauer und Sorge brachte sie keinen Bissen hinunter. Aber mit einem Mal stellte sie fest, dass es ihr ohne Essen besser ging als je zuvor. Ihr wurde klar, dass ihr früher nach dem Essen immer übel geworden war, und nun war sie plötzlich so gesund wie nie zuvor. Und so lebte sie noch vierzig Jahre, ohne einen Bissen. Sie lebte von der Luft. Solche Fälle hat es einige gegeben.

In Europa gab es einmal eine Frau, die dreißig Jahre ohne Essen lebte. Sie wurde heilig gesprochen, weil die Christen es für ein Wunder hielten. Man untersuchte sie mit allen Mitteln der Wissenschaft, um herauszufinden, wie das möglich war, aber man konnte nichts finden. Also musste es sich um ein Wunder handeln. Doch es war kein Wunder.

Im Yoga ist bekannt, dass sich der Körper und die Körperchemie verändern können. Im Grunde machst du auch nichts anderes, nur über einen Zwischenträger. Du kannst die Sonnenstrahlen nicht direkt verwerten, dazu ist deine Körperchemie nicht in der Lage. Dein Mechanismus ist nicht so, dass er Sonnenstrahlen verdauen kann. Also werden die Sonnenstrahlen erst von der Frucht am Baum aufgenommen und werden dann in der Frucht zu Vitamin C. Du isst die Frucht, und das Vitamin C gelangt in deinen Körper. Die Frucht ist ein Vermittler. Sie sammelt die Sonnenstrahlen und gibt sie an dich weiter. Über die Frucht kannst du sie aufnehmen, aber nicht direkt. Wenn die Frucht sie absorbieren kann, warum nicht auch du?

Eines Tages wird die Wissenschaft herausfinden, wie wir durch bestimmte körperliche Veränderungen diese Energie direkt aufnehmen können. Dann werden die Früchte als Zwischenträger nicht mehr gebraucht. In nicht mehr allzu ferner Zukunft, denke ich, wird die Wissenschaft es herausfinden. Man wird es herausfinden müssen, weil die Nahrung knapp und die Menschheit sonst nicht überleben wird. Die Geburtenkontrolle hat nicht funktioniert, nichts hat funktioniert: Die Bevölkerung nimmt weiterhin zu. Man wird also Wege finden müssen, ohne Nahrung auszukommen und die kosmischen Strahlen direkt zu absorbieren. In einzelnen Fällen ist es schon geschehen, aber das war Zufall. Und wenn es bei einem Menschen möglich war, ist es bei allen möglich. Aber nicht zufällig, sondern als wissenschaftliche Entwicklung.

Macht keine Experimente damit. Es hat nichts mit Spiritualität zu tun. Selbst wenn du die Sonnenstrahlen direkt verwerten könntest, hätte es keinen spirituellen Wert. Was wäre denn spirituell daran? Wäre es etwa spirituell, die Frucht als Zwischenstufe wegzulassen? Nur von Wasser zu leben ist nicht spirituell.

Es kommt nicht darauf an, was du isst. Was du *bist*, das ist die Dimension, die zählt. Und wenn die sich verändert, ändert sich alles. Diese Veränderung kommt aber nicht aus dem Denken. Sie kommt aus deinem innersten Sein. Alles andere verändert sich dann von allein. Das sexuelle Bedürfnis wird nach und nach verschwinden. Deshalb rate ich niemandem zu sexueller Enthaltsamkeit, *Brahmacharya*. Sie ist völlig unsinnig. Erzwungene Enthaltsamkeit hat nur noch mehr Sex zur Folge – im Kopf! Das ganze Denken wird durchdrungen von hässlichen und schmutzigen Gedanken. Du hast dann nur noch Sex im Kopf und nichts anderes. Das ist nicht der richtige Weg. So wirst du höchstens neurotisch und verrückt. Freud sagt: Neunzig Prozent aller Verrückten sind wegen ihrer unterdrückten Sexualität verrückt.

Ich sage nicht, ändere deinen Sex. Ich sage nicht, ändere dein Essen. Ich sage: Verändere dein Sein, dann beginnt sich alles zu ändern.

Warum spielt Sex eine so große Rolle? Weil ihr so angespannt seid. Sex gibt euch Entspannung. Er löst eure Spannungen, und danach fühlt ihr euch erleichtert und könnt einschlafen. Wenn ihr den Sex unterdrückt, bleibt ihr verspannt. Wenn ihr aber den Sex unterdrückt – die größte und oft die einzige Möglichkeit, euch zu entspannen –, was geschieht dann? Ihr werdet verrückt. Denn wohin mit euren Spannungen?

Ihr nehmt Nahrung zu euch. Der Körper braucht das. Der Körper verweigert nur das, was er nicht braucht. Was auch immer ihr esst, wird vom Körper irgendwie gebraucht. Wenn ihr Fleisch esst, wenn ihr tierische Nahrung zu euch nehmt, ist euer Denken, euer Körper, euer ganzes Wesen aggressiv. Dann braucht ihr das aber. Ändert es nicht, sonst sucht sich eure Aggression einen anderen Ausweg.

Ändere dich, dann ändert sich deine Kost, deine Kleidung, deine Sexualität. Aber die Veränderung muss aus dem innersten Kern kommen, sie sollte nicht an der Oberfläche beginnen. All das Chaos herrscht an der Oberfläche. Tief drinnen gibt es kein Chaos. Du bist wie das Meer. Geh hin und beobachte das Meer. Die ganze Aufgewühltheit, das Tosen und Aufeinanderprallen der Wellen, das alles geschieht nur an der Oberfläche. In der Tiefe wird es stiller und stiller, je tiefer du hinabtauchst. In den tiefsten Zonen des Meeres ist kein Aufruhr, nicht die winzigste Welle.

Tauche tief in dein inneres Meer, bis du zu einer Stelle kommst, die kristallene Stille ist. Wo nie die leiseste Störung hinkommt. Verweile dort. Von dort kommt jede Veränderung; von dort geht die Verwandlung aus. Wenn du dort ankommst, bist du Meister. Jetzt kann alles Nebensächliche von dir abfallen. Und es fällt ohne Kampf und Widerstand.

Wenn du etwas durch Kampf loswerden willst, wirst du es nie los. Du kannst dir das Rauchen abgewöhnen, indem du dagegen kämpfst, aber dann wirst du es durch etwas anderes ersetzen. Dann kaust du Kaugummi, das ist das Gleiche. Oder du kaust Kautabak, *Pan*-Blätter, das ist das Gleiche. Da ist kein Unterschied. Du musst etwas mit deinem Mund anfangen: rauchen, kauen, irgendwas. Solange der Mund etwas zu tun hat, fühlst du dich gut. Durch den Mund kannst du Spannungen abbauen. Leute, die sich sehr verspannt fühlen, fangen zu rauchen an. Wie kommt es aber, dass durch Rauchen oder das Kauen von Kaugummi oder Tabak Spannungen gelöst werden?

Schaut mal einem Baby zu, wie es die Hand in den Mund steckt, wenn es sich verspannt fühlt. Sofort fängt es an, daran zu nuckeln. Ein Erwachsener würde sich stattdessen eine Zigarette anstecken. Und warum wohl steckt das Baby den Daumen in den Mund? Warum ist das so beruhigend für das Kind, dass es einschlafen kann? Fast alle Kinder wenden diese Strategie an: Wenn sie nicht einschlafen können, stecken sie den Daumen in den Mund. Dann fühlen sie sich wohl und schlafen ein. Warum? Der Daumen ist der Ersatz für die Mutterbrust. Essen entspannt. Mit hungrigem Magen einzuschlafen ist schwierig. Wenn der Magen voll ist, wird man müde, der Körper braucht Ruhe. Wenn das Kind die Brust in den Mund nimmt, fließt Nahrung, Wärme, Liebe. Es ist entspannt, sorglos. Alle Spannungen verschwinden. Der Daumen ist nur ein Ersatz für die Brust. Zwar gibt er keine Milch und ist nicht das Wahre, aber immerhin gibt er ein ähnliches Gefühl.

Wenn das Kind heranwächst und der Erwachsene in aller Öffentlichkeit noch Daumen lutscht, hält man ihn für zurückgeblieben. Also raucht er eine Zigarette. Mit einer Zigarette macht er sich nicht lächerlich. Sie ist akzeptiert. Im Grunde ist es nichts anderes als der Daumen, nur schädlicher und gefährlicher. Viel besser wäre es, den Daumen zu rauchen! Dann kannst du bis an dein Lebensende rauchen, ohne dass es dir schadet. Es ist absolut harmlos. Das wäre weitaus besser.

Aber die Leute würden dich für zurückgeblieben und infantil halten. Die Leute würden dich für dumm halten. Sie würden denken, was du machst, gehört sich nicht. Aber das Bedürfnis ist da; also muss ein Ersatz her.

In Ländern, wo die Mütter ihre Kinder nicht mehr stillen, ist das Rauchen automatisch auf dem Vormarsch. Deshalb wird in den hochzivilisierten Ländern mehr geraucht. Die Mütter sind nicht mehr bereit, ihren Kindern die Brust zu geben, damit der Busen nicht die Form verliert. Also nimmt das Rauchen ständig zu. Selbst kleine Kinder rauchen schon.

Ich habe gehört, wie eine Mutter zu ihrem Kind sagte: »Ich möchte nicht von den Nachbarn erfahren, dass du zu rauchen angefangen hast. Sei bitte ehrlich und erzähl es mir, wenn du anfängst zu rauchen. Sag's mir.«

Das Kind sagte: »Lass nur, Mami. Ich hab's wieder aufgegeben. Vor genau einem Jahr hab ich aufgehört. Also mach jetzt keinen Ärger.«

Schon kleine Kinder rauchen, und die Mütter wissen nicht, dass es von der entzogenen Brust kommt. Bei den sogenannten primitiveren Völkern wird ein siebenjähriges, achtjähriges oder sogar älteres Kind noch an die Brust genommen. So wird dieses Bedürfnis gestillt, und das Rauchen wird unnötig.

Bei diesen Naturvölkern sind die Männer nicht so besessen nach der weiblichen Brust. Sie haben ausreichend davon bekommen – kein Bedarf! Die Frauen laufen dort mit nackten Brüsten herum und brauchen keine Angst zu haben, betatscht zu werden. Niemand sieht auch nur hin.

Hättet ihr zehn Jahre lang immerzu die Brust haben können, dann hättet ihr es schließlich sattgehabt: »Schluss damit!« Weil aber jedes Kind zu früh von der Brust entwöhnt wird, bleibt eine Wunde zurück. Alle zivilisierten Gesellschaften sind von Brüsten besessen. Selbst ein sterbender alter Mann ist noch besessen davon und träumt noch von Brüsten. Das erscheint verrückt, und ist es auch. Aber die Wurzel des Übels ist, dass Kinder, die nicht ausreichend die Brust bekommen haben, eine Sucht danach entwickeln. Dann sehnt sich ein Mann sein ganzes Leben lang danach zurück.

Man kann nicht einfach mit dem Rauchen aufhören. Die Sache ist verwickelter, als es scheint. Man ist verspannt, und wenn man mit dem Rauchen aufhört, fängt man mit etwas anderem an, was möglicherweise noch schädlicher ist.

Geh den Problemen nicht aus dem Weg, sondern stelle dich ihnen. Das Problem ist: Du stehst unter Spannung. Die Frage ist also: Wie kann ich mich entspannen? Und nicht: Rauchen oder Nichtrauchen?

Meditiere. Setze deine Spannungen frei, ohne äußeren Anlass, ohne Ziel. Wirf alles raus! Lass eine tiefe Katharsis zu. Wenn du entspannter geworden bist, werden die Ersatzhandlungen absurd und töricht, und sie verschwinden von allein. Dann verändert sich deine Ernährung, dein ganzer Lebensstil.

Bei mir liegt die ganze Betonung auf dem Sein. Dein Charakter ist zweitrangig, dein Benehmen ist zweitrangig. Die Essenz, dein wahres Sein, steht an erster Stelle. Darum lege nicht so viel Wert auf das, was du tust. Lege mehr Wert auf das, was du bist. Das Sein muss in den Brennpunkt rücken. Das Tun wird dann für sich selbst sorgen. Wenn sich das Sein verändert, folgt das Tun.

Noch etwas?

20.10.16

Osho,

jedes Mal, wenn du von unseren Schwächen sprichst, erwähnst du Wut, Sex und Eifersucht. Was Wut und Sex ist, scheint ziemlich klar zu sein, aber was genau ist eigentlich Eifersucht? Es ist schwer, ihr auf den Grund zu kommen. Bitte, sag uns etwas über Eifersucht.

Es stimmt, ich rede mehr über Wut und Sex als über Eifersucht. Eifersucht ist nämlich nichts Ursprüngliches, sie ist eine Folge, ein sekundärer Aspekt des Sex.

Sobald sich in dir ein sexuelles Verlangen meldet, eine sexuelle Regung zeigt, sobald du dich sexuell angezogen und verbunden fühlst, kommt Eifersucht ins Spiel. Eifersucht kommt, weil es keine Liebe ist. Wenn du liebst, kann keine Eifersucht aufkommen.

Versuche, das im ganzen Zusammenhang zu verstehen. Wenn du in einer sexuellen Beziehung bist, hast du Angst, denn Sex ist im Grunde gar keine Beziehung. Er ist Ausbeutung. Wenn du dich sexuell mit einer Frau, einem Mann verbindest, hast du ständig Angst, diese Frau könnte sich einem anderen zuwenden, dieser Mann könnte zu einer anderen gehen. Es ist nicht wirklich eine Beziehung, es ist nur beiderseitige Ausbeutung. Ihr benutzt euch gegenseitig, aber ihr liebt euch nicht. Und weil ihr das wisst, habt ihr Angst.

Aus dieser Angst entsteht die Eifersucht. Dann wirst du bestimmte Dinge nicht zulassen, dann passt du scharf auf. Du triffst alle Vorkehrungen, dass dieser Mann ja keine andere Frau ansieht. Selbst ein Blick ist schon ein Gefahrensignal. Der Mann sollte nicht einmal reden mit einer anderen, man weiß ja nie ... Du hast Angst, er könnte dir weglaufen. Also versperrst du alle Wege, alle Möglichkeiten, damit dein Mann oder deine Frau nicht zu einem anderen Partner gelangen kann. Alle Wege und Türen werden versperrt.

Aber dadurch entsteht ein Problem. Wenn alle Türen verschlossen sind, wird dieser Mann, wird die Frau tot sein, sie werden Gefangene, Sklaven sein. Du kannst nicht etwas Totes lieben. Du kannst nicht jemanden lieben, der nicht frei ist. Liebe ist nur schön, wenn sie freiwillig geschenkt wird, wenn sie nicht genommen, gefordert oder erzwungen wird.

Zuerst trefft ihr Sicherheitsvorkehrungen, und damit tötet ihr den anderen; er wird zu einem Objekt. Die Geliebte ist ein Mensch, die Ehefrau wird zu einer Sache. Der Geliebte ist ein Mensch, der Ehemann wird zu einem Ding, das es zu hüten, besitzen, kontrollieren gilt. Aber je mehr du kontrollierst, umso mehr tötest du den andern. Alle Freiheit geht verloren. Der andere mag aus anderen Gründen bei dir bleiben, jedenfalls nicht aus Liebe. Denn wie kannst du einen Menschen lieben, der dich besitzt? Er ist eher dein Feind.

Sex schafft Eifersucht; sie ist eine Folge davon. Es geht also nicht darum, wie du deine Eifersucht loswerden kannst. Du kannst sie nicht aufgeben, weil du den Sex nicht aufgeben kannst.

Es geht darum, wie du Sex in Liebe umwandeln kannst. Dann verschwindet die Eifersucht.

Wenn du jemanden liebst, ist die Liebe selbst Garantie genug, ist die Liebe selbst Sicherheit genug. Wenn du jemanden liebst, weißt du, dass er nicht zu jemand anderem gehen wird. Und wenn, dann geht er eben. Du kannst nichts daran ändern. Was kannst du schon tun? Du kannst ihn töten, aber was fängst du mit einer Leiche an?

Wenn du jemanden liebst, vertraust du, dass er sich keinem anderen zuwendet. Wenn er es doch tut, ist es keine Liebe, und du kannst nichts machen. Liebe führt zu dieser Einsicht. Dann ist Eifersucht ausgeschlossen. Wenn also Eifersucht da ist, dann wisse, dass es keine Liebe ist. Du spielst nur ein Spiel: Du versteckst Sex hinter Liebe. Liebe ist nur Schönfärberei, in Wirklichkeit ist es Sex.

In Indien, wo die Ehe arrangiert und der Liebe kein Spielraum gelassen wird, gibt es ungeheuer viel Eifersucht. Der Ehemann hat immer Angst. Er hat nicht aus Liebe geheiratet, das weiß er. Die Frau hat immer Angst. Sie hat nicht aus Liebe geheiratet, das weiß sie. Das Ganze ist eine verabredete Sache. Die Eltern haben es arrangiert, die Astrologen, es ist ein gesellschaftliches Arrangement. Die Frau und der Mann sind überhaupt nicht gefragt worden. In vielen Fällen kannten sie sich nicht einmal, hatten sich noch nie gesehen. Darum herrscht Angst. Die Frau hat Angst, der Mann hat Angst, und beide spionieren einander nach. So hat die Liebe keine Chance.

Wie könnte Liebe in Angst gedeihen? Sie können zusammenleben, aber dieses Zusammenleben ist kein wirkliches Zusammenleben. Sie erdulden sich nur gegenseitig, sie ertragen es nur irgendwie miteinander. Es ist nur eine Zweckgemeinschaft, und weil es zweckmäßig erscheint, bleibt man zusammen. Aber ekstatische Freude ist auf diese Weise ausgeschlossen. Es gibt kein Freudenfest, keinen Grund zum Feiern. Es ist eine niederdrückende Last.

Solch ein Ehemann ist schon lange tot, bevor er stirbt; die Frau ist schon tot, bevor sie stirbt. Zwei Tote, die sich aneinander rächen, weil jeder meint, der andere hätte ihn kaputt gemacht. Rache, Wut, Eifersucht – das Ganze wird so hässlich!

Im Westen geschieht etwas anderes, eigentlich dasselbe, nur auf den Kopf gestellt. Dort ist die arrangierte Ehe abgeschafft, und das ist gut so. Diese Einrichtung ist entbehrlich. Aber dadurch ist nicht etwa Liebe entstanden. Nur der Sex wurde befreit. Und wo freier Sex herrscht, entsteht ebenfalls Angst, denn es ist immer nur eine kurzfristige Vereinbarung. Heute Nacht bist du mit einem Mädchen zusammen, gestern verbrachte sie die Nacht mit einem anderen Mann, und morgen wird sie wieder mit einem anderen sein. Nur heute Nacht ist sie bei dir.

Wie kann das vertraut und tief werden? Es kann höchstens eine Begegnung an der Oberfläche sein. Es kommt zu keiner tiefen gegenseitigen Durchdringung, denn dazu gehört eine Reifezeit. Es braucht Zeit, es braucht Tiefe, Nähe, Zusammenleben, Zusammensein. Viel Zeit ist nötig. Erst dann öffnet sich die Tiefe – zwei Tiefen, die miteinander Zwiesprache führen. Aber so bleibt es bei Bekanntschaft, vielleicht nicht einmal das.

Heute kann man eine Frau im Zug kennenlernen, mit ihr schlafen und sie um Mitternacht auf irgendeinem Bahnhof absetzen. Ihr macht es nichts, sie wird dich kaum wiedersehen. Sie hat dich nicht einmal nach dem Namen gefragt. Wenn Sex so trivial wird, nur etwas Körperliches, wo sich Oberflächen treffen und wieder trennen, bleiben eure Tiefen völlig unberührt. So geht etwas Großartiges, sehr Geheimnisvolles verloren. Denn du wirst dir deiner eigenen Tiefe nur bewusst, wenn ein anderer sie berührt. Nur durch den anderen wirst du dir deines inneren Wesens bewusst. Nur in einer tiefen Beziehung hallt die Liebe eines anderen in dir wider und ruft deine eigene Tiefe wach. Nur durch jemand anderen entdeckst du dich selbst.

Es gibt zwei Wege der Selbstentdeckung. Der eine ist Meditation: Du suchst allein nach deiner Tiefe, ohne den anderen. Der andere Weg ist Liebe: Du suchst gemeinsam mit dem anderen nach der Tiefe. Er wird zu einer Wurzel, die zu dir hinunterführt. Der andere bildet mit dir einen Kreis, und die beiden Liebenden helfen sich gegenseitig. Je tiefer die Liebe geht, umso tiefer fühlen sie sich selbst. Und eines Tages offenbart sich ihnen ihr Sein. Aber da gibt es keine Eifersucht.

Liebe kann nicht eifersüchtig sein, das ist unmöglich. Sie ist immer vertrauensvoll. Und wenn etwas geschieht, was dein Vertrauen bricht, musst du es hinnehmen. Daran ist nichts zu ändern, denn was du auch tust, wird dem anderen Schaden zufügen. Vertrauen kann nicht erzwungen werden. Eifersucht will es erzwingen. Eifersucht treibt dich dazu, mit allen Mitteln Vertrauen zu erzwingen. Aber Vertrauen lässt sich nicht erzwingen. Es ist entweder vorhanden oder es ist nicht vorhanden. Und ich sage noch einmal: Daran lässt sich nichts ändern. Wenn Vertrauen da ist, gut; wenn es nicht da ist, trennt ihr euch besser.

Aber kämpft nicht darum, denn sonst verschwendet ihr eure Zeit und euer Leben. Wenn du jemanden liebst, und die Tiefe des einen spricht zur Tiefe des andern – wenn sich euer Sein begegnet –, dann ist es gut, dann ist es wunderbar. Wenn es nicht geschieht, trennt euch. Aber erzeugt keinen Konflikt, keinen Streit, keinen Kampf, denn es lässt sich durch Kämpfen nicht erzwingen. Man verschwendet nur seine Zeit.

Und nicht nur Zeit … auch deine Liebesfähigkeit nimmt Schaden. Dann fängst du mit einer anderen Person neu an und wiederholst wieder nur das gleiche Muster.

Wenn also kein Vertrauen da ist, trennt euch, je früher, desto besser, damit ihr euch nicht zerstört, damit ihr keinen Schaden nehmt, damit eure Liebesfähigkeit erhalten bleibt und ihr einen andern lieben könnt. Dann ist es nicht der richtige Ort, nicht der richtige Mann, nicht die richtige Frau! Geht weiter, aber macht euch nicht gegenseitig kaputt. Das Leben ist sehr kurz, und unsere Fähigkeiten sind sehr verletzlich. Sie können kaputt gemacht werden, und wenn sie erst einmal Schaden genommen haben, können sie nicht wiederhergestellt werden.

Ich habe gehört, dass Winston Churchill einmal eingeladen wurde, vor einem kleinen Klub von Freunden zu sprechen. Jeder wusste, dass Churchill ein Trinker und dem Alkohol sehr zugetan war. Der Präsident des Klubs sagte zur Einführung: »Wenn wir allen Wein, den Sir Winston in seinem Leben schon getrunken hat, in diese Halle füllten, stünde mir der Wein bis zu meinem Kopf.« Es war eine sehr große Halle, und das sollte ein Scherz sein.

Winston Churchill stand auf, schaute auf die gedachte Linie, schaute zur Decke – sie war sehr hoch. Er wurde sehr traurig und sagte: »Noch so viel zu tun, und so wenig Zeit bleibt dafür.«

Das gilt auch für die Liebe: Noch so viel zu tun für jeden, und so wenig Zeit bleibt dafür! Verschwendet nicht eure Energie in Streit, Eifersucht und Kampf. Trennt euch in aller Freundschaft. Suche woanders nach dem Menschen, der dich lieben wird. Halte dich nicht am Falschen fest, der nicht für dich bestimmt ist. Sei nicht wütend. Es hat keinen Sinn. Versuche nicht, Vertrauen zu erzwingen. Niemand kann es erzwingen, es geht nicht. Du verschwendest Zeit, du verschwendest Energie, und wenn sich nichts ändern lässt, werde dir dessen bewusst und zieh weiter. Entweder vertraue – oder zieh weiter.

Liebe vertraut immer. Oder wenn sie merkt, dass Vertrauen nicht möglich ist, zieht sie weiter, in aller Freundschaft. Es kommt gar nicht erst zu Streit und Kampf. Sex erzeugt Eifersucht. Suche und entdecke die Liebe. Mache den Sex nicht zur Hauptsache. Er ist es nicht.

Indien hat es mit der arrangierten Ehe falsch gemacht, und der Westen mit seiner freien Liebe. Indien verlor die Liebe, weil die Eltern zu schlau und berechnend waren. Sie wollten es nicht erlauben, dass ihre Kinder sich verliebten: Das ist zu gefährlich! Keiner weiß, wohin das führt! Sie waren zu vernünftig, und aus Berechnung hat Indien jede Möglichkeit zur Liebe verpasst.

Der Westen ist zu rebellisch, zu jugendlich – nicht zu vernünftig, sondern zu unreif, zu kindisch. Er hat die Liebe zu einer billigen Ware gemacht, die überall zu haben ist. Wozu in die Tiefe gehen, um die Liebe zu entdecken? Man hat einfach Spaß beim Sex, und das war's dann! Mit dem Sex liegt der Westen schief. Mit der Ehe liegt der Osten schief. Aber wenn ihr wach seid, dann braucht ihr weder dem Osten noch dem Westen nachzueifern. Liebe ist weder östlich noch westlich.

Forsche nach der Liebe in dir. Und wenn du liebst, wird früher oder später der andere kommen. Denn ein liebendes Herz kommt früher oder später zu einem liebenden Herzen. So geschieht es immer. Du wirst den richtigen Menschen finden. Aber nicht, solange du eifersüchtig bist. Nicht, wenn es dir nur um Sex geht. Nicht, wenn es dir nur um Sicherheit geht.

Die Liebe ist ein gefährlicher Pfad, und nur wer Mut hat, kann ihn gehen. Und ich sage euch: Es ist das Gleiche, genauso gut wie Meditation – aber ein Pfad nur für Mutige. Nur diese zwei Wege führen zum Göttlichen: Meditation oder Liebe. Finde heraus, welcher dein Weg ist, welcher dir bestimmt ist.

Genug für heute.

VII

Der strenge Lehrer

Der japanische Meister Ekido
war ein strenger Lehrer,
gefürchtet von seinen Schülern.
Eines Tages, als einer von ihnen den Tempelgong
schlug, um die Stunde des Tages anzuzeigen,
verpasste er einen Schlag, weil er ein schönes Mädchen
beobachtete, das am Tor vorbeiging.
Vom Schüler unbemerkt, stand Ekido genau hinter ihm
und versetzte ihm einen Schlag mit seinem Stock.
Durch den Schock
blieb das Herz des Schülers stehen, und er starb.
Da die alte Tradition, dass der Schüler dem Meister
sein Leben verschrieb, zur reinen Formalität
verkommen war, wurde Ekido
von der breiten Öffentlichkeit geschmäht.
Nach diesem Ereignis brachte Ekido
zehn erleuchtete Nachfolger hervor,
eine ungewöhnlich hohe Zahl.

Ein solches Phänomen ist bezeichnend für Zen und die Zen-Meister. Nur ein Zen-Meister versetzt seinen Schülern Schläge, und gelegentlich ist es schon vorgekommen, dass ein Schüler dabei starb. Normalerweise würde man dieses Vorgehen als äußerst grausam, gewalttätig, ja verrückt betrachten. Für religiöse Menschen ist es unvorstellbar, dass ein Meister so grausam sein kann, einen Schüler zu töten. Doch die Eingeweihten sehen das anders.

Ein Erleuchteter weiß, dass kein Mensch je stirbt. Das Innere ist ewig, immerwährend. Es wechselt den Körper, aber es ist nur ein Wechsel der Behausung, ein Wechsel der Kleidung, ein Wechsel des Fahrzeugs. Der Reisende selbst währt ewig. Nichts stirbt.

Der Augenblick des Todes kann auch zum Augenblick der Erleuchtung werden. So sehr ähneln sich beide. Erleuchtet zu werden ist ein noch tieferer Tod als der gewöhnliche Tod. Wer erleuchtet wird, gelangt zur Erkenntnis, dass er nicht der Körper ist.

Die Anhaftung, die Identifikation mit dem Körper verschwindet. Dann nimmt er zum ersten Mal eine unüberbrückbare Distanz wahr: Er ist hier, der Körper ist dort, und dazwischen ist ein Abgrund. Er war nie der Körper, und der Körper war nie er. Dieser Tod ist tiefer als der gewöhnliche Tod. Beim gewöhnlichen Tod ist man immer noch mit dem Körper identifiziert.

Dieser Tod ist noch tiefer. Nicht nur verschwindet die Identifikation mit dem Körper, es verschwindet auch die Identifikation mit dem Verstand, mit dem Ego. Zurück bleibt nur eine Leere, ein grenzenloser innerer Raum. Du bist weder Körper noch Verstand.

Beim gewöhnlichen Tod stirbt nur der Körper; der Verstand folgt dir weiterhin wie ein Schatten. Der Verstand ist das Problem, nicht der Körper. Durch den Verstand bist du mit dem Körper eins geworden, und solange der Verstand nicht verschwindet, wirst du immer wieder in neue Körper, neue Fahrzeuge eintreten. Das Rad des Lebens wird sich immer weiter und weiter drehen. Wenn du erleuchtet wirst, bist du plötzlich nicht mehr der Körper, nicht mehr der Verstand. Erst dann erkennst du, wer du wirklich bist. Der Körper ist ein Same, und ebenso der Verstand; aber jenseits davon verbirgst *du* dich.

Manchmal kommt es vor, dass ein Zen-Meister den Augenblick des Todes mit der Erleuchtung zusammenfallen lassen kann. Er kann dir genau im richtigen Moment einen

Schlag versetzen: Der Körper fällt hin, für alle sichtbar, aber tief drinnen fällt auch das Ego. Nur du selbst weißt es, und der Meister. Es ist keine Grausamkeit, sondern die höchste Form von Mitgefühl. Nur ein ganz großer Meister vermag so etwas zu tun. Es ist eine heikle Sache, den Todeszeitpunkt des Schülers zu erspüren und ihn für dessen innere Verwandlung und Verklärung zu benutzen.

Betrachtet man die Geschichte, so wie sie erscheint, könnte man meinen, der Meister habe seinen Schüler getötet. Das ist aber nicht so. Der Schüler wäre in jedem Fall gestorben, weil der Zeitpunkt seines Todes gekommen war. Der Meister konnte das sehen. Er benutzte den Augenblick des Todes, um den Schüler zur Erleuchtung zu bringen. Allerdings handelt es sich hier um ein inneres Geheimnis, etwas sehr Esoterisches. Ich könnte Ekido damit vor keinem Gericht verteidigen. Jedes Gericht würde ihn für den Mörder halten. Es gäbe nicht den geringsten Beweis für das Wissen des Meisters, dass der Schüler in diesem Augenblick sterben würde.

Warum sollte er den Tod nicht benutzen? Ein unwissender Mensch weiß nicht einmal sein Leben zu nutzen. Ein Erleuchteter kann sogar den Tod benutzen. Das ist ein wahrer Meister: Er benutzt alles für die Erleuchtung.

Ekido stand genau hinter seinem Schüler. Der Schüler schlug den Gong des Tempels an, und der Meister beobachtete ihn dabei. Falls dieser Schüler mit voller Bewusstheit sterben könnte, würde sein Tod das Rad zum Stehen bringen. Falls er mit Bewusstheit sterben könnte, falls er bewusst bleiben könnte, während er hinfiel, falls er selbst innerlich zentriert, wach, achtsam bleiben könnte, während sein Körper hinfiel, würde dieser Tod sein letzter sein. Es würde bedeuten, dass er nicht wiedergeboren wird.

Ihr müsst eines wissen: Wenn ihr bei vollem Bewusstsein sterben könnt, bleibt das Rad des Lebens stehen. In einen neuen Körper kann nur eintreten, wer unbewusst stirbt, ohne Gewahrsein. Wer völlig bewusst stirbt, verschwindet von dieser Welt. Er wird nicht wiedergeboren.

Deswegen heißt es, dass ein Erleuchteter nicht wiederkommt. Ein Buddha verschwindet einfach. Ihr könnt ihn nie mehr im Körper antreffen. In der Körperlosigkeit könnt ihr ihm begegnen, weil er dann überall ist, aber nicht im Körper. Ihr könnt Buddha an keinem Ort begegnen, weil nur ein Körper an einem Ort existiert. Wenn der Körper verschwindet, existiert ein Buddha überall oder nirgendwo. Ihr könnt ihn hier treffen, ihr könnt ihn dort treffen, ihr könnt ihn überall treffen, aber nicht im Körper. Der Körper existiert nur an einem Ort. Wenn der Körper verschwindet, ist das Bewusstsein, die Seele überall. Ihr könnt Buddha überall treffen. Wo auch immer ihr hingeht, könnt ihr ihm begegnen.

Der Körper existiert, solange der Verstand sich seine Wünsche durch den Körper zu erfüllen trachtet. Ohne den Körper können sich Wünsche nicht erfüllen. Du kannst auch ohne den Körper vollkommen erfüllt sein, aber Wünsche brauchen einen Körper zu ihrer Erfüllung. Das Begehren braucht den Körper. Der Körper ist der Behälter für das Begehren. Nur so ist Besessenheit möglich. Sicher kennt ihr Geschichten, dass Leute von Geistern besessen wurden. Warum sollten Geister ein Interesse haben, von irgendjemand Besitz zu ergreifen? Es liegt am Begehren. Wünsche können nur in einem Körper erfüllt werden. Darum nimmt ein Geist den Körper eines Menschen in Besitz, um sich seine Wünsche zu erfüllen.

Genauso geschieht es, wenn du in einen Schoß eingehst, wenn du in einen neuen Körper eintrittst und die Reise des Begehrens wieder aufnimmst. Wenn du aber bei vollem Bewusstsein stirbst, stirbt nicht nur der Körper. Mit ihm lösen sich sämtliche Wünsche auf. Dann gibt es kein erneutes Eintreten in einen Mutterschoß. Der Eintritt in den Schoß ist ein sehr schmerzhafter Prozess, so schmerzhaft, dass du ihn mit Bewusstheit nicht vollziehen kannst. Nur unbewusst kann es geschehen.

Das englische Wort *anxiety* (Angst, Panik, Beklemmung) stammt von der lateinischen Wurzel *anxietas*, was

»Verengung« bedeutet. Ursprünglich verwendete man dieses Wort für den Eintritt einer Seele in einen Mutterschoß. Die erste Panik wird erlebt, wenn die Seele in einen Mutterschoß eintritt, weil sich alles verengt: Eine grenzenlose Seele wird in einen winzigen Körper gezwängt. Das ist der schmerzhafteste Vorgang, den es gibt. Es ist, als würde der ganze Himmel sich in ein Samenkorn zwängen. Ihr wisst davon nichts, weil es so schmerzhaft ist, dass ihr dabei völlig das Bewusstsein verliert.

Nur zwei Vorgänge gibt es, die so schmerzhaft sind. Vielleicht kennt ihr diesen Ausspruch Buddhas: »Die Geburt ist Schmerz, der Tod ist Schmerz.« Das sind die größten Schmerzen, die schlimmsten Qualen, die es gibt. Wenn das Unendliche im Uterus zu etwas Endlichem wird, gibt es einen großen Schmerz, eine große Beklemmung. Und wenn das Unendliche aus dem Körper herausgerissen wird, auch dann gibt es Qual und Schmerz.

Ein Mensch, der bewusst stirbt, verschwindet ins Grenzenlose. Dann gibt es keinen Wiedereintritt in einen Körper. Dann gibt es keine Angst mehr, denn Angst ist die Folge des Begehrens. Dann besteht keine Notwendigkeit mehr, dass du »verengt« wirst, weil kein Wunsch mehr da ist, der nach Erfüllung drängt. Du kannst unendlich ausgedehnt bleiben. Du brauchst kein Fahrzeug, weil du nirgendwo mehr hinwillst.

Dieser Schüler, der den Gong des Tempels schlug, muss seinem Tod nahe gewesen sein, ganz nah, und deshalb stand auch der Meister hinter ihm. Der Schüler konnte jeden Moment sterben. Davon ist in der Geschichte nicht die Rede. Davon kann nicht die Rede sein, aber genau so war es. Sonst hätte nicht die Notwendigkeit bestanden, dass der Meister direkt hinter dem Schüler stand, als er den Gong schlug. Der Meister häte sonst Wichtigeres zu erledigen. Den Gong zu schlagen ist eine gewöhnliche Handlung, ein ganz alltägliches Ritual.

Warum also stand der Meister hinter ihm?

Dieser Ekido scheint ein seltsamer Bursche zu sein. Hatte er nichts Wichtigeres zu tun? In diesem Augenblick war nichts wichtiger als das, denn der Schüler würde in jedem Fall sterben. Dieser Tod musste genutzt werden. Und nur ein Meister kann den Tod nutzen, aus Mitgefühl. Er wartete, um zu sehen, ob der Schüler im Augenblick des Todes bewusst blieb. Doch der Schüler wurde unbewusst.

Diese Geschichte ist sehr bedeutsam. Der Schüler sah ein schönes Mädchen vorübergehen, und auf der Stelle verlor er seine ganze Bewusstheit. Sein Begehren entflammte, ein Wunsch ergriff sein ganzes Wesen: Er wollte dem Mädchen folgen, wollte es für sich haben. Sobald ein Wunsch auftaucht, geht die Bewusstheit verloren; beides kann nicht gemeinsam bestehen. Wünsche und Unbewusstheit gehen Hand in Hand. Wenn du bewusst bist, können sie nicht bestehen. Wenn du den Wünschen folgst, geht die Bewusstheit verloren. Darum legen alle Buddhas, alle Erleuchteten, so viel Wert auf Wunschlosigkeit. Wunschlos bist du bewusst, bewusst bist du wunschlos. Es sind die zwei Seiten einer Medaille. Die eine Seite: Wunschlosigkeit, die andere Seite: Bewusstheit, Gewahrsein.

Die Geschichte sagt viel. Als er ein schönes Mädchen vorübergehen sah, vergaß der Schüler sich selbst. Er war nicht mehr präsent. Er verlor sich in einem Wunsch. Er fing an, innerlich dem Mädchen nachzulaufen. Er glitt in einen Traum, wurde schläfrig und unbewusst.

Eingebettet zwischen Tod und Geburt ist die Sexualität. Die Geschlechtlichkeit liegt in der Mitte zwischen Geburt und Tod. Eigentlich findet zwischen Geburt und Tod nichts anderes statt als Sexualität, in erweiterter Form. Durch Sex werdet ihr gezeugt, und mit der Empfängnis beginnt eure Reise der sexuellen Lust. Und sogar an der Schwelle des Todes geht es weiter. Sex hat eine solche Macht, dass ihr darüber sogar den Tod vergesst. Wenn Sex das Steuer übernimmt, wird alles andere vergessen. Dann seid ihr nicht bei Sinnen. Die Figur des Mädchens nahm seine Aufmerksamkeit gefangen. Er war nicht mehr präsent. Kurz zuvor war er noch achtsam gewesen, aber jetzt nicht mehr.

Es gibt viele Geschichten über indische *Rishis*, spirituelle Sucher und Seher, die in der Zurückgezogenheit der Wälder und Berge meditierten und ihre asketischen Übungen praktizierten. Und es geschieht immer genau in dem Moment, wo sie an einen Punkt des Gewahrseins kommen, dass sich plötzlich eine sexuelle Regung einstellt. Die *Apsaras*, die himmlischen Nymphen, kommen herab, als warteten sie geradezu darauf, Meditierende vom Gewahrsein abzulenken, als wäre es eine sanfte Verschwörung. Tief verborgen in den Wäldern erlangt jemand ein wenig Bewusstheit, und schon sind diese Nymphen da, diese schönen Maiden vom Himmel! Sie sind nicht von dieser Erde, und sie sind vollkommen. Ihr könnt euch nichts Vollkommeneres als diese Mädchen vorstellen: Ihre Körper schimmernd wie Gold, mit durchsichtigen Gewändern. Natürlich geht die ganze Bewusstheit mit einem Schlag flöten, der *Rishi* wird zum Lüstling und strauchelt.

Woher kommen die *Apsaras*? Kommen sie wirklich vom Himmel herab? Und gibt es tatsächlich eine solche Verschwörung gegen das Bewusstsein? Nein. Sie erscheinen nur im Geist des Suchers. Wenn der Verstand erkennt, dass es ihm gleich an den Kragen geht, benutzt er Sex als seine letzte Waffe. Wenn der Verstand erkennt, dass die Bewusstheit nun ihren Kristallisationspunkt erreicht hat und er bald nichts mehr zu bestellen hat, sieht er sein Ende nahen. Das ist sein letzter Kampf. Da erscheint plötzlich ein Gedanke und der Wunsch nach Sex – eine Projektion des Verstandes.

Ich sage euch: Vielleicht ging gar kein Mädchen am Kloster vorbei. Vielleicht war es nur so, dass der Mann zum Zeitpunkt seines nahenden Todes ganz bewusst war und sein Verstand ihm einen letzten Streich spielte. Das ist die letzte Prüfung: Wenn du sie bestehst, hast du den Verstand besiegt. Der Verstand spielt seine letzten Karten aus, und Sex ist sein letzter Trumpf. Wenn Sex nicht funktioniert, funktioniert gar nichts. Im Grunde ist der Verstand von Sex abhängig.

Schau dir deinen eigenen Verstand an: Du wirst sehen, dass er zu neunzig Prozent sexuell ist. Er denkt an Sex, träumt von Sex, projiziert ihn in die Zukunft und erinnert sich an die Vergangenheit. Immer hat es irgendwie mit Sex zu tun. Und manchmal, selbst wenn du denkst, es hätte nichts mit Sex zu tun ... Schau mal genauer hin, meditiere darüber: Alles, was der Verstand sich wünscht, hat indirekt mit Sex zu tun. Vielleicht überlegst du, wie du reich werden könntest. Was wirst du mit deinem Geld anfangen? Frag den Verstand, und er wird dir sagen: Dann kannst du deinen Körper genießen, du kannst die schönsten Frauen bekommen. Oder dein Verstand fantasiert, wie er so mächtig werden könnte wie Napoleon, wie Hitler. Fragst du aber nach, was er mit dieser Macht anfangen würde, wirst du dahinterkommen, dass sich dahinter irgendwo der Wunsch nach Sex verbirgt.

Diese Frau ist vielleicht gar nicht vorübergegangen. Oder, wenn sie doch vorüberging, war sie vielleicht gar nicht so schön, wie sie aussah, wie sie ihm erschien. Also, ich denke, dass gar kein Mädchen da war; nur der Augenblick des Todes und das Gewahrsein dieses Mannes. Er schlug auf den Gong, mit voller Aufmerksamkeit.

Das gehört in einem Zen-Kloster zur Meditation: Man tut alles mit voller Aufmerksamkeit. Beim Gehen gehst du mit voller Aufmerksamkeit. Beim Bewegen des Kopfes tust du es mit voller Aufmerksamkeit. Was immer du tust, du begleitest es mit deiner Aufmerksamkeit. Du darfst nichts verpassen, darfst an nichts anderes denken. Du bewegst dich mittendrin wie ein Licht, und dadurch offenbart sich alles. Jede Handlung, jede kleinste Regung, wird vom Licht des Bewusstseins durchdrungen. Nichts bleibt im Dunkel. Wenn du isst, isst du mit Bewusstheit. In einem

Zen-Kloster gibt es nichts anderes zu tun, als vierundzwanzig Stunden am Tag gewahr zu sein.

Der Schüler muss den Gong mit vollem Gewahrsein angeschlagen haben. Der Gong wird angeschlagen, um alle daran zu erinnern, gewahr zu sein. Dieser Mann war sich des Klangs, der durchs ganze Kloster schallte, vollkommen bewusst. Da tauchte plötzlich dieses Mädchen auf – woher denn bloß? Also, erstens glaube ich, dass da gar kein Mädchen war, sondern nur eine Projektion des Verstandes. Oder, als zweite Möglichkeit: Selbst wenn es ein Mädchen gab, war es sicher nicht so schön, wie der Verstand es sich ausmalte; es war eine Projektion. Das Mädchen war nur eine Vorstellung. Ein Traum tauchte auf und wurde projiziert.

Genauso passiert es jedem. Wenn du dich neu verliebst, kommt dir das Mädchen überirdisch vor, wie aus einer anderen Welt, eine himmlische Nymphe. Nach und nach, wenn ihr euch besser kennenlernt, wird sie dann immer irdischer, immer gewöhnlicher und unscheinbarer. Eines Tages entdeckst du, dass an ihr gar nichts Besonderes ist. Sie ist ein ganz gewöhnliches Mädchen. Dann fühlst du dich getäuscht und denkst, sie hätte dir etwas vorgegaukelt.

Niemand hat dich getäuscht. Nur dein Verstand hat dir etwas vorgegaukelt. Dein Verstand hat projiziert, um das Begehren in Gang zu setzen. Die Schönheit liegt nicht im Objekt, die Schönheit ist eine Projektion. Die Schönheit ist nichts Objektives, sondern etwas Subjektives. So kann dir ein und derselbe Mensch an einem Tag wunderschön und am nächsten Tag potthässlich erscheinen. Es liegt aber an dir, denn du bist es, der das alles projiziert. Und du bist es auch, der die Projektion wieder zurücknimmt. Der andere dient nur als Projektionsfläche.

Wenn du einmal dahintergekommen bist, dass es dein Kopf ist, der Schönheit und Hässlichkeit, Gut und Böse projiziert, hörst du damit auf. Dann kannst du zum ersten Mal erkennen, was objektive Wirklichkeit ist. Sie ist weder gut noch böse, weder schön noch hässlich. Sie *ist* einfach. Dann verschwinden alle deine Interpretationen zusammen mit den Projektionen.

Dieser Schüler stand also im Augenblick seines Todes kurz davor, vollkommene Bewusstheit und Achtsamkeit zu erlangen, da zog der Verstand seine letzte Trumpfkarte, sein letztes Ass: Er ließ ein schönes Mädchen auftauchen. Der Kopf stattete sie mit besonderer Schönheit aus; da ging die Bewusstheit verloren. Das Bewusstsein trübte sich, die Begierde erwachte. Die Seele war nicht mehr anwesend. Der Schüler war mit dem Körper identifiziert.

Deshalb legen alle Religionen so viel Wert auf das Transzendieren des Sex. Solange du den Sex nicht transzendiert hast, wird dir der Verstand diesen letzten Streich spielen. Und er wird gewinnen, nicht du. Aber Unterdrückung ist nicht Transzendenz, es ist eine Flucht. Begib dich mit vollem Bewusstsein in das Begehren. Versuche, im Sexakt vollkommen bewusst zu bleiben. Mit der Zeit wirst du sehen, dass sich der Schwerpunkt verlagert: Die Energie bewegt sich mehr in Richtung Bewusstheit und weniger in den Sexakt. Das Wesentliche ist eingetreten. Das, worum es eigentlich geht, hat sich eingestellt.

Früher oder später wird die ganze Sexenergie zu meditativer Energie. Das ist Transzendenz. Dann können dich – egal, ob du auf dem Marktplatz stehst oder im Wald meditierst – keine *Apsaras* mehr heimsuchen. Dann können sie auf der Straße vorbeigehen, aber für dich sind sie nicht mehr vorhanden. Wenn dein Verstand aktiv ist, werden *Apsaras* auftauchen, die gar nicht da sind. Aber wenn du den Verstand transzendiert hast, werden selbst die vorhandenen *Apsaras* verschwinden.

In diesem Augenblick, als der Schüler die Bewusstheit verlor, schlug ihm der Meister heftig auf den Kopf. Ich würde gerne im Augenblick eures Todes das Gleiche für euch tun, aber in unseren Breiten würde das nicht geduldet. In Japan war es eine alte Tradition, dass ein Schüler, der zu einem Meister kam, gelobte: »Mein Leben und mein Tod gehören beide dir. Wenn du mich töten willst, kannst du es tun.« Eine solche Hingabe. Und er unterschrieb es als Gelübde.

Er musste es niederschreiben, es dem Meister schriftlich geben, weil das Gesetz und der Staat es sonst nicht zur Kenntnis genommen hätten. Das Gesetz nimmt es nicht zur Kenntnis, wenn man sagt: »Er wäre ohnehin gleich gestorben, darum habe ich ihn geschlagen.« Das Gesetz sagt: »Du hast ihn geschlagen, und daran ist er gestorben.«

Das Gesetz geht von dem aus, was sichtbar ist. Ein Meister geht von dem aus, was unsichtbar ist. Der Meister sieht den unsichtbaren Tod herankommen. Und er benutzt den Schlag nur, um den Schüler bewusst zu machen. Dazu muss er ihm einen festen Schlag verpassen. Wenn der Verstand in sexuelle Fantasien wandert, reicht ein gewöhnlicher Schlag nicht aus. Ein richtig fester Schlag ist nötig, eine Art Elektroschock.

Diese Geschichte ist alt. Sollte es in Zukunft noch Klöster wie dieses alte Zen-Kloster geben, wird es unnötig sein, Schläge mit dem Stock auszuteilen. Ein Elektroschock würde es auch tun. Es muss etwas sein, was einen solchen Schock erzeugt, dass das ganze Wesen erschüttert wird. Etwas, was den Schüler aufrüttelt, damit er aus der Klammer der Begierde gerissen wird, die ihn von sich wegzieht.

Der Meister versetzte dem Schüler einen solchen Schlag, dass er starb. Das ist der sichtbare Teil: Er stürzte zu Boden und starb. Was aber geschah innerlich? Wie lautet die innere Geschichte? Als der Meister den Schüler schlug, geschah es im Augenblick des Todes, als das Begehren sich noch einmal regte. Und nur wenn im Augenblick des Todes eine sexuelle Regung vorhanden ist, kann das Bewusstsein in einen neuen Schoß eintreten, sonst nicht.

Männer, die im Bett sterben, denken – sofern sie noch bei Bewusstsein sind – immer an Sex. Es mag seltsam erscheinen, dass ein alter Mann, sogar ein Hundertjähriger, der im Bett stirbt, nahezu immer an Sex denkt. Sex ist aber das Erste und das Letzte im Leben des Körpers. Der Sterbende hat kurz vorher vielleicht an Gott gedacht, hat sein Mantra »Ram, Ram, Ram« wiederholt, aber im Augenblick des Todes fällt das alles plötzlich ab, und es regt sich noch einmal die Sexualität. Das ist natürlich. Wie der Anfang, so das Ende. Aus Sex seid ihr geboren, und mit Sex scheidet ihr aus dem Leben.

Der *dirty old man*, der alte Schmutzfink, ist nicht bloß ein Mythos. Der Körper ist fast tot, aber das Denken ist noch aktiv. Alte Männer denken mehr an Sex als junge. Ein Junger kann noch etwas tun. Alte Männer können nichts mehr tun, nur noch darüber fantasieren. Dann findet alles nur noch in der Fantasie statt, im Gehirn.

Im Augenblick eures Todes macht ihr euch bereit für eine Wiedergeburt. Ihr bereitet den Eintritt in einen neuen Schoß vor. Versucht, dies in seiner ganzen Tiefe zu verstehen: Woher kommt die große Anziehung, in den weiblichen Körper einzudringen? Was habt ihr davon? Wenn beim Sex alles danach drängt, in die Frau einzudringen, was gewinnt ihr daraus? Die Psychologen haben eine Erklärung dafür, und die spirituellen Leute wussten es schon immer: Es ist ein Symbol für den gleichen Akt des Eintritts in den Körper. Nicht nur im Augenblick der Empfängnis findet ihr in den Schoß der Frau. Das Thema durchzieht euer ganzes Leben. Immer wieder wollt ihr in den weiblichen Körper eindringen. Ihr wollt in den Schoß, immer wieder. Der sexuelle Impuls ist, in den weiblichen Körper einzudringen, wieder in den Schoß zu gelangen. Beides entspringt dem gleichen Drang, ob als Same bei der Empfängnis oder als Sperma beim Geschlechtsakt: dem Drang, einzudringen.

Zum Zeitpunkt des Todes muss der Verstand an Sex denken, und bei diesem Impuls verliert ihr die Wachheit. Ihr habt ein Begehren erzeugt, und dieses Begehren führt euch zu einem neuen Schoß, und ihr werdet in ihn eintreten.

Der Meister wartete hinter ihm. Die Meister warten immer hinter ihren Schülern, physisch und nicht physisch.

Es ist ein wichtiger Moment, wenn ein Mensch sterben wird. Der Meister schlug kräftig zu. Der Körper des Schülers stürzte zu Boden, aber im Innern wurde er wach. Das Begehren verschwand, und mit ihm das Mädchen und die Straße. Alles fiel, zusammen mit dem Körper; der Traum zerbrach. Er wurde bewusst, und mit dieser Bewusstheit starb er. Und wenn ihr den Tod mit Bewusstheit erleben könnt, seid ihr erleuchtet. Deshalb ist das, was geschah, ein Wunder.

Die Tradition von Ekidos Schule wurde zu einer der bedeutendsten in Japan. Zehn Erleuchtete gingen aus ihr hervor. Die Leute begannen sich zu fragen: Wie kommt es, dass dieser grausame Mann, der seinen Schüler umbrachte, dieser aggressive, gewalttätige Mann, ein Mörder … wie kommt es, dass seine Schüler erleuchtet werden? Eine selten hohe Zahl – zehn, das ist selten. Dass ein Meister zehn Schüler zur Erleuchtung bringt, kommt sehr selten vor. Selbst einem Einzigen zur Erleuchtung zu verhelfen ist viel. Es ist aber nicht verwunderlich, sondern logisch: Nur ein Meister von diesem Kaliber ist dazu imstande.

Immer wenn ich die Geschichte lese, wundere ich mich, dass die anderen Schüler es verpassten. Dieser Mann hätte viele erleuchten können. Aber wahrscheinlich haben die Angsthasen, die Furchtsamen und Zögerlichen sich vor ihm in Sicherheit gebracht. Und etliche andere werden sich von dem Kloster ferngehalten haben: Dieser Mann war ihnen zu gefährlich.

Eines wird noch von Ekido berichtet: Er hat nie ein Wort über den Tod dieses Schülers verloren. Er sprach nie davon, dass der Schüler tot sei, sondern machte weiter, als sei nichts geschehen. Und wenn ihn jemand nach dem Schüler fragte, dann lachte er. Er gab nie einen Kommentar dazu ab, sagte nie, dass der Schüler gestorben sei. Er sagte nie, dass etwas schiefgelaufen sei oder dass es ein Unfall gewesen sei. Jedes Mal, wenn ihn jemand danach fragte, lachte er. Wieso konnte er darüber lachen? Weil es auf das innere Geschehen ankam.

Andere können ein Ereignis nur von außen mitbekommen. Wenn ich dir einen kräftigen Schlag gebe und du stirbst, werden die Leute nur wissen, dass du gestorben bist. Niemand kann wissen, was innerlich geschah.

Dieser Schüler erreichte etwas, worum andere Buddhas sich viele Leben lang bemühen. Und Ekido schaffte das in einem einzigen Augenblick. Er war ein großer Künstler, ein großer Meister. Er benutzte den Augenblick des Todes auf so wunderbare Weise, dass der Schüler zur Erleuchtung kam. Der Schüler verschwand nicht nur aus dem Körper, er verschwand auch aus dem Verstand. Dieser Schüler wurde nicht wiedergeboren. Es war ein vollkommener Tod, ohne Wiedergeburt.

Doch in Japan waren die Leute an solche Vorkommnisse gewöhnt. Wenn man zu einem Meister ging, setzte es schon mal Schläge. Es konnte sogar vorkommen, dass er einen Schüler aus dem Fenster warf. Oder dass er sich auf ihn draufsetzte und ihm Hiebe austeilte. Stellte jemand eine philosophische Frage: »Existiert Gott oder nicht?«, schlug ihn der Meister mit seinem Stock. Ekido verhalf vielen Leuten zur Erleuchtung. Nur ein solcher Mann, mit so tiefem Mitgefühl, kann diese Hilfe geben, doch dazu bedarf es großer Hingabe.

Man sagt, die Eltern des Schülers seien gekommen, nachdem dieser gestorben war. Sie wollten Ekido sehen. Sie waren sehr wütend, das ist verständlich. Er war ihr einziges Kind, und jetzt war er tot. Sie waren alt und brauchten ihn. Sie hatten gewartet und gedacht, früher oder später werde er aus dem Kloster heimkehren und ihnen im Alter zur Seite stehen.

In Japan kann das Klosterleben als vorübergehende Phase gelebt werden. Man geht in ein Kloster und bleibt eine Zeit lang dort, um zu studieren und zu meditieren und ein gewisses Quantum an Wachheit, eine gewisse Seinsqualität zu erlangen. Und dann kehrt man zurück und führt das Leben eines gewöhnlichen Familienvaters. Von Zeit zu Zeit, wenn man das Gefühl hat, an Bewusstheit und Klarheit verloren zu haben, begibt man sich wieder ins Kloster, um seine Klarheit wiederzuerlangen. In Japan ist *Sannyas* kein permanenter Lebensstil wie im traditionellen Indien. Nur wenige Menschen folgen in Japan lebenslang dem klösterlichen Weg. Es ist ihnen freigestellt, zu kommen, aber auch, wieder zu gehen, ohne Schuldgefühle.

In Indien gäbe es da Schuldgefühle: Wer einmal *Sannyasin* gewesen ist und dann zurückkehrt, um zu heiraten und eine Familie zu gründen, gilt als »Gefallener«. Das ist unsinnig und töricht. Nicht jeder kann *Sannyasin* sein. Es kann nur eine begrenzte Zahl von *Sannyasins* geben, die ja selbst keinen Beitrag zur Gesellschaft leisten und von denen abhängig sind, die aktiv im Leben stehen und arbeiten.

Sannyas sollte aber für jeden möglich sein; alle im Land sollten die Möglichkeit haben, *Sannyasins* zu sein. Das ist aber nur möglich, wenn ihr als *Sannyasins* mitten im Leben stehen könnt, wenn ihr als Büroangestellte oder Verkäufer, als Arbeiter, Lehrer, Ärzte und Ingenieure arbeiten könnt und gleichzeitig *Sannyasins* seid.

In Japan gehen viele ins Kloster, um sich eine Zeit lang intensiv mit Meditation zu beschäftigen, sich darin auszubilden und anschließend wieder ins normale Leben zurückzukehren. Sie nehmen die meditative Qualität mit in den Alltag als gewöhnliche Bürger, die ihre Arbeit mitten im Leben tun, zumindest was das Äußerliche angeht. Innerlich bemühen sie sich weiter, die innere Flamme am Leben zu halten. Wenn sie das Gefühl bekommen, dass ihre Bewusstheit nachlässt, verbringen sie erneut eine Zeit im Kloster, um sich mit dem inneren Licht zu verbinden. Und dann kommen sie wieder zurück.

Das alte Ehepaar hatte darauf gewartet, dass ihr Sohn zurückkommt – und jetzt war er tot! Sie müssen sehr zornig gewesen sein. Sie müssen diesen Meister Ekido innerlich verwünscht haben. Nun waren sie also gekommen. Sie schauten Ekido an und erwarteten, dass er ihnen etwas Nettes sagte.

Und was sagte Ekido? »Worauf wartet ihr?«, sagte er. »Folgt dem Beispiel eures Sohnes! Ihr habt lange genug euer Leben vertrödelt. Jetzt verliert keine Zeit mehr!«

Und als sie Ekido in die Augen schauten, vergaßen sie ihren Zorn. Dieser Mann konnte überhaupt nicht grausam sein! Er floss über vor Mitgefühl. Sie waren gekommen, um Ekido anzuklagen, aber stattdessen bedankten sie sich bei ihm und gingen zurück.

Wenn du zu einem Meister kommst, musst du bereit sein zu sterben. Beim Schlagen eines Gongs, beim Auftauchen einer Begierde, beim Nachstellen eines Mädchens ... jeden Moment kann der Meister dich erwischen und dir einen Schlag versetzen. Wenn du nicht total hingegeben bist, wird der Schlag zwecklos sein. Dann wird der Meister dich gar nicht schlagen, weil es witzlos wäre: Du würdest es verpassen.

Dieser Schüler muss einer seiner engsten, vertrautesten Schüler gewesen sein – so hingegeben, dass er lieber sterben würde, als sich zu beschweren. Er fiel hin, ohne Protest, als würde der Körper von ihm abfallen wie ein altes Gewand. Und in seinem Innern war Licht, unendlich viel Licht – und er trat ein in das Licht.

Sei bereit zu sterben. Nur dann kannst du auf einer vollkommen anderen Ebene wiedergeboren werden. Diese Ebene ist die Dimension des Göttlichen. Hör auf, dich zu schützen. Wenn du dich schützt, vereitelst du es. Versuch nicht, auf der Hut zu sein. In der Nähe eines Meisters sei ungesichert, denn er ist deine Sicherheit. Sei ungeschützt, überlass alles ihm und erwarte seinen Schlag, der dich jeden Moment treffen kann. Bist du aber nicht hingegeben, dann wird der Schlag ausbleiben, denn der Meister hat kein Interesse, dich bloß zu schlagen. Kein Meister hat ein Interesse, euch zu töten. Die Meister sind nur daran interessiert, euch zur vollkommenen Erleuchtung zu führen. Und das kann nur geschehen, wenn dein Tod sich mit deiner Bewusstheit verbindet – eine sehr schwierige, seltene Verbindung.

Ein Meister kann sehen, wann ein Mensch so weit ist, zu sterben. Der Körper hat eine vorgegebene Lebensspanne, die sich ablesen lässt. Ein Astrologe kann es übersehen. Und ein Handleser wird es nicht richtig lesen, weil ihr solche Lügner seid, dass sogar eure Handfläche lügt. Ihr seid solche Schwindler, dass euch nicht einmal die Unwahrheit von der Stirn abzulesen ist.

Und ihr habt solche Angst vor dem Sterben, dass ihr unbewusst jede Vorahnung ins innerste Herz verbannt. Ein wahrhaftiger, authentischer Mensch wird selbst gewahr, wann er sterben wird.

Es hat Zen-Meister gegeben, die ihren Tod voraussagten. Sie wissen vorher, wann sie sterben werden, aber selbst dann glauben die Menschen ihnen nicht: »Wie können wir glauben, dass du den Tod vorhersehen kannst?« Wir verbergen das so tief in uns, damit wir um keinen Preis dort hinschauen müssen.

Die Astrologie wird hier versagen; sie ist eine exoterische Wissenschaft, die von außen nach innen interpretiert. Handlesen wird versagen, denn es ist unzuverlässig. Den Händen kann man nicht trauen, dir kann man nicht trauen; dein ganzer Körper schwindelt. Die Handlinien lassen sich leicht verändern: Wenn du fünfzehn Tage lang über Selbstmord nachgrübelst, wird deine Lebenslinie unterbrochen sein. Wenn du fünfzehn Tage lang ständig an Selbstmord denkst, an nichts anderes, und daran, wie du dir das Leben nehmen kannst … wenn du es dir vorstellst und davon träumst, wird nach fünfzehn Tagen deine Lebenslinie unterbrochen sein. Der Verstand kann alles Mögliche kreieren oder verändern. Wenn ein Handleser dir sagt, dass du innerhalb von drei Monaten sterben wirst, kann er es falsch interpretiert haben. Aber wenn sich dieser Gedanke tief in dir festsetzt, wirst du in drei

Monaten tot sein. Und deine Lebenslinie wird zeigen, dass es in drei Monaten zu Ende geht. Deine Hand hat keinen Einfluss auf dein Denken, aber dein Denken beeinflusst ständig deine Hand.

Ich habe von einem ägyptischen König gehört, der hatte große Angst vor dem Tod. Er war ziemlich schwach und krank und lag schon ewig auf dem Sterbebett. Da hörte er, ein Astrologe habe den Tod eines seiner Minister vorhergesagt und der Minister sei genau zu diesem Zeitpunkt gestorben.

Der König dachte: »Dieser Astrologe ist gefährlich. Er hat sicher schwarze Magie verwendet. Er hat ihn umgebracht. Solange dieser Mann lebt, ist er gefährlich: Er könnte das auch mit mir machen.«

Er ließ den Astrologen kommen und fragte ihn: »Sag mir etwas über meinen Tod. Wann werde ich sterben?«

Der Astrologe sah dem König ins Gesicht und spürte eine Gefahr. Der König blickte so grimmig, das kam dem Astrologen verdächtig vor. Er machte das Horoskop und studierte es. Und dann sagte er: »Du wirst nach mir sterben, eine Woche nach mir.«

Da trug der König seinen sämtlichen Ärzten auf, sich um diesen Mann zu kümmern. Man stellte ihm einen Palast zur Verfügung, mit dem besten Essen und von allem das Beste. Die besten Ärzte betreuten ihn und hatten den Auftrag: »Erhaltet mir sein Leben! Wenn er stirbt, meint er, werde ich sieben Tage später sterben.«

Es heißt, der König habe noch sehr lange gelebt, denn auch der andere lebte noch lange. Er war kerngesund. Der König starb erst, nachdem dieser Mann gestorben war. Binnen einer Woche war der König tot.

Euer Verstand ist sehr wandelbar. Wenn der Verstand ein solcher Lügner ist, sollte man keinen Handleser befragen. Es würde den Handleser täuschen. Aber einen Meister könnt ihr nicht täuschen, denn er liest euch nicht aus der

Hand, er liest nichts von eurer Stirn ab, er kümmert sich nicht um eure Sterne. Er schaut tief in euer Inneres. Er kennt euren genauen Todeszeitpunkt, und wenn ihr hingegeben seid, kann er den Tod benutzen.

Diese Geschichte ist wunderbar. Meditiere darüber. Das Gleiche kann auch dir geschehen, aber dazu ist eine große Bereitschaft nötig, ist eine Reifung nötig – und Hingabe.

Noch etwas?

Osho,

in der letzten Zeile dieser Zen-Geschichte heißt es, zehn Schüler seien erleuchtet worden und dies sei eine hohe Zahl. Mir erscheint diese Zahl nicht besonders hoch.

Können wir dir deinen Stock abkaufen und bei uns selbst anwenden? Würde das zur Hingabe beitragen?

Zehn ist tatsächlich eine große Zahl, denn die Erleuchtung ist so schwierig, so schwer zu erlangen, nahezu unmöglich. Zehn ist eine große Zahl, aber es gab noch größere Zahlen. Bei Buddha wurden Hunderte erleuchtet. Bei Mahavira wurden Hunderte erleuchtet.

Aber es geht nicht darum, mir meinen Stock abzukaufen, denn er ist nicht zu kaufen, sondern darum, ihn *zuzulassen*. Es geht nicht darum, dass der Meister euch schlägt. Es geht darum, ob ihr den Schlag empfangen könnt, ob ihr ihn freudig aufnehmen könnt. Wenn ihr Widerstand leistet, ist nichts zu machen. Und Widerstand regt sich schon in den kleinsten, gewöhnlichen Dingen. Und dann erst der Tod, etwas so ungeheuer Großes, das Höchste!

Ihr sträubt euch schon bei kleinen Dingen … Ein Mann war hier und sagte: »Ich möchte mich hingeben.«

Ich sagte zu ihm: »Denk darüber nach. Was bedeutet das für dich? Es ist schwierig. Es ist nicht so leicht, dass du einfach herkommst und sagst: ›Ich gebe mich hin.‹«

Und dann sagte ich zu dem Mann: »Geh und lass dir zuerst eine Glatze rasieren.«

Da sagte er: »Das ist sehr schwierig, das kann ich nicht. Ich liebe meine langen Haare.«

Und schon hatte er völlig vergessen, dass er von Hingabe gesprochen hatte. Er konnte sich nicht einmal seine Haare abschneiden lassen. Dabei sind die Haare schon etwas Totes, sie sind kein lebendiger Teil von euch. Ihr könnt sie abschneiden, ohne Schaden zu nehmen. Das Haar ist tot, unlebendig, etwas, was schon abgestorben ist und vom Körper als tote Zellen ausgestoßen wurde. Dieser Mann fand, dass er die Haare nicht opfern konnte, weil er lange Haare liebte. Aber er möchte sich hingeben? Er hat keine Ahnung, was Hingabe bedeutet.

Oder es kommt jemand zu mir und sagt: »Ich bin bereit, mich hinzugeben.« Und ich sage zu ihm: »Dann trag Orange.« Und er sagt: »Aber das wäre mir peinlich. Es ist zu schwierig.« Er kann keine orangefarbene Kleidung tragen, aber behauptet, zur Hingabe bereit zu sein. Auf diese Weise verliert das Wort »Hingabe« seine Bedeutung. Für ihn hat es keine Bedeutung. Er ist sich nicht bewusst, was er da sagt. Er würde sonst beim Aussprechen des Wortes »Hingabe« mit jeder Faser seines Wesens zu zittern und zu beben anfangen – denn Hingabe bedeutet den Tod des Ichs.

Mein Stock ist bereit. Ich kann euch einen Schlag verpassen, aber eure Bereitschaft ist nicht da. Wenn ich den Stock gebrauche, ehe ihr dazu bereit seid, werdet ihr nur weglaufen. Viele laufen weg. Viele sind schon vor mir geflüchtet, weil mein Stock sie irgendwann auf irgendeine Weise getroffen hat. Ihr müsst nicht glauben, dass dieser Stock sichtbar ist. Ich verwende unsichtbare Stöcke. Ein bloßes Wort kann euch so treffen, dass euer Ich zertrümmert am Boden liegt. Eure Logik, eure Religion, eure Konzepte können Prügel von mir beziehen, dann seid ihr zerschmettert und kommt mir nie wieder in die Nähe. Trifft mein Stock eure Emotionen, werdet ihr meine Feinde.

Eine gewisse Reife von eurer Seite ist also nötig. Ihr müsst den Zen-Stock willkommen heißen, müsst darauf warten und darum bitten können.

Im Zen ist es eine der ältesten Traditionen, dass jedes Mal, wenn ein Schüler den Stock bekommt, das ganze Kloster sich darüber freut. Dieser Schüler wird nun als etwas Besonderes aufgenommen. Der Meister hat ihm den Stock verpasst, er ist auserwählt. Manche warten jahrelang, um den Stock des Meisters zu empfangen. Sie beten, sie bitten den Meister: »Wann ist es so weit? Wann werden wir dafür reif sein?« Oder: »Wann werden wir das Glück haben, den Schlag zu empfangen? Wann wird dein Zen-Stock, dein Stab auf uns niedergehen?«

Eine tiefe Empfänglichkeit ist nötig. Es ist unnötig, mir meinen Stock abzukaufen, denn er gehört sowieso schon euch. Ihr braucht nur ein aufnahmebereites Herz, eine tiefe Empfänglichkeit und Geduld. Der Stock kann euch jeden Moment treffen. Manchmal kommt er euch ganz nah, und dann bekommt ihr Panik. Manchmal treffe ich mehrere Zentren eures Körpers gleichzeitig, aber dann bekommt ihr Angst und wollt euch in Sicherheit bringen. Gebt acht auf euren Verstand: Der Verstand wird euch immer flüstern, dass ihr weglaufen sollt. Sobald Gefahr droht, wird der Verstand euch sagen: »Sieh zu, dass du hier wegkommst!«

Der Verstand hat zwei Möglichkeiten, wie er einer Situation begegnen kann: mit Kampf oder Flucht. Wenn euer Verstand anfängt, gegen mich zu kämpfen, kann ich es sehen. Während ich rede, kann ich es an euren Augen sehen, ob ihr gerade kämpft oder flüchtet. Euer Blick, die ganze Art, wie ihr sitzt, die Art, wie ihr zuhört, zeigt mir, wenn ihr kämpft, Widerstand leistet, euch zurückzieht. Dadurch erzeugt ihr Abstand, damit ich euch nicht zu nahekomme. Oder ihr seid auf der Flucht und dann werdet ihr schläfrig und hört überhaupt nicht mehr zu. Oder ihr seid ganz woanders, denkt an etwas anderes und beschäftigt euch innerlich mit etwas, um mir auszuweichen.

Wenn ihr bereit seid, gibt es weder Flucht noch Kampf, nur ein andächtiges, geduldiges Warten. Dann ist nicht einmal Ungeduld da. Ungeduld erzeugt Spannung. Dann seid ihr nicht einmal ungeduldig, sondern wartet geduldig und passiv in andächtiger Stimmung.

Der Schlag gehört euch. Ich warte auf den rechten Moment. Und hier können viel mehr Schüler als bei Ekido erleuchtet werden. Die Möglichkeit ist gegeben, die Chance besteht. Der Fluss ist am Fließen. Ob ihr euch hinunterbeugt, um aus ihm zu trinken, oder ob ihr egoistisch bleibt und euch mit Gedanken von Flucht oder Kampf von ihm abwendet, indem ihr euch in euren eigenen Kokon von Gedanken einspinnt; ob ihr dem Verstand erlaubt, euch von mir abzulenken, oder ob ihr ihn beiseitetun könnt und mir Gelegenheit gebt, euch zu treffen – das hängt ganz von euch ab. Der Stock ist immer griffbereit, aber ihr schwankt zu sehr.

Dieser Schüler wurde von Ekidos Stock getroffen; er war wirklich hingegeben. Und nachdem er gestorben war, waren viele andere ebenfalls bereit. An irgendeiner Stelle muss die Kette durchbrochen werden. Sobald ein Licht entfacht ist, folgen viele nach. Wer wird der Erste sein, der stirbt? – Das war die Frage. Nachdem der Schüler tot und innerlich erleuchtet war, folgten ihm viele andere nach: Zehn wurden erleuchtet.

Dieses Wörtchen »zehn« ist auch eine Betrachtung wert. Diese Zehn ist symbolisch, denn zehn ist ja die höchste Zahl. Das ist nicht mathematisch, nicht arithmetisch zu verstehen. Zehn bedeutet die größte Zahl, denn als die Menschen zählen lernten, nahmen sie dazu ihre Finger, und davon gibt es zehn. Die einfachen Leute in den Dörfern zählen bis heute mit den Fingern. Zehn ist die größte Zahl, alle anderen wiederholen sich nur: Elf ist eins mit eins, zwölf ist zwei mit eins, und so weiter. Es wiederholt sich. Zehn ist eine grundlegende Zahl, in allen Sprachen der Welt, denn jeder Mensch hat zehn Finger. Es ist symbolisch.

Einer fiel also in die Unendlichkeit, und ihm folgten viele andere. Wenn der Abgrund sich erst einmal aufgetan hat und du miterlebst, wie jemand hineinspringt … Und wenn du siehst, welch ein Segen, welche Seligkeit daraus erwächst, dann kannst auch du leichter dort hingehen. Dann kannst auch du den Sprung wagen. Hier machen sich viele allmählich bereit. Aber selbst wenn du zu neunundneunzig Prozent bereit bist, kann der Stock nicht auf dich herabkommen. Der Stock kommt nur, wenn du zu hundert Prozent bereit bist. Dann ereignet sich eine Revolution. Bei neunundneunzig Prozent kannst du dich immer noch abwenden, das ist die Schwierigkeit. Das ist sehr schade, aber es kommt vor.

Ich habe mit sehr, sehr vielen Menschen gearbeitet, und manchmal wenden sie sich ab, kurz bevor der rechte Moment gekommen ist. Ganz knapp davor wenden sie sich ab. Und der Verstand ist so raffiniert, dass er eine philosophische Begründung, eine Rationalisierung findet, warum du dich abwendest. Just in dem Augenblick, da etwas geschehen wird, kannst du dich abwenden. Die Wahrscheinlichkeit, dass du dich gerade in diesem Moment abwendest, ist sogar größer als in jedem anderen. Das ist ein Unglück, aber so geschieht es. Du wartest und wartest und wartest … Und wenn sich dann endlich der Augenblick nähert, an dem der Verdampfungspunkt erreicht wird, wendest du dich plötzlich ab. Diesem Rückzug zu widerstehen ist sehr schwierig. Es ist so, als würde der Tod näher und näher und näher rücken, und sobald der Abgrund in Sicht kommt, drehst du dich um und rennst so schnell davon, wie du nur kannst.

Sei also bewusst. Dieses Unglück passiert vielen Suchern. Es könnte auch dir passieren.

Buddha kam auf seiner vierzigjährigen Wanderschaft viele Male durch ein bestimmtes Dorf. Und jedes Mal kam ein Mann zu ihm, hörte ihm ein paar Minuten lang zu, stand dann auf und ging wieder. So war es ihm zu einer

Gewohnheit geworden. Er hörte Buddha nie bis zu Ende zu. Mit Sicherheit konnte man mit ihm rechnen. Jedes Mal, wenn Buddha in diesen Ort kam, erwartete er, diesen Mann zu sehen. Dass er kommen würde, war gewiss. Er würde sich hinsetzen und ihm ein paar Minuten lang zuhören. Und dann würde er sich respektvoll vor Buddha verneigen und wieder gehen.

Einmal fragte Ananda, der Buddha stets begleitete, diesen Mann: »Warum tust du das?«

Der Mann sagte: »Das ist oft die Spitzenzeit in meinem Geschäft. Aber ich muss kommen, um Buddha meine Ehre zu erweisen, deshalb bin ich hier. Doch mein Geschäft ist offen, und es sind Kunden da, und sie warten nicht. Die Erleuchtung kann warten. Beim nächsten Mal werde ich zuhören.« So geschah es immer wieder.

Am Tag, als Buddha starb, befand er sich in der Nähe dieses Dorfes. Und bevor er starb, sagte er zu Ananda: »Dieser Mann war noch nicht hier. Das ist ungewöhnlich. Er verpasst es nie, zu kommen. In gewissem Sinne verpasste er es jedes Mal, aber er ließ es sich nie entgehen, herzukommen. Nur heute war er noch nicht da.«

Dann fragte Buddha seine Schüler: »Habt ihr noch irgendetwas zu fragen? Denn bald werde ich in den höchsten *Samadhi*, in die höchste Ekstase, eingehen. Dann kann ich nicht mehr zurückkommen, um euch zu antworten.«

Sie fingen an zu weinen und zu wehklagen, aber keiner stellte eine Frage. Ananda sagte: »Wir haben dich alles gefragt, und du hast uns auf alles geantwortet. Jetzt gibt es nichts mehr zu fragen. Unser Geist ist blank bei dem Gedanken, dass du bald verschwinden wirst.«

Buddha fragte drei Mal … wieder und wieder. Als es keine Frage gab, begab er sich hinter den Baum, setzte sich nieder und schloss die Augen, um sich in der Unendlichkeit aufzulösen und den Körper zu verlassen. Da kam plötzlich dieser Mann angerannt. Es gab ein Gerangel mit den Mönchen, und er rief: »Ich muss ihn sehen! Es ist das allerletzte Mal, ich werde ihn nie wiedersehen können!

Vierzig Jahre lang habe ich ihn immer verpasst. Aber jetzt muss ich ihm eine Frage stellen. Ich konnte ihn noch nie etwas fragen, weil immer irgendetwas los war: eine Hochzeit in meiner Familie, eine Spitzenzeit in meinem Geschäft, entweder war ich krank oder meine Frau, und manchmal kamen Verwandte zu Besuch. Immer habe ich es verpasst, aber jetzt dürft ihr mich nicht zurückhalten!«

Da kehrte Buddha aus seiner Ekstase, dem höchsten *Samadhi*, zurück. Er kam hinter dem Baum hervor und sagte: »Haltet den Mann nicht zurück. Es mag töricht von ihm gewesen sein, er mag aus Unwissenheit seine Chance verpasst haben, aber ich kann nicht hart mit ihm ins Gericht gehen. Noch bin ich am Leben, also lasst ihn herkommen. Niemand darf sagen, dass es einem bittenden Menschen verwehrt wurde, Buddha zu sehen, als er noch am Leben war.«

Und dann fragte Buddha ihn: »Was möchtest du fragen?«

Doch der Mann hatte seine Frage vergessen. Er sagte: »Als ich hier ankam, wusste ich sie noch, aber jetzt kann ich mich nicht mehr erinnern. Beim nächsten Mal, wenn ich dich sehe, bringe ich die Frage mit.« – Dabei würde es kein nächstes Mal mehr geben!

Buddha starb noch am selben Tag. Und dieser Mann wird wohl bis heute irgendwo auf dieser oder einer anderen Welt umherirren, auf der Suche nach jemand, der ihm seine Frage beantworten kann. Dieser Mann verpasste Buddha ständig, über einen Zeitraum von vierzig Jahren.

Auch ihr könnt mich verpassen, vergesst das nie! Diese Möglichkeit besteht. Dann wird es aber an euch liegen, nicht an mir. Ich bin immer bereit. Sobald ihr bereit seid, werde ich euch den Stock geben, aber dafür ist eine tiefe Hingabe nötig. Vorher ist gar nichts möglich. Ihr müsst sterben. So, wie ihr seid, müsst ihr sterben, damit das, was ihr in Wahrheit seid, aus euch heraus geboren werden kann. Das, als was ihr erscheint, muss sterben, damit das, was ihr wirklich seid, geboren werden kann. An der Oberfläche müsst ihr sterben, damit das Innerste in seinem strahlenden Glanz hervortreten kann, in seiner absoluten Vollendung.

Alle Zen-Schläge sind dazu da, das Saatkorn zu zerbrechen, damit der Baum geboren werden kann.

Noch etwas?

Osho,

es hat einige Fragen zu dem gegeben, was du über den Krieger und den Geschäftsmann gesagt hast. Die meisten von uns sind Geschäftsleute und Berufstätige, aber keine Krieger. Werden wir die Erleuchtung verpassen?

Ein Krieger zu sein ist etwas anderes, als ein Soldat zu sein. Es ist ein Bewusstseinszustand. Man kann ein Geschäftsmann und gleichzeitig ein Krieger sein; man kann ein Krieger und gleichzeitig ein Geschäftsmann sein.

Geschäftsmann bezeichnet einen Geisteszustand, der ständig mit allem Handel treibt und stets darauf bedacht ist, weniger zu geben und mehr zu bekommen. Das meine ich, wenn ich vom Geschäftsmann spreche: Er versucht immer, weniger zu geben, als er bekommt. Er feilscht immer um den Preis und denkt dabei nur an seinen Profit.

Der Krieger ist ebenfalls ein Geisteszustand. Er hat mehr die Qualität eines Spielers, aber nicht eines Tauschhändlers, ist bereit, alles auf eine Karte zu setzen – so oder so. Ein kompromissloser Geist.

Wenn sich ein Geschäftsmann für Erleuchtung interessiert, dann als eine Ware unter vielen anderen. Er hat eine Einkaufsliste: Er muss einen großen Palast errichten, muss alles Mögliche kaufen, und am Schluss muss er auch die Erleuchtung erwerben. Aber die Erleuchtung steht immer an letzter Stelle. Erst wenn alles andere erledigt ist, wenn nichts anderes mehr zu tun ist … Und die Erleuchtung muss er sich ebenfalls erkaufen, denn er versteht nur Geld.

Einst geschah es, dass ein bedeutender und reicher Mann zu Mahavira kam. Er war wirklich sehr reich. Er konnte alles kaufen, sogar Königreiche. Selbst die Könige liehen sich Geld von ihm. Er kam zu Mahavira und sagte: »Ich habe so viel über *Dhyan*, über Meditation, gehört. Und in der Zeit, während du hier warst, hast du eine solche Begeisterung bei den Menschen erzeugt. Alle reden nur von *Dhyan*. Was ist dieses *Dhyan*? Wie viel kostet es? Und kann ich es kaufen?«

Als Mahavira zögerte, sagte der Mann: »Denke nicht lange über den Preis nach. Nenne mir einfach einen Preis, und ich zahle ihn. Das ist kein Problem.«

Was sollte er diesem Mann sagen? – Mahavira war in Verlegenheit. Er wusste nicht, wie er mit diesem Mann reden sollte. Schließlich sagte Mahavira: »In deiner Stadt gibt es einen Mann, der ganz arm ist. Geh hin zu ihm. Vielleicht will er dir sein *Dhyan* verkaufen. Er hat es erlangt, und er ist so arm, dass er vielleicht bereit ist, es dir zu verkaufen.«

Der Mann dankte Mahavira, eilte zu dem armen Mann, klopfte an seine Tür und sagte: »Wie viel willst du für dein *Dhyan*? Ich will dir deine Meditation abkaufen.«

Der Mann fing zu lachen an. Er sagte: »Du kannst mich kaufen, das ist möglich. Aber wie könnte ich dir mein *Dhyan* geben? Es ist eine Eigenschaft meines Seins, es ist keine Ware.«

Aber Geschäftsleute haben schon immer in dieser Art gedacht. Sie geben Spenden, um es sich zu erkaufen. Sie errichten Tempel, um es sich zu erkaufen. Sie geben, aber ihr Geben ist nie ein Geben; es dient immer dazu, etwas zu bekommen. Es ist eine Investition.

Wenn ich sage: Sei ein Krieger, meine ich: Sei ein Spieler, der mit höchstem Einsatz spielt. Dann ist die Erleuchtung eine Frage von Leben und Tod, nicht bloß eine Ware. Und dann bist du bereit, dafür alles andere über Bord zu werfen. Du scherst dich nicht um Profit.

Die Leute kommen zu mir und fragen: »Was gewinnen wir durch Meditation? Welchen Zweck hat sie? Wie werden wir davon profitieren? Wenn wir eine Stunde dem Meditieren widmen, was gewinnen wir daraus?« Ihr ganzes Leben ist ein Geschäft.

Ein Krieger ist nicht auf Gewinn aus. Ein Krieger ist auf eine Gipfelerfahrung aus, einen Höhepunkt an Erfahrung. Was hätte ein Krieger davon, dass er in einem Krieg kämpft? Eure Soldaten sind keine Krieger, sie sind nur noch Dienstleister. Die Krieger sind ausgestorben. Alles wird heute von der Technik erledigt. Jemand wirft eine Bombe auf Hiroshima, aber der sie abgeworfen hat, war kein Krieger. Jeder Depp, jeder Irre könnte das. In der Tat kann es nur ein Irrer. Eine Bombe über Hiroshima abzuwerfen ist das Gegenteil von dem, was einen Kämpfer, einen Krieger ausmacht. Der Krieg ist völlig anders geworden als in früheren Zeiten. Krieg führen kann heute jeder, und demnächst werden es die Roboter erledigen. Flugzeuge ohne Piloten können es erledigen. Aber so ein Flugzeug ist kein Krieger. Diese Qualität ist völlig verloren gegangen. Ein Krieger hat sich dem Feind gestellt. Er begegnete dem Feind von Angesicht zu Angesicht.

Stellt euch vor: Zwei Leute, die mit gezückten Schwertern einander gegenüberstehen. Können sie überlegen, was zu tun sei? Wenn sie ihren Kopf einschalten, ist es mit ihnen geschehen. Der Kopf schweigt. Sobald die Schwerter gezückt sind, hört das Denken auf. Sie können nichts planen; sobald einer etwas plant, trifft ihn der andere genau im selben Moment. Sie bewegen sich spontan, aus dem Nichtdenken. Die Gefahr ist groß, der Tod so nah, dass das Denken keinen Platz hat. Der Verstand braucht immer Zeit. In einer Notsituation hat der Verstand nichts zu bestellen. Wenn du im Lehnstuhl sitzt, kannst du nachdenken, so viel du willst. Aber wenn du dem Feind gegenüberstehst, kannst du nicht denken.

Wenn du abends auf der Straße, in einer dunklen Gasse plötzlich eine Schlange siehst, eine gefährliche Schlange, genau vor dir – was wirst du tun? Wirst du dir den nächsten Schritt überlegen? Nein, du springst einfach. Dieser Sprung kommt nicht aus dem Verstand, denn der Verstand braucht Zeit, und Schlangen haben keine Zeit; sie haben keinen Verstand. Die Schlange wird zubeißen – da hat der Verstand keinen Raum. Auge in Auge mit einer Schlange wirst du springen. Und dieser Sprung kommt aus deinem ganzen Sein. Er passiert einfach, vor jedem Gedanken. Du springst und erst danach denkst du.

Das verstehe ich unter der Qualität eines Kriegers: Sein Handeln entspringt ohne Denken. Sein Handeln geschieht aus dem Nichtdenken. Sein Handeln ist total.

Du kannst ein Krieger sein, ohne in einen Krieg zu ziehen. Du brauchst dafür keinen Krieg. Das ganze Leben ist eine Notsituation, und überall lauern Feinde und Schlangen und reißende wilde Tiere, die bereit sind, dich anzugreifen. Das ganze Leben ist ein Krieg. Wenn du wach bist, kannst du sehen, dass das ganze Leben ein Krieg ist und du jeden Moment sterben kannst. Es ist ein permanenter Ausnahmezustand.

Darum sei wach! Sei wie ein Krieger, der sich mitten unter den Feinden bewegt. Jeden Moment kann sich von irgendwoher der Tod auf dich stürzen.

Lass den Kopf schweigen, sei ein Spieler. Nur Spieler können diesen Sprung wagen. Der Sprung ist so gewaltig, dass jene, die auf Profit aus sind, ihn nicht machen können. Er ist ein Wagnis, das größte Wagnis überhaupt. Du kannst dabei draufgehen, und nichts wäre dadurch gewonnen. Wenn du zu mir kommst, kannst du alles verlieren und vielleicht gar nichts gewinnen. Lasst mich einen Ausspruch von Jesus wiederholen. Er sagt: »Wer sein Leben retten will, wird es verlieren; wer aber sein Leben zu verlieren bereit ist, wird es retten.« Er spricht in der Sprache eines Spielers: Verliere alles, um es zu bewahren. Stirb, um das ewige Leben zu erlangen, das unsterbliche Leben.

Wenn ich also »Geschäftsmann« sage, meine ich den kalkulierenden, berechnenden Verstand. Seid nicht gewinnsüchtig. Ein Kind ist kein Geschäftsmann, aber man findet kaum einen alten Mann, der kein Geschäftsmann wäre. Jedes Kind ist ein Krieger und jeder alte Mann ein Geschäftsmann.

Wie aus jedem Krieger ein Geschäftsmann wird, das ist eine verwickelte Geschichte: Die Gesellschaft, eure ganze Erziehung, Zivilisierung, Konditionierung, lässt euch mit der Zeit immer ängstlicher, vorsichtiger, misstrauischer werden. Dann könnt ihr bald kein Wagnis mehr eingehen, aber alles Schöne ist ein Wagnis: Die Liebe ist ein Wagnis, das Leben ist ein Wagnis, Gott ist ein Wagnis.

Und Gott ist das größte Wagnis überhaupt.

Mit Kalkül erreicht ihr hier gar nichts. Nur wenn ihr das höchste Wagnis eingeht, wenn ihr alles einsetzt, was ihr habt, was ihr seid. Ihr kennt das Unbekannte nicht. Euer Einsatz ist das Bekannte, aber das Unbekannte kennt ihr nicht. Der Geschäftssinn wird sagen: »Was machst du da? Du gibst alles auf, was du hast – wegen etwas, von dem keiner weiß, ob es überhaupt existiert? Bewahre das, was du in der Hand hast, und verlange nicht nach dem, was du nicht kennst.«

Der Kriegersinn sagt: »Das Bekannte kenne ich schon, es birgt keine Überraschung mehr. Es ist zu einer Bürde geworden. Es macht keinen Sinn, sie weiterzutragen. Jetzt muss ich das Unbekannte erforschen, und ich muss das Bekannte aufs Spiel setzen, um das Unbekannte zu erfahren.«

Wenn du das Wagnis eingehen kannst, das totale Risiko, ohne irgendetwas zu bewahren, ohne dich selbst zu täuschen, ohne etwas zurückzuhalten, wird das Unbekannte dich unerwartet und plötzlich umfangen.

Und wenn es kommt, wird dir bewusst, dass es nicht nur das Unbekannte, sondern das Unkennbare ist. Es ist nicht das Gegenteil des Bekannten, es ist jenseits davon. Sich in diese Finsternis hineinzuwagen, sich an diesem unbekannten Ort ohne Pfade und Landkarten zu bewegen, sich allein in diese absolute Weite zu begeben – dafür brauchst du die Qualitäten eines Kriegers.

Viele unter euch haben sich davon ein bisschen bewahrt, denn ihr wart alle mal Kinder. Ihr wart alle mal Krieger, ihr wart alle mal Träumer des Unbekannten. Eure Kindheit mag verschüttet sein, aber sie ist nicht auszuradieren. Sie ist noch vorhanden, in einem verborgenen Winkel eures Seins. Lasst sie wieder aktiv werden. Werdet wieder kindlich, werdet wie die Kinder, werdet wieder Krieger. Das meine ich damit.

Aber sei nicht deprimiert, wenn du ein Geschäft betreibst oder Geschäftsmann bist. Sei darüber nicht traurig, denn ein Krieger kannst du überall sein. Wagnisse einzugehen ist eine Qualität des Bewusstseins. Es ist die kindliche Qualität, zu vertrauen und dich über das hinauszubewegen, was sicher ist.

Genug für heute.

VIII

Zen ohne Schriften

Der Zen-Meister Mu-nan hatte nur einen Nachfolger.
Sein Name war Shoju.
Als Shoju sein Studium des Zen beendet hatte,
rief Mu-nan ihn in sein Zimmer und sagte:
»Ich werde alt, und soweit ich weiß,
bist du der Einzige, der diese Lehre weiterführen kann.
Hier ist ein Buch. Es wird seit sieben Generationen
stets von Meister zu Meister weitergegeben.
Auch ich habe einiges von meinem Verständnis
hinzugefügt. Dieses Buch ist sehr kostbar,
und ich gebe es dir, um deine Nachfolgerschaft
zu besiegeln.«
Shoju antwortete: »Bitte behalte das Buch.
Ich habe dein Zen ohne Schriften erhalten,
und damit war ich sehr glücklich, danke.«
Mu-nan antwortete: »Ich weiß das. Aber dieses große
Werk wird seit sieben Generationen von Meister zu Meister
weitergegeben. Also mögest du es als ein Symbol
dessen behalten, dass du die Lehre empfangen hast.
Hier, nimm das Buch.«
Während die beiden sprachen,
standen sie vor einem Feuer, und als
Shoju das Buch in seiner Hand fühlte,
warf er es sofort in die Flammen.
Mu-nan, der niemals zuvor wütend geworden war,
brüllte: »Was tust du da?«
Shoju schrie zurück: »Und was sagst du da?«

Alle Bücher sind tot, das kann nicht anders sein; sie können nicht leben. Alle Schriften sind Friedhöfe, das lässt sich nicht ändern. Sobald ein Wort geäußert wird, trifft es daneben. Solange es nicht geäußert wird, ist es okay. Sobald man es äußert, wird es allein schon durch die Äußerung verfälscht. Die Wahrheit kann nicht gesagt werden, sie kann nicht geschrieben werden, sie kann in keiner Weise angedeutet werden. Könnte die Wahrheit gesagt werden, würdet ihr allein durch Hören zur Wahrheit gelangen. Könnte sie geschrieben werden, würdet ihr allein durch Lesen zur Wahrheit gelangen. Könnte sie angedeutet werden, würdet ihr allein durch Andeutung zur Wahrheit gelangen. Das ist nicht möglich. Es gibt keine Möglichkeit, die Wahrheit an euch zu übermitteln. Es gibt keine Brücke. Sie kann nicht weitergegeben werden, sie kann nicht kommuniziert werden.

Doch Menschen machen sich abhängig von Schriften, Büchern, Worten, Theorien. Dem Verstand fällt es leicht, eine Theorie zu verstehen, ihm fällt es leicht, ein Buch zu lesen, ihm fällt es leicht, eine Tradition aufrechtzuerhalten, denn der Verstand gebietet über alles Tote. Mit allem Lebendigen fühlt er sich als Sklave.

Darum hat der Verstand immer Angst vor dem Leben; er ist der tote Teil in euch. So, wie ich sagte, dass Haare und Nägel tote, bereits abgestorbene Teile sind, die euer Körper abstößt, ist der Verstand der tote Teil eures Bewusstseins. Er ist der Teil, der bereits abgestorben ist, und das Bewusstsein versucht, ihn abzustoßen.

Was ist der Verstand? Er ist die Vergangenheit, die Erinnerung, deine gesammelte Erfahrung. Aber sobald du etwas erlebt hast, ist es schon gestorben. Das Erleben ist in der Gegenwart, die Erfahrung ist in der Vergangenheit.

Warum hört ihr mir zu? In diesem Augenblick, genau hier und jetzt, ist es ein Erleben, ein lebendiger Vorgang. Aber sobald du sagst: »Ich habe gehört …«, ist es bereits tot; dann ist es bereits Erinnerung. Während du mir zuhörst, sind deine Gedanken nicht da, aber *du* bist da.

Sobald das Denken hinzukommt, sagt es: »Ich habe verstanden ... ich habe gehört ... ich weiß ...« Was heißt das? Dein Verstand hat es sich einverleibt. Worte können vom Verstand in Besitz genommen werden. Alles Tote kann vom Verstand in Besitz genommen werden. Nur etwas Totes kann besessen werden. Wenn du versuchst, etwas Lebendiges zu besitzen, gibt es nur zwei Möglichkeiten: Entweder es gelingt dir nicht oder du musst es erst töten, bevor du es besitzen kannst. Darum findet überall, wo von etwas Lebendigem Besitz ergriffen wird, ein Mord statt. Etwas wird totgemacht.

Wenn du jemanden liebst, ist die Liebe an sich ein Erleben, ein Fließen von Augenblick zu Augenblick, ohne dass das Vergangene mitgeschleppt wird. Der Fluss bringt ständig frisches Wasser. Aber dann flüstert der Verstand: »Diese Frau muss dir gehören! Dieser Mann muss dir gehören! Wer weiß, was die Zukunft bringt? Mach sie zu deiner Frau, damit sie dir nicht wegläuft. Sonst verliebt sie sich vielleicht in einen andern und geht zu ihm. Mach sie zu deiner Frau und lass ihr keine Chance, zu entwischen. Verrammle alle Türen, damit sie auf ewig dein bleibt.« Der Verstand hat sich eingemischt, und so wird die Frau umgebracht, wird der Mann ermordet. Dann haben wir einen Ehemann und eine Ehefrau, aber keine zwei lebendigen Menschen mehr.

Und diese Untat des Verstandes wird überall begangen. Sobald du sagst: »Ich liebe«, ist daraus eine Erfahrung geworden; es ist bereits tot. Zu lieben ist etwas ganz anderes; es ist ein Vorgang. Warum kannst du, wenn du jemanden wirklich liebst, nicht sagen: »Ich liebe«? – Es wäre zu banal. Wie kannst du sagen: »Ich liebe«? Wenn es Liebe ist, bist *du* nicht vorhanden. Niemand ist da, der Besitz ergreifen könnte. Wie kannst du also sagen: »Ich liebe«? In der Liebe gibt es kein »Ich«. Gewiss, Liebe ist da, aber nicht du.

Solange eine Erfahrung lebendig ist, im Prozess des Erlebens, gibt es kein Ich. Es gibt nur diesen Vorgang. Du kannst sagen, dass Liebe da ist, aber du kannst nicht sagen: »Ich liebe.« In dieser Liebe hast du dich aufgelöst, bist verschmolzen und eins geworden. Die Liebe ist größer als du. Alles Leben, alles Lebendige, ist größer als du. Auf alles Tote mag der Verstand sich stürzen wie eine Katze, die sich auf die Maus stürzt und sie packt. Die Wahrheit kann nicht präsentiert werden, man kann sie nicht abliefern. Sobald sie präsentiert wird, ist sie tot. Dann ist sie bereits zur Unwahrheit geworden.

Laotse hatte sich sein Leben lang geweigert, über die Wahrheit irgendetwas zu sagen. So oft man ihn über die Wahrheit befragte, sagte er alles Mögliche, aber nichts über die Wahrheit. Er vermied es, darüber zu sprechen.

Schließlich hat man ihn dazu genötigt. Seine Schüler, die ihn liebten, nötigten ihn zum Schreiben. Sie sagten: »Du hast etwas erkannt, was selten ein Mensch erkennt. Du bist zu etwas Einzigartigem geworden. Nach dir wird es nie wieder einen Laotse geben.« Also schrieb er ein kleines Buch, das *Taoteking*. Und das Erste, was er darin festhielt, war: »Das Tao kann nicht gesagt werden, die Wahrheit kann nicht ausgesprochen werden. Und sobald man sie äußert, ist sie bereits unwahr.« Danach sagte er: »Jetzt tue ich mir leichter mit dem Schreiben. Ich habe die Grundlage geklärt: Ausgesprochen wird die Wahrheit unwahr; niedergeschrieben ist sie bereits verfälscht. Jetzt kann ich leichten Herzens schreiben.«

Warum ist das Wort unwahr? Erstens gehört es immer der Vergangenheit an. Zweitens kann das Wort an sich nicht die Erfahrung vermitteln.

Ich sage zu euch: »Ich bin still.« Du hörst die Worte, aber die Worte selbst können dir nicht die Erfahrung vermitteln. Ich sage: »Ich bin still.« Du vernimmst die Worte. Das Wort »still« wird vernommen, aber was verstehst du darunter? Wenn du noch nie still warst, wenn du noch nie den Geschmack davon gekostet hast, wenn die Stille noch nie dein Herz berührt hat, wenn sie dich noch nie überschwemmt, noch nie überwältigt hat, wie willst du mich verstehen? Und wenn sie dich schon einmal überwältigt hat, wenn es eine Lücke gab, in der du verschwunden bist und die Stille war, dann brauche ich über die Stille kein Wort zu verlieren. Sobald du mich siehst, wirst du es erkennen. Sobald du mir nahekommst, wirst du die Stille in mir fühlen. Das Wort ist unnötig.

Die Worte sind nur nötig, weil ihr nicht wisst, wovon ich spreche. Das ist die Schwierigkeit. Weil ihr unwissend seid, werden Worte gebraucht. Aber wie können die Worte ausdrücken, was ich meine? Was ihr nicht kennt, können Worte euch nicht vermitteln. Ihr könnt das Wort »Stille« hören, könnt es euch merken, könnt seine lexikalische Bedeutung verstehen. Denn was Stille bedeutet, steht im Wörterbuch, ihr wisst es bereits – aber das ist nicht gemeint.

Wenn ich sage: »Ich bin still«, dann steht diese Stille, die ich in diesem Augenblick bin, in keinem Wörterbuch. Sie kann in keinem Wörterbuch stehen; sie lässt sich darüber nicht vermitteln. Sobald du selbst still bist, wirst du es verstehen, aber dann ist es unnötig, es zu sagen. Bist du aber nicht still, dann ist alles, was du darunter verstehst, falsch. Genau dann ist es aber nötig, davon zu sprechen.

Ich habe eine Geschichte gehört: Ein Mann vom Dorf kam einmal in eine große Bank. Viele Leute waren da, es war ein reges Kommen und Gehen, die Geschäfte liefen gut. Da erhob der Mann plötzlich seine Stimme und rief, so laut er konnte: »Hat jemand ein Bündel Geldscheine mit einem Gummiband verloren?«

»Ja, ich!«, riefen viele und kamen angerannt. Nicht einer, sondern viele! Im Nu sammelte sich eine ganze Menschentraube um ihn, und jeder wollte das Geld haben.

Da sagte der Mann vom Dorf: »Ich habe das Gummiband gefunden.«

Jedes Mal, wenn ich »Wahrheit« sage, jedes Mal, wenn ich »Stille« sage, werdet ihr nur das Gummiband finden, aber die Geldscheine sind nicht dabei. Das Wort wird euch erreichen, aber nicht mit dem Gewicht der Scheine. Die Scheine bleiben auf der Strecke. Sie ruhen in meinem Herzen. Das Wort wird ankommen, aber es ist nur ein Gummiband. Es mag die Geldscheine zusammengehalten haben, aber es ist nur ein Gummiband.

Die Wahrheit ist nicht kommunizierbar. Aber was tun dann die Meister eigentlich die ganze Zeit? Ihr ganzes Unterfangen erscheint absurd. Ja, das ist es auch. Sie bemühen sich, etwas zu sagen, was nicht gesagt werden kann. Sie deuten etwas an, was nicht angedeutet werden kann. Sie versuchen, etwas zu kommunizieren, was noch nie kommuniziert worden ist und niemals kommuniziert werden wird. Warum tun sie das? Ihre ganze Bemühung ist absurd, aber etwas wird mit ihrer Bemühung transportiert: ihr Mitgefühl.

Wohl wissend, dass ich nicht sagen kann, was ich sagen möchte, wäre es am einfachsten, wenn ich den Mund halte. Wozu soll ich mir all die Mühe machen, wenn ich weiß, dass es ohnehin nicht gesagt werden kann? Meine Worte könnt ihr nicht verstehen, aber würdet ihr mein Schweigen verstehen können? Was ist das kleinere Übel?

Es wäre besser, ich schwiege; das wäre konsequenter. Es kann nicht gesagt werden, folglich sollte ich schweigen. Aber wärt ihr in der Lage, mein Schweigen zu verstehen? Das Wort werdet ihr wahrscheinlich nicht verstehen, aber wenigstens hören könnt ihr es, und das lässt eine Möglichkeit offen. Wenn ihr es immer wieder hört, wird euch vielleicht etwas bewusst, was mit dem Wort nicht gesagt werden konnte. Wenn ihr mir zuhört, werdet ihr nach und nach vielleicht anfangen, *mich* wahrzunehmen, nicht das, was ich sage. Das Wort ist ein hilfreicher Köder; vielleicht geht ihr mir ins Netz. Würde ich schweigen, dann würdet ihr mich links liegen lassen. Ihr hättet keine Ahnung, dass ich da bin, und jede Möglichkeit wäre verbaut.

Wenn Meister sprechen, dann nicht, um die Wahrheit zu sagen, denn sie kann nicht gesagt werden. Sie haben die Wahl, entweder zu schweigen oder zu reden. Wenn sie schweigen, werdet ihr gar nichts von ihnen mitbekommen. Mit Worten gibt es zumindest eine Möglichkeit. Keine Gewissheit, weil alles von euch abhängt, aber es öffnet sich eine Möglichkeit. Wer ständig einem Buddha zuhört, wird eines Tages still. Die Nähe eines Buddhas ist wie ein See von Stille ... eine Energie, eine ungeheure Energie, die Stille geworden ist. Das nennen die Inder *Satsang*: in der Nähe der Wahrheit sein. Dabei geht es nicht um verbale Kommunikation. Es ist ansteckend, sich in der Nähe der Wahrheit aufzuhalten. Es ist genau so, wie in der Nähe eines Flusses eine kühle Brise weht. Auch wenn du den Fluss noch gar nicht sehen kannst, weil er noch ein Stück entfernt ist, transportiert der Wind die Botschaft, und du kannst die sanfte Kühle spüren, die von dort herweht.

Wenn du einem Buddha nahe kommst, transportieren die Worte diese Kühle. Der Buddha ist irgendwo in der Nähe! Dann fängst du vielleicht an, im Dunkel nach ihm zu tasten. In seinen Worten kannst du dich aber auch verlieren. Dann verirrst du dich im Wald und verfehlst den Fluss. Wenn du jedoch achtsam bist, und intelligent, wirst du mit der Zeit spüren können, woher der Wind weht, woher die Worte kommen. Und diese Worte transportieren Stille. Sie sind vielleicht nur das Gummiband, aber das Gummiband war in engem Kontakt mit den Geldscheinen. Es transportiert etwas, was von der Quelle kommt, vom Ursprung dieses kühlen Lüftchens. Wenn du intelligent mitgehst, wirst du früher oder später zur Quelle gelangen.

Die Worte eines Buddhas mögen die Wahrheit nicht kommunizieren, aber sie können die Musik kommunizieren, die Schwingung, die von einem Erleuchteten ausgeht. Sie transportieren seine Melodie, etwas von der Quelle, einen kleinen Teil, einen winzigen Bruchteil davon, aber dennoch etwas von der Quelle. Das muss so sein, denn wenn ein Wort von einem Buddha kommt, transportiert es etwas von diesem Buddha. Das kann gar nicht anders sein. Das Wort vibrierte in seinem Sein, es war in Kontakt mit dem Herzschlag des Buddhas, es passierte die Stille des Buddhas, es entsprang seinem Schoß, dem Ursprung des Buddhas. Es transportiert diesen Duft, dieses Aroma. Es ist wie ein fernes Echo, aber immerhin …

Du kannst dich in den Worten verlieren, aber dann verpasst du den Buddha. Wenn dir bewusst ist, dass Worte die Wahrheit nicht transportieren können, dann wirst du die Worte immer beiseitetun und dem Duft folgen. Dann tust du die Worte beiseite und folgst der Musik, tust die Worte beiseite und folgst der Präsenz. Wenn ich plötzlich »He!« sage, wirst du mich anschauen. Das Wort hat keine Bedeutung, aber der Blick. Schlagartig wird sich deine Aufmerksamkeit auf mich richten. Dieser Aufmerksamkeit gilt es zu folgen, dann können die Worte hilfreich sein. Auch wenn sie die Wahrheit nicht mitteilen, können sie dir helfen, einen Schritt in Richtung Wahrheit zu tun.

Diese Geschichte ist wunderbar. Ein Meister liegt im Sterben. Bald muss er diese Erde verlassen und ihr Fahrzeug, den Körper, zurücklassen. Er hätte gern einen Nachfolger, einen, der die Flamme weitertragen kann, die er entzündet hat, einen, der fähig sein wird, die Arbeit fortzusetzen, die er begonnen hat. Er wählt einen Schüler aus, ruft ihn zu sich und sagt zu ihm: »Du bist der Fähigste von allen in meinem Umfeld, und du sollst mein Nachfolger werden. Du wirst diese Arbeit fortsetzen. Seit sieben Generationen wird ein Buch vom Meister an den Schüler, der sein Nachfolger werden wird, weitergegeben. Ich habe dieses Buch von meinem Meister empfangen, und nun gebe ich es dir. Es ist sehr kostbar, ein einzigartiger Schatz. Sieben erleuchtete Menschen haben darin ihre Erfahrungen der Wahrheit niedergeschrieben, und auch ich habe ein paar von meinen Erkenntnissen hinzugefügt. Bewahre es, verlier es nicht. Lass es nicht verloren gehen.«

Der Schüler sagt: »Aber ich habe die Erfahrung ohne irgendein Buch erlangt, und ich bin zufrieden und glücklich. Ich bin kein bisschen unzufrieden, warum willst du mir diese Bürde aufladen, warum willst du mir eine unnötige Verantwortung geben? Ich habe die Wahrheit bereits erfahren, und das Buch war dafür nicht nötig. Es ist unnötig.«

Der Meister besteht dennoch darauf: »Viel Wertvolles steht darin geschrieben. Es ist kein gewöhnliches Buch, es ist *das* Buch der Bücher, unsere Bibel.« – Die Bibel bedeutet ja *Das Buch*. Und sieben Generationen von Erleuchteten …! »Begehe also kein Sakrileg. Erweise diesem Buch die Ehre, bewahre es und gib es an deinen Nachfolger weiter. Indem ich dir dieses Buch gebe, bestätige ich dich. Dieses Buch ist nur die Bestätigung, dass du mein Nachfolger bist.«

Der Meister gab dem Schüler das Buch. Es muss eine kalte Nacht gewesen sein, denn im Zimmer brannte ein Feuer. Mit einer Hand nahm der Schüler das Buch in Empfang und im selben Moment warf er es ins Feuer. Der Meister, der noch nie wütend geworden war, schrie: »Was tust du da?«

Und der Schüler schrie noch lauter als der Meister: »Was sagst du da?«

Das ist großartig. Der Meister ist sicher im Frieden gestorben. Dies war der richtige Mann! Das Buch musste einfach im Feuer landen, sonst hätte der Schüler versagt. Hätte er das Buch behalten, dann hätte er nicht bestanden und wäre nicht sein Nachfolger geworden. Das Buch würde nur jemand behalten, dem die Erfahrung fehlt. Wen kümmern die Worte, wenn er die Wahrheit hat? Wen kümmert ein Buch, wenn sich das Wesentliche in ihm ereignet hat? Wen kümmern Erläuterungen, wenn die Erfahrung vorhanden ist? Erläuterungen sind nur kostbar, solange die Erfahrung fehlt. Theorien sind bedeutsam, solange das Wissen fehlt. Wenn du weißt, kannst du alle Theorien über Bord werfen. Theorien sind Gummibänder. Wenn du die Geldscheine in der Tasche hast, kannst du das Gummiband wegwerfen. Das Gummiband aufzuheben beweist bloß deine Torheit.

Dieses Buch war gar nicht kostbar – kein Buch ist kostbar. Der Meister spielte nur ein Spiel mit ihm. Das gleiche Spiel, das sein Meister mit ihm gespielt haben muss. Keiner weiß, was in dem Buch geschrieben stand. Aber ich sage euch: Gar nichts stand darin geschrieben. Es war leer. Hätte der Schüler es behalten, würde er es beim Tod des Meisters geöffnet haben, und dann wäre er in Tränen ausgebrochen. Nichts stand geschrieben in diesem Buch. Es war nur ein Spiel, ein uraltes Spiel. Jeder Meister trachtet die Erfahrung seines Schülers zu testen, versucht herauszufinden, ob er weiß. Und wenn er weiß, wird er sich nicht an das Buch klammern. Wozu? Es ist nutzlos. Darum sagte der Schüler: »Was sagst du da? Ich soll dieses Buch bewahren, wo ich doch schon angekommen bin, ohne das Buch? Wo ich die Verwirklichung doch schon erlangt habe? Wovon redest du da?«

Der Meister provozierte eine Situation, und dabei offenbarte der Schüler den Grad seiner Verwirklichung. Er bewies, dass er wusste. Hätte er auch nur die geringste Neigung gezeigt, das Buch behalten zu wollen, wäre er durchgefallen und nicht der Nachfolger geworden. Er schaute nicht einmal hinein, um zu sehen, was in dem Buch war. Er war nicht einmal neugierig, denn nur Unwissenheit ist neugierig. Wenn du weißt, dann weißt du. Was bringt dir Neugier?

Wie wäre es wohl euch ergangen? Das Erste, was euer Verstand gesagt hätte, wäre: »Schau zumindest hinein und sieh nach, was darin ist.« Aber dieser Impuls hätte ausgereicht, um zu beweisen, dass ihr nicht verwirklicht seid. Neugier deutet auf Unwissenheit. Weisheit ist nicht neugierig. Neugier stellt Fragen; Weisheit hat keine Fragen. Was hättet ihr an seiner Stelle getan? Das Erste, was dem Verstand einfällt, ist: »Schau zumindest hinein! Wenn mein Meister darauf besteht, dass dieses kostbare Buch zu bewahren sei … Immerhin wurde es von einer Generation zur nächsten weitergereicht … Und es enthält Anmerkungen von sieben Erleuchteten und Kommentare meines eigenen Meisters, in denen er sein Verständnis hinzufügte ... Schau doch zumindest mal rein, bevor du's ins Feuer wirfst!«

Aber ich sage euch: Hätte er hineingeschaut, dann wäre er mitsamt dem Buch aus dem Haus geworfen worden: »Verschwinde und komm nie wieder zurück!« Er handelte aus einem tiefen Verständnis heraus. Wie konnte der Meister, der doch ein Wissender war, so viel Wert darauf legen, dass das Buch kostbar sei? Das musste ein Trick sein. Der Meister war nie zuvor böse geworden, in all dieser Zeit. Und jetzt war er plötzlich so böse und schrie: »Was tust du da?« – Diese ganze Situation war inszeniert!

Angesichts dieser Wut hätte der Schüler einknicken können. Er hätte sagen können: »Ich habe etwas falsch gemacht, verzeih mir.« So funktioniert der Verstand. Der Verstand hätte sich eingemischt und gedacht: »Ich habe einen Fehler gemacht. Jetzt wird mich der Meister nicht zum Nachfolger machen. Wenn mein Meister so böse wird, muss ich etwas falsch gemacht haben. Jetzt kann ich mir den Nachfolger abschminken. Ich hätte Chef werden können, hätte Meister dieses Klosters werden können ... Millionen hätten auf mich gehört, Tausende wären meine Schüler geworden ... Und jetzt habe ich alles vermasselt! Dieser Mann, der noch nie böse war, ist ganz böse und schreit mich an.«

Wenn du dort gewesen wärst, hättest du die Füße des Meisters berührt und gesagt: »Bitte, verzeih mir, aber ernenne mich trotzdem.« Doch der Schüler schrie zurück: »Und was sagst du da?« Wenn der Meister seine Wut spielen konnte, dann konnte der Schüler es auch – aber nur, wenn beide Bescheid wussten. Er antwortete ihm mit der richtigen Münze. Er gab die richtige Antwort, und der Meister konnte zufrieden sein: Das ist der Richtige! Dieser war der Nachfolger – und er machte ihn zu seinem Nachfolger.

Sämtliche Religionen haben genau das getan: Bücher bewahrt und nichts anderes. Die Christen bewahren ihre Bibel, die Mohammedaner bewahren ihren Koran, die Hindus bewahren ihre Gita – und dabei verfehlen sie das, worum es in Wirklichkeit geht. Sie sind nicht die richtigen Nachfolger. Die Mohammedaner gehören nicht wirklich zu Mohammed. Sie können nicht zu ihm gehören, sonst wäre der Koran längst im Feuer gelandet. Die Christen wissen überhaupt nichts von Christus, denn sie bewahren nur die Bibel. Und die Hindus haben null Verständnis von Krishna, denn sie klammern sich an die Gita. Alle tragen sie die Bürde der Vergangenheit, die Last ihrer Schriften. Sämtliche Veden und Bibeln und Korane sind nur für jene, die nichts begreifen. Sie tragen die Bürde, und diese Bürde ist eine solche Last für sie, dass sie darunter völlig erdrückt werden. Die Schriften machen sie nicht frei, sondern zu ihren Sklaven.

Ein wahrhaft religiöser Mensch bewegt sich immer jenseits der Schrift. Ein religiöses Bewusstsein macht sich nicht abhängig von Worten, von der verbalen Ebene. Das ist eine infantile Haltung. Ein religiöser Mensch sucht nach authentischer Erfahrung, nicht nach geborgten Wörtern, nicht nach Erfahrungen, die andere gemacht haben.

»Selbst wenn es Buddhas gab, sind sie nutzlos, solange ich es nicht selbst erkannt habe. Solange ich selbst es nicht weiß, gibt es keine Wahrheit, denn die Wahrheit kann nur meine eigene Erfahrung sein. Nur dann existiert sie. Selbst wenn die ganze Welt behauptet, dass das Licht existiert, dass ein Regenbogen am Himmel ist und die Sonne aufgeht – aber wenn meine Augen verschlossen sind, was bedeutet es dann für mich? Der Regenbogen, die Farben, der Sonnenaufgang, all das existiert dann nicht für mich. Meine Augen sind verschlossen, ich bin blind. Und wenn ich zu sehr auf die anderen höre und anfange, ihnen zu sehr zu glauben, und wenn ich mir ihre Worte borge und selbst anfange, vom Regenbogen zu reden, den ich nie gesehen habe, von Farben, die ich nicht wahrnehme, vom

Sonnenaufgang, der nicht meine Erfahrung ist, werde ich mich in diesem Wald von Wörtern nur verirren.«

Besser wäre es, zu sagen: »Ich bin blind. Ich kenne weder Farben noch das Licht. Solange meine Augen nicht offen sind, gibt es weder Sonne noch Sonnenaufgang.« Bleibt dabei, damit ihr daran arbeiten könnt, zu sehen. Schleppt nicht die Bücher mit euch herum. Sie reden nur von Regenbogen, die andere gesehen haben, von Sonnenaufgängen, die andere erlebt haben. Schleppt keinen geborgten Gott mit euch herum, wenn ihr ihm direkt und unmittelbar begegnen könnt. Warum errichtet ihr solche Bücherbarrieren zwischen ihm und euch? Verbrennt die Bücher! – Dies ist hier die Botschaft: Werft sie ins Feuer.

Das heißt aber nicht, dass ihr hingehen und eure Bibel ins Feuer werfen sollt. Das wird nicht viel bringen. Wenn euch die Bibel nicht zur Wahrheit verhelfen kann, wie könnte ihre Verbrennung dann hilfreich sein? Nein, das ist nicht der Punkt. Ihr könnt alle Bücher wegwerfen, aber weiterhin süchtig sein nach Theorien und Lehrsätzen.

Wenn ich sage: »Verbrennt die Bücher!«, sage ich damit: »Verbrennt den Verstand, werft den Verstand über Bord! Begnügt euch nicht mit verbalen Versprechungen, sucht die authentische Erfahrung. Euer Suchen kann aber von den Büchern herrühren, das ist die Schwierigkeit. Eure Fragen können aus den Büchern stammen. Wenn eure Fragen aus dem Buchwissen abgeleitet sind, geht eure ganze Suche schon von Vornherein in die falsche Richtung.

Leute kommen und fragen mich: »Was ist Gott?« Und ich frage sie: »Kommt diese Frage aus deiner eigenen Erfahrung oder hast du irgendein Buch über Gott gelesen, das deine Neugier geweckt hat? Wenn deine Neugier durch gelehrte Schriften geweckt wurde, ist sie nutzlos. Dann ist es nicht deine Frage. Und wenn die Frage nicht deine Frage ist, kann keine Antwort irgendetwas bringen. Wenn das Wesentliche geborgt ist, wenn sogar die Frage geborgt ist, wirst du dich mit geborgten Antworten zufriedengeben. Suche nach deiner authentischen Frage. Was ist *deine* Frage?«

Ein Philosoph betritt einen Autosalon in London. Er schaut sich um, und sein Blick bleibt ganz fasziniert an einem schönen Auto, einem schnittigen Sportwagen, hängen. Der Verkäufer wird auf ihn aufmerksam, weil er so interessiert aussieht. Er kommt näher und fragt: »Interessieren Sie sich für dieses Auto?«

Der Mann sagt: »Ja, ich interessiere mich dafür. Fährt es schnell?«

Der Verkäufer sagt: »Schnell? Sie können keinen rasanteren Wagen finden. Wenn Sie jetzt hier einsteigen, sind Sie morgen früh um drei in Aberdeen. Haben Sie wirklich Interesse, ihn zu kaufen?«

Der Philosoph sagt: »Ich will darüber nachdenken.«

Am nächsten Tag kommt er wieder und sagt: »Nein, ich werde dieses Auto nicht kaufen. Ich habe die ganze Nacht kein Auge zugetan. Ich lag die ganze Zeit wach und war am Überlegen und Überlegen und Überlegen. Aber ich konnte keinen Grund finden, weshalb ich um drei Uhr früh in Aberdeen sein möchte.«

Bei jedem Buch, das du liest, frag dich, aus welchem Grund du um drei Uhr früh in Aberdeen sein möchtest.

Du liest etwas in einem Buch. Etwas über Gott, über *Moksha*, die Befreiung, über die Seele, über Glückseligkeit – und es fasziniert dich. Die Worte der Wissenden können wirklich faszinierend sein! – Aber dabei vergisst du völlig, aus welchem Grund du Gott begegnen möchtest. Beim Lesen eines Buches, beim Lesen dessen, was einer geschrieben hat, bist du fasziniert – zum Beispiel, wenn du Jesus liest: Dieser Mann ist so trunken von Gott, jedes seiner Worte ist berauschend! Wenn du ihn liest, fühlst du dich selbst ganz trunken. Dann lege die Bibel beiseite, nimm Abstand von Jesus und überlege dir in aller Ruhe, ob dieser Mann dir seine Gottessuche verkauft hat oder ob es deine eigene Suche ist. Die Suche eines anderen macht deine eigene Suche zu etwas Unechtem.

Als Erstes merke dir also: Die Frage, die du stellst, muss wirklich deine Frage sein. Das Zweite, das du dir merken solltest: Auch die Antwort muss deine Antwort sein.

Bücher liefern beides. Deshalb sage ich: Verbrenne die Bücher und sei echt. Komm heraus aus dem Dschungel der Worte und fühle, was du wirklich willst, was dein eigener Wunsch ist. Und dann folge ihm, wo immer er dich hinführt. Früher oder später wirst du beim Göttlichen ankommen. Es mag ein wenig länger dauern, aber dann wird deine Suche echt sein.

In unserer Geschichte sagt dieser Zen-Schüler zum Meister: »Ich konnte es auch ohne das Buch verwirklichen. Also warum ...? Warum zwingst du mir dieses Buch auf?« Und er tat das Richtige: Er warf es ins Feuer.

Wenn alle religiösen Bücher verbrannt würden, wäre die Welt religiöser. Es gibt so viele Bücher mit vorgefertigten Antworten, dass jeder die Frage kennt, und auch die Antwort. Es ist zu einem Spiel geworden. Es hat nichts mit *eurem* Leben zu tun. Man sollte die Welt von den Büchern befreien, man sollte sie von allen Idealen befreien, von all der geborgten Heilssuche. Jeder sollte anfangen, den eigenen Puls, den eigenen Herzschlag zu erspüren, um herauszufinden, wo er hinwill, was er sich wünscht, was seine Frage ist. Wenn du deine Frage findest, ist die Antwort nicht weit. Mag sein, dass du mit deiner Frage gleichzeitig die Antwort findest, denn die Antwort liegt im Echtsein. Wenn deine Frage authentisch ist, wenn du im Fragen authentisch geworden bist, ist das Problem bereits zu fünfzig Prozent gelöst. Ein bisschen mehr Anstrengung, ein etwas tieferes Graben, und du siehst, dass die Frage immer die Antwort in sich birgt.

Die Fragestellung ist nur die eine Seite der Münze. Die andere Seite ist die Antwort. Direkt hinter der Frage liegt die Antwort für dich bereit. Aber wenn du noch gar nicht bei deiner Frage angekommen bist, wie willst du zu deiner

Antwort kommen? Nur die Antwort, die *deine* Antwort ist, wird dich befreien. Nur sie kann dich frei machen.

Jesus sagt: Die Wahrheit befreit. Ja, die Wahrheit befreit, aber niemals eine geborgte Wahrheit. Die Wahrheit von Jesus wird euch nicht befreien. Die Christen glauben aber fest, dass die Wahrheit von Jesus sie befreien wird. Und nicht nur das: Sie glauben, dass die Menschheit allein durch die Kreuzigung von Jesus bereits befreit wurde. Das zeugt von Blindheit, von absoluter Blindheit. Nichts ist befreit, niemand ist befreit. Die Erlösung hat sich nicht ereignet. Jesus wurde gekreuzigt, so viel steht fest. Aber durch die Kreuzigung von Jesus wurde niemand befreit, außer Jesus. Das Ganze scheint nur ein Trick zu sein. Jesus stirbt am Kreuz, und die Menschheit, speziell die Christenheit, wird befreit. Somit wäre jeder Christ bereits befreit.

Aber so funktioniert der Verstand: Er macht immer die anderen für alles verantwortlich. Wenn du ein Sünder bist, dann deshalb, weil Adam gesündigt hat und aus dem Himmel verbannt wurde. Und weil Jesus wieder ins Königreich Gottes einging, bist du befreit. Demnach wären Adam und Jesus die einzig authentischen Menschen, und ihr seid nur deren Schatten. Adam sündigt, und du wirst zum Sünder. Wer bist du also? Ein Schatten. Adam wird aus dem Himmel verbannt – und damit auch du. So etwas kann nur einem Schatten passieren, nicht einem wirklichen Menschen. Wenn ich irgendwo rausgeworfen werde, wird höchstens mein Schatten mit mir zusammen rausgeworfen, sonst niemand. Und wenn ich ins Königreich Gottes eingehe, kommt nur mein Schatten mit mir. Ihr kommt nicht hinein.

Jesus bietet die Pauschallösung: Er ist ins Himmelreich gekommen, und mit ihm zusammen die gesamte Menschheit. Es ist aber niemand dort angekommen, denn so leicht geht das nicht. Den Eintrittspreis müsst ihr selbst bezahlen. Ihr müsst euer Kreuz selbst tragen. Durch Leiden müsst ihr gekreuzigt werden – euer *eigenes* Leiden, wohlgemerkt. Weder das Leiden Jesu noch das Leiden irgendeines anderen kann euch die Türen öffnen. Sie sind verschlossen, und ihr könnt nicht hineinkommen, indem ihr einfach Jesus nachfolgt. Niemand kann auf diese Weise hineinkommen. Die Türen öffnen sich nur dem Einzelnen, denn der Einzelne ist die authentische Wirklichkeit.

Der Zen-Schüler Shoju sagte demnach: »Ich bin schon drinnen angekommen, Meister. Wozu gibst du mir diese Landkarte? Eine Karte braucht nur, wer sich verirrt hat. Ich hingegen habe das Ziel erreicht. Wozu die Landkarte?«

Und der Meister sagte: »Diese Landkarte ist sehr kostbar. Auf ihr sind alle Pfade verzeichnet.«

Hätte der Schüler auch nur einen Augenblick gezögert ... Die durchdringenden Augen des Meisters schauten ihm ins Herz, um zu sehen, ob er zögern würde. Würde er sagen: »Also gut, vielleicht hat der Meister ja Recht und diese Landkarte ist wirklich wertvoll.«? Aber wofür braucht man eine Landkarte, wenn man schon am Ziel ist? Er warf das Buch ins Feuer und damit warf er die Landkarte weg.

Ein Mann, der mit seinem Auto auf einer abgelegenen Straße in Indien unterwegs war, hatte das Gefühl, eine falsche Abfahrt genommen zu haben. Er hatte den Verdacht, in eine ganz falsche Richtung zu fahren. Da sah er einen Bettler am Straßenrand gehen. Er hielt den Wagen an und fragte den Bettler: »Führt diese Straße nach Delhi?«

Der Bettler sagte: »Das weiß ich nicht.«

Dann fragte der Mann. »Führt diese Straße nach Agra?«

Der Bettler sagte: »Das weiß ich nicht.«

Der Fahrer, nun schon etwas gereizt, wurde noch ärgerlicher und schnauzte den Bettler an: »Du weißt aber nicht viel.«

Da lachte der Bettler und sagte: »Aber ich habe mich nicht verirrt.«

Es geht also nicht darum, ob man etwas weiß, sondern darum, ob man sich verirrt hat oder nicht. Der Bettler sagte: »Aber ich habe mich nicht verirrt. Ob ich es weiß oder nicht, darum geht es nicht.«

Wenn du dich verirrt hast, brauchst du eine Landkarte. Dann brauchst du Wissen, brauchst ein Buch. Wenn du deinen Weg kennst, brauchst du dann ein Buch oder eine Landkarte? Und ein Erleuchteter ist überall am Ziel. Überall, wo er ist, ist das Ziel. Sobald dir bewusst wird, dass du am Ziel angekommen bist, kannst du dich nicht mehr verirren. Der Bettler hat sich nicht verirrt. Warum? Weil er weder nach Delhi noch nach Agra geht. Er geht nirgends hin, er hat kein Ziel. Überall, wo er hinkommt, ist sein Ziel. Er hat sich nicht verirrt, weil er nicht in eine bestimmte Richtung will. Er hat den Weg nicht verloren, weil er kein Ziel anstrebt.

Dieser Schüler warf die Landkarte weg, weil es kein Ziel gibt. Er ist jetzt das Ziel. Wo auch immer er sich befindet, ist er im Frieden, ist er zu Hause. Er ist ohne Wunsch und ohne Absicht. Die Zukunft ist verschwunden, dieser Augenblick ist genug.

Wirf alle Landkarten weg, denn du bist das Ziel. Karten können nur helfen, wenn das Ziel irgendwo anders ist. Wenn du selbst das Ziel bist, können Landkarten nicht helfen. Sie können dich sogar ablenken, denn wenn du auf eine Landkarte schaust, kannst du nicht auf dich selbst schauen. Bücher können nicht helfen, denn du bist die Wahrheit, und du stehst in keinem Buch geschrieben. Das Buch, das bist du und kein anderes Buch. Hier bist du, geschrieben in dieses Buch, das du bist. Du musst dich selbst entziffern. Wenn du falsch liegst, werden alle Bücher, die du mit dir herumträgst, falsch liegen. Und alle Landkarten, die du mitführst, werden falsch sein und dir den Weg falsch zeigen. Denn wer ist es, der diese Bücher lesen und den Angaben auf der Landkarte folgen wird?

Ich habe gehört: Ein Mann lenkte sein Auto, während seine Ehefrau die Straßenkarte studierte. Plötzlich stieß die Frau einen Panikschrei aus und rief: »Wir haben uns verirrt! Die Karte steht auf dem Kopf, die Karte ist verkehrt herum. Wir haben den Weg verloren!«

Man kann die Karte richtig herumdrehen. Keine Landkarte steht von allein auf dem Kopf. Wer auf dem Kopf steht, ist diese Ehefrau.

Wenn du auf dem Kopf stehst, werden sämtliche Bücher, die du liest, auf dem Kopf stehen. Wenn du verwirrt bist, wird sich das in deinem Koran, in deiner Bibel, in deiner Gita widerspiegeln. Wenn du verrückt bist, werden deine Auslegungen der Bibel ebenfalls verrückt sein. Wenn du Angst hast, wird dir überall, wo du auch hingehst, Angst begegnen. Bei allem, was du tust, kommt dein Tun aus dir selbst, kommen deine Auslegungen aus dir selbst. Und du selbst bist es, der falsch liegt.

Ein Meister hat überhaupt kein Interesse, dir das richtige Buch zu geben. Es gibt keines. Es existiert kein richtiges Buch. Nur richtige Leute und falsche Leute, echte Menschen und unechte Menschen. Ein wahrer Meister ist daran interessiert, dich mit der richtigen Seite nach oben aufzustellen. Ein Meister ist daran interessiert, dich, den Menschen, zu verändern. Er ist nicht interessiert, dir ein Buch zu geben.

Deshalb sagte der Schüler: »Was sagst du da? So etwas Unsinniges hast du noch nie gesagt. Du musst verrückt geworden sein, wenn du sagst: ›Behalte und bewahre dieses Buch, es ist kostbar!‹«

Kein Buch ist kostbar, nur der Mensch ist kostbar. Aber wenn du deinen eigenen Wert nicht kennst, denkst du, das Buch sei kostbar. Wenn du den kostbaren Wert deines Seins nicht kennst, wird jegliche Art von Theorie wertvoll. Worte sind nur dann wertvoll, wenn du den Wert des Seins nicht kennst.

Noch etwas?

Osho,

wenn dieses Buch erscheint, wird es besonders kostbar sein, weil es den Menschen sagt: Hier ist ein Buddha der Gegenwart, und er gibt uns Methoden, die für unsere Zeit und für die Menschen dieser Zeit passen.

Aber eine Frage, die hier aufgetaucht ist und mit Sicherheit auch im Westen auftauchen wird, ist: Wie weiß ich, dass ich einen Meister brauche?

Ja, dieses Buch wird sehr kostbar sein. Behalte und bewahre es! Sieben Generationen von Meistern haben es an mich weitergegeben, und nun gebe ich es an dich weiter! Jetzt hängt es von dir ab, was du damit machst. Ich habe mein Verständnis hinzugefügt. Aber was mich betrifft, gebe ich dir dieses Buch nur, damit du es ins Feuer werfen kannst. Der Tag, an dem du es ins Feuer werfen kannst, wird der Tag sein, an dem du es verstanden hast. Wenn du es weiter bewahrst, hast du das Wesentliche verpasst.

Aber das Buch ist nötig, denn wenn es dieses Buch nicht gäbe, was würdest du dann ins Feuer werfen? Es wird gebraucht. Versuche, es zu bewahren, denn es ist sehr kostbar. Und wenn du Verständnis erlangt hast, dann wirst du es ins Feuer werfen.

Ich sage also nicht, dass ihr nur den Koran dem Feuer übergeben sollt. Übergebt auch alle meine Bücher dem Feuer, denn sie können viel gefährlicher sein als der Koran oder die Gita oder die Bibel, die alle in gewissem Sinne längst überholt sind. Ihr seid so weit, weit weg von Mohammed und noch weiter weg von Krishna. Ihre Stimmen sind weit entfernte schwache Echos geworden.

Meine Stimme ist euch viel näher. Sie ist unmittelbar, sie ist direkt. Sie könnte euch noch mehr gefangen nehmen, weil sie jetzt im Augenblick lebendig ist. Sie könnte euch bezaubern. Sie könnte zu einer noch größeren Last werden. Ein lebender Meister kann euch Befreiung bringen, aber er kann auch zu einem Gefängnis werden. Das hängt ganz von euch ab.

Dieses Buch ist richtungsweisend. Es ist eine Landkarte, ein Orientierungsplan für die Welt des Bewusstseins, eine Anleitung, wie man Wurzeln in die Erde und Flügel in den Himmel entwickeln kann. Aber diese Bäume hier haben das nicht nötig. Wenn ich ihnen erzähle, wie sie ihre Wurzeln in die Erde wachsen lassen sollen, werden sie sagen: »Stör uns nicht. Wir haben bereits Wurzeln in der Erde.« Wenn ich ihnen erzähle, wie sie Flügel in den Himmel wachsen lassen können, werden sie sagen: »Stör nicht unsere Stille. Wir stehen immer unter diesem Himmel und wiegen uns im Wind.« Und wenn ich ihnen sage, sie sollten dieses Buch bewahren, dann werden sie lachen. Und wenn ein Feuer in der Nähe ist, werden sie das Buch ins Feuer werfen.

Was sage ich damit?

Ich sage: »Lasst euch Wurzeln wachsen und werft die Landkarten weg. Lasst euch Flügel wachsen und werft die Pläne weg. Klebt nicht an dem, was ich euch erzähle. Seid nicht fanatisch mit dem, was ich euch sage. Schiebt die Worte beiseite und nehmt *mich* wahr. Und meine Hoffnung ist, dass ihr eines Tages, wenn ich sage: »Bewahrt dieses Buch«, in der Lage sein werdet, mich anzuschreien und zu sagen: »Was sagst du da? Bist du verrückt geworden?«

Es wäre auch möglich, dass ihr etwas Derartiges sagt, ohne den Punkt erreicht zu haben, an dem es für euch Sinn macht. Aber ihr könnt mich nicht täuschen. Wenn ihr das Buch ins Feuer werft, ohne euer Anhaften über Bord zu werfen, seid ihr nur Nachahmer. Bloßes Nachahmen wird nicht helfen. Es hat viele Buddhas und deren Schüler auf dieser Erde gegeben, und alles, was sich zwischen ihnen ereignen kann, hat sich ereignet und wurde niedergeschrieben. Ihr könnt beschließen, es nachzuahmen, aber Nachahmung wird euch nichts helfen.

Einmal ereignete es sich, dass ein Mann zu einem Zen-Meister kam. Er hatte alle Schriften gelesen, hatte sie auswendig gelernt und war ein großer Philosoph geworden, denn er war sehr geschickt in der Verwendung von Worten und Logik. Dieser Zen-Meister war nur ein einfacher Mann vom Lande. Genau wie der Bettler, der sagte: »Ich habe mich nicht verirrt« – ein Mensch ohne Landkarten und ohne Bücher. Er hatte noch nie das Lotos-Sutra gelesen, eine der bedeutendsten buddhistischen Schriften. Sie zu bewahren und immer bei sich zu tragen würde sich lohnen.

So, wie es Bücher für das Nachtkästchen gibt, ist das Lotos-Sutra ein Buch für das Herzkästchen. Es geht darin um das Herz. Der Lotos ist ein Symbol für das Herz: Voll erblüht, in voller Blüte ist er das Herz. Die Buddhisten halten das Lotos-Sutra für unvergleichlich.

Dieser Mann kannte das ganze Lotos-Sutra auswendig. Er konnte es an jeder beliebigen Stelle zitieren. Auf jede Frage darüber hatte er sofort eine Antwort. Er war wie ein Computer, äußerst effizient. Dieser Mann fragte also den Zen-Meister: »Hast du das Lotos-Sutra gelesen?«

Der Zen-Meister sagte: »Lotos-Sutra? Nie gehört.«

Der Mann, dieser Schriftgelehrte, sagte: »Nie gehört? Aber die Leute halten dich für erleuchtet!«

Der Zen-Meister sagte: »Die Leute müssen sich irren. Ich bin ein unwissender Mann, wie könnte ich erleuchtet sein?«

Nun fühlte sich der Gelehrte in seinem Element und sagte: »Dann werde ich dir jetzt das Lotos-Sutra vortragen. Kannst du denn lesen?«

Der Mönch sagte: »Ich kann nicht lesen.«

Da sagte der Mann: »Gut, dann hör einfach zu. Ich werde dir alles erklären, was du wissen möchtest.«

Er war gekommen, um einen Lehrer zu finden, aber nun war er selbst zum Lehrer geworden. Das Ego ist nicht gerne ein Schüler; es will immer der Lehrer sein. Wie muss dieser Buddha innerlich gelacht haben über die Situation!

Der Meister wurde zum Schüler, und der Schüler wurde zum Meister. Und er sagte: »Hör zu.«

Der Meister machte sich bereit zum Zuhören. Der Schüler sagte: »Also dann ...«, und er begann das Lotos-Sutra aufzusagen.

Im Lotos-Sutra steht geschrieben, dass alles Leere ist: Diese Welt ist leer, die Hölle ist leer, der Himmel ist leer, Gott ist leer, alles ist Leere. Die Leere ist die Wesensnatur aller Dinge, die Nichtdingheit, das Nichts. Wer sich auf das Nichts einstimmt, wird die Erleuchtung erlangen.

Plötzlich sprang der Meister auf und gab dem Schriftgelehrten einen Schlag auf den Kopf. Der wurde sehr böse, fing an herumzuschreien und sagte: »Du bist nicht nur unerleuchtet, nicht nur unwissend, sondern offenbar auch noch neurotisch! Warum hast du das getan?«

Der Meister setzte sich wieder und sagte: »Wenn alles aus der Leere, aus dem Nichts kommt, woher kommt dann diese Wut? Die Welt ist Leere, der Himmel ist Leere, die Hölle ist Leere, die Wesensnatur der Dinge ist Leere – woher kommt diese Wut?«

Der Gelehrte war verwirrt. Er sagte: »Das steht nicht im Lotos-Sutra. Du stellst vielleicht dumme Fragen! Das steht nirgends im Lotos-Sutra, und ich kenne das ganze Sutra auswendig. Aber das ist doch keine Art, eine Frage zu stellen. Mich zu schlagen ist keine Art, eine Frage zu stellen.«

Tatsächlich ist es aber die einzige Art, denn mit Theorien kommt man hier nicht weiter. Jeder kann behaupten, dass alles Leere und Nichts ist – jedoch ein kleiner Schlag, und aus dem Nichts entsteht Wut. Eine Frau geht vorbei, und aus dem Nichts entsteht eine sexuelle Regung. Du siehst ein schönes Haus, und aus dem Nichts entsteht der Wunsch, es zu besitzen.

Als Buddha sagte, alles sei Nichts, meinte er damit: Wenn ihr das versteht, wird nichts mehr entstehen, denn wie könnte aus dem Nichts etwas entstehen? Die Nichtdingheit der Dinge ist eine Meditation, keine Theorie. Sie ist ein Sturz in den Abgrund. Dann kann keine Wut, keine sexuelle Regung mehr entstehen, oder?

Es gibt zwei Kategorien von Menschen: diejenigen, die auf der Suche nach Theorien sind – und bitte, gehört nicht zu dieser Kategorie; es ist die dümmste. Und die andere Kategorie ist die der Weisen, die auf der Suche nach Erfahrung sind.

Dieses Buch und überhaupt alles, was ich sage, kann für dich zu einer Theorie werden – dann hast du es verfehlt. Oder es kann zu einem Durst, einem Hunger, einer tiefen Sehnsucht nach Erfahrung werden – dann hast du das Wesentliche verstanden. Aber du darfst dich nicht an die Worte hängen. Bleib nicht am Behälter kleben, sondern denk an den Inhalt. Als der Schüler das Buch ins Feuer warf, hat er den Behälter weggeworfen. Den Inhalt hatte er längst im Herzen bewahrt. Und der Meister war glücklich. Dieser Mann hatte es verstanden: Den Behälter muss man wegwerfen, doch den Inhalt bewahren.

Egal, was ich sage: Werft es ins Feuer! Alles, was in meiner Gegenwart mit euch passiert, ist der Inhalt. Das sollt ihr bewahren, denn das ist kostbar. Ihr braucht es aber nicht eigens zu bewahren. Wenn es geschieht, bewahrt es sich selbst. Wenn ihr die Erkenntnis erlangt, wird sie bewahrt. Dann gibt es keine Möglichkeit, sie ins Feuer zu werfen. Nur Bücher kann man ins Feuer werfen, nicht aber die Wahrheit.

Darum schrie dieser Schüler: »Was sagst du da? Kann etwas so Kostbares ins Feuer geworfen werden? Kann etwas so Kostbares im Feuer verbrennen? Und wenn das Feuer dein Buch verbrennen kann, worin besteht dann diese Kostbarkeit? Was ist das denn für eine Art von Wahrheit? Wenn das Feuer die Wahrheit verbrennen kann, ist sie es nicht wert, dass man sie bewahrt.«

Was nicht verbrannt werden kann, was nicht tot sein kann, was durch das Feuer sogar noch lebendiger, noch reiner wird – das ist die Wahrheit. Darum sagte ich: Werft die Bibel ins Feuer. Nicht, dass ich gegen die Bibel wäre.

Ich bin nur gegen den Behälter. Den Inhalt kann man nicht wegwerfen. Der Behälter ist das Lotos-Sutra. Der Inhalt befindet sich in deinem Lotos, und das ist dein Herz.

Noch etwas?

Osho,

viele Meditationsteilnehmer sagen, dass sie sich bei den aktiven Meditationen nicht richtig gehen lassen können, weil sie körperliche Schmerzen oder Angst haben, mit anderen zusammenzustoßen und hinzufallen. Gleichzeitig haben sie aber das Gefühl, dies könnte nur ein Vorwand sein, um nicht wirklich loszulassen.

Kannst du uns etwas zu diesem körperlichen Aspekt sagen?

Ein Kind kann hinfallen, ohne sich wehzutun. Wenn ein Betrunkener auf der Straße torkelt und hinfällt, tut er sich nichts. Er bricht sich nicht die Knochen. Wie ist das möglich?

Das Problem ist nicht, dass jemand mit dir zusammenstößt; das Problem ist dein Widerstand. Wenn du Angst hast, dass jemand mit dir zusammenstößt, wirst du die ganze Zeit verkrampft sein. Vielleicht passiert gar nichts, aber die Angst ist da, und sie macht dich verschlossen und starr. Wenn dann tatsächlich jemand mit dir zusammenstößt, ist es diese Starrheit, die wehtut. Aber du denkst, der Zusammenstoß hätte dir wehgetan, und der Kopf sagt: »Die Angst, die du von Anfang an hattest, war berechtigt. Du hast gut daran getan, aufzupassen, dass dir niemand zu nahe kommt.«

Der Verstand bewegt sich in einem Teufelskreis. Er suggeriert dir eine Vorstellung, und aufgrund dieser Vorstellung ereignen sich dann bestimmte Dinge. Dadurch verankert sich diese Vorstellung noch mehr, und die Angst nimmt zu. Dann bist du ständig in Angst. Wie willst du da meditieren?

In Japan gibt es eine Kampfkunst namens Judo oder Jiu Jitsu, und das ist eine sehr meditative Übung: Der Judokämpfer lernt, keinen Widerstand zu leisten. Wenn dich jemand angreift, leistest du keinen Widerstand, sondern gehst mit der Energie des Angreifers. Statt ihn abzuwehren, nimmst du seine Energie an. Wenn er auf dich zukommt, behandelst du ihn nicht als Feind, sondern als Freund. Wenn er dich mit der Hand oder mit der Faust attackiert, gibt er viel Energie ab. Das erschöpft ihn schnell. Du nimmst die Energie auf, die seine Faust abgibt. Während er sich erschöpft, gewinnst du an Kraft, weil du seine Energie aufnimmst, und du fühlst dich stärker als vorher. Wenn du aber Widerstand leistest, dich kontrollierst und steif machst, damit dir nicht wehgetan wird, ist es sehr schmerzhaft, wenn eure Energien aufeinanderprallen. Aber es liegt an dir.

Wenn bei der Dynamischen Meditation oder einer anderen aktiven Körpermeditation jemand mit dir zusammenstößt, mach Folgendes: Nimm seine Energie in dich auf. Und du hast Glück, denn hier sind es Meditierende, die mit dir zusammenstoßen. Es ist eine angenehme Energie, die von ihnen ausgeht. Es ist eine meditative Energie, die auf dich zukommt – nimm sie an. Freu dich darüber und sei dankbar und dann spring weiter. Sei nicht starr, wehre den andern nicht ab. Unwissentlich gibt er dir von seiner Energie ab. Verschmelze damit. Auf diese Weise wirst du eine neue Eigenschaft kennen und schätzen lernen: keinen Widerstand zu leisten. Dein ganzer Körper und Verstand werden sich völlig anders verhalten. Dann kennst du das Geheimnis.

Wenn du unerwartet hinfällst, lass dich fallen, als wäre der Erdboden wie eine Mutter. Statt den Aufprall abzuwehren, lass dich wie auf ein Ruhebett gleiten. Lass dich fallen, ohne dich zu sperren. Nur wenn du starr bist, kannst du dir etwas brechen. Ein Knochenbruch passiert eher dann, wenn du dich steif machst und gegen den Aufprall auf der Erde ankämpfst. Die Erde ist stärker als du, und wenn du kämpfst, verlierst du. Falle wie ein Betrunkener. Abends könnt ihr Betrunkene auf der Straße hinfallen sehen, aber am nächsten Morgen sind sie wieder da, und nichts ist ihnen passiert. Sie fallen oft hin, ohne sich etwas zu brechen. Betrunkene kennen ein Geheimnis, das ihr nicht kennt. Was ist das Geheimnis? Sie fallen unbewusst, ohne dass sie es kontrollieren. Sie fallen einfach, ohne Ego. Da ist keiner, der gegen die Schwerkraft der Erde ankämpft. Die Erde nimmt sie an, und sie nehmen die Erde an.

Seid wie Betrunkene: Gebt euch dem Fallen hin. Genießt es, hinzufallen, und empfindet die Erde als einen vertrauten Freund. Schnell seid ihr dann wieder auf den Füßen, mit mehr Energie als zuvor. Und wenn ihr den Dreh erst mal raushabt, ist es keine Störung mehr. Ihr verletzt euch nur, wenn ihr kämpft. Und ihr seid ständig am Kämpfen. Ihr tut euch weh, weil ihr immer Widerstand leistet. Bewusst oder unbewusst seid ihr immer bereit, euch zu wehren. Wenn so viele Leute gemeinsam die Dynamische Meditation machen, bekommt ihr Angst, es könnte euch jemand anrempeln. Aber wie wollt ihr mit dieser Angst meditieren?

Statt Angst zu haben, seid voller Liebe. Wenn so viele zusammen meditieren, wird viel göttliche Energie frei. Es ist ein Freudenfest, was soll die Angst? Seid in Liebe. Genießt die Gruppenenergie, all die vielen tanzenden Menschen! Werdet Teil davon. Lasst das Ich verschwinden und werdet eins mit dieser kollektiven Kraft und Energie. Am Anfang wird es euch schwerfallen, denn ihr habt so viele Leben lang mit der starren Haltung des Widerstands gelebt. Aber eines Tages wird es euch bewusst werden. Eines Tages wird eine Distanz da sein, und ihr werdet es sehen können. Eine einzige Erfahrung genügt schon. Wenn ihr also einmal auf die Erde fallt und euch nicht dabei verletzt, sondern euch wunderbar dabei fühlt, dann seid ihr auf ein Geheimnis gestoßen. Ihr habt den Schlüssel gefunden. Dieser Schlüssel kann euch viele Schlösser öffnen. Er ist ein Generalschlüssel.

Wenn dich jemand angreift, nimm seine Energie an. Wenn dich jemand beleidigt, nimm ihn an und schau, was dann passiert: Die Beleidigung wird zu einer Blume. Er gibt dir seine Energie! Wenn dich jemand beleidigt, wirft er seine Energie weg. Eigentlich benimmt er sich töricht und dumm.

Aber du kannst diese Energie annehmen, kannst ihm danken und schauen, was dann passiert. Wenn jemand dich attackieren will, erlaube ihm, dich zu treffen. Sei, als wärst du nicht da, als würde er gegen die Leere kämpfen. Lass ihn machen, widerstehe ihm nicht. Wenn du das einmal kennengelernt hast, gibt es keinen anderen Weg mehr.

Es genügt aber nicht, mich das sagen zu hören. Das ist keine Wissenschaft, sondern eine Kunst. Eine Wissenschaft kann man erklären, aber Kunst muss zu einer Erfahrung werden. Es ist wie mit dem Schwimmen. Sag mal einem Nichtschwimmer: »Ach, da ist doch nichts dabei. Spring einfach rein und fang an, mit den Armen herumzupaddeln.« Dann wird er sagen: »Du hast gut reden. Für mich wäre das Selbstmord!« Wie willst du einem Nichtschwimmer erklären, dass Schwimmen schön ist? Die schönste von allen körperlichen Erfahrungen. Ein solches Strömungserlebnis, eine solche Erfahrung von Einheit mit dem Fluss. Der ganze Körper fühlt sich so lebendig, in jeder Faser, jeder Pore. Wasser ist Leben, denn alles Leben kommt aus dem Wasser. Wasser ist lebenswichtig, Leben spendend. Unser Körper besteht bis zu fünfundsiebzig Prozent aus Wasser. Wenn du in einem Fluss oder im Meer schwimmst, sind sechzig, siebzig Prozent Körperflüssigkeit in ihrem ursprünglichen Element, dem Wasser. Du kehrst heim zur ursprünglichen Quelle deiner Vitalität.

Aber erklären kannst du es niemandem, der kein Schwimmer ist. Es ist keine Wissenschaft. Du musst ihn erst Schritt für Schritt heranführen: anfangs im seichten

Wasser, damit er Vertrauen fasst, und später im tieferen Wasser. Anfangs wird er ungeschickt und ängstlich sein. Er wird gegen den Fluss kämpfen, aus Angst, zu ertrinken. Zuerst wird er das Gefühl haben, der Fluss sei ihm feindlich gesonnen. Aber nach und nach erkennt er, dass der Fluss nicht sein Gegner ist. Der Fluss freut sich, dass jemand darin schwimmt: Ein Teil seines Elements ist zu ihm zurückgekehrt! Für den Fluss ist das ein freudiger Augenblick, ein Fest. Ein Fluss, in dem keiner schwimmt, hat etwas Trauriges. Wenn aber viele Leute darin herumplanschen und schwimmen und ihren Spaß haben, ist auch der Fluss glücklich. Mit der Zeit erkennst du als Schwimmer, dass der Fluss dich trägt und dass du unnötig gegen ihn angekämpft hast. Dann wirst du immer weniger tun, dich immer weniger bewegen. Ein vollendeter Schwimmer überlässt sich völlig dem Fluss. Er tut gar nichts mehr und lässt den Fluss alles machen. Dann lässt sich der Schwimmer auf dem Fluss einfach nur dahintreiben.

Die alten Yoga-Traditionen kennen eine spezielle Meditation. Sie lautet: »Lass dich einfach auf dem Fluss dahintreiben und fühle dich eins mit ihm.« Du darfst aber keine Bewegungen machen, darfst den Körper nicht bewegen, sondern sollst alles dem Fluss überlassen. Und wenn du alles dem Fluss überlässt und dich einfach nur treiben lässt, ohne einzugreifen, wirst du ein Gefühl der Einheit mit dem ganzen Kosmos erleben. Genau so strömt die Existenz dahin.

Ihr kämpft unnötig. Beim Meditieren überlass dich dem Bewusstseinsstrom. So viele Menschen um dich herum erzeugen eine ungeheure Kraft, eine Strömung. Begib dich hinein wie ein Schwimmer, ohne zu kämpfen. Lass dich einfach treiben und schau, was passiert. Es ist eine Kunst.

Ich kann es dir nicht erklären, ich kann dir nur Hinweise geben. Die Erfahrung musst du selbst machen. Du wirst darauf warten müssen, diese Erfahrung zu machen: Ein einziger Moment, in dem du erkennst, dass niemand gegen dich ist, dass niemand dir wehtut, dass dieses ganze

Dasein dein Zuhause ist. Dann wird es nicht mehr wehtun.

Und ich sage dir: Selbst wenn du dir etwas brichst, wird es dann nicht wehtun. Wenn du hinfällst und stirbst, selbst dann wird es nicht wehtun. Wenn du wieder heimkehrst zur Mutter Erde, wird es nicht wehtun. Sie wird dich einfach aufnehmen.

Und wer weiß, wenn du beim Meditieren mit jemand zusammenstößt, bekommst du vielleicht deine erste Kostprobe von Erleuchtung, denn es ist ein Schock. Plötzlich kommt Bewusstheit über dich. Wer weiß, wenn du zu Boden fällst und dir einen Knochen brichst, kann es dein erstes *Satori*, deine erste Erfahrung von Erleuchtung, werden. Man kann das nicht wissen. Das Leben ist ein solches Mysterium. Die Erleuchtung kann sich auf so unterschiedliche Art ereignen. Keiner weiß es.

Mach es mit Liebe. Fühle dich wohl und gut aufgehoben, lass alles geschehen. Wenn jemand mit dir zusammenprallt, lass es geschehen. Sei durchlässig, sei nicht wie eine Mauer. Stemme dich nicht dagegen, lass den anderen durch. Sei durchlässig.

Genug für heute.

VIIII

Rettet die Katze

Nansen kam hinzu, als zwei Gruppen von Mönchen
sich um den Besitz einer Katze stritten.
Nansen ging in die Küche und kam mit
einem Fleischermesser zurück.
Er hielt die Katze hoch und sagte zu den Mönchen:
»Wenn einer von euch ein gutes Wort einlegt,
so könnt ihr die Katze retten.«
Keiner sagte ein Wort. Nansen schnitt die Katze
kurzerhand entzwei und gab jeder Gruppe eine Hälfte.
Als Joshu an diesem Abend ins Kloster zurückkehrte,
erzählte ihm Nansen, was geschehen war.
Joshu sagte gar nichts. Er zog seine Sandalen aus,
legte sie sich auf den Kopf und ging hinaus.
Nansen sagte: »Wärst du hier gewesen,
so hättest du die Katze retten können.«

Leben kann nicht gerettet werden durch den Verstand, durch Denken, durch Logik, und wer versucht, es durch Logik zu retten, wird es verlieren. Leben kann nur durch einen irrationalen Sprung gerettet werden, durch etwas, was nicht intellektuell, sondern total ist. Doch diese ganze Geschichte erscheint uns allzu grausam. Die Schüler von Nansen stritten sich um eine Katze. Nansen hatte ein großes Kloster, und es gab in dem Kloster zwei Flügel. Die Katze stromerte ständig zwischen den beiden Flügeln umher. So beanspruchten beide Flügel die Katze für sich. Und es war eine schöne Katze.

Das Erste, was man hier verstehen muss: Ein wahrer *Sannyasin* kann kein Eigentum für sich beanspruchen. Ein *Sannyasin* ist jemand, der allen Besitz hinter sich gelassen hat, oder alle Besitzgier, was viel grundlegender und tiefgehender ist. Besitztümer aufzugeben ist einfach, aber die Besitzgier selbst aufzugeben ist schwierig, weil sie in der Psyche und im Denken viel tiefer verankert ist. Selbst wenn ihr die Welt hinter euch gelassen habt, wird der Verstand weiter daran festhalten.

Diese Mönche, Nansens Schüler, hatten die Welt hinter sich gelassen – ihr Zuhause, ihre Ehefrauen, ihre Kinder. Und nun stritten sie sich darum, wem diese Katze gehörte! So funktioniert der Verstand. Eine Sache wird aufgegeben, aber der Verstand sucht sich etwas anderes, um es für sich zu beanspruchen. Im Grunde hat sich aber nichts verändert. Es macht keinen Unterschied, ob sich das Objekt des Besitzes ändert – es bleibt sich gleich.

Einen Unterschied, eine Revolution, eine wirkliche Veränderung gibt es erst, wenn sich die Subjektivität verändert, wenn der Besitzende selbst sich ändert. Das ist das Erste, was man verstehen muss. Mönche, die Besitzansprüche auf eine Katze erheben, erscheinen absurd, aber in dieser Art haben sich Mönche überall auf der Welt verhalten. Sie verlassen ihr Zuhause, aber dann fühlen sie sich als Besitzer eines Tempels oder einer Kirche. Sie lassen alles hinter sich, nur ihre Denkhaltung können sie nicht hinter sich lassen, und ihre Denkhaltung erschafft für sie ständig neue Welten.

Die Frage ist also nicht, ob man ein Königreich besitzt; es genügt schon eine Katze. Und sobald Besitzansprüche ins Spiel kommen, kommen zwangsläufig auch Gewaltsamkeit und Aggressivität ins Spiel. Wenn du etwas besitzt, kämpfst du darum, denn das, was du besitzt, gehört eigentlich dem Ganzen. Im Grunde kannst du gar nichts besitzen, du kannst es höchstens benutzen, das ist alles. Wie könnten wir den Himmel besitzen und wie könnten wir die Erde besitzen? Aber wir tun es. Und dieses Besitznehmen schafft alle möglichen Konflikte, Streitigkeiten, Kriege, Gewalt und all das.

Die Menschen sind ununterbrochen am Kämpfen und Kämpfen. Die Historiker sagen, in den letzten dreitausend Jahren habe es nahezu pausenlos Krieg irgendwo auf der Erde gegeben. In dreitausend Jahren haben wir fünftausend Kriege geführt. Weshalb wird so viel gekämpft? Es liegt am Besitz. Sobald du etwas in Besitz nimmst, hast du einen Krieg mit dem Ganzen angezettelt.

Buddha, Mahavira, Jesus, sie alle sagen: »Wenn du Besitz hast, kannst du nicht ins Königreich Gottes kommen. Eher geht ein Kamel durch ein Nadelöhr, als dass ein Reicher durch das Himmelstor gelangt.«

Es ist nicht möglich, denn wer Besitz hat, kämpft ständig mit Gott. Wenn du einen Besitzanspruch geltend machst, bei wem wirst du das tun? Das Ganze gehört dem Ganzen; ein Teil kann nicht das Ganze beanspruchen. Ein Teil kann noch nicht einmal einen Teil beanspruchen. Jeder Anspruch ist aggressiv. Darum können diejenigen, die Besitz haben, keine tiefe Verbindung mit dem Göttlichen haben.

Besitzlosigkeit bedeutet nicht, dass du nicht in einem Haus leben kannst. Lebe in einem Haus, aber sei dankbar gegenüber dem Ganzen, dem Göttlichen. Benutze es, aber besitze es nicht. Wenn du die Dinge benutzen kannst, ohne von ihnen Besitz zu ergreifen, bist du ein *Sannyasin*.

Diese Schüler von Nansen haben die Welt hinter sich gelassen, aber ihr Besitzdenken ist ihnen gefolgt wie ein Schatten. Nun beanspruchen sie eine Katze als ihr Eigentum. Das Ganze ist töricht. Aber der Verstand *ist* töricht. Der Verstand sucht ständig nach Anlässen zum Streit. Jeder, der einen Verstand hat, trägt einen potenziellen Kämpfer in sich, der immer Streit mit jemandem sucht. Warum sucht der Verstand immer Streit? Weil sich das Ego durch Streit erst zusammenfügt und dadurch stärker wird. Durch Kämpfen erlangt man ein Ego. Wenn man nicht kämpft, verschwindet das Ego.

Mahavira und Buddha waren beide für die Gewaltlosigkeit. Der Hauptgrund ist, nicht zu kämpfen. Wenn du aufhörst zu kämpfen, kann das Ego nicht überleben. Das Ego existiert nur durch Kampf; es ist ein Ergebnis des Kämpfens. Je mehr du kämpfst, umso mehr gibt es das Ego. Wärst du ganz allein auf Erden, wäre niemand da, gegen den du kämpfen kannst, wie stünde es um dein Ego? Du würdest keines haben. Das Ego braucht den andern. Um ein Ego zu entwickeln, muss ein Gegenüber da sein. Das Ego ist eine Beziehung; es ist nicht in dir. Denk daran, dass das Ego in dir gar nicht existent ist. Es ist in deinem Innern nicht zu finden. Es taucht immer nur zwischen dir und anderen auf, irgendwo an dieser Schnittstelle, wo das Kämpfen geschieht.

Es gibt zwei Arten von Beziehungen: Die eine beruht auf Kampf, Angst, Hass – sie erzeugt das Ego. Die andere beruht auf Liebe, Mitgefühl, Sympathie. Das sind die beiden Arten von Beziehung. Wo Liebe ist, hört der Kampf auf; das Ego verschwindet. Das ist der Grund, weshalb ihr nicht lieben könnt. Es ist schwierig, denn Lieben bedeutet, das Ego fallen zu lassen, dich selbst aufzugeben. Liebe bedeutet, nicht vorhanden zu sein.

Betrachtet mal dieses sonderbare Phänomen, dass Liebende sich ständig streiten. Wie können Liebende miteinander kämpfen? Wenn Liebe da ist, sollte doch das Kämpfen aufhören. Dann wird das Ego verschwinden. Euer ganzes Sein dürstet nach Liebe, aber euer ganzer Verstand dürstet nach Ego. Also macht ihr einen Kompromiss: Ihr liebt euch *und* ihr streitet euch. Der Liebende wird zum Intimfeind, aber ein Feind ist er allemal. Alle Liebenden tun das Gleiche: Sie streiten und sie lieben sich, immer wieder. Sie haben einen Kompromiss geschlossen: In manchen Augenblicken sind sie liebevoll, dann lassen sie das Ego fallen. Aber bald wird der Verstand unruhig und fängt wieder Streit an. Am Morgen streiten sie und am Abend machen sie Liebe, und am nächsten Morgen streiten sie wieder ... So entsteht ein Zyklus von Kampf und Liebe.

Wahre Liebe bedeutet, der Kampf ist nicht mehr da. Aus zweien ist eins geworden. Ihre Körper existieren getrennt voneinander, aber im Sein sind sie verschmolzen. Die Grenzen haben sich aufgelöst, es gibt keine Trennung mehr. Da ist kein »Ich« und kein »Du«. Sie sind eins.

Diese Mönche von Nansen haben alles hinter sich gelassen, aber der Verstand ist noch da. Er will besitzen, will Streit anzetteln, will egoistisch sein. So wird eine Katze zum Vorwand.

Nansen rief alle Mönche, alle Schüler zusammen, schnappte sich die Katze und sagte: »Sagt etwas, um die Katze zu retten.«

Was wollte er damit sagen? »Sagt etwas, um die Katze zu retten.« Damit meinte er: Sagt etwas Zenmäßiges, Meditatives, das auf das Jenseitige hinweist, die Ekstase zum Ausdruck bringt, sagt etwas, was nicht zum Verstand gehört. Ihr könnt die Katze retten, wenn ihr etwas sagt, was aus dem Nichtdenken kommt, was aus eurer inneren Stille kommt. Doch damit verlangte er Unmögliches. Wenn die innere Stille da gewesen wäre, hätten die Mönche kein Eigentum für sich beansprucht. Wenn die innere Stille da gewesen wäre, hätten sie sich unmöglich streiten können.

Die Mönche waren in Verlegenheit. Sie wussten: Alles, was sie sagen konnten, würde aus dem Verstand kommen, und das würde den Tod der Katze bedeuten. Also schwiegen sie. Doch ihr Schweigen war kein richtiges Schweigen, sonst wäre die Katze gerettet worden. Sie schwiegen, nicht weil sie still waren. Sie blieben stumm, weil sie nichts zu sagen wussten, was aus dem Nichtdenken kam, aus der inneren Quelle, aus dem wahren Sein, aus ihrer Mitte. Sie schwiegen als Strategie. Es war eine Taktik: Lieber schweigen; vielleicht hielt der Meister das für ihre Antwort. Das sagten sie mit ihrem Schweigen.

Doch einem Meister kann man nichts vormachen. Und wenn man einem Meister etwas vormachen kann, dann ist er kein richtiger Meister. Ihr Schweigen war nicht echt. In ihrem Innern herrschte Chaos, innerlich ratterte pausenlos der Verstand. Sie überlegten hin und her, um die richtige Antwort zu finden, damit die Katze gerettet werden konnte. Sie waren äußerst beunruhigt. Ihr ganzer Denkapparat lief auf Hochtouren. Der Meister brauchte sie nur anzuschauen. Von Ruhe und Gelassenheit keine Spur! Von Meditation und Stille keine Spur! Ihre Stille war nur eine falsche Fassade. Ihr könnt so tun, als würdet ihr still dasitzen, aber innen ist keine Stille.

Man kann reden und innerlich ganz still sein. Man kann gehen und innerlich ganz untätig sein. Man kann aber auch wie eine Statue dasitzen, und innerlich ist die Hölle los. Der Verstand ist eine komplexe Sache. Ihr könnt joggen, gehen, euch bewegen, und gleichzeitig kann innerlich, tief im Zentrum, völlige Ruhe herrschen. Dort ist der Ruhepol, wo nichts sich regt.

Während ich zu euch spreche, bin ich innen ganz still. Ihr redet nicht, aber ihr seid alles andere als still. Euer Denken geht weiter. Das innere Geplapper geht immer weiter und weiter und weiter. Der Verstand ist ein Affe; er kann nicht still sitzen.

Darwin fand heraus, dass der Mensch von den Affen abstammt, aber im Osten wussten die Meditierenden eines schon immer – unabhängig davon, ob der Mensch von den Affen abstammt oder nicht: Der Verstand stammt mit Sicherheit von den Affen ab! Er benimmt sich affenartig – er springt herum, ständig in Bewegung, tut dies und das, schnattert und hält niemals still.

Was Nansen zu seinen Schülern sagte, war: »Wenn ihr euch nicht wie Affen aufführt, kann diese Katze gerettet werden.« Aber sie konnten nicht anders. Ihr könnt nicht anders: Solange der Verstand da ist, was könnt ihr machen? Wenn ihr versucht, ihn ruhig zu stellen, wird er sogar noch aktiver. Wenn ihr ihn zwingt, still zu sein, plappert er noch mehr. Wenn ihr ihn unterdrückt, rebelliert er. Ihr könnt ihn weder unterdrücken noch überreden. Ihr könnt gar nichts machen, denn sobald ihr irgendetwas macht, ist es ja der Verstand, der es macht. Das ist die Schwierigkeit.

Sie wollten alle die Katze retten, sie wollten alle die Katze besitzen, denn diese Katze war wirklich schön. Aber wie kann ein Verstand, der etwas für sich haben möchte, still sein? Wie kann ein Verstand, der besitzergreifend ist, jemanden retten? Er kann nur töten.

Wohlgemerkt, es war nicht Nansen, der die Katze tötete. Die Mönche haben sie getötet. Das ist der verborgene Schlüssel zu dieser Geschichte. Nansen gab ihnen eine Chance, indem er sagte: »Ihr könnt diese Katze retten. Sagt etwas, was aus dem Nichtdenken kommt, aus eurem wahren Sein.« – Und wenn ihr nichts sagt, werde ich die Katze entzweischneiden, damit beide Parteien sie haben können.

Nicht Nansen hat die Katze getötet. Es sah bloß so aus, als hätte er sie getötet, aber tatsächlich haben die Mönche sie getötet. Sobald ihr etwas Lebendiges besitzen wollt, habt ihr es bereits getötet. Wer behauptet, einen lebendigen Menschen zu besitzen, hat ihn ermordet, weil man das Leben nicht besitzen kann. Die Katze streifte ständig von einem Teil des Klosters in den anderen. Diese Katze war lebendig, ganz und gar lebendig, viel lebendiger als diese Mönche. Sie war nirgendwo zu Hause, sie gehörte niemandem. Sie kam und ging wie ein sanfter Wind – mal wehte sie durch den linken Flügel, mal durch den rechten Flügel. Sie, die Katze, erhob nie Anspruch auf die Mönche, weder die einen noch die anderen. Sie besaß gar nichts.

Tiere sind nicht besitzergreifend, Bäume sind nicht besitzergreifend. Nur der Mensch ist besitzergreifend. Und durch sein Besitzergreifen verpasst der Mensch alles Lebendige. Nur etwas Totes kann man besitzen. Sobald du etwas besitzt, machst du es tot. Du liebst eine Frau und dann versuchst du, sie zu besitzen: Damit tötest du sie. Eine Ehefrau ist eine Sache, keine Person. Ein Ehemann ist eine Sache, keine Person.

Das bringt viel Unglück: Du liebst einen Menschen, aber dann fängst du an, ihn in Besitz zu nehmen, und unwissentlich gibst du ihm ein Gift. Früher oder später wirst du diesen Menschen völlig vergiftet haben. Dann gehört er dir. Aber wie kannst du einen Gegenstand, eine Sache lieben? Die Liebe geschah in erster Linie, weil dieser Mensch lebendig war. Nun ist der Fluss versiegt, das Leben strömt nicht mehr, alle Türen der Freiheit sind verrammelt. Nun ist alles eingefroren. Der Fluss ist erstarrt, es gibt keine Bewegung mehr. Natürlich geht der andere jetzt nicht weg, denn du hast ihn ganz in Beschlag genommen. Aber wie kannst du jemanden lieben, der tot ist? Darin besteht das ganze Unglück. Etwas Totes kann man nicht lieben. Trotzdem könnt ihr es nicht lassen, den anderen in Besitz zu nehmen, wenn ihr liebt. Doch alles Besitzen führt zum Tod. Nur Dinge kann man besitzen.

Die Mönche hatten die Katze bereits umgebracht. Nansen hat sie nicht getötet, er hat nur sichtbar gemacht, was schon geschehen war. Diese Geschichte wurde gegen die Zen-Mönche, gegen die Zen-Meister verwandt, um zu argumentieren, wie gewalttätig diese Leute seien.

Stellt euch bloß einen christlichen Theologen vor, der die Geschichte liest. Er wird sagen: »Dieser Nansen soll ein religiöser Mensch gewesen sein? Er hat die Katze getötet, diese arme Katze. Und die Mönche, die sie für sich haben wollten, waren viel besser als er. Zumindest haben sie die Katze nicht getötet. Das soll ein Meister sein? Was ist das für ein Mensch?« Oder wenn Jainas diese Geschichte lesen – aber natürlich nicht der erleuchtete Mahavira –, dann verbannen sie Nansen in die Hölle. Er hat eine Katze getötet!

Nansen erscheint nur den Leuten gewalttätig, die das nicht verstehen können. Denjenigen, die es verstehen, macht er nur etwas deutlich, was sich schon ereignet hatte. Die Katze war bereits tot in dem Moment, als sie zum Besitz wurde. Sie starb in dem Moment, als die Mönche anfingen, sie für sich zu beanspruchen. Der Meister gab ihnen noch eine Chance, aber sie wussten sie nicht zu nutzen. Sie sagten nichts. Wenn es ein echtes Schweigen gewesen wäre, hätte die Katze überleben können. Aber das Schweigen war unecht, die Stille war nur an der Oberfläche, nur auf den Gesichtern, nur eine dünne Lackschicht. Darunter rotierte der verrückte Verstand, drehte sich wie wild im Kreis. Sicher kamen den Mönchen viele Antworten, aber nicht *die* Antwort. Also musste Nansen töten. Er hackte die Katze in zwei Stücke und gab die eine Hälfte den Streitern des linken Flügels und die andere Hälfte den Streitern des rechten Flügels. Und die Mönche haben sich womöglich noch gefreut, dass ihnen nun wenigstens die halbe Katze gehörte!

Aber so passiert es euch allen. Immer wenn ihr kämpft, tötet und teilt ihr das Leben. Ein Vater und eine Mutter streiten sich um ihren Sohn – und solche Kämpfe um die Kinder finden ständig statt. Der Vater sagt, der Sohn gehört zu ihm und soll mit ihm gehen. Die Mutter denkt, der Sohn gehört zu ihr und soll bei ihr bleiben. Mit ihren Ansprüchen töten sie den Sohn. Früher oder später wird er entzweigehackt. Er wird in zwei Hälften geteilt: Die eine Hälfte bekommt der Vater, die andere Hälfte die Mutter. Und damit zerstören sie sein ganzes Leben, denn er wird es schwer haben, ganz zu werden. Sein Herz wird zur Hälfte immer der Mutter gehören, zur anderen Hälfte dem Vater. Eine Hälfte von ihm wird gegen die Mutter sein, die andere Hälfte gegen den Vater. Er ist gespalten. Und diese Spaltung wird ihn sein Leben lang verfolgen. Er wurde in zwei Teile gespalten.

Als Nansen die Katze in zwei Teile hackte, sagte er damit: »Streitet euch nicht um einen Menschen, versucht nicht, von einem Menschen Besitz zu ergreifen, denn damit hackt ihr ihn in Stücke.« An der Oberfläche erscheint er ungeteilt, aber in der Tiefe seines Herzens ist er gespalten und wird nun ständig in einem Konflikt sein. Mutter und Vater kämpften um den Sohn, und selbst wenn sie längst tot sind, geht ihr Kampf im Innern des Sohnes weiter. Mal wird die Stimme der Mutter, mal die Stimme des Vaters in dem Sohn widerhallen. Er wird gespalten sein, wem er folgen soll. Und er kann nicht ganz werden.

Auf der Suche nach eurer Ganzheit kommt ihr zu mir. Und ich sage immer: »Ganz zu sein bedeutet, heil zu sein, und das bedeutet, heilig zu sein.« Einen anderen Weg, heilig zu sein, gibt es nicht: Seid ungeteilt und ganz. Alle Spaltungen in euch müssen verschwinden, ihr müsst eine Einheit werden. Aber ihr seid im Konflikt. Euer Vater kämpft, eure Mutter kämpft, eure Brüder kämpfen, eure Lehrer kämpfen, eure Gurus kämpfen. Jeder kämpft, um euch zu besitzen. Und es sind viele, die Anspruch auf euch erheben! Sie haben euch in unzählige Stücke zerteilt, haben euch aufgesplittert.

Du bist viele, du bist nicht eins, du bist eine Menge. Das führt zur Neurose, führt zur Verrücktheit, führt zum Wahnsinn. Ist dir je bewusst geworden, wie viele Seelen in deiner Brust wohnen? Wie viele »Selbste« du hast? Du bist nicht eins, so viel ist sicher.

In meiner Studienzeit teilte ich das Zimmer mit einem Studenten, der sich jeden Abend den Wecker auf fünf Uhr stellte, aber morgens nie aufstand. Ich fragte ihn: »Warum stellst du dir den Wecker? Wozu machst du dir Umstände? Du stehst ja doch nicht auf. Immer schaltest du den Wecker ab und schläfst weiter. Wozu machst du dir die Mühe und lässt dich jeden Morgen stören?«

Er lachte, aber es war ein hohles Lachen. Er wusste selbst, dass er nicht aufstehen würde. Aber am Abend sagte sein anderes Selbst: »Nein, morgen früh will ich aufstehen.«

Ich sagte: »Also gut, dann versuch's mal.« Und zu dem Zeitpunkt, als er den Wecker stellte, war er sich sicher, absolut sicher, dass er am Morgen um fünf Uhr aufstehen würde. Er hatte nicht den geringsten Zweifel. Aber es war nur ein Bruchteil von ihm, der sagte: »Wirklich, du musst aufstehen. Du hast genug geschlafen. Jetzt ist keine Zeit mehr zu verlieren. Bald ist die Prüfung.«

Um fünf wartete ich auf ihn. Er blickte mich an, als der Wecker läutete. Er blickte mich an. Ich war wach und saß auf meinem Bett. Er lächelte, schaltete den Wecker ab, drehte sich auf die andere Seite und schlief wieder ein.

Später, morgens um acht, als er dann aufstand, befragte ich ihn dazu. Er sagte: »Ich dachte: ›Nur noch ein paar Minuten ...‹ Was ist denn falsch daran, ein paar Minuten länger zu schlafen? Ich war noch so müde, und die Nacht war so kalt. Aber morgen wirst du es sehen: Morgen stehe ich auf.«

Es sind zwei völlig getrennte Anteile. Und der eine, der sagte: »Steh um fünf Uhr auf!«, war sich nicht bewusst, dass es einen anderen Teil gab, einen völlig unbewussten, der sagte: »Schlaf weiter. Die Nacht ist so kalt.«

Ihr macht es genau so: Ihr beschließt etwas, und im nächsten Moment habt ihr schon vergessen, was ihr beschlossen habt. Ihr sagt, ihr wollt nicht mehr wütend werden, aber im nächsten Moment ist es ganz weit weg. Wenn jemand Streit mit euch anfängt und euch Nein sagt, werdet ihr gleich wieder wütend. Mag sein, dass ihr wütend werdet, weil der andere den Streit angefangen hat. Aber eure Wut ist sofort wieder da, obwohl ihr beschlossen hattet, nicht mehr wütend zu werden. Ihr seid ein geteiltes Haus. Es gibt viele Zimmer in eurem Haus, die nicht miteinander in Verbindung stehen. Die Verbindungstüren sind blockiert, die Übergänge unterbrochen. Ihr lebt als multiple Persönlichkeit, mit vielen Persönlichkeitsanteilen. Und alles, was ihr besitzt, wird von euch zerstückelt. Ihr seid selbst schon zerstückelt.

Die Mönche konnten die Katze nicht retten, weil sie gespalten waren. Nansen sagte: »Tut etwas, sagt etwas, auf eine ganzheitliche Weise, auf eine heile, gesunde, heilige Weise, ungeteilt. Handelt als Einheit, dann könnt ihr diese Katze retten.« Nicht ein Einziger konnte so handeln, und die Katze wurde entzweigeschnitten.

Es taucht die Frage auf: Wie brachte Nansen es nur fertig, die Katze entzweizuschneiden? Ist es nur ein Gleichnis, symbolisch zu verstehen, oder hat er sie wirklich entzweigehackt? Manche würden Nansen gerne in Schutz nehmen, ihn retten. Ich gehöre nicht dazu. Er hat die Katze tatsächlich zerhackt. Es ist nicht bloß ein Gleichnis, nicht bloß eine Metapher oder symbolisch gemeinte Anekdote. Nein, es geschah buchstäblich, genau so, wie es geschrieben steht. Er schnitt die Katze entzwei. Wie kann ein heiliger Mann so etwas tun? Ich sage euch: Nur ein heiliger Mann kann so etwas tun.

Auch Krishna sagt in der Gita zu Arjuna: »Mach dir keine Sorgen! Zerhacke diese Kerle! Wer sich dir entgegenstellt, den haue nieder, töte ihn. Denke nur an eines: Das, was in ihnen verborgen ist, ist unzerstörbar. Nur der Körper kann zerstört werden, denn der Körper ist bereits tot. Nur das Tote kann zerstört werden. Das Lebendige bleibt lebendig. Es ist ewig, es kann keinen Schaden nehmen. Feuer kann es nicht verbrennen, Waffen können es nicht töten: *Nainam chhindanti shastrani* – keine Waffe kann es töten, kein Feuer es verbrennen. Es ist nur die Form ... Aber kümmere dich nicht um die Form, denn die Form ist unwirklich, sie gehört zur Täuschung.«

Dieser Nansen muss im gleichen Bewusstseinszustand wie Krishna gewesen sein, in der gleichen Geistesverfassung wie Krishna. Er schnitt die Katze entzwei. Er wusste, dass die Seele der Katze unzerstörbar ist. Er wusste, dass sich nur die Form verändern würde.

Und noch etwas ist sehr schwer zu verstehen, weil die Moralapostel so viel Verwirrung und Nebel darum herum erzeugt haben: Wenn ein Nansen eine Katze tötet, ist das ein Segen für die Katze, eine Wohltat für die Katze. Es muss eine außergewöhnliche Katze gewesen sein. Diese Katze wurde danach bestimmt nicht als Katze wiedergeboren, sondern als Mensch. Von Nansen ums Leben gebracht zu werden ist eine außergewöhnliche Chance, und vielleicht ist die Katze sogar in Erwartung dieses Augenblicks durchs Kloster gestromert.

Nansen veränderte die Form. Die Katze wird als ein höheres Wesen wiedergeboren, einfach weil Nansen sie zerhackt hat. In dem Moment war die Katze stiller als die Mönche, war sie ekstatischer als die Mönche. Von Nansen zerhackt zu werden ist kein Akt der Gewalt, es ist ein Akt der Liebe. Nansen befreite die Katze von der Form, ihrer Form als Katze. Sie wird wiedergeboren, als höheres Wesen. Aber das lässt sich natürlich schwer nachvollziehen.

Und ich sage keineswegs, dass ihr hingehen und andere Leute von ihrer Form befreien sollt, damit sie als höhere Wesen wiedergeboren werden! Bitte, zerhackt niemanden! Auch wenn ihr es vielleicht gerne tun würdet, auch wenn es euch Spaß machen würde. Für Nansen war es ein zutiefst andächtiger Akt. Er wird diese Katze beobachtet haben. Das war keine gewöhnliche Katze. Es gibt Tiere, die danach schreien und sich danach sehnen, von ihrer Form befreit zu werden.

Einmal geschah es bei einem Meditationscamp in Matheran. Ich wohnte ziemlich weit weg von dem Gelände, auf dem es stattfand. Am ersten Abend, als ich zu meinem Bungalow ging, folgte mir ein Hund, wahrlich ein seltener Hund. Er blieb von da an ständig bei mir. Drei Mal ging ich den Weg zum Camp, um es zu leiten, und drei Mal kam ich wieder zurück. Es war ein Weg von einer halben Stunde. Und drei Mal folgte mir der Hund bis zum Camp und wieder zurück. Und während ich schlief, saß er draußen unter dem Vordach. Während des ganzen Meditationscamps war dies seine Gewohnheit. Selbst wenn er etwas zu fressen bekam, verließ er mich nicht. Er folgte mir bis zum Camp, und wenn alle meditierten, saß er ganz still, in einer tieferen Stille als die Teilnehmer. Und danach ging er wieder mit mir zurück.

Am letzten Tag, als ich Matheran mit dem Zug verließ, folgte er dem Zug. Er rannte neben dem Zug her. Viele von euch waren damals Zeuge. Als der Hund neben dem Zug herlief, hatte der Schaffner Mitleid mit ihm und nahm ihn in den Zug. Der Hund kam bis Neral mit uns. Dieser Zug war ein ganz langsamer Zug, ein Spielzeugzug, der damals von Matheran nach Neral fuhr und nur sieben Meilen in zwei Stunden zurücklegte. Dadurch konnte der Hund nebenherlaufen. Ab Neral ging nur ein schneller Zug, und als ich in den Zug von Neral nach Bombay einstieg, standen einige auf dem Bahnsteig und weinten. Und auch der Hund stand dort, mit Tränen in den Augen.

Ich weiß es: Diese Katze muss außergewöhnlich gewesen sein, sonst hätte Nansen nicht die Mühe auf sich genommen, sie entzweizuschneiden. Er kreierte eine Situation für seine Schüler und gleichzeitig benutzte er diese Gelegenheit für die Katze. Er traf zwei Fliegen mit einem Schlag. So etwas ist möglich.

Wenn ihr bereit seid, kann eure Form zerstört werden und in eine höhere Form gelangen. Eure höhere Form hängt vom Augenblick eures Todes ab. Die Katze starb in den Händen von Nansen. Was für eine kostbare Gelegenheit! Ein solcher Mann der Stille wie Nansen! Diese Stille wird auf die Katze übergegangen sein. Ein Mensch von solcher Ekstase! Auch die Katze wird von dieser Ekstase erfüllt worden sein. Und dann spaltete er sie. Die Katze hatte keine Angst. Sie hat das Spiel sicher genossen; es war ein chirurgischer Akt. Diese Katze wird im darauf folgenden Leben als sehr viel höhere Seele wiedergeboren worden sein. Aber das ist eine innere, eine esoterische Geschichte. Sie ist der gewöhnlichen Moral völlig unverständlich. Menschen wie Nansen folgen aber nicht der gewöhnlichen Moral, sie folgen den inneren Regeln, den inneren Gesetzen. Die gewöhnliche Moral ist für gewöhnliche Menschen.

Und als abends ein anderer Mönch von draußen zurückkam, ein anderer Schüler, der nicht im Kloster dabei gewesen war, erzählte ihm Nansen die Begebenheit: »Dies ist geschehen ... Und ich musste die Katze entzweischneiden. Ich musste sie in zwei Hälften schneiden, es gab keinen anderen Weg. Diese Narren konnten die Katze nicht retten. Sie brachten kein einziges Wort heraus noch konnten sie etwas Zenmäßiges tun. Sie konnten ihr Zen nicht unter Beweis stellen. Nur Zen hätte die Katze retten können, nichts anderes.«

Der Schüler hörte sich die Geschichte an, dann legte er sich seine Schuhe auf den Kopf und ging hinaus. Nansen rief ihn zurück und sagte: »Wärst du hier gewesen, so wäre die Katze gerettet worden.«

Das war der richtige Mann. Was tat er? Was bedeutet dieses Verhalten? Er zog die Schuhe aus, legte sie sich auf den Kopf und ging hinaus. Damit sagte er vieles, ohne zu reden. Erstens: Er hörte sich die Geschichte an und kommentierte sie nicht. Der Affe blieb still, der Verstand plapperte nicht. Er versuchte nicht, sich eine Antwort einfallen zu lassen. Er handelte einfach. Sein Handeln kam nicht aus dem Verstand, es kam aus seinem ganzen Wesen. Und was tat er? Er legte sich seine Schuhe auf den Kopf. Wie absurd! Aber damit sagte er: Der Verstand, der Kopf, ist um nichts wertvoller als diese Schuhe. Die Schuhe, die schmutzigste, unwerteste Sache, legte er sich auf den Kopf. Mit dieser Handlung sagte er: »Der Kopf ist nichts anderes als die Schuhe. Der Kopf ist wertlos. Das Denken hilft nichts. Man muss den Verstand zu den Schuhen werfen. Selbst die Schuhe sind mehr wert und verdienen mehr Respekt als der Verstand.« Das sagte er damit. – Und dann ging er einfach hinaus.

Und Nansen sagte: »Wärst du heute Morgen hier gewesen, hättest du die Katze retten können. Dann wäre die Katze gerettet worden.«

Hier war ein Mann, der nicht an den Verstand glaubte, nicht an Antworten glaubte. Hier war ein Mensch, der spontan handeln konnte. Leben kann nur gerettet werden, wenn du spontan handeln kannst. Nicht nur das Leben dieser Katze, sondern auch dein Leben. Wirf den Verstand zu den Schuhen; er ist ohnehin nicht mehr wert. Und keine Schuhe haben dich je so gemartert wie der Verstand! Manchmal drücken sie ein bisschen, aber nur manchmal. Wenn sie die richtige Größe haben, sind sie immer in Ordnung. Doch der Verstand hat dich schon viele, viele Leben lang gedrückt. Und er hat nie die richtige Größe, er hat immer die falsche Größe.

Der Verstand hat nie die richtige Größe. Schuhe gibt es in der richtigen Größe, aber der Verstand hat immer die verkehrte Größe. Er drückt euch ständig. Der Verstand hat von Vornherein die verkehrte Größe. Es gibt keinen passenden Verstand, wie es keine schöne Hässlichkeit, keine gesunde Krankheit gibt, das ist nicht möglich. Der Verstand passt nie. Er hört nicht auf zu drücken. Und egal, wie sehr du überlegst oder wie sehr du betest: Wenn der Verstand im Spiel ist, läuft alles verkehrt. Der Verstand ist das Element, das all die Unstimmigkeit im Leben erzeugt. Er ist der Ursprung von Irrtum, Perversion und Neurose. Das Leben kann nur gerettet werden, wenn ihr den Verstand über Bord werft.

Was tat dieser Schüler? Es war schwierig, den Kopf wegzuwerfen. Es ging leichter, die Schuhe auf den Kopf zu tun. Aber das ist symbolisch gemeint. Er sagt damit: »Ich habe den Kopf fallen gelassen. Stelle mir keine törichten Fragen.« – Und er handelte, darum geht es.

Meditation bedeutet nicht Kontemplation, es bedeutet Aktion – Handeln aus der Ganzheit, aus dem ganzen Sein. Speziell im Westen hat die christliche Religion einen falschen Eindruck hervorgerufen: Die Christen haben Meditation mit Kontemplation gleichgesetzt. Es ist aber nicht das Gleiche. Es geht auf das Konto des Christentums, dass dem Westen viele Dinge entgangen sind. Und eines davon ist Meditation, das höchste Erblühen des Menschen. Die Christen haben sie mit Kontemplation gleichgesetzt, aber Kontemplation ist Denken, und Meditation ist Nichtdenken.

Für das Wort *dhyan*, Zen, gibt es kein Äquivalent in unserer Sprache, denn an sich bedeutet Meditation »Denken«. Man meditiert *über* etwas. Es gibt ein Objekt. Ihr dürft nicht vergessen, dass *Dhyan* das ursprüngliche Wort war. *Dhyan* gelangte mit Bodhidharma nach China und wurde in der chinesischen Sprache zu *ch'an*. Dann wanderte es von China nach Japan, und auf Japanisch wurde daraus zuerst *zan* und dann Zen. Doch die ursprüngliche Wurzel ist *dhyan* – *ch'an*, *zan*, Zen. Im Englischen (und Deutschen) gibt es kein gleichbedeutendes Wort. Meditation bedeutet auch Denken, folgerichtiges Nachsinnen, ebenso wie Kontemplation Denken bedeutet. Es mag ein Nachdenken über Gott sein, aber dennoch ist es Denken. Hingegen ist *dhyan* oder Zen ein Zustand außerhalb des Denkens, auch Nichtdenken genannt. Es ist ein Handeln ohne Gedanken. Das Denken braucht Zeit.

An diesem Morgen saßen die Mönche beisammen und überlegten, was sie tun sollten. Sie überlegten und überlegten, doch sie kamen zu keiner Lösung. Durch Denken kommt man nicht zur richtigen Lösung. So musste die Katze zerteilt werden. Aus Leben wurde Tod, denn Gedanken sind vergiftend. Denken resultiert im Tod, nicht in mehr Leben. Die Katze musste zerteilt werden. Nansen konnte nicht anders handeln. Die Mönche haben die Katze getötet.

Dieser andere Mann, dieser Schüler, der erst am Abend kam, hörte sich die Begebenheit kommentarlos an, ohne irgendetwas zu sagen. Er zog einfach die Schuhe aus, legte sie sich auf den Kopf und ging hinaus. Er handelte. Er drückte etwas mit seinem Tun aus, nicht mit seinem Verstand. Er setzte keine Worte ein, aber er setzte sich selbst ein. Er zögerte nicht, er überlegte nicht, er versuchte nicht, das Problem zu lösen, wie die Katze zu retten sei.

Wärt ihr an diesem Abend dort gewesen und hätte man euch die Begebenheit erzählt, dann hättet ihr mit Sicherheit angefangen zu überlegen: »Wie?« Und wenn das Wie kommt, hat sich der Verstand schon eingemischt. Dieser

Schüler handelte ohne Wie. Er agierte einfach, seine Handlung war spontan und sehr symbolhaft. Er legte die Schuhe auf seinen Kopf und damit drückte er etwas aus. Er sagte damit: »Der Kopf ist wertlos.«

Dieser Meister Nansen pflegte die Leute zu fragen: »Was ist das Wertloseste auf der Welt?« Diese Frage gab er seinen Schülern als Meditation, als *Koan*[19]: »Überlegt mal, was ist das Wertloseste auf der Welt?« Schon sein eigener Meister hatte ihm dieses *Koan* aufgegeben. Er hatte darüber meditiert und meditiert. Und dann war er eines Tages zum Meister gekommen und hatte geantwortet: »Der Kopf.« Der Meister fragte: »Warum?« Nansen antwortete: »Wenn du einen Kopf abschneidest und ihn zum Markt bringst, um ihn zu verkaufen, wird ihn dir niemand abkaufen.«

Das sagte auch Nansens Schüler Joshu, ohne Worte. Als er sich die Schuhe auf den Kopf legte, sagte er damit: »Wertloser Kopf!« – Aber ihr wollt unbedingt eine Antwort und stellt kopfige Fragen: »Das ist doch keine Antwort! Wie können die Schuhe die Antwort sein?« – Er ging hinaus, und Nansen sagte: »Du hättest die Katze retten können. Wo warst du bloß heute Morgen? Die Katze könnte noch leben und sich ihres Lebens freuen.«

Irgendeine absurde Handlung war gefragt, absurd und spontan. Nichts Rationales. Nein, etwas völlig Irrationales war nötig, denn die »Unvernunft« ist viel tiefgründiger als die Vernunft. Wenn du zu kopflastig bist, kannst du dich nicht verlieben, denn die Liebe ist irrational, absurd. Der Kopf wird sagen: »Das ist sinnlos. Was hast du davon? Es bringt dir keinen Nutzen, du kannst sogar Probleme dadurch bekommen. Überleg es dir noch mal.«

Man sagt von Immanuel Kant, einem der größten systematischen Denker, ein Mädchen hätte ihm einmal einen Heiratsantrag gemacht. Also zunächst einmal ist es völlig daneben, dass das Mädchen den Heiratsantrag macht. Das ist doch Sache des Mannes. Das Mädchen hatte wohl gewartet und gewartet, aber Kant machte ihr keinen Antrag. Dieser Gedanke kam ihm überhaupt nicht. Er war so sehr in seine Philosophie abgetaucht, wie hätte er sich da verlieben können? Er lebte nur im Kopf; das Herz wurde übergangen. Also ergriff das Mädchen die Initiative, weil die Zeit verrann, und machte ihm einen Antrag. Kant sagte: »Ich will darüber nachdenken.«

Wie kann man über Liebe nachdenken? Entweder sie ist da oder sie ist nicht da. Es ist kein Problem, das man lösen muss, sondern eine Situation, auf die man eingehen muss. Entweder sagt dein Herz Ja oder dein Herz sagt Nein. Damit ist es schon getan. Was willst du da groß überlegen? Es ist kein Geschäftsangebot. Aber für Kant war es ein Geschäftsantrag. Zu viel Kopflastigkeit macht aus allem ein Geschäft.

Also dachte er darüber nach und er dachte nicht nur nach, sondern ging in die Bibliothek und konsultierte alle Bücher über Liebe und Ehe. Dann notierte er in seinem Notizbuch alle Argumente für und gegen eine Heirat. Und er dachte und dachte und dachte und erwog alle Vor- und Nachteile. Schließlich, so sagt man, habe er sich für die Heirat entschieden, weil ein paar Argumente mehr dafür sprachen als dagegen. Es war eine vollkommen logische Entscheidung.

Nun machte er sich auf und klopfte an die Tür des Mädchens. Der Vater sagte: »Sie ist schon verheiratet und Mutter von drei Kindern. So viel Zeit ist vergangen … Sie kommen etwas zu spät.«

Das Denken braucht Zeit. Der Verstand kommt immer zu spät, weil er Zeit braucht, und so verpasst er die Gelegenheit. Bis du endlich an die Tür klopfst, ist das Mädchen längst ausgezogen und Mutter von drei Kindern. Und so ist es in jedem Augenblick, vergiss das nicht: Eine Gelegenheit bietet sich, also handle, ohne zu überlegen. Denn wenn du überlegst, wird die Gelegenheit nicht auf dich warten. Das Mädchen zieht weiter. Und bis du endlich deine Antwort bereit hast, gibt es nichts mehr zu beantworten. Kant war bereit, aber der Verstand braucht zu lange, und die Gelegenheiten gehen vorüber. Das Leben ist ein Strom, ein ständiges Fließen. Es bleibt nicht stehen. Der Verstand hatte die Antwort gefunden, und wenn das Mädchen geblieben wäre… Aber das Mädchen wurde älter und wollte das Leben nicht verpassen. Es konnte nicht mehr warten, es musste sich in Bewegung setzen und eine Entscheidung treffen.

Das Leben ist nicht statisch. Wäre das Leben statisch, dann gäbe es keinen Bedarf für Meditation. Der Verstand würde völlig ausreichen. Dann könntet ihr so lange nachdenken, wie ihr wollt, und wenn ihr – nach vielen Leben – an die Tür klopft, wird das Mädchen immer noch auf euch warten. Aber das Leben ist in Bewegung, es ist im Fluss. Jeden Moment ändert es sich und wird neu. Wenn du einen Moment verpasst, ist die Chance vorüber.

Dieser Schüler Joshu verpasste nicht einen einzigen Moment. Er hörte die Geschichte, zog die Schuhe aus, legte sie sich auf den Kopf und ging hinaus. Hätte er auch nur einen Augenblick gezögert, um zu überlegen, dann hätte Nansen ihm Hiebe versetzt. Ich sage euch, es hätte Hiebe gegeben. Weil die Katze nicht mehr da war, hätte Nansen möglicherweise diesen Schüler zerhackt – aber der Schüler handelte.

Zu handeln, ohne den Verstand dafür zu gebrauchen, ist das Schönste, was es gibt. Ihr habt aber Angst davor, weil ihr denkt, ihr könntet etwas falsch machen, wenn ihr ohne den Verstand handelt. Weil diese Angst da ist, nutzt der Verstand sie aus: »Überlege erst, bevor du handelst!«, sagt der Verstand. Auf diese Weise verpasst ihr ständig den Zug. Gebt diese Angst auf, sonst werdet ihr nie meditativ sein. Handelt! Anfangs werdet ihr zittern und beben, denn ihr habt immer aus Überlegung gehandelt.

Es ist wie bei jemandem, der viele Jahre im Kerker in einer dunklen Zelle verbracht hat. Seine Augen haben sich an die Dunkelheit gewöhnt. Wenn man ihn aus der Zelle herausholt, kann er nicht gleich die Augen offen halten. Die Sonne ist zu grell, das Licht blendet ihn. Er wird total ins Zittern geraten und sagen: »Lasst mich wieder in meine Zelle gehen.«

So ist es euch ebenfalls ergangen, jedem von uns. Wir haben unzählige Leben im Verstand verbracht. Wir haben uns an seine Dunkelheit gewöhnt, an all seine Hässlichkeit und Sinnlosigkeit. Sobald ihr ohne den Verstand handelt, geratet ihr total ins Zittern. Ihr bewegt euch auf gefährlichem Pflaster. Der Verstand sagt: »Pass bloß auf! Überlege erst, bevor du handelst.«

Aber wenn du erst überlegst und dann etwas tust, ist dein Tun immer unlebendig, irgendwie lahm. Es kommt aus dem Kopf, es ist nicht echt, nicht authentisch. So kannst du nicht lieben, so kannst du nicht meditieren, so kannst du nicht wirklich leben und auch nicht sterben. Du wirst zu einem Phantom, einer Scheinexistenz. Die Liebe klopft bei deinem Herzen an, und du sagst: »Warte! Ich will es mir überlegen.« Das Leben klopft ständig an deine Tür, und du sagst: »Warte! Ich will es mir überlegen.«

Dieser Schüler Joshu muss in tiefer Meditation gewesen sein. Er handelte, einfach so. Er hätte die Katze retten können. Das heißt, er hat sie bereits gerettet. Er hat alles Lebendige gerettet.

Denkt nicht nach über diese Geschichte, sonst muss ich die Katze zerhacken. Ihr könnt sie retten, sonst muss die Katze noch einmal zerhackt werden, und *ihr* werdet dafür verantwortlich sein. Handelt!

Aber diese Geschichte wird euch dabei nicht helfen. Versucht bloß nicht, euch die Schuhe auf den Kopf zu legen. Das wird nichts helfen. Es hat diesem Schüler geholfen, aber euch wird es nichts helfen. Die Katze müsste wieder zerhackt werden, wenn ihr die Schuhe auf den Kopf legt und hinausgeht. Es wäre wiederum verkehrt, weil es aus dem Kopf käme. Ihr kennt ja die Geschichte. Der Verstand liefert euch nicht das Echte, das Wahre. Was auch immer ihr tut: Ahmt niemals nach.

Ich habe gehört: In einer chinesischen Stadt gab es ein großes Restaurant, das sehr gut lief. Es war das schönste und reichste Restaurant in der Stadt. Ganz in der Nähe des Restaurants lebte ein armer Chinese. Er konnte nicht in dieses Restaurant gehen, es war zu teuer für ihn. Aber der Duft des Essens, das Aroma … daran konnte er sich ergötzen! Wenn er zu Mittag oder zu Abend aß, holte er einen Stuhl aus seinem Haus und rückte so nahe an das Restaurant, wie er es wagte. Dann aß er seine Mahlzeit und genoss es sehr. Er betrieb eine kleine Wäscherei.

Doch eines Tages geschah etwas Überraschendes. Ein Mann kam zu ihm, der Besitzer des Restaurants, und überbrachte ihm eine Rechnung für den Duft des Essens. Da lief der Arme in sein Haus, holte seine kleine Gelddose, schüttelte sie vor den Ohren des Besitzers und sagte: »Hiermit bezahle ich für den Duft deines Essens mit dem Klang meines Geldes.«

Der Verstand ist nur Duft und Klang, aber nichts Echtes. Was auch immer du tust, der Verstand ist Duft und Klang, nichts Wesentliches. Er ist die Quelle aller Falschheit.

Nun, da du die Geschichte kennst, solltest du nicht versuchen, das nachzuahmen. Das wäre ganz einfach, denn jetzt kennst du das Geheimnis. Du kannst dir die Schuhe auf den Kopf legen und hinausgehen, aber die Katze wird trotzdem zerstückelt werden. Du wirst sie nicht retten können; es wird ihr nichts helfen. Handle spontan. Leg den Verstand beiseite und tu etwas. Wenn du so handelst, wirst du erleben, dass die Katze gar nicht zerstückelt wurde, denn die Katze kann gar nicht sterben. Wenn du den Verstand beiseitetust, wirst du deine eigene Ewigkeit erkennen, und in diesem Moment erkennst du auch die Ewigkeit der Katze. Der Verstand ist sterblich, aber nicht du. Du bist unsterblich. Der Verstand geht seinem Tod entgegen, aber nicht du. Du bist todlos. Wenn du den Verstand beiseitetust, wirst du lachen, und du wirst sagen:

»Dieser Nansen hat einen Trick angewandt. Die Katze kann gar nicht getötet werden.«

Genau das sagt Krishna immer wieder zu Arjuna: »Mach dir keine Sorgen. Zerhacke diese Kerle, denn niemand kann getötet werden.«

Die Gita ist sehr gefährlich. Nirgendwo sonst auf dieser Erde gibt es ein so gefährliches Buch. Das ist der Grund, warum keiner es befolgt hat. Die Leute zitieren es, aber keiner befolgt es. Es ist gefährlich. Und selbst Leute, die es sehr lieben und schätzen, hören nicht auf das, was darin steht. Nicht einmal ein Mann wie Mahatma Gandhi, der die Gita seine »Mutter« nannte, hörte auf sie. Wie hätte Mahatma Gandhi auch auf die Gita hören können? Er glaubte an Gewaltlosigkeit. Und dieser Krishna sagt: »Zerhacke diese Kerle! In Wirklichkeit existiert nichts. Es ist wie ein Traum. Ich sage dir: Niemand wird getötet. Also mach dir keine Sorgen.«

Wie hätte Gandhi daran glauben können? Also musste er einen Trick anwenden – denn so trickst der Verstand herum. Er sagte: »Es ist ein Gleichnis, nur symbolisch gemeint. Man darf es nicht wörtlich nehmen. Der Kampf findet nicht wirklich statt. Diese Kauravas und Pandavas, diese beiden Gruppen von Kriegern, sind nur eine Legende. Die Kauravas repräsentieren das Böse, und die Pandavas repräsentieren das Gute. Es ist der Kampf zwischen Gut und Böse, zwischen Gott und Teufel, kein realer Kampf.« So hat Gandhis Verstand herumgetrickst.

Es gab auch buddhistische Kommentatoren zu Nansen. Sie sagten: »Es ist nur ein Gleichnis. Es gab keine wirkliche Katze, und dies ist niemals geschehen.« Aber ich sage euch, es ist geschehen. Die Katze existierte wirklich, genauso wie Nansen. Und die Katze wurde wirklich zerhackt. Nansen hatte das Kaliber, so etwas zu tun. Nansen war ein Krishna. Er wusste, dass nichts zerstört wird.

Das englische Wort *destruction* für Zerstörung ist sehr schön und bedeutsam. »Destruktion« bedeutet, etwas zu »de-strukturieren«. Nichts wird zerstört, nur die Struktur verändert sich, und eine neue Struktur entsteht. Die alte Struktur hört auf zu existieren, und eine neue Struktur entsteht. Destruktion bedeutet Destrukturierung. Nur die Form ändert sich.

Vielleicht sitzt die Katze jetzt hier irgendwo unter uns. Eher hier als irgendwo anders! Wenn du nach Hause zurückkehrst, schau in den Spiegel. Vielleicht bist du die Katze, und du bist wieder hierhergekommen!

Darum handle, sonst werde ich dich wieder zerstückeln! Und denke daran: Diesmal kann dich niemand retten. Damals hätten die Mönche dich retten können. Aber diesmal bist du selbst ein Mönch. Darum kann dich niemand retten, außer du selbst.

Ein Handeln aus der Unmittelbarkeit, ein spontanes Handeln rettet das Leben. Es ist das Einzige, was dich rettet, die einzige Erlösung. Einen anderen Erlöser gibt es nicht.

Noch etwas?

Osho,

anstelle der Zehn Gebote, mit denen ich aufgewachsen bin, habe ich mir einen neuen Regelsatz gegeben: Sei wach, geduldig und spontan, lass los und nimm dich an!

Alle Fragen kommen aus dem Verstand, dem *Mind*. Keine Frage kommt aus dem *No-Mind*, dem Nichtdenken, aber alle Antworten kommen aus dem Nichtdenken. Folglich treffen sich die Fragen und die Antworten nie. Du stellst eine Frage, und ich gebe dir eine Antwort. Sie treffen sich nie, sie können sich nicht treffen, denn deine Frage bewegt sich in den Geleisen des Denkens, während meine Antwort sich in den Geleisen des Nichtdenkens bewegt. Sie können parallel verlaufen, aber treffen werden sie sich nie. Entweder müsste ich also mein Nichtdenken aufgeben, damit es sich trifft, oder du müsstest das Denken aufgeben, damit es sich treffen kann.

Aber sei dir klar darüber, dass ich *No-Mind*, das Nichtdenken, nicht aufgeben werde. Es kann nicht aufgegeben werden, denn wie könnte man ein *No-thing*, ein Nichts, eine Nichtdingheit, aufgeben? Ein Ding kann man aufgeben, aber ein Nichts kann man nicht aufgeben. Also wirst du den *Mind* aufgeben müssen, damit die Antwort gehört und verstanden werden kann. Nur dann wird sie in dich eindringen können.

Der *Mind* ist eine unerschöpfliche Quelle von immer neuen Fragen, neuen Rätseln, neuen Denksportaufgaben. Du kannst die Zehn Gebote verändern und kannst zehn andere Gebote kreieren. Das wird aber nichts bringen. Wenn der Verstand sie kreiert, ändert sich gar nichts. Die Zehn Gebote sind inzwischen sehr alt, längst überholt. Sie sprechen die Sprache der Vergangenheit. Zu jener Zeit war ihre Sprache relevant. Heute erscheinen sie uns nicht mehr relevant. Du kannst sie ändern, du kannst neue Gebote machen, aber diese neuen Gebote werden völlig untauglich sein, wenn der Verstand sie zusammengebastelt hat. Dein Verstand kann darüber nachdenken und sie zusammenstellen, und sie mögen wunderbar aussehen, aber sie werden unecht sein.

Du kannst Loslassen zu einem Gebot machen, kannst totales Akzeptieren zu einem Gebot machen, aber wenn der Verstand es gewählt hat, ist es bedeutungslos. Warum? Weil sich der Verstand selbst ein totales Loslassen gar nicht erlauben kann. Er kann höchstens so tun, als ob, aber er kann sich nicht wirklich erlauben, loszulassen. Und der Verstand ist unfähig zur Akzeptanz, weil er auf Ablehnung beruht. Der Verstand neigt deshalb immer dazu, lieber Nein als Ja zu sagen.

Immer wenn du Nein sagst, fühlst du das Ego. Wenn du Ja sagst, fühlst du das Ego nicht. Darum sagen die Menschen lieber Nein statt Ja. Sie sagen nur Ja, wenn es absolut notwendig wird, sonst sagen sie lieber Nein. Sobald etwas von dir verlangt wird, taucht in deinem Kopf zuerst das Nein auf. Denn wenn du etwas ablehnst, bist du vorhanden, und wenn du es annimmst, bist du nicht vorhanden. Ja zu sagen führt zum *No-Mind*.

So gesehen, ist der Theist, der an Gott glaubt, ein Jasager. Und der Atheist, der Gott leugnet, ist ein Neinsager. Er sagt Nein zu Gott. Wenn du sagst, dass es keinen Gott gibt, fühlt sich dein Ego erst richtig stark. Dann bist du jemand.

Nietzsche hat gesagt: »Wenn es Gott gibt, will ich nicht sein. Und wenn es mich gibt, werde ich nicht zulassen, dass es Gott gibt, denn beide zusammen können nicht existieren.« Und er hat Recht. Wie kann beides existieren, du und Gott? Wenn du da bist, bist du der Gott, und Gott kann nicht existieren. Wenn er existiert, wie könntest du dann existieren? So kommt der Verstand auf das ultimative Nein: kein Gott. Der Verstand negiert; er kann nicht akzeptieren.

Du kannst es also ändern. Du kannst darüber nachdenken und die alten Zehn Gebote verändern und neue zehn Gebote kreieren. Aber wenn sie aus dem Denken kommen, sind sie untauglich. Und wenn sie nicht aus dem Denken kommen, wozu brauchst du sie dann? Wenn das Nichtdenken, *No-Mind*, sich ereignet hat und du es wahrnimmst, wozu dann noch Gebote? Gebote sind nur für den Verstand. Sie kommen aus dem Verstand und sind für den Verstand. Regeln existieren nur für den Verstand, weil der Verstand ohne Regeln nicht existieren kann. Dies ist eine sehr grundlegende Erkenntnis.

Regeln existieren für das Unechte, nicht für das Echte. Das Wirkliche kann ohne Regeln existieren, aber das Falsche nicht. Es muss durch Regeln gestützt und unterstützt und aufrechterhalten werden. Wenn ihr ein Spiel spielt, wenn ihr zum Beispiel Karten spielt: Geht das ohne Regeln? Es geht nicht. Wenn ihr meint: »Ich folge meinen Regeln, du folgst deinen Regeln, und wir spielen dieses Spiel«, dann wird es kein Spiel geben. Ihr müsst beide die Regeln befolgen. Und ihr wisst beide, dass die Regeln nur

Regeln sind, nichts Absolutes, Wirkliches. Ihr habt euch auf diese Regeln geeinigt, deshalb gibt es sie. Ein Spiel kann nicht weitergehen, wenn die Regeln nicht befolgt werden.

Doch das Leben geht weiter, auch ohne Regeln. Welche Regeln befolgen diese Bäume? Welche Regeln befolgt die Sonne? Welche Regeln befolgt der Himmel? Der menschliche Verstand ist so beschaffen, dass er glaubt, auch sie würden Regeln befolgen, sich nach gewissen Regeln richten. Die Sonne bewegt sich, sie folgt einer herrschenden Regel, also gibt es auch einen Herrscher: Gott, der alles regelt. Er ist wie ein großer Supermanager: Er spioniert hinter allen her, ob sie seine Regeln befolgen oder ob sie seine Regeln nicht befolgen. Er ist eine Schöpfung des Verstandes. Das Leben existiert ohne Regeln. Nur Spiele können nicht ohne Regeln sein. Wahre Religion ist immer ohne Regeln; nur falsche Religion hat Regeln, denn falsche Religion ist ein Spiel.

Eine junge Frau kommt mit ihrem kleinen Jungen in einen Friseurladen. Der Junge trägt einen Trooper-Anzug und sieht sehr gefährlich aus mit seiner Spielzeugpistole. Er springt sogleich auf einen Stuhl, schreit »Bum! Bum!« und macht einen Riesenradau.

Die junge Frau sagt zum Friseur: »Kann ich meinen Sohn für eine halbe Stunde bei Ihnen lassen? Ich muss noch ein paar Einkäufe erledigen.«

Der Friseur wird nervös und sagt: »Und was soll ich machen, wenn dieser junge Mann Radau macht?« Der junge Mann fuchtelt mit seiner Spielzeugknarre und schaut sehr gefährlich drein, wie ein echter Trooper.

Die junge Frau sagte: »Wenn er Radau macht, müssen Sie einfach ein paar Mal tot umfallen, das genügt. Wenn er ›Bum!‹ sagt, lassen Sie sich fallen und stellen sich tot. Wenn Sie sich an diese Spielregel halten, macht er keinen Radau. Sie müssen nur ein paar Mal tot umfallen, dann ist er happy und macht keine Faxen.«

All die Gebote sind nichts als »Bum! Tot umfallen!«. Für das wirkliche Leben gibt es keine Gebote. Sei einfach damit im Fluss, ohne Regeln. Sei in ihm, ohne Regeln. Sei einfach. Weshalb solltest du irgendwelche Regeln befolgen? Aus deinem Dasein wird sich alles ergeben. Alles, was du aufgezählt hast, wird geschehen, wenn du einfach ohne Regeln präsent bist. Dann werden sich Akzeptanz und Loslassen von selbst einstellen. Und der Verstand wird aufgeben.

Solche Regeln lassen sich nicht in Regeln fassen. Sie sind eine natürliche Folge, wenn du spontan und total bist. Wenn jemand diese Regeln befolgt und daraus das Gebot ableitet, alles akzeptieren zu müssen, und wenn er dann etwas akzeptiert, so wird es unecht sein. Durch sein Akzeptieren hat er es bereits abgelehnt. Wenn du etwas akzeptieren sollst, weil es ein Gebot ist, dann hast du es schon abgelehnt. Dein Verstand sagt: Akzeptiere! Aber weshalb? Weil er es vorher schon abgelehnt hat. Zuerst kam die Ablehnung, dann das Akzeptieren. Wenn aber nichts abgelehnt wird, braucht auch nichts akzeptiert zu werden. Du gehst einfach mit dem Fluss und nimmst alles, wie es kommt.

Sei wie ein Fluss. Sei wie eine weiße Wolke, die am Himmel dahintreibt, und lass die Winde dich überall hintragen, wohin sie wehen. Folge nicht, folge bloß nicht irgendwelchen Regeln! Das meine ich, wenn ich sage: Sei ein *Sannyasin*. Sei einfach. Deine orangefarbene Kleidung, deine *Mala*[20] – das sind nur die Regeln dieses Spiels. Aber das verstehe ich nicht unter wahrem *Sannyas*. Aber ihr seid so sehr an Spiele gewöhnt, dass ihr in der Übergangszeit, während ich euch ein Leben ohne Regeln näherbringe, noch auf Regeln angewiesen seid. Während ihr von dieser Welt der Regeln und Spiele allmählich in die andere Welt ohne Regeln und Spiele hinübergeht, müsst ihr eine Brücke überqueren. Die orangefarbenen Kleider, die *Mala* sind nur zur Überbrückung gedacht. Ihr seid nicht imstande, auf Anhieb alle Regeln fallen zu lassen. Nur deshalb gebe ich euch neue Regeln.

Aber seid euch vollkommen bewusst, dass euer *Sannyas* nicht in eurer Kleidung, nicht in eurer *Mala*, nicht in eurem neuen Namen besteht. Wahres *Sannyas* wird es sein, wenn ihr keinen Namen mehr tragt, wenn ihr namenlos geworden seid. Dann wird es keine Regeln mehr geben. Wenn ihr so gewöhnlich geworden seid, werdet ihr nicht mehr zu erkennen sein. Und erst dann …

Aber denkt jetzt nicht, dass ihr deshalb nicht Sannyasins werden und das orangefarbene Gewand tragen müsst. Das wäre wieder nur ein Trick des Verstandes. Ihr müsst da durch und ihr solltet da hindurchgehen. Ihr könnt es nicht überspringen. Wenn ihr versucht, es zu überspringen, gelangt ihr nie ans andere Ufer.

Zuerst die Regeln dieser Welt, dann die Regeln von *Sannyas* und schließlich ein Zustand ohne Regeln. Dazu sind keine Gebote nötig. Ändere nicht die alten Gebote; sie können so bleiben, wie sie sind. *Sei* einfach. Sei einfach *du*. Folge dem Sein. Und fließe in das Sein.

Genug für heute.

X

Der Meister des Schweigens

Buddha sollte eines Tages
einen besonderen Vortrag halten,
und Tausende von Anhängern waren viele Meilen weit
aus dem ganzen Umkreis gekommen.
Als Buddha auftauchte, hielt er eine Blume in der Hand.
Die Zeit verging, aber Buddha sagte nichts.
Er betrachtete nur schweigend die Blume.
Die Menge wurde unruhig,
aber endlich konnte Mahakashyapa
nicht länger an sich halten und lachte.
Buddha winkte ihn zu sich,
überreichte ihm die Blume und sagte zu der Menge:
»Ich habe das Auge der wahren Lehre.
Alles, was mit Worten gegeben werden kann,
habe ich euch gegeben.
Doch mit dieser Blume übergebe ich
Mahakashyapa den Schlüssel zu dieser Lehre.«

Der Schlüssel zu allen Lehren, nicht nur eines Buddha, sondern aller Meister – Jesus, Mahavira, Laotse –, kann nicht durch verbale Kommunikation gegeben werden. Der Schlüssel kann nicht durch den Verstand vermittelt werden. Nichts kann darüber gesagt werden. Je mehr man darüber sagt, umso schwieriger wird es zu vermitteln. Ein Buddha und ihr lebt in so verschiedenen Dimensionen, nicht nur verschieden, sondern so völlig entgegengesetzt, dass alles, was ein Buddha sagt, missverstanden wird.

Eines Abends treffen sich drei schwerhörige Damen auf der Straße. Es ist ein sehr windiger Tag, und eine der Frauen sagt: »Windig, nicht wahr?«

Die Zweite sagt: »Witzig? Nein, das ist ätzend.«

Und die Dritte sagt: »Etwas essen? Das möchte ich auch. Lasst uns dort drüben in das Restaurant gehen.«

Genau so ist es, wenn ein Buddha etwas zu euch sagt. Er sagt: »Windig?« Ihr sagt: »Witzig? Nein, das ist ätzend.« Das physische Ohr ist in Ordnung, aber es fehlt das spirituelle Ohr. Ein Buddha kann nur mit einem anderen Buddha reden, das ist die Schwierigkeit. Aber mit einem anderen Buddha besteht kein Bedürfnis zu reden. Buddha muss mit denen reden, die nicht erleuchtet sind. Mit ihnen besteht das Bedürfnis zu reden und zu kommunizieren. Aber diese Kommunikation ist unmöglich.

Von Farid, einem mohammedanischen Heiligen, wird berichtet, dass er einmal in die Gegend von Benares kam, wo Kabir[21] lebte. Farids Anhänger sagten: »Es wäre großartig, wenn du mit Kabir zusammentreffen könntest. Es wäre ein solcher Segen für uns!«

Und bei Kabir und seinen Anhängern geschah dasselbe: Als sie hörten, dass Farid in der Nähe sei, sagten sie zu Kabir: »Es wäre gut, wenn du Farid bitten würdest, ein paar Tage in unserem Ashram zu verbringen.«

Farids Schüler sagten: »Eure Gespräche wären eine wunderbare Gelegenheit für uns. Wir würden gerne hören, was zwei Erleuchtete sich zu sagen haben.«

Farid lachte, als er seine Schüler das sagen hörte, und antwortete: »Es wird ein Treffen geben, aber ich glaube nicht, dass es ein Gespräch geben wird. Wir wollen sehen.«

Und Kabir sagte: »Also fragt Farid und ladet ihn ein, hierherzukommen und ein wenig zu bleiben. – Aber wer als Erster redet, beweist damit nur, dass er nicht erleuchtet ist.«

Farid kam, und Kabir empfing ihn. Sie lachten und umarmten einander und dann saßen sie schweigend. Farid blieb zwei Tage, und sie saßen viele Stunden lang beisammen. Die Schüler warteten ungeduldig, dass sie irgendetwas sagen, irgendetwas von sich geben würden. Aber es wurde kein einziges Wort kommuniziert.

Am dritten Tag, bevor Farid abreiste, kam Kabir, um ihm Adieu zu sagen. Wieder lachten sie, umarmten einander und gingen auseinander.

Bei seiner Abreise versammelten sich Farids Schüler um ihn und sagten: »Wie unsinnig! Was für eine Zeitverschwendung! Wir hatten gehofft, dass etwas geschehen würde, aber nichts geschah. Wieso bist du plötzlich so stumm geworden? Zu uns redest du so viel!«

Und Farid antwortete ihnen: »Alles, was ich weiß, weiß er auch. Es gibt nichts zu sagen. Ich habe ihm in die Augen geschaut: Er ist genau da, wo ich auch bin. Alles, was er gesehen hat, habe ich auch gesehen. Alles, was er erkannt hat, habe ich auch erkannt. Es gibt nichts zu sagen.«

Zwei Unwissende können etwas miteinander bereden. Sie reden viel; sie tun nichts anderes, als zu reden. Zwei Erleuchtete haben nichts miteinander zu bereden; es wäre absurd. Was zwei Unwissende miteinander bereden, ist bedeutungslos, denn sie haben nichts zu vermitteln. Sie wissen nichts, was gesagt werden könnte, gesagt werden müsste, aber trotzdem reden sie immer weiter. Ihr Geplausche ist nur eine Katharsis, ein Ausagieren ihrer Verrücktheit. Und sie können nicht anders; sie brauchen ein Ventil.

Zwei Erleuchtete haben nichts miteinander zu bereden, weil sie das gleiche Wissen haben. Es gibt nichts zu sagen. Eine sinnvolle Kommunikation kann nur zwischen einem Erleuchteten und einem Unerleuchteten stattfinden, denn der eine weiß und der andere ist noch unwissend. Eine sinnvolle Kommunikation, sage ich, was aber nicht heißt, dass die Wahrheit vermittelt werden könnte. Nur ein paar

Hinweise, ein paar Andeutungen, ein paar Winke können gegeben werden, sodass ihr bereit werdet, den Sprung zu machen. Die Wahrheit kann nicht vermittelt werden, aber der Durst kann auf euch übertragen werden. Durch Worte lässt sich keine Lehre, die diesen Namen verdient, vermitteln.

Buddha redete. Ihr werdet kaum jemand anderen finden, der so viel geredet hat wie er. Die Gelehrten haben alle Schriften, die im Namen Buddhas existieren, studiert, und sie sagen, es sei ausgeschlossen, dass er das alles sagte. Nach seiner Erleuchtung lebte er noch vierzig Jahre, ständig auf Wanderschaft von einem Dorf zum nächsten. Er wanderte durch ganz Bihar[22], und der Name Bihar kommt daher, dass Buddha dort wanderte. *Bihar* bedeutet »Wanderpfade des Buddha«. Die ganze Provinz wurde Bihar genannt, weil sie die Grenze definiert, innerhalb derer Buddha wanderte – sein *Bihar*, seine Wanderungen.

Er war ständig unterwegs; nur während der Regenzeit verweilte er an einem Ort und ruhte sich aus. Viel Zeit ging allein durch das Gehen verloren, und schließlich musste er ja auch schlafen. Die Gelehrten haben nachgerechnet und sie sagen: »Es erscheint unmöglich: Schlafen, Gehen und die anderen täglichen Verrichtungen – und es gibt so viele Schriften ... Wie kann er so viel geredet haben? Nur wenn er vierzig Jahre lang pausenlos geredet hat, kann er das alles gesagt haben!« – Nun, jedenfalls hat er ganz viel geredet, und ständig. Dennoch sagt er: »Der Schlüssel kann nicht durch Worte übermittelt werden.«

Diese Zen-Geschichte ist eine der wichtigsten. Mit dieser Geschichte beginnt die ganze Tradition des Zen. Mahakashyapa war der allererste Meister des Zen. Buddha ist das Fundament, und Mahakashyapa ist der erste, ursprüngliche Meister des Zen. Diese Geschichte ist die Quelle, aus der die ganze Tradition des Zen, eine der schönsten und lebendigsten religiösen Traditionen, die wir auf Erden haben, entsprang.

Versucht, diese Geschichte zu verstehen. Buddha kam eines Morgens, und wie gewöhnlich hatte sich eine große Menschenmenge versammelt. Viele waren gekommen und warteten, ihn zu hören. Aber eines war ungewöhnlich: Buddha hielt eine Blume in der Hand. Noch nie zuvor hatte er irgendetwas in der Hand gehalten. Die Leute dachten, vielleicht habe ihm jemand diese Blume geschenkt. Buddha kam und setzte sich unter den Baum. Die Menge wartete und wartete und wartete, aber er sagte nichts. Er sah sie nicht einmal an, er sah immer nur auf die Blume. Es vergingen Minuten, dann Stunden, und die Leute wurden sehr unruhig.

Es wird erzählt, dass Mahakashyapa schließlich nicht mehr an sich halten konnte: Er lachte laut. Buddha rief ihn zu sich, überreichte ihm die Blume und sagte zu der versammelten Menge: »Alles, was mit Worten gesagt werden kann, habe ich euch gesagt, und das, was nicht mit Worten gesagt werden kann, gebe ich Mahakashyapa. Der Schlüssel kann nicht mit Worten kommuniziert werden. Den Schlüssel übergebe ich an Mahakashyapa.«

Die Zen-Meister nennen dies »die Übertragung des Schlüssels ohne Schriften« – jenseits der Schriften, jenseits der Worte, jenseits des Verstandes. Er gab die Blume an Mahakashyapa. Niemand konnte verstehen, was da geschehen war. Weder Mahakashyapa noch Buddha haben danach je darüber gesprochen. Das Kapitel wurde einfach geschlossen. Seit damals, vor fünfundzwanzig Jahrhunderten, haben Buddhisten überall – in China, Tibet, Thailand, Burma, Japan, Sri Lanka – immer wieder gefragt: »Was ist es, was Mahakashyapa von Buddha erhielt? Was war der Schlüssel?«

Die ganze Geschichte mutet sehr esoterisch an. Buddha ist sonst kein Geheimnistuer. Dies ist die einzige Begebenheit ... Buddha ist ein sehr rationaler Mensch. Er redet vernünftig, er ist kein verrückter Ekstatiker. Er argumentiert rational, und seine Argumente, seine Folgerungen sind absolut logisch, lückenlos. Dies ist die einzige Begebenheit, bei der er sich unlogisch verhielt und etwas Rätselhaftes, Mysteriöses tat. Ansonsten ist er überhaupt nicht mysteriös. Man findet keinen weniger rätselhaften Meister als ihn.

Jesus ist sehr geheimnisvoll, Laotse absolut rätselhaft. Aber Buddha ist geradeheraus und durchschaubar, nicht geheimnisumwoben, nicht in Nebel gehüllt. Seine Flamme brennt klar und hell, klar und absolut durchsichtig, ohne Rauch. Dies ist das einzige Ereignis, das geheimnisvoll erscheint. Darum wird in den meisten buddhistischen Schriften diese Anekdote nirgends erwähnt. Man hat sie einfach unter den Tisch fallen lassen. Es ist, als hätte jemand sie erfunden. Was Buddhas Leben und Einstellung angeht, fällt sie völlig aus dem Rahmen.

Aber für Zen ist dies der Ursprung. Mahakashyapa wurde zum ersten Träger des Schlüssels. Danach gab es in Folge sechs weitere Träger in Indien, bis zu Bodhidharma. Er war der sechste Träger des Schlüssels, und dann suchte und suchte er überall in Indien nach einem Nachfolger, aber er konnte niemanden vom Kaliber eines Mahakashyapa finden – einen Menschen, der Schweigen verstand. Er musste von Indien fortgehen, um jemanden zu finden, dem er den Schlüssel übergeben konnte. Der Schlüssel wäre sonst verloren gegangen.

Der Buddhismus kam nach China durch Bodhidharma, der auf der Suche war nach einem, dem er den Schlüssel übergeben konnte, einem, der Schweigen verstand, der von Herz zu Herz sprechen konnte, ohne vom Intellekt besessen zu sein, einem »Mann ohne Kopf«. In Indien war ein Mann ohne Kopf schwer zu finden, denn Indien ist ein Land der Pandits, der Schriftgelehrten und Theologen, und die haben die größten Köpfe überhaupt. Ein Pandit verlernt mit der Zeit alles, was das Herz angeht. Er lebt nur noch im Kopf. Seine ganze Persönlichkeit gerät aus der Balance, als würde nur der Kopf existieren, während der übrige Körper schrumpft und unwichtig wird.

Eine Kommunikation jenseits von Worten ist nur möglich von Herz zu Herz. Neun Jahre lang suchte Bodhidharma in China und schließlich fand er einen Mann, einen einzigen. Neun Jahre saß er, ohne jemanden anzuschauen, immer mit dem Gesicht zur Wand. Wärt ihr zu ihm gekommen, um ihm zuzuhören, hättet ihr ihn mit dem Gesicht zur Wand, mit dem Rücken zu euch sitzend angetroffen. Die Leute fragten ihn ständig: »Warum sitzt du in dieser seltsamen Weise? Wir sind gekommen, dir zuzuhören.« Dann antwortete Bodhidharma: »Ich warte auf den, der mir zuhören kann. Ich werde euch nicht anschauen; ich will nicht meine Zeit verschwenden. Ich werde nur den anschauen, der mir zuhören kann.«

Und schließlich kam einer. Er stand hinter Bodhidharma, schnitt sich die rechte Hand ab, warf sie Bodhidharma hin und sagte: »Dreh dich um, oder ich schneide mir den Kopf ab!«

Bodhidharma drehte sich sofort um und sagte: »Gut! Da bist du endlich! Empfange den Schlüssel und nimm mir die Arbeit ab.«

Diesen Schlüssel, den Buddha an Mahakashyapa weitergegeben hatte, übergab nun Bodhidharma diesem Mann. So wurde ein Chinese zum siebten Zen-Meister. Und bis heute ist dieser Schlüssel immer weitergewandert. Er existiert noch irgendwo. Irgendjemand ist Träger dieses Schlüssels. Der Fluss ist nicht versiegt.

Wenn es nach mir ginge, könnten alle Schriften von Buddha verschwinden, und es wäre nichts verloren. Nur diese eine Anekdote, die darf nicht verschwinden. Sie ist das Kostbarste überhaupt. Doch die Gelehrten haben sie aus Buddhas Biografie gestrichen. Sie fanden: »Das ist irrelevant. Es passt nicht zu Buddha.« Aber ich sage euch: Alles, was Buddha getan hat, war ziemlich gewöhnlich; jeder könnte das tun. Aber dies hier ist außergewöhnlich, dies ist einzigartig. Nur ein Buddha kann so etwas tun.

Was geschah an jenem Morgen? Lasst uns tiefer in die Geschichte eindringen.

Buddha kam also, setzte sich hin und fing an, die Blume zu betrachten. Er schaute nicht die Leute an; für ihn wurde die Blume zur Wand – wie bei Bodhidharma, der nur die Wand anschaute und keinen Blick auf die Leute verschwendete. Die Blume wurde zur Wand, und die Menge verschwand. Buddha ließ seinen Blick auf der Blume ruhen. Was tat er da? Wenn ein Buddha etwas anschaut, überträgt sich seine Bewusstseinsqualität. Eine Blume ist eines der empfindsamsten Wesen auf dieser Welt. Darum gehen Hindus und Buddhisten mit Blumen in den Tempel oder legen sie zu Füßen ihres Meisters, denn eine Blume vermag etwas von eurem Bewusstsein aufzunehmen und zu transportieren.

Eine Blume ist äußerst empfindsam. Jüngere Forschungsergebnisse aus dem Westen bestätigen dies. Ihnen zufolge sind Pflanzen viel empfindsamer als wir Menschen. Eine Blüte ist das Herz einer Pflanze; ihr ganzes Wesen drückt sich darin aus. In Russland, in den Vereinigten Staaten, in England wurde viel über die Sensibilität der Pflanzen geforscht, und man hat unglaubliche Dinge entdeckt.

Ein Wissenschaftler untersuchte, wie Pflanzen fühlen, ob sie überhaupt etwas fühlen, ob sie Emotionen haben. Er setzte sich neben eine Pflanze, an der er Elektroden befestigt hatte, die jede innere Regung, jede Empfindung, jede Emotion der Pflanze registrieren konnten. Bei dem Gedanken »Was passiert, wenn ich die Pflanze abschneide oder einen Zweig abreiße oder sie unten zurückschneide?« schlug unmittelbar die Nadel aus, mit der eine Kurve erstellt wurde. Er hatte noch nichts getan, nur diesen Gedanken erwogen: »Wenn ich die Pflanze abschneide ...« Die Pflanze bekam Todesangst, und die Nadel machte einen Sprung; sie zeichnete das innere Zittern der Pflanze auf. Da wurde es sogar dem Wissenschaftler unheimlich. Er hatte noch gar nichts getan, nur diesen Gedanken gedacht – und die Pflanze hatte seinen Gedanken aufgenommen. Pflanzen waren telepathisch!

Er intensivierte seine Forschungsarbeit, experimentierte mit größeren Entfernungen. Die Pflanze – seine Pflanze, die er selbst aufgezogen, gegossen und geliebt hatte – wurde Tausende Kilometer weit weggebracht. Und es zeigte sich, dass die Pflanze selbst in großer Entfernung beunruhigt war, wenn er mit negativen Gedanken an sie dachte. Das ließ sich mit den technischen Instrumenten nachweisen. Doch nicht nur das: Der Gedanke, eine bestimmte Pflanze abzuschneiden, wirkte auch auf alle anderen Pflanzen im Umkreis beunruhigend. Und wenn eine Person, die eine Pflanze abgeschnitten hatte, in den Garten kam, reagierten sämtliche Pflanzen mit Unruhe, als wüssten sie, dass diese Person nichts Gutes im Schilde führte. Jedes Mal, wenn diese Person in den Garten kam, fühlten sich die Pflanzen offenbar bedroht.

Einige Wissenschaftler sind der Ansicht, Pflanzen könnten zur telepathischen Kommunikation dienen, weil sie sensibler sind als der Mensch. Manche meinen sogar, Pflanzen könnten dazu dienen, Botschaften von anderen Planeten zu empfangen, wozu unsere Instrumente nicht ausreichen.

Im Osten hat man schon immer gewusst, dass eine Blume außerordentlich empfindsam ist. Als Buddha diese Blume anschaute und seinen Blick so lange auf ihr ruhen ließ, übertrug sich etwas von ihm auf diese Blume. Buddha versetzte sich in das Innere der Blume. Seine Seinsqualität, die Wachheit, die Bewusstheit, der Frieden, die Ekstase, die innere Harmonie – das alles berührte die Blume. Als Buddha die Blume so entspannt und natürlich betrachtete, ohne Wunsch und Ziel, da hat sie wohl innerlich getanzt vor Freude. Durch seinen Blick übertrug sich etwas von ihm auf die Blume. Das muss man verstehen. Über längere Zeit existierten nur noch er und die Blume; die ganze Welt fiel ab. Nur Buddha und die Blume waren vorhanden. Die Blume berührte Buddhas innersten Kern, und Buddha berührte den innersten Kern der Blume.

Danach erhielt Mahakashyapa die Blume. Nun war es nicht einfach eine Blume – sie war durchtränkt mit Buddhaschaft. Sie hatte die innere Seinsqualität Buddhas in sich aufgenommen. Aber warum ausgerechnet Mahakashyapa? Es gab auch andere – große Gelehrte, zehn großartige Schüler. Mahakashyapa war nur einer von ihnen. Gewiss wurde er nur wegen dieser Geschichte in die Liste aufgenommen, sonst hätte man ihn nie dazugerechnet.

Wir wissen nicht viel über Mahakashyapa. Es gab dort große Gelehrte, etwa Sariputta, der einen scharfen Geist hatte wie kein anderer, oder Moggalana, ebenfalls ein großer Gelehrter, der sämtliche Vedas auswendig wusste und alle Schriften der damaligen Zeit kannte, überdies ein großer Logiker, der selbst Tausende von Schülern hatte. Und noch einige andere, wie Ananda, ein Cousin von Buddha, der vierzig Jahre lang ständig mit ihm umherzog. Aber nein, ein völlig Unbekannter, Mahakashyapa, erhielt die Blume und war plötzlich die Hauptperson. Damit änderte sich die ganze Konstellation. Immer wenn Buddha seine Vorträge gehalten hatte, war Sariputta die Hauptfigur gewesen, weil er mehr von den Schriften verstand als alle anderen. Und wenn Buddha argumentierte, war Moggalana die Hauptfigur. Niemand hatte Mahakashyapa je beachtet. Er gehörte zur Masse, war nur einer von vielen.

Als Buddha still wurde und ins Schweigen trat, veränderte sich die ganze Lage. Moggalana und Sariputta verloren ihre Wichtigkeit; sie traten in den Hintergrund und verschwanden von der Bildfläche. Sie wurden einfach ein Teil der Menge. Ein völlig neuer Mann, Mahakashyapa, wurde zur Hauptfigur. Damit öffnete sich eine neue Dimension. Als Buddha schwieg, waren alle unruhig geworden und dachten: »Weshalb redet Buddha nicht? Warum bleibt er so still? Was hat er vor? Wann nimmt das endlich ein Ende?« Sie fühlten sich unruhig und unbehaglich.

Doch Mahakashyapa fühlte kein Unbehagen, keine Unruhe. Tatsächlich fühlte er sich erstmalig richtig wohl mit Buddha; erstmalig fühlte er sich bei ihm völlig zu Hause.

Vielleicht wurde er eher unruhig, wenn Buddha redete, und hatte gedacht: »Was soll dieser Unsinn? Was redet er so viel? Es wird doch nichts dabei vermittelt, nichts wird verstanden. Warum rennt er ständig mit dem Kopf gegen die Wand? Diese Leute sind taub. Sie können nichts begreifen.« Er muss sich unwohl gefühlt haben, wenn Buddha redete. Jetzt fühlte er sich zum ersten Mal zu Hause. Er konnte das Schweigen verstehen.

Tausende waren gekommen, und alle wurden unruhig. Da konnte er nicht an sich halten, als er die törichte Menge sah. Sie fühlten sich nur wohl, wenn Buddha sprach. Wenn er still war, wurden sie nervös. Jetzt, wo etwas hätte übermittelt werden können, waren sie nicht offen dafür. Wenn aber gar nichts zu vermitteln war, erwarteten sie es. Jetzt, wo Buddha durch sein Schweigen ihnen etwas Unsterbliches zu geben hatte, verstanden sie es nicht. Da konnte Mahakashyapa sich nicht mehr zurückhalten und lachte lauthals. Er lachte über die ganze Situation, über die ganze Absurdität.

Wir erwarten sogar von einem Buddha, dass er redet, weil das alles ist, was wir verstehen können. Das ist töricht. Ihr müsst lernen, bei einem Buddha still zu werden. Erst dann kann er in euer Sein eintreten. Mit Worten kann er zwar an eure Tür klopfen, aber er kann nicht eintreten. In der Stille kann er in euch hinein. Und solange er nicht in euch hineinkommt, wird bei euch nichts passieren. Sein Eintritt in euer Sein bringt ein neues Element in eure Welt. Sein Eintritt in euer Herz gibt euch einen neuen Herzschlag, einen neuen Puls, eine Befreiung, ein neues Leben. Aber nur, wenn ihr ihn hereinlasst.

Mahakashyapa lachte über die Torheit der Menschen. Sie sind unruhig und denken: »Wann wird Buddha endlich aufstehen und dieses Schweigen beenden, damit wir nach Hause gehen können?« Da musste er lachen.

Mit Mahakashyapa beginnt das Lachen. Und seit damals hat es sich in der Zen-Tradition immer weiter fortgesetzt. Es gibt keine andere religiöse Tradition, in der so gelacht wird. Für die anderen ist das Lachen etwas Unreligiöses, Profanes. Man kann sich Jesus nicht lachend vorstellen, kann sich Mahavira nicht lachend vorstellen. Es ist unvorstellbar, dass Mahavira einmal so richtig aus dem Bauch gelacht haben könnte. Oder dass Jesus brüllte vor Lachen. Nein, das Lachen wurde abgelehnt, aber die Traurigkeit als religiös erachtet.

Einer der berühmten deutschen Denker, Graf Keyserling, schrieb einmal, Gesundheit sei unreligiös. Krankheit habe etwas Religiöses an sich, weil ein kranker Mensch traurig und wunschlos sei – nicht weil er wunschlos geworden sei, sondern weil er so schwach sei. Ein gesunder Mensch will lachen, er möchte Spaß haben, möchte fröhlich sein; er kann nicht traurig sein.

So haben die Religionen und deren Vertreter auf vielerlei Art versucht, euch krank zu machen: durch Fasten, Unterdrückung des Körpers, Selbstkasteiung. Dann werdet ihr traurig und lebensmüde. Ihr kreuzigt euch selbst. Wie könntet ihr da noch lachen? Lachen kommt aus der Gesundheit. Es ist ein Überfluss an Energie. Darum lachen die Kinder, und sie lachen total. Der ganze Körper lacht mit. Wenn sie lachen, kann man sehen, wie sogar ihre Zehen lachen. Der ganze Körper, jede Zelle, jede Faser ihres Körpers schüttelt sich vor Lachen. Sie strotzen vor Gesundheit und Vitalität. Alles ist im Fluss.

Ein trauriges Kind ist ein krankes Kind. Doch ein alter Mensch, der noch lachen kann, ist jung. Nicht einmal der Tod kann ihn alt machen; nichts kann ihn alt machen. Seine Energie fließt noch und sie fließt über. Sie ist ständig am Überfließen. Lachen ist ein Überfluss an Energie.

In den Zen-Klöstern wurde gelacht und gelacht und gelacht. Nur im Zen wurde Lachen zum Gebet, und Mahakashyapa hat damit angefangen. An einem Morgen wie heute, vor fünfundzwanzig Jahrhunderten, startete Mahakashyapa einen neuen Trend, absolut neu und dem religiösen Geist bis dato völlig unbekannt: Er lachte.

Er lachte über die ganze Absurdität, die ganze Dummheit. Und Buddha verurteilte es nicht. Im Gegenteil, er rief ihn zu sich, überreichte ihm die Blume und richtete das Wort an die Menge. Als die Menge das Lachen hörte, müssen die Leute gedacht haben: »Dieser Mann ist verrückt geworden. Was für eine Respektlosigkeit Buddha gegenüber! Wie kann er in Buddhas Gegenwart lachen? Wie kann er lachen, während Buddha schweigend dasitzt? Dieser Mann kennt keinen Respekt.« Der Verstand deutet es als Respektlosigkeit.

Der Verstand hat seine eigenen Regeln, aber die kennt das Herz nicht. Das Herz hat seine eigenen Regeln, von denen der Verstand keine Ahnung hat. Das Herz kann lachen und dennoch respektvoll sein. Der Verstand kann nicht lachen. Um Respekt zu zeigen, kann er nur ernsthaft sein. Aber was ist das für ein Respekt, der nicht lachen kann? Mit Mahakashyapas Lachen kam eine völlig neue Entwicklung zum Tragen, und über Jahrhunderte hat sich dieses Lachen fortgesetzt. Nur Zen-Meister und Zen-Schüler lachen.

Überall auf der Welt sind die Religionen krank vor lauter Ernsthaftigkeit. Ihre Tempel und Kirchen sind die reinsten Friedhöfe. Sie sind alles andere als einladend, vermitteln kein Gefühl von Festlichkeit, von Feiern. Wenn du eine Kirche betrittst, was siehst du? Nicht das Leben, sondern den Tod: den Gekreuzigten. Jesus am Kreuz vervollständigt die ganze Trübsal. Könnt ihr in einer Kirche lachen und tanzen und singen? Gesungen wird zwar, aber lustlos, mit langen Gesichtern. Wen wundert's, dass keiner in die Kirche gehen will? Es ist nur eine gesellschaftliche Pflicht, die erfüllt werden muss. Wen wundert's, dass keiner sich von der Kirche angezogen fühlt? Es ist nur eine Formalität. Religion ist zu einem Sonntagsauftritt geworden. Eine Stunde lang kann man es gerade noch aushalten, Trübsal zu blasen.

Mahakashyapa lachte in Gegenwart von Buddha, und seither haben Zen-Mönche, *Sannyasins* und Meister alle möglichen Sachen veranstaltet, von denen religiöse Geister, sogenannte »Fromme«, sich überhaupt keine Vorstellung machen können.

Wenn ihr schon einmal ein Buch über Zen in der Hand hieltet, dann habt ihr vielleicht Bilder, gemalte Darstellungen von Zen-Meistern gesehen. Keines dieser Bilder entspricht der Wirklichkeit. Wenn ihr euch Bodhidharmas Bild anseht, oder Mahakashyapas Bild ... Es sind keine realistischen Darstellungen ihrer Gesichter, doch bei ihrem Anblick steigt sofort ein Lachen auf. Sie sind zu köstlich, einfach zum Lachen.

Nehmt zum Beispiel Bodhidharmas Bild. Er war sicher einer der schönsten Menschen; anders kann es gar nicht sein. Immer wenn ein Mensch erleuchtet wird, strahlt er eine Schönheit aus, die vom Jenseitigen herrührt. Sein ganzes Wesen ist gesegnet. Aber seht euch mal das Bild von Bodhidharma an: Er sieht so fuchsteufelswild und gefährlich drein! Sein Blick ist so grimmig, dass ihr Angst bekämet, würde er euch in der Nacht besuchen. Ihr könntet nie wieder im Leben einschlafen. Er sieht so gefährlich aus, als wollte er euch gleich umbringen. Aber es waren die Schüler, die sich über ihren Meister lustig machten und ein albernes Porträt schufen. Es ist wie eine Karikatur.

Alle Zen-Meister sind in dieser humorvollen Art dargestellt. Die Schüler lieben das. Aber die Porträts vermitteln den Eindruck, als wäre Bodhidharma gemeingefährlich: Er wird dich töten, wenn du zu ihm gehst. Du kannst ihm nicht entgehen. Er wird dich verfolgen und dir überall nachstellen. Wo immer du auch hingehst, wirst du ihn vorfinden. Und ehe er dich nicht getötet hat, lässt er dir keine Ruhe. So wurden alle diese Zen-Meister dargestellt, und selbst Buddha.

Die japanischen und chinesischen Pinselmalereien von Buddha haben keine Ähnlichkeit mit dem indischen Buddha. Man hat ihn völlig anders dargestellt. Auf den indischen Bildern hat Buddha einen wohlproportionierten Körper, absolut perfekt. Er war schließlich ein Prinz, und noch dazu ein Buddha – ein schöner Mann, vollendet und wohlproportioniert. Aber wenn ihr das Bild eines japanischen Buddhas seht … Sie haben alles irgendwie verzerrt und übertrieben. Solch ein dicker Bauch? Buddha hatte keinen dicken Bauch. Japanische Bilder und Statuen zeigen ihn mit einem großen Bauch, weil ein lachender Mann einen großen Bauch haben muss. Dieses Lachen aus dem Bauch wäre unmöglich mit einem kleinen Bäuchlein. Es geht gar nicht. Diese Leute machen Witze über Buddha; sie erzählen sich alles Mögliche über ihn. Nur eine sehr tiefe Liebe ist dazu imstande, sonst wäre es beleidigend.

Der Meister Bankei hatte immer ein Bild von Buddha direkt hinter sich, und wenn er zu seinen Schülern redete, sagte er: »Seht euch diesen Burschen an! Wenn ihr ihn irgendwo trefft, bringt ihn sofort um! Lasst ihm keine Chance. Er wird auftauchen, um euch beim Meditieren zu stören. Sobald ihr sein Gesicht in der Meditation seht, bringt ihn auf der Stelle um, sonst verfolgt er euch.« Und er pflegte auch zu sagen: »Seht euch diesen Kerl an! Wenn ihr seinen Namen rezitiert …« – denn die Buddhisten rezitieren oftmals: *Namo Buddhaya, Namo Buddhaya.* »Wenn ihr seinen Namen rezitiert, spült euch anschließend den Mund aus.« Das erscheint wie eine Beleidigung. Es geht um den Namen Buddhas, und dieser Typ sagt: »Wenn ihr seinen Namen rezitiert, müsst ihr euch erst einmal den Mund ausspülen. Euer Mund ist verunreinigt worden.«

Und Recht hat er. Worte sind Worte. Ob es Buddhas Name ist oder etwas anderes, spielt dabei keine Rolle. Jedes Wort, das in euren Gehirnwindungen auftaucht, verunreinigt sie. Ihr braucht eine Gehirnwäsche. Spült sogar Buddhas Namen heraus. Und dieser Meister, der Buddhas Porträt immer hinter sich aufstellte, verbeugte sich jeden Morgen davor. Seine Schüler fragten ihn: »Was tust du? Ständig sagst du uns: ›Tötet diesen Mann! Erlaubt nicht, dass er euch im Weg steht.‹ Du sagst, wir sollten seinen

Namen nicht benutzen, ihn nicht rezitieren. Wenn er auftaucht, sollten wir uns den Mund ausspülen. Und jetzt stehst du hier und verbeugst dich vor ihm!«

Da sagte Bankei: »Dieser Mann, dieser Kerl da, hat mir das alles beigebracht. Dafür muss ich ihm die Ehre erweisen.«

Mahakashyapa lachte, und dieses Lachen beinhaltet viele Dimensionen. Einmal die Absurdität der ganzen Situation: ein schweigender Buddha, den niemand verstehen kann, und jeder erwartet, dass er redet. Sein Leben lang hatte Buddha immer gesagt: »Die Wahrheit kann nicht ausgesprochen werden«, und trotzdem erwarteten alle, dass er sprechen sollte.

Die zweite Dimension: Er lachte auch über Buddha, über die ganze dramatische Situation, die dieser kreiert hatte, als er so dasaß mit einer Blume in der Hand, die Blume betrachtete und so viel Unbehagen und Ruhelosigkeit bei allen dadurch auslöste. Über diese dramatische Geste Buddhas musste er lachen.

Die dritte Dimension: Er lachte über sich selbst. Warum hatte er es erst jetzt begriffen? Das Ganze war so einfach, so simpel! An dem Tag, an dem du es begreifst, wirst du ebenfalls lachen, denn es gibt nichts zu begreifen. Es gibt kein Rätsel zu lösen. Alles war schon immer einfach und klar. Wie konntest du es nur verpassen?

Während Buddha so still dasaß, die Vögel in den Bäumen zwitscherten, eine Brise durch die Bäume strich und alle unruhig waren, da begriff Mahakashyapa. Was begriff er? Er begriff, dass es nichts zu begreifen gibt, dass es nichts zu sagen gibt, dass es nichts zu erklären gibt. Die ganze Situation ist einfach und glasklar, nichts ist darin verborgen. Es gibt keinen Grund, irgendetwas zu suchen, denn alles, was ist, ist hier und jetzt, in dir. Er lachte auch über sich selbst, über die ganze absurde Anstrengung vieler Leben: So viel Nachdenken – nur um diese Stille zu verstehen?

Buddha winkte ihn zu sich, gab ihm die Blume und sagte: »Hiermit übergebe ich dir den Schlüssel.« – Was ist der Schlüssel? Stille und Lachen ist der Schlüssel – die Stille innen, das Lachen außen. Und wenn das Lachen aus der Stille kommt, ist es nicht von dieser Welt; es ist göttlich.

Wenn Lachen aus dem Denken kommt, ist es hässlich. Es gehört zu dieser gewöhnlichen, profanen Welt, es ist nicht kosmisch. Dann lachst du über jemand anderen, auf Kosten von jemand anderem, und das ist hässlich und gewalttätig. Wenn das Lachen aus der Stille kommt, lachst du nicht auf Kosten von jemand anderem. Dann lachst du einfach über diesen ganzen kosmischen Witz. Und es ist wirklich ein Witz!

Das ist auch der Grund, warum ich euch ständig Witze erzähle. Witze transportieren mehr als alle Schriften. Es ist ein Witz, denn in deinem Innern hast du schon alles, was du überall suchst. Was könnte ein größerer Witz sein?

Du bist der König und benimmst dich wie ein Bettler auf der Straße. Du spielst diese Rolle und gaukelst nicht nur anderen, sondern vor allem dir selbst vor, du seist ein Bettler. Die Quelle allen Wissens ist in dir, aber du stellst Fragen über Fragen. Das wissende Selbst ist in dir, aber du hältst dich für unwissend. Das Unsterbliche ist in dir, aber du hast Angst und fürchtest Tod und Krankheit. Das ist wirklich ein Witz. Und wenn Mahakashyapa lachte, war es mehr als berechtigt.

Aber außer Buddha verstand ihn niemand. Buddha akzeptierte das Lachen und erkannte, dass Mahakashyapa verwirklicht war, denn sein Lachen hatte kosmische Qualität. Er hatte den ganzen Witz der Situation verstanden. Jetzt gab es nichts mehr zu tun. Das ganze Versteckspiel mit dem Göttlichen war beendet. Die anderen dachten, Mahakashyapa sei ein Narr, dass er in Buddhas Gegenwart so lachte. Doch Buddha dachte, dass dieser Mann nun weise geworden war. Narren haben immer eine subtile Weisheit, und Weise handeln immer wie Narren.

In alten Zeiten hatten alle großen Herrscher einen Hofnarren. Sie waren umgeben von vielen weisen Männern, Ratgebern, Ministern, Premierministern, aber immer war auch ein Narr da. Alle intelligenten und weisen Herrscher, überall auf der Welt, ob im Osten oder Westen, hielten sich einen Spaßmacher, einen Hofnarren. Wozu? – Weil es Dinge gibt, die sogenannte weise Männer nicht verstehen, die nur ein Narr verstehen kann. Die sogenannten Weisen sind so töricht, dass sie bei all ihrer Schlauheit und Gerissenheit ein Brett vor dem Kopf haben.

Ein Narr ist einfacher gestrickt. Darum war ein Narr unverzichtbar, denn die sogenannten Weisen waren häufig nicht imstande, den Mund aufzumachen, weil sie vor dem Herrscher Angst hatten. Ein Narr hat vor niemandem Angst. Er spricht alles aus, ohne Rücksicht auf die Folgen. Ein Narr ist jemand, der nicht an die Folgen denkt.

Auch Krishna sagte zu Arjuna: »Sei ein Narr. Denke nicht an die Folgen, nicht an das Ergebnis. Handle!«

Genau so handeln Narren: ohne zu überlegen, was geschehen wird, was das Ergebnis sein wird. Ein schlauer Mann denkt immer erst an das Ergebnis, bevor er handelt. Zuerst wird überlegt, dann wird gehandelt. Ein Narr handelt, und das Überlegen kommt erst später.

Wenn ein Mensch das Höchste verwirklicht hat, ist er nicht wie eure weisen Männer. Er kann nicht so sein wie sie. Er wird eher euren Narren als euren Weisen gleichen.

Nachdem Franz von Assisi erleuchtet wurde, nannte er sich »Gottes Narr«. Und sogar der Papst, der ein schlauer Fuchs war, dachte, als Franziskus zu ihm kam, dass dieser Mann übergeschnappt sei. Und der Papst war klug, berechnend und schlau, denn wie hätte er sonst Papst werden können?

Um Papst zu werden, muss man ein gewiefter Politiker sein. Von einem künftigen Papst ist keine Heiligkeit gefragt, aber gefragt sind Schlauheit, Gerissenheit, diplomatische Raffinesse, aggressiver Ehrgeiz und rivalisierendes

Denken, um andere beiseitezuräumen, sich seinen Weg zu bahnen und andere als Sprungbrett zu benutzen, um sie dann wieder fallen zu lassen. Es ist ein politisches Spiel. Der Papst ist ein politisches Oberhaupt. Die Religion ist zweitrangig, wenn nicht gar unbedeutend. Der Papst kann ein Theologe sein, aber von Religiosität hat er keine Ahnung. Wie könnte ein wahrhaft religiöser Mensch mit anderen konkurrieren? Wie könnte ein religiöser Mensch kämpfen und intrigieren, um einen Posten zu erlangen? Die Päpste sind nur Politiker.

Der heilige Franziskus kam also, um den Papst zu sehen, und der Papst hielt ihn für einen Narren. Aber die Bäume und Vögel und Fische dachten anders. Wenn der heilige Franziskus zum Fluss kam, sprangen die Fische vor Freude, dass er gekommen war, und Tausende wurden Zeuge dieses Phänomens. Millionen von Fischen sprangen alle gleichzeitig; der Fluss war nicht mehr zu sehen vor lauter springenden Fischen. Der heilige Franziskus war gekommen, und die Fische waren glücklich. Und überall, wo er hinging, folgten ihm die Vögel. Sie kamen herbeigeflogen und setzten sich auf seinen Kopf, seinen Oberkörper, seinen Schoß. Sie verstanden diesen Narren besser, als der Papst es konnte. Selbst Bäume, die am Vertrocknen waren und hätten eingehen müssen, wurden wieder grün und trieben Blüten aus, wenn der heilige Franziskus in ihrer Nähe war. Die Bäume haben es gewusst: Dieser Narr war kein gewöhnlicher Narr – er war Gottes Narr.

Als Mahakashyapa lachte, war er Gottes Narr, und Buddha verstand ihn, denn Buddha war kein Papst. Die buddhistischen Mönche, später dann, verstanden ihn nicht, darum ließen sie die ganze Begebenheit unter den Tisch fallen.

Ich sprach einmal vor einer buddhistischen Gemeinschaft, den Neobuddhisten, und erzählte diese Anekdote. Ihr Priester kam danach zu mir und sagte: »Woher haben Sie diese Geschichte? – Denn das steht nicht in den Schriften, das ist falsch. Ein Mann wie Sie sollte nichts verbreiten, was nicht in den Schriften steht, denn die Menschen werden Ihnen glauben.«

Ich sagte ihm: »Bringen Sie mir Ihre Schrift. Ich werde diese Anekdote hinzufügen und sie in meinem Namen unterschreiben.« Und dann sagte ich: »Es ist wirklich geschehen – ich war dabei.«

Der Priester starrte mich an, als dächte er: »Dieser Mann spinnt! Mit dem kann man nicht reden.«

Ich sagte zu dem Priester: »Ich habe keine Macht, aber Autorität.« Macht ist Sache der Politiker; Autorität ist Sache eines religiösen Menschen. Macht ist abhängig von denen, die sie verleihen, aber Autorität kommt von innen. Also sagte ich ihm: »Ich war Zeuge. Ich kann es Ihnen schriftlich geben, mit meiner Unterschrift; ich kann es bezeugen. Es ist wirklich geschehen. In euren Schriften habt ihr es weggelassen, aber dafür kann ich nichts. Es ist nicht meine Schuld, dass es in euren Schriften fehlt.«

Dieser Mann, dieser Priester, war vorher häufig zu mir gekommen, aber danach kam er nicht mehr. Er ist nie wieder aufgetaucht. Einem Priester ist die tote Schrift wichtiger als der lebende Mensch. Wenn ich ihm sage, dass ich es selbst bezeugen kann, will er es nicht glauben.

Diese Anekdote wurde in den buddhistischen Schriften weggelassen, weil es ein Sakrileg ist, in Anwesenheit von Buddha zu lachen. Man fand es nicht gut, dass diese Geschichte zum Ausgangspunkt der religiösen Tradition des Zen wurde.

Es war kein guter Präzedenzfall, dass ein Mann in Anwesenheit von Buddha lachte. Und man fand es auch nicht gut, dass Buddha gerade diesem Mann den Schlüssel gab, und nicht Sariputta, Ananda, Moggalana oder einem der anderen bedeutenden Männer. Schließlich waren sie es – Sariputta, Ananda und Moggalana –, die Buddhas Schriften aufzeichneten. Mahakashyapa wurde nie gefragt. Und selbst wenn sie ihn gefragt hätten, hätte er nicht geantwortet. Mahakashyapa wurde nie um Rat gefragt, ob er etwas zu sagen habe, was aufgeschrieben werden sollte.

Als Buddha starb, versammelten sich alle Mönche und fingen an, Protokoll zu führen über das, was geschehen war – beziehungsweise nicht geschehen war. Niemand fragte Mahakashyapa. Er wurde offenbar von der *Sangha*, der Mönchsgemeinschaft, ausgeschlossen. Wahrscheinlich waren alle in der Gemeinschaft neidisch auf ihn.

Den Schlüssel hatte ein Mann erhalten, der überhaupt nicht bekannt war, kein großer Gelehrter oder Pandit. Niemand hatte ihn vorher gekannt. Und an diesem Morgen wurde er plötzlich zur Hauptperson, nur aufgrund seines Lachens – und aufgrund des Schweigens.

Und in gewisser Weise hatten sie Recht, denn wie hätte man das Schweigen aufzeichnen sollen? Man kann Worte aufzeichnen. Man kann aufzeichnen, was auf der sichtbaren Ebene geschieht. Aber wie soll man aufzeichnen, was auf der unsichtbaren Ebene geschieht? Diese Leute wussten nur, dass Mahakashyapa die Blume erhielt, sonst wussten sie nichts.

Doch die Blume war nur das Gefäß, in dem sich etwas anderes verbarg: die Buddhaschaft, die Berührung mit Buddhas innerem Sein, das Aroma, das nicht zu sehen ist, der Duft, der nicht aufzuzeichnen ist. Die ganze Begebenheit erscheint fast so, als wäre sie nie passiert, als wäre sie nur ein Traum gewesen.

Die Protokollführer waren alle Männer des Wortes, sachkundige Experten der verbalen Kommunikation, der Gespräche, Vorträge und Disputationen. Von Mahakashyapa hat man nie wieder etwas gehört. Diese Begebenheit ist das Einzige, was man von ihm weiß – eine solche Kleinigkeit, dass die Schriften sie übergingen.

Danach verweilte Mahakashyapa im Schweigen, und der innere Strom ist in der Stille weitergeflossen. Der Schlüssel wurde an andere weitergegeben, und dieser Schlüssel ist immer noch am Leben. Immer noch öffnet er die Tür.

Diese zwei Elemente gehören dazu: die innere Stille – eine Stille, so tief, dass es keine Regung gibt in deinem inneren Sein. Du bist da, aber es regt sich keine Welle. Du bist wie ein spiegelglatter See ohne eine einzige Welle. Dein ganzes Wesen ist absolut still und unbewegt. Innen im Zentrum herrscht Stille. – Und außen, an der Peripherie, ist Feiern und Lachen.

Nur die Stille kann lachen, denn nur die Stille kann den kosmischen Witz verstehen.

Dann wird dein Leben zu einem Fest der Lebensfreude, werden deine Beziehungen zu einer freudvollen Feier. Bei allem, was du tust, wird aus jedem Augenblick ein Fest: Wenn du isst, feierst du das Essen. Wenn du ein Bad nimmst, feierst du das Bad. Wenn du redest, feierst du das Reden. Wenn du in Beziehung bist, feierst du das Zusammensein. Dein ganzes äußeres Leben wird zu einem Fest. Traurigkeit hat darin keinen Platz. Wie könnten Traurigkeit und Stille zusammengehen?

Normalerweise denkt ihr, es sei anders. Ihr denkt, ihr werdet traurig sein, wenn ihr still seid. Ihr denkt: »Wie kann ich die Traurigkeit vermeiden, wenn ich still bin?« Aber ich sage euch: Eine Stille, die mit Traurigkeit einhergeht, kann nicht echt sein. Da ist etwas schiefgelaufen. Da seid ihr vom Weg abgekommen, seid auf einer falschen Spur. Echte Stille zeigt sich durch Feiern – es ist der Beweis, dass eure Stille echt ist.

Worin besteht der Unterschied zwischen echter und unechter Stille? Unechte Stille ist immer erzwungen; sie ist mit Anstrengung verbunden. Sie ist nicht spontan, hat sich nicht von selbst ereignet. Ihr habt sie herbeigeführt. Ihr sitzt zwar still da, aber im Innern ist ein großer Aufruhr. Wenn ihr ihn unterdrückt, könnt ihr nicht mehr lachen. Dann werdet ihr ernst und traurig, denn Lachen wäre gefährlich. Durch Lachen würdet ihr eure Stille verlieren. Wenn ihr lacht, könnt ihr nichts unterdrücken. Lachen und Unterdrücken schließen sich gegenseitig aus. Wenn ihr etwas unterdrücken wollt, dürft ihr um keinen Preis lachen, denn wenn ihr lacht, kommt alles heraus. Das Echte wird sich im Lachen zeigen, und das Unechte wird verschwinden.

Wenn ihr einen Heiligen seht, der traurig aussieht, könnt ihr davon ausgehen, dass seine Stille nicht echt ist. Er kann nicht lachen, kann sich nicht freuen, denn er hat Angst: Wenn er lacht, bricht alles auseinander. Alles Unterdrückte würde hervorkommen; er könnte es nicht beherrschen.

Man kann das bei kleinen Kindern beobachten. Wenn Gäste zu euch kommen, und ihr sagt den Kindern: »Ihr dürft aber nicht lachen!« – Was tun sie? Sie machen den Mund zu und halten die Luft an, damit das Lachen nicht herausplatzt. Das wird schwierig. Sie schauen irgendwo anders hin, damit sie es nicht vergessen. Sie machen sogar die Augen zu, oder halb zu, und halten die Luft an.

Wenn ihr etwas unterdrückt, kann der Atem nicht tief gehen. Lachen erfordert tiefes Atmen. Sobald ihr lacht, vertiefen sich die Atemzüge. Der Grund, warum kaum jemand tief atmet, sondern nur ganz flach, liegt darin, dass ihr in eurer Kindheit so viel unterdrückt habt, dass ihr gar nicht mehr tief atmen könnt. Sobald ihr tiefer atmet, bekommt ihr Angst. Mit dem Atem habt ihr eure Sexualität unterdrückt, mit dem Atem habt ihr euer Lachen unterdrückt, mit dem Atem habt ihr eure Wut unterdrückt. Die Atmung ist der Mechanismus, durch den die Gefühle und Empfindungen entweder unterdrückt oder freigesetzt werden. Deshalb betone ich so sehr die Wichtigkeit des chaotischen Atmens.

Wenn ihr chaotisch atmet, können das Lachen, das Brüllen und alles andere hochkommen. Eure ganzen unterdrückten Emotionen werden rausgeworfen. Sie können nicht anders herauskommen, weil ihr sie mithilfe des Atems unterdrückt habt.

Seht mal, was geschieht, wenn ihr etwas unterdrückt. Wie macht ihr das? Ihr atmet nicht mehr tief, sondern ganz flach, nur mit dem oberen Teil der Lunge. Ihr vermeidet es, tiefer nach unten zu atmen, wo ihr alles Unterdrückte hingetan habt. Im Bauch ist alles, was ihr unterdrückt habt. Wenn ihr richtig herzhaft lacht, schüttelt sich der ganze Bauch. Darum wird Buddha mit diesem riesigen Bauch dargestellt. Sein Bauch ist so entspannt, dass er nicht mehr als Sammelbehälter für alles Unterdrückte dient. Wenn ihr einen traurigen Heiligen seht, ist er mehr traurig als heilig. Er hat es geschafft, sich irgendwie zur Ruhe zu zwingen, aber er ist ständig in Angst, denn alles kann seine Ruhe stören.

Echte Stille kann durch nichts gestört werden. Im Gegenteil: Alles trägt dazu bei, dass sie zunimmt. Wenn ihr wirklich still seid, könnt ihr mitten auf dem Markt sitzen, und nicht einmal der Markttrubel kann eure Stille stören.

Stattdessen wird das Lärmen des Marktes zu einer Unterstützung, um noch tiefer in der Stille zu ruhen. Um zur Stille zu finden, ist der Markt sogar notwendig. Wenn eure Stille echt ist, wird der Markt zum Hintergrund, zu dem die Stille den perfekten Kontrast bildet. Dann könnt ihr das Pulsieren der inneren Stille mitten im Trubel des Marktes fühlen.

Man braucht nicht in den Himalaja zu gehen, um Stille zu erleben. Aber wenn ihr dort hingeht, was seht ihr dann? Vor der Stille des Himalajas werdet ihr das ewige Plappern eures Verstandes wahrnehmen. Es wird sich anfühlen, als sei das Plappern stärker geworden, weil die Stille den Hintergrund bildet. Vor dem Hintergrund der Stille nimmt das Plappern noch zu.

Wenn eure Stille echt ist und ihr keine Angst habt, sie zu verlieren, kann sie euch nicht mehr genommen werden. Sie kann durch nichts gestört werden. Und wenn ich »nichts« sage, meine ich wirklich »nichts«. Nichts kann sie stören. Und wenn doch etwas stört, dann ist es eine erzwungene, kultivierte, manipulierte Stille. Eine manipulierte Stille ist aber keine wirkliche Stille – so wie eine manipulierte Liebe keine echte Liebe ist.

Diese Welt ist so verrückt... Eltern, Lehrer, Moralapostel jeder Art sind so verrückt, so irrsinnig, dass sie die Kinder zur Liebe erziehen. Mütter sagen zu ihren Kindern: »Ich bin deine Mutter, darum liebe mich!« – als ob das Kind etwas dazutun könnte, sie zu lieben. Was soll das Kind denn machen? Der Ehemann sagt x-mal zu seiner Frau: »Ich bin dein Mann, also liebe mich!« – als ob Liebe eine Pflicht wäre. Als ob Liebe etwas wäre, was man machen kann. Man kann es nicht machen. Du kannst höchstens eines machen: So tun, als ob. Und wenn du erst einmal gelernt hast, dich zu verstellen und Liebe vorzutäuschen – so zu tun, als würdest du lieben –, hast du das Ganze verpasst. Dann verläuft dein ganzes Leben in falschen Bahnen. Dann wirst du ständig so tun, als ob du liebst. Dann wirst du lächeln und dich verstellen. Du wirst lachen und etwas vortäuschen. Dann wird alles unecht. Dann wirst du auch still dasitzen und nur so tun, als ob. Dann wirst du meditieren und nur so tun, als ob. Dann wird das Vortäuschen zu deinem Lebensstil.

Täusche nichts vor. Lass das Echte herauskommen. Wenn du warten kannst und Geduld aufbringst, bis deine Heuchelei sich verabschiedet hat, wird das Echte geradezu in dir explodieren. Die Katharsis (in der Dynamischen Meditation) ist dazu da, all die Heuchelei fallen zu lassen. Achte nicht mehr auf das, was andere dir sagen, denn so hast du gelernt, dich danach zu richten und dich zu verstellen.

Man kann nicht »lieben« – entweder ist es da oder es ist nicht da. Aber die Mutter sagt: »Weil ich deine Mutter bin ...«, und der Vater sagt: »Ich bin doch dein Vater ...«, und der Lehrer sagt: »Ich bin dein Lehrer, darum musst du mich lieben« – als ob Liebe sich logisch begründen ließe. »Ich bin deine Mutter, darum musst du mich lieben.« Wie soll das Kind denn damit umgehen? Damit schafft ihr solche Probleme für das Kind, dass es nicht weiß, was es tun soll. Es kann nur so tun, als ob. Es kann sagen: »Ja, ich liebe dich.« Aber wenn der Sohn seine

Mutter aus Pflicht liebt, wird er später unfähig sein, eine Frau zu lieben. Wenn dann die Ehefrau da ist, wird er sie lieben aus Pflicht; und wenn die Kinder da sind, wird er sie lieben aus Pflicht. So wird das ganze Leben zur Pflicht. Es kann kein Fest sein, kein Feiern – du kannst nicht lachen, kannst nicht genießen. Dann wird das Leben zu einer Last, die du tragen musst.

Genau das ist mit euch geschehen. Es ist ein Unglück, aber wenn ihr es durchschaut, könnt ihr es loslassen.

Dies ist der Schlüssel: Der innere Teil ist die Stille, der äußere Teil das Feiern und das Lachen. Seid heiter *und* still. Und schafft euch in eurem Umfeld mehr und mehr die Möglichkeit dazu. Zwingt euch nicht innerlich zur Stille, sondern schafft einfach mehr und mehr die Möglichkeit in eurer Umgebung, dass die Stille innerlich aufblühen kann. Das ist alles, was wir tun können. Wir können den Samen in den Boden pflanzen, doch wir können die Pflanze nicht zwingen, hervorzusprießen. Wir können die geeignete Situation schaffen und entsprechend Schutz geben, können den Boden düngen und bewässern, können darauf achten, dass genug Sonnenstrahlen darauf fallen, nicht mehr und nicht weniger, als der Pflanze guttut. Wir können den Gefahren vorbeugen und dann andächtig warten. Im Grunde können wir nichts anderes tun, als die Situation herzustellen.

Das meine ich, wenn ich euch sage, dass ihr meditieren sollt. Die Meditation ist nur ein Anlass. Die Stille ist nicht das Ergebnis davon, nein. Die Meditation bereitet nur den Boden, schafft die richtige Umgebung, stellt eine Situation her. Der Same ist schon vorhanden, war schon immer vorhanden. Du musst den Samen nicht erst säen. Du trägst den Samen schon immer in dir. Dieser Same ist *Brahman*[23], dieser Same ist *Atman*[24], dieser Same bist du. Stelle einfach die Situation her, dass der Same lebendig werden kann. Dann wird er zu sprießen anfangen, eine Pflanze wird daraus entstehen, und du wirst wachsen.

Meditation führt dich nicht zur Stille; Meditation stellt nur eine Situation her, in der sich die Stille ereignen kann. Und dies sollte dein Kriterium sein: Wenn sich die Stille ereignet, kommt das Lachen in dein Leben. Dann ereignet sich überall um dich herum ein Fest des Lebens. Du wirst nicht mehr traurig, nicht mehr deprimiert sein und wirst nicht mehr aus der Welt weglaufen wollen. Du wirst hier in dieser Welt leben, aber das Ganze als Spiel nehmen. Du wirst die ganze Sache als ein wunderbares Spiel, ein großartiges Drama genießen, aber es nicht mehr ernst nehmen. Ernsthaftigkeit ist eine Krankheit.

Buddha muss Mahakashyapa gekannt haben. Er muss über ihn Bescheid gewusst haben, als er schweigend die Blume betrachtete und alle anderen unruhig wurden. Er muss gewusst haben, dass ein einziger Anwesender nicht unruhig wurde: Mahakashyapa. Buddha muss die Stille gefühlt haben, die von Mahakashyapa ausging, aber er rief ihn nicht. Erst als Mahakashyapa laut auflachte, winkte er ihn zu sich und gab ihm die Blume. – Warum erst dann? Weil Stille nur die eine Hälfte ausmacht. Mahakashyapa hätte die Prüfung nicht bestanden, wäre er bloß still geblieben, ohne zu lachen. Dann hätte Buddha ihm den Schlüssel nicht übergeben. Dann wäre er nur ein halb entwickelter, aber kein ausgewachsener, in voller Blüte stehender Baum gewesen. Der Baum wäre schon da gewesen, aber die Blüten hätten noch gefehlt. Also wartete Buddha.

Ich will euch sagen, weshalb Buddha so viele Minuten wartete, weshalb er eine oder zwei oder drei Stunden lang wartete: Mahakashyapa war still, aber er versuchte, sein Lachen zurückzuhalten, versuchte es zu beherrschen. Er versuchte, nicht zu lachen, denn es hätte unhöflich gewirkt. Was würde Buddha denken? Was würden die anderen denken? Aber dann, so sagt die Geschichte, konnte er nicht länger an sich halten. Die Stille war so intensiv geworden, dass sie als Lachen herauskommen musste. Er wurde so davon überflutet, dass er es nicht mehr zurückhalten konnte. Wenn die Stille zu viel wird, wird sie zu einem Lachen. Es ist ein solches Überströmen, dass es sich in alle Richtungen ergießt. Er lachte. Es muss ein verrücktes Lachen gewesen sein, und in diesem Gelächter verschwand Mahakashyapa. Die Stille lachte, die Stille war zum Erblühen gekommen.

Sogleich winkte Buddha ihn zu sich: »Mahakashyapa, nimm diese Blume. Dies ist ein Schlüssel. Ich habe all den anderen das gegeben, was mit Worten gegeben werden kann, aber dir gebe ich das, was nicht mit Worten zu geben ist. Die Botschaft jenseits der Worte, die Essenz, die gebe ich dir.« So hatte Buddha einige Stunden gewartet, bis Mahakashyapas Stille überfloss in Lachen.

Eure Erleuchtung ist erst dann vollkommen, wenn die Stille zu einem Fest geworden ist. Darum betone ich immer wieder, dass ihr nach dem Meditieren feiern sollt. Nachdem ihr still wart, sollt ihr euch freuen und eurem Dank Ausdruck geben. Eine tiefe Dankbarkeit an das Ganze sollt ihr ausdrücken – einfach dafür, dass ihr da seid, dass ihr meditieren könnt, dass ihr still sein könnt, dass ihr lachen könnt.

Noch etwas?

Osho,

Buddha war von vielen Erleuchteten umgeben und doch muss er etwas Besonderes für diesen einen Erleuchteten empfunden haben. Gibt es Abstufungen der Erleuchtung?

Es stimmt, dass Buddha von vielen Erleuchteten umgeben war, doch der Schlüssel kann nur einem gegeben werden, der selbst ein eigenständiger Meister sein kann. Denn der Schlüssel muss immer weitergereicht werden. Er muss am Leben erhalten werden.

Für Mahakashyapa würde der Schlüssel nicht zu einer bloßen Reliquie werden. Dieser Schlüssel bedeutete eine große Verantwortung, und er würde ihn an jemanden weitergeben.

Es gab wohl noch andere, die erleuchtet waren, aber ihnen konnte der Schlüssel nicht gegeben werden. Er wäre an sie verschwendet gewesen. Tatsächlich wählte Buddha den Richtigen aus, denn der Schlüssel ist bis heute lebendig geblieben. Mahakashyapa hat es gut gemacht. Auch er konnte einen Nachfolger finden, der den Schlüssel an einen anderen weiterreichte. Die Frage ist, wie man den Richtigen findet. Erleuchtet zu sein allein genügt nicht, denn nicht alle Erleuchteten sind Meister. Hier muss man eine Unterscheidung treffen.

Die Jainas treffen eine schöne Unterscheidung zwischen zwei Arten von Erleuchteten: Der eine wird als *Kaivali* bezeichnet – einer, der das absolute Alleinsein erlangt hat. Er hat die Vollkommenheit erlangt, aber er kann kein Lehrer sein. Er kann die Vollkommenheit nicht an andere weitergeben. Er ist kein Meister, er kann niemanden leiten. Er selbst ist zum höchsten Gipfel geworden, aber er kann das, was er weiß, nicht weitervermitteln. Die andere Art von Erleuchteten wird *Tirthankara* genannt – einer, der zum Fahrzeug für andere wird. Er ist erleuchtet, aber er ist auch ein Meister in einer bestimmten Art von Kommunikation – durch Worte ebenso wie durch Schweigen. Er vermag die Botschaft rüberzubringen. Andere können durch ihn erleuchtet werden.

Buddha sagte: »Alles, was mit Worten gesagt werden kann, habe ich euch gesagt. Das, was nicht mit Worten gesagt werden kann, übergebe ich an Mahakashyapa.«

Mahakashyapa war der Meister des Schweigens. Er konnte durch sein Schweigen lehren. Andere waren Meister der Worte; sie konnten durch ihre Worte lehren und die Arbeit weiterführen. Das war kein wesentlicher, eher ein Randaspekt, aber auch er war notwendig, denn Buddhas Worte mussten aufgezeichnet werden. Was Buddha vollbracht hatte, musste protokolliert und von Generation zu Generation weitergegeben werden. Auch das war wichtig, aber nur auf der äußeren Ebene. Seine gelehrten Schüler Moggalana, Sariputta und Ananda würden alles aufzeichnen. Es ist eine große Kostbarkeit, weil Buddhas so selten sind. Alles sollte aufgezeichnet werden, nicht ein einziges Wort sollte ausgelassen werden, denn wer weiß? Ein einziges Wort könnte für jemanden die Erleuchtung bedeuten. Aber auch das Schweigen musste transportiert werden. Folglich gibt es zwei Traditionen: die Tradition der Schrift und die Tradition des Schweigens. Viele Menschen werden erleuchtet, und sobald die Erleuchtung eintritt, werden sie so still, so erfüllt, dass nicht einmal der Wunsch auftritt, anderen zu helfen.

Doch die Jainas sagen, ein *Tirthankara* sei jemand, der ein bestimmtes Karma angehäuft habe. Seltsamerweise habe er ein bestimmtes Karma angehäuft, das er erfüllen müsse, indem er anderen die Botschaft bringt. Das verheiße nichts Gutes, Karma verheiße nichts Gutes. In seinem früheren Leben habe er das Karma angehäuft, ein Meister zu sein. Nun müsse er sich dafür einsetzen und er müsse etwas tun, um es zu vollenden, damit sein Karma erfüllt werde. Erst dann würde er die vollkommene Befreiung erlangen. Das Verlangen, anderen zu helfen, sei immer noch ein Verlangen. Mitgefühl mit anderen Wesen sei immer noch eine Energie, die zu anderen hinfließt. Sämtliches Begehren sei verschwunden, bis auf diesen einen Wunsch: anderen zu helfen. Aber selbst dies sei noch ein Begehren, und solange dieses Begehren nicht ebenfalls verschwinde, müsse dieser Mensch wiederkommen.

Demnach ist ein Meister jemand, der erleuchtet ist, aber noch ein Begehren zurückbehalten hat. Dieses Begehren ist kein Hindernis für die Erleuchtung, im Gegenteil: Anderen zu helfen verhilft ihm zur Erleuchtung, aber es ist seine letzte Anhaftung an den Körper. Es ist die letzte Verbindung. Alle anderen Quellen des Begehrens sind versiegt. Nur noch eine einzige Brücke ist da.

Es gab noch andere Erleuchtete um Buddha herum, aber ihnen konnte der Schlüssel nicht gegeben werden. Mahakashyapa musste ihn erhalten, weil er noch den inneren Wunsch hatte, zu helfen – aufgrund seines früheren Karmas. Nur er konnte ein *Tirthankara*, ein vollendeter Meister, werden. Und er hat es gut gemacht. Buddhas Wahl erwies sich als richtig.

Es gab aber noch einen anderen unter Buddhas Schülern, der für die Übergabe des Schlüssels infrage gekommen wäre. Sein Name war Subhuti. Er war so still wie Mahakashyapa, sogar noch stiller. Das wird für euch schwer nachvollziehbar sein: Wie kann es eine Steigerung der Stille geben? Eine Steigerung der Vollendung? Doch, das ist möglich, aber es geht über die gewöhnliche Logik hinaus. Man kann vollendet sein, aber trotzdem noch vollendeter werden, weil die Vollendung ein Entwicklungsprozess ist, der sich unendlich fortsetzt.

Subhuti war der stillste Mensch in Buddhas Nähe, sogar noch stiller als Mahakashyapa. Aber ihm konnte der Schlüssel nicht gegeben werden, weil er so still war. Zunächst einmal hätte er nicht gelacht …

Jetzt wird es schwierig. Hier begeben wir uns in komplexe Zusammenhänge. Ihm konnte der Schlüssel nicht gegeben werden, weil er nicht gelacht hätte. Es gab ihn nicht mehr. Er war so still geworden, dass niemand mehr vorhanden war, der hätte lachen können. Er war nicht da. Er war so still, er war nicht da, um zu lachen, er war nicht da, um sich zurückzuhalten oder nicht zurückzuhalten. Selbst wenn Buddha ihn gerufen hätte: »Subhuti, komm her!« – er wäre nicht gekommen. Buddha hätte zu ihm hingehen müssen.

Von Subhuti wird erzählt, dass er eines Tages unter einem Baum saß, als plötzlich außerhalb der Saison Blüten auf ihn herabregneten. Er öffnete die Augen: Was geschah da? Der Baum stand nicht in Blüte; es war nicht die Jahreszeit dafür. Woher kamen plötzlich diese Millionen von Blüten? Er blickte sich um und sah über dem Baum, am Himmel und ringsumher viele Gottheiten, die Blüten streuten. Aber er wollte von den Gottheiten nicht einmal wissen, was los sei, sondern schloss wieder die Augen.

Da sagten die Gottheiten: »Subhuti, wir danken dir für deine Predigt über die Leere.«

Subhuti sagte: »Ich habe kein einziges Wort gesagt, und ihr dankt mir für meine Predigt über die Leere? Ich habe nicht ein Wort gesagt.«

Die Gottheiten sagten: »Du hast nichts gesagt, und wir haben nichts gehört. Das ist die vollendete Predigt über die Leere.« Er war so leer, dass der gesamte Kosmos es fühlte, und die Götter kamen und überschütteten ihn mit einem Blütenregen.

Dieser Subhuti war auch da, aber er war so still, dass er gar nicht da war. Er machte sich nicht einmal Gedanken, weshalb Buddha mit der Blume dasaß. Mahakashyapa schon – nicht so wie die anderen, aber irgendwie doch. Er schaute Buddha an, er fühlte die Stille, fühlte die ganze Absurdität. Da war jemand, der das fühlte.

Subhuti muss auch da gewesen sein; er muss dort irgendwo gesessen haben. Aber da war kein Gedanke, weshalb Buddha heute wohl so still war, weshalb er diese Blume anschaute. Da war keine Bemühung, sich zurückzuhalten, kein Herausplatzen. Subhuti war da, als wäre er vollkommen abwesend. Er hätte nicht gelacht. Und selbst wenn Buddha ihn gerufen hätte, wäre er nicht gekommen. Buddha hätte zu ihm hingehen müssen. Und wer weiß? – Wenn er den Schlüssel bekommen hätte, hätte er ihn vielleicht weggeworfen. Er war nicht jemand, der zum *Tirthankara* bestimmt war. Er war nicht dazu bestimmt, ein Lehrer oder ein Meister zu sein. Er hatte kein unerfülltes Karma. Er war vollendet, absolut vollkommen, und wenn etwas so vollkommen ist, wird es nutzlos. Vergesst nicht: Ein so vollendeter Mensch ist nutzlos; er ist für keinen Zweck mehr zu gebrauchen.

Mahakashyapa war nicht so vollendet; ihm fehlte noch etwas. Er war noch für etwas zu gebrauchen, darum konnte er in der Übergangszeit den Schlüssel empfangen.

Der Schlüssel wurde an Mahakashyapa gegeben, weil man sich darauf verlassen konnte, dass er ihn an einen anderen weitergeben würde. Auf Subhuti konnte man sich nicht mehr verlassen. Wenn die Vollendung absolut ist, verschwindet sie einfach. Dann ist sie in dieser Welt nicht mehr präsent. Man kann Blüten über sie streuen, aber man kann sie zu nichts mehr einspannen. Daher kommt es, dass viele Erleuchtete anwesend waren, aber nur einer, ganz speziell Mahakashyapa, auserwählt wurde. Er war jemand, den man für diese große Verantwortung noch einspannen konnte.

Das ist sonderbar. Darum sage ich, dass die gewöhnliche Logik hier nicht greift. Ihr werdet sicher denken, den Schlüssel sollte derjenige bekommen, der am vollendetsten ist. Aber der Vollendetste wird vergessen, wo er den Schlüssel hingetan hat. Den Schlüssel muss also jemand bekommen, der nahezu vollendet ist, an der Grenze zum Verschwinden. Er wird den Schlüssel an jemand anderen weitergeben, bevor er verschwindet. Der Schlüssel kann also weder einem Unwissenden gegeben werden noch demjenigen, der am vollendetsten ist. Es muss jemand gefunden werden, der genau an der Grenze steht: im Übergang von der diesseitigen Welt der Unwissenheit in die jenseitige Welt der Erkenntnis, genau an der Grenze. Bis er die Grenze überschreitet, lässt sich die Zeit nutzen, und der Schlüssel kann ihm übergeben werden. Einen Nachfolger zu finden ist sehr schwer, weil der Vollendetste dafür nicht mehr zu gebrauchen ist.

Ich will euch eine Begebenheit erzählen, die vor nicht allzu langer Zeit passierte. Ramakrishna arbeitete mit vielen Schülern. Viele erlangten die Verwirklichung, ohne dass man je von ihnen hörte. Nur von Vivekananda wissen wir, obwohl er die Verwirklichung nie erlangte. Der Schlüssel wurde an Vivekananda weitergereicht, obwohl er nicht der Vollendetste war. Er war nicht nur nicht vollendet: Ramakrishna wollte es ihm nicht gestatten, vollendet zu werden. Und als Ramakrishna den Eindruck hatte, dass Vivekananda bald in den vollkommenen *Samadhi* eingehen würde, rief er ihn zu sich und sagte: »Halt! Ab jetzt behalte ich den Schlüssel für deinen letztendlichen Übergang. Erst vor deinem Tod, drei Tage vorher, wird dir der Schlüssel wieder zurückgegeben werden.« Und erst drei Tage, bevor Vivekananda starb, bekam er seinen ersten Geschmack von Ekstase, nicht früher.

Vivekananda begann zu weinen und vergoss bittere Tränen. Er sagte: »Warum bist du so grausam zu mir?«

Ramakrishna antwortete: »Durch dich muss etwas vollbracht werden. Du sollst in den Westen, in die Welt. Du musst meine Botschaft zu den Menschen tragen, sonst geht sie verloren.«

Es gab noch andere Schüler, aber sie hatten sich bereits nach innen begeben. Ramakrishnas äußerer Ruf hätte sie nicht erreicht. Sie wären nicht interessiert gewesen, in den Westen zu gehen oder um die Welt zu reisen. Sie hätten es für unsinnig gehalten. Sie waren genau wie Ramakrishna. Warum konnte er nicht selbst gehen? – Weil er selbst zu weit innen war. Es musste jemand gefunden werden, der noch außen war. Wer aber noch sehr weit draußen war, den konnte man nicht nehmen. Aber jemand, der fast drinnen war, kurz vor dem Eintritt in die innere Welt, den konnte man nehmen. Und bevor er ganz eintrat, würde er den Schlüssel an jemand anderen übergeben müssen.

Mahakashyapa befand sich nahe am Eingang, noch ganz frisch, aber kurz davor, tiefer in die Stille einzutreten. Er war an dem Punkt angelangt, wo die Stille zum Feiern wird, und er hatte den Wunsch zu helfen. Diesen Wunsch benutzte Buddha. Subhuti wäre dafür nicht in Betracht gekommen. Er war in dieser Hinsicht Buddha am ähnlichsten, er war am vollendetsten. Aber wenn jemand Buddha so ähnlich wird, ist er für diese Aufgabe unbrauchbar geworden. Dann kann er sich den geheimen Schlüssel selbst geben; er braucht ihn nicht von einem andern zu bekommen. Subhuti hatte nie einen Schüler. Er lebte in der vollkommenen Leere, und die Götter haben wohl viele Male Blüten auf ihn herabregnen lassen. Er machte nie jemanden zu seinem Schüler. Er sagte nie etwas, zu niemandem. Alles war so vollendet. Wozu hätte er sich die Mühe machen sollen, etwas zu sagen?

Ein Meister erfüllt sein vergangenes Karma. Er muss es erfüllen. Und wenn es so weit ist, dass ich einmal einen Nachfolger finden muss, wird es hier viele geben, die wie Subhuti sind: Ihnen kann ich den Schlüssel nicht geben. Viele wird es geben, die wie Sariputta sind: Ihnen kann ich nur Worte geben. Ich werde jemanden finden müssen, der sich gerade anschickt, in die Stille einzutreten und zu feiern, und den ich gerade noch an der Tür abfangen kann. So ist das also zu verstehen.

Genug für heute.

XI

Werde nüchtern

Der Mönch Zuigan begann jeden Tag damit,
dass er laut zu sich selbst sagte:
»Meister, bist du da?«
Und er pflegte zu antworten:
»Jawohl, das bin ich.«
Dann sagte er: »Werde nüchtern.«
Und er pflegte zu antworten:
»Jawohl, das tu ich.«
Dann sagte er: »Pass auf!
Lass dir von anderen nichts vormachen.«
Und er antwortete:
»Oh nein, das tu ich gewiss nicht.«

Meditation kann keine halbherzige Angelegenheit sein. Sie muss ein ständiges Bemühen sein. In jedem Augenblick müsst ihr wach, bewusst und meditativ sein. Doch der Verstand schlägt euch gern ein Schnippchen. Ihr meditiert am Morgen und dann legt ihr's beiseite. Oder ihr betet in der Kirche und dann vergesst ihr's wieder. Ihr kommt wieder zurück in die diesseitige Welt, völlig unmeditativ und unbewusst, als würdet ihr in einem hypnotischen Schlaf wandeln. Solch ein sporadisches Bemühen wird nicht viel bewirken. Wie kannst du eine Stunde lang meditativ sein, wenn du dreiundzwanzig Stunden am Tag nicht meditativ gewesen bist? Das ist unmöglich. Plötzlich für eine Stunde meditativ zu werden ist unmöglich. Damit kannst du dir nur selbst etwas vormachen.

Das Bewusstsein ist ein Kontinuum. Es ist wie ein Fluss, der ununterbrochen fließt. Wenn ihr meditativ sein wollt, müsst ihr den ganzen Tag, in jedem Augenblick meditativ sein. Und *nur* wenn ihr den ganzen Tag meditativ seid, kommt eure Meditation zur Blüte. Vorher geschieht gar nichts.

Diese Zen-Geschichte erscheint absurd, aber sie ist sehr tiefgründig. Der Meister, dieser Mönch, pflegte sich selbst zu rufen. Das bedeutet Meditation: sich selbst rufen. Er pflegte sich selbst beim Namen zu rufen und zu sagen: »Bist du da?« Und dann antwortete er sich selbst: »Jawohl, das bin ich.« Das ist eine intensive Bemühung, wach zu sein – ein Weckruf. Das könnt ihr benutzen, es wird sehr hilfreich sein. Plötzlich, während du auf der Straße gehst, rufst du dich selbst: »Bist du da?« Schlagartig hört das Denken auf, und du musst antworten: »Jawohl, ich bin hier.« Es bringt dich auf den Punkt, wenn das Denken aufhört: Dann bist du meditativ und wach.

Sich selbst zu rufen ist eine Technik. Bevor du abends einschläfst, nachdem du das Licht ausgemacht hast, rufst du unvermittelt: »Bist du da?« Und im Dunkeln stellt sich plötzlich Wachheit ein. Du wirst zu einer Flamme und innerlich antwortest du: »Ja, ich bin hier.«

Und außerdem pflegte der Mönch zu sagen: »Werde nüchtern!« – Sei aufrichtig, sei authentisch, lass dich nicht auf Spielchen ein. Er rief sich zu: »Werde nüchtern!« Und darauf antwortete er: »Jawohl, das tu ich. Ich werde jede Anstrengung unternehmen.«

Unser ganzes Leben ist ein Herumalbern. Das könnt ihr nur machen, weil euch nicht bewusst ist, wie ihr eure Zeit verschwendet, wie ihr eure Energie verschwendet. Wie ihr letztlich euer ganzes Leben verschwendet, ist euch überhaupt nicht bewusst. Es rinnt einfach davon; alles geht den Bach runter. Erst wenn der Tod kommt, wird es dir vielleicht bewusst. Dann wachst du auf: Was habe ich getan? Was habe ich aus meinem Leben gemacht? Ich habe eine große Gelegenheit verpasst. Wie konnte ich nur so herumblödeln? Du warst nicht nüchtern. Du hast nie darüber nachgedacht, was du mit deinem Leben anfängst.

Das Leben ist nicht dazu da, dass du es irgendwie hinter dich bringst. Es ist dazu da, dass du in deine inneren Tiefen gelangst. Das Leben findet nicht an der Oberfläche, nicht an der Peripherie, sondern im Zentrum statt. Du bist noch nicht im Zentrum angelangt. Werde nüchtern! Du hast schon genug Zeit verschwendet. Wach auf! Sieh, was du tust! Und was *tust* du?

Läufst du hinter dem Geld her? Das ist letzten Endes, unterm Strich, völlig nutzlos. Es ist auch nur so ein Spiel, das Geldspiel. Wenn du mehr hast als andere, fühlst du dich gut. Wenn andere mehr haben als du, fühlst du dich schlecht. Das ist ein Spiel. Aber was hat es für einen Sinn? Was gewinnst du daraus? Selbst wenn du alles Geld dieser Welt besäßest, würdest du im Augenblick deines Todes als Bettler dastehen. Der ganze Reichtum dieser Welt kann dich nicht reich machen. All diese Spiele können dich nicht reich machen. Werde nüchtern!

Der eine ist hinter Macht und Ruhm her, der andere hinter Sex oder sonst irgendetwas. Das sind alles nur Spiele. Solange du nicht das Zentrum deines Seins berührst, ist alles ein Spiel. An der Oberfläche existieren nur Spiele, an der Oberfläche ist nichts Echtes. An der Oberfläche sind nur Wellen, und in diesen Wellen wirst du nur leiden und dahintreiben. Du wirst nicht in deinem Selbst verankert sein.

Er musste rufen: »Werde nüchtern!«, um sich selbst zu sagen: »Spiel keine Spiele. Genug! Du hast genug gespielt. Hör auf, so töricht zu sein. Nutze das Leben, um dich zu verankern. Nutze das Leben, um Wurzeln zu bekommen. Nutze das Leben als Gelegenheit, das Göttliche zu erlangen. Du sitzt hier draußen vor dem Tempel, sitzt auf den Stufen und spielst deine Spielchen, während das Höchste direkt hinter dir wartet. Klopf an, und die Tür wird dir geöffnet!« Aber dafür hast du vor lauter Spielchen gar keine Zeit.

»Werde nüchtern!« bedeutet: »Sei dir bewusst, was du tust und warum du es tust.« Und selbst wenn du Erfolg hast, wo wird es dich hinbringen? Das Paradoxe ist: Immer wenn ein Mensch mit diesen törichten Spielen Erfolg hat, wird ihm zum ersten Mal bewusst, dass das Ganze ein Blödsinn war. Nur wer nie Erfolg damit hat, spielt sein Spiel weiter. Wer damit erfolgreich ist, erkennt, dass er im Grunde gar nichts erreicht hat. Fragt einen Alexander, fragt einen Napoleon, was sie gewonnen haben.

Von Alexander dem Großen wird berichtet, er habe zu seinem Hofstaat gesagt, bevor er starb: »Wenn ihr meine Leiche durch die Straßen tragt, lasst beide Hände heraushängen. Deckt sie nicht zu.« Das war ungewöhnlich; kein Mensch wurde so zu Grabe getragen.

Die Höflinge konnten ihn nicht verstehen. Sie fragten: »Wie stellst du dir das vor? Das ist nicht üblich. Man muss den ganzen Körper zudecken. Warum willst du beide Hände heraushängen lassen?«

Alexander antwortete: »Ich will, dass alle wissen, dass ich mit leeren Händen sterbe. Jeder soll es sehen, und keiner sollte je wieder versuchen, ein Alexander zu werden. Ich habe viel errungen, doch ich habe gar nichts gewonnen. Mein Königreich ist groß, aber ich bin noch genauso arm.«

Man stirbt als Bettler, selbst wenn man ein Kaiser ist. Das ganze Leben erscheint dann wie ein Traum. So, wie am Morgen der Traum abbricht und alle Kaiserreiche verschwinden, alle Königreiche sich auflösen, ist der Tod ein Aufwachen. Nur das, was im Tode bleibt, ist wirklich, und das, was verschwindet, war ein Traum. Das ist das Kriterium. Und wenn der Mönch zu rufen pflegte: »Werde nüchtern!«, meinte er: »Denk an den Tod und mach keinen Quatsch.«

Ihr verhaltet euch, als würdet ihr nie sterben. Euer Verstand sagt: »Der Tod kommt immer zu den anderen, nicht zu mir. Dieses Phänomen geschieht immer den anderen, aber nicht mir.« Selbst wenn ihr jemanden sterben seht, denkt ihr nicht: »In ihm sterbe ich selbst. Sein Tod ist symbolisch. Genauso wird es auch mir ergehen.« – Wenn du siehst, dass du sterben wirst, kannst du diese Spiele dann noch ernsthaft weiterspielen? Kannst du weiter dein Leben für nichts und wieder nichts aufs Spiel setzen? Der Mönch tat recht daran, sich morgens zuzurufen: »Werde nüchtern!« Jedes Mal, wenn du wieder anfängst, irgendein Spiel zu spielen – mit deiner Frau, im Geschäft, auf dem Marktplatz, in der Politik –, dann schließ die Augen, ruf deinen Namen und sag zu dir: »Werde nüchtern!« Und dann sag wie der Mönch: »Jawohl, ich will mein Bestes tun.«

Es ist bezeichnend, dass er sich frühmorgens daran erinnerte. Weshalb morgens? Der Morgen gibt die Richtung an für den ganzen Tag. Der erste Gedanke am Morgen öffnet eine Tür. Darum bestehen alle Religionen darauf, mindestens zwei Gebete zu sprechen. Wenn man den ganzen Tag andächtig sein kann, ist es am besten, aber wenn nicht, dann sollte man zumindest zwei Gebete sprechen: eins am Morgen und eins am Abend.

Morgens, wenn dein Bewusstsein frisch aus dem Schlaf wieder auftaucht, wird dein erster Gedanke, dein Gebet, deine Meditation, dein Erinnern, die Richtung für den ganzen Tag angeben. Es öffnet die Tür für eine Kette von Ereignissen. Wenn du morgens ärgerlich bist, wirst du tagsüber mehr und mehr Ärger erleben. Der erste Ärger stößt die Kette an, der zweite Ärger folgt ganz leicht. Beim dritten Mal kommt er schon automatisch, und dann steckst du mitten drin. Nun wird alles, was um dich herum geschieht, Ärger in dir erzeugen. Ob du morgens andächtig bist oder hellwach, ob du dich selbst am Schopf packst und dich zur Achtsamkeit ermahnst: Du erzeugst damit ein Schwingungsmuster für den ganzen Tag.

Und abends vor dem Einschlafen gibt der letzte Gedanke den Grundton für den ganzen Schlaf. Ist der letzte

Gedanke meditativ, wird der ganze Schlaf zur Meditation. Ist der letzte Gedanke sexuell, so wird der Schlaf von sexuellen Träumen durchzogen sein. Ist der letzte Gedanke über Geld, wirst du die ganze Nacht auf dem Markt mit Kaufen und Verkaufen verbringen. Gedanken sind kein Zufall. Sie laufen in einer Kette ab, und dem ersten folgen weitere, ähnliche Gedanken.

Dieser Mönch Zuigan pflegte sich morgens selbst wach zu rufen. Die Buddhisten glauben nicht an Gebete, sie glauben an Meditation. Diesen Unterschied muss man verstehen. Ich selbst glaube auch nicht an Gebete; meine Betonung liegt ebenfalls auf Meditation.

Es gibt zwei Gruppen von religiösen Menschen: die Betenden und die Meditierenden. Die Buddhisten halten es für unnötig, zu beten. Ihr müsst nur wachsam und bewusst sein, denn die Wachsamkeit wird euch in eine andächtige Grundhaltung versetzen. Es ist auch nicht nötig, zu einem Gott zu beten. Wie könnt ihr zu einem Gott beten, den ihr nicht kennt? Euer Gebet wird nur ein Tappen im Dunkeln sein. Ihr kennt das Göttliche nicht, und würdet ihr es kennen, wäre es völlig überflüssig, zu ihm zu beten.

Eure Gebete sind also nur ein Tappen im Dunkeln. Ihr wendet euch an jemanden, den ihr gar nicht kennt. Wie wollt ihr ihn ansprechen? Wie kann eure Ansprache echt und wahrhaftig sein? Wie kann sie aus dem Herzen kommen? Sie beruht nur auf dem Glauben, und dahinter verbirgt sich der Zweifel. Insgeheim seid ihr euch gar nicht sicher, ob Gott wirklich existiert. Insgeheim seid ihr nicht sicher, ob euer Gebet ein Monolog oder ein Dialog ist. Ihr seid euch nicht sicher, ob da jemand ist, der euch zuhört und euch antworten wird, oder ob ihr ganz allein seid und nur Selbstgespräche führt. Diese Ungewissheit macht das Ganze kaputt.

Buddha legte den Schwerpunkt auf die Meditation. Er sagte: »Ein Gegenüber ist nicht nötig. Sei dir bewusst, dass du allein bist.« Zumindest so viel ist gewiss: *Du bist.*

Gründe dein Leben auf etwas, was absolut gewiss ist. Denn wie kannst du dein ganzes Leben auf etwas gründen, was ungewiss ist, was zweifelhaft ist, was nur als Glaube, aber nicht als Wissen existiert? Wofür gibt es Gewissheit im Leben? Nur eines ist gewiss, und das bist *du*. Alles andere unterliegt dem Zweifel.

Ich bin hier und rede zu euch. Aber vielleicht seid ihr gar nicht da, vielleicht ist es nur ein Traum. Ihr hört mir zu. Aber vielleicht bin ich gar nicht hier, vielleicht bin ich nur ein Traum. Denn ihr habt mir schon oft in euren Träumen zugehört, und wenn der Traum abläuft, erscheint er real. Wie könnt ihr unterscheiden, ob es ein Traum ist oder nicht? Wie könnt ihr die Unterscheidung treffen zwischen dem, was wirklich ist, und einem Traum? Es ist nicht möglich. Über einen anderen könnt ihr nie Gewissheit haben. Es gibt keine Möglichkeit, sich über einen anderen Gewissheit zu verschaffen. Nur über dich selbst kannst du Gewissheit haben. Die einzige Gewissheit, die es gibt, bist du. Wieso? – Weil du vorhanden sein musst, selbst wenn du an dir zweifelst.

Der Vater der modernen westlichen Philosophie, Descartes, setzte beim Zweifel an. Er stellte alles in Zweifel, denn er war auf der Suche nach etwas, was nicht bezweifelt werden kann. Nur das kann zur Grundlage des wirklichen Lebens, eines authentischen Lebens, werden, was dem Zweifel ausgesetzt werden kann. Das, was geglaubt werden muss, kann niemals eine wirkliche Grundlage sein. Eine solche Grundlage steht auf unsicherem Boden, ein solches Haus ist auf Sand gebaut. Darum stellte Descartes alles in Zweifel. Gott kann leicht in Zweifel gestellt werden, die Welt – vielleicht nur ein Traum – kann in Zweifel gestellt werden, und die anderen … Er stellte alles in Zweifel. Aber dann wurde ihm plötzlich klar, dass er sich selbst nicht in Zweifel stellen konnte, denn das wäre ein Widerspruch. Wenn man sagt, dass man die eigene Existenz in Zweifel stellt, würde das bedeuten, dass man an die eigene Existenz glauben müsste, um sie in Zweifel stellen zu können. Man könnte sagen, dass es möglich sei, sich über sich selbst zu täuschen, aber selbst dann ist da jemand, der sich täuschen kann. Das Selbst kann nicht in Zweifel gestellt werden.

Folglich glaubte Mahavira nicht an Gott; er glaubte nur an das Selbst, denn darin besteht die einzige Gewissheit. Aus einer Gewissheit kann man sich weiterentwickeln, aber aus einer Ungewissheit ist keine Weiterentwicklung möglich. Wo keine Gewissheit besteht, besteht kein Vertrauen. Wo Ungewissheit besteht, kann es Glauben geben, aber hinter dem Glauben verbirgt sich immer der Zweifel.

Es kommen sehr viele Theisten zu mir. Sie glauben an Gott, aber ihr Glaube ist ohne Tiefgang. Wenn man auch nur ein bisschen nachbohrt, ihre Überzeugung ein wenig stupst und anrempelt, geraten sie in Zweifel und bekommen Angst. Was ist denn aber für eine Art von Religion möglich, wenn der Zweifel so stark ist? Die Menschen brauchen etwas Unbezweifelbares.

Mahavira und Buddha haben beide die Meditation in den Vordergrund gestellt. Sie haben das Beten gestrichen. Sie sagten: Wie könnt ihr beten? Ihr kennt das Göttliche nicht, darum könnt ihr nicht wirklich glauben. Ihr könnt euch höchstens zum Glauben zwingen, aber ein erzwungener Glaube ist ein falscher Glaube. Ihr könnt argumentieren und euch selbst zu überzeugen versuchen, aber das wird nichts helfen, denn eure Argumente, eure Überzeugungen sind immer eure eigenen. Und der Verstand ist wankelmütig. Deshalb haben Buddha und Mahavira die Meditation zum Mittelpunkt gemacht.

Meditation ist eine völlig andere Herangehensweise. Ihr braucht nichts zu glauben, ihr braucht kein Gegenüber, ihr seid damit allein. Aber ihr müsst euch selbst aufwecken – und genau das macht dieser Zen-Mönch.

Er ruft nicht den Namen »Ram«, er ruft nicht den Namen »Allah«, er ruft seinen eigenen Namen. Und nur seinen eigenen, denn nichts anderes ist gewiss. Er ruft seinen vollen Namen, und dann: »Bist du da?« Und er wartet nicht, dass irgendein Gott ihm antwortet. Er antwortet selbst: »Jawohl, ich bin hier.«

Dies ist die buddhistische Sichtweise: Du bist allein hier. Wenn du eingeschlafen bist, musst du dich selbst rufen, musst du selbst antworten. Es ist ein Monolog. Warte nicht darauf, dass irgendein Gott dir antwortet. Da ist niemand, der dir antworten wird. Deine Fragen werden im leeren Himmel verpuffen, deine Gebete werden nicht erhört werden, weil da niemand ist, der sie hören kann. Dieser Mönch erscheint töricht, aber vielleicht sind all diejenigen, die an das Gebet glauben, in Wirklichkeit törichter als der Mönch. Zumindest tut dieser Mönch etwas, was mehr Gewissheit enthält: Er ruft sich selbst und antwortet sich selbst.

Ihr könnt euch selbst aufwecken. Ich sage euch: Euer eigener Name ist das wahre Mantra. Ruft nicht »Ram«, ruft nicht »Allah«, sondern ruft euren eigenen Namen. Viele Male am Tag, jedes Mal, wenn ihr das Gefühl habt, einzuschlafen, jedes Mal, wenn ihr das Gefühl habt, einem Spiel aufzusitzen und euch darin zu verlieren, ruft euch selbst: »Bist du da?« – und beantwortet es selbst. Antwortet: »Jawohl, ich bin hier.« Antwortet aber nicht bloß mit Worten, sondern *fühlt* die Antwort: »Ich bin hier.« Und seid wirklich da, hellwach.

In dieser wachen Bewusstheit halten die Gedanken inne. In dieser wachen Bewusstheit verschwindet der Verstand, wenn auch nur für einen Augenblick. Und sobald kein Verstand da ist, geschieht Meditation. Sobald der Verstand innehält, ist Meditation da.

Vergesst nicht: Meditation ist nicht etwas, was man mit dem Verstand herstellen kann. Sie ist die Abwesenheit des Verstandes. Wenn der Verstand aufhört, geschieht Meditation. Sie ist nicht etwas, was aus dem Verstand kommt, sie ist jenseits des Verstandes. Und immer wenn ihr hellwach seid, ist der Verstand nicht da. Wir können demnach den Schluss ziehen, dass eure Schläfrigkeit der Verstand ist, eure Unbewusstheit der Verstand ist, euer Schlafwandeln der Verstand ist. Ihr bewegt euch wie Betrunkene: Ihr wisst nicht, wer ihr seid, wisst nicht, wohin ihr geht, und wisst auch nicht, warum.

Und als Drittes, sagt der Mönch Zuigan, sollt ihr daran denken, euch von anderen nichts vormachen zu lassen. Die anderen machen euch ständig etwas vor. Nicht nur ihr selbst macht euch etwas vor, auch die anderen tun das.

Inwiefern machen sie euch etwas vor? Die ganze Gesellschaft, Kultur und Zivilisation haben sich kollektiv gegen euch verschworen. Deshalb kann die Gesellschaft keine rebellischen Menschen erlauben. Jede Gesellschaft fordert Gehorsam, Konformität. Keine Gesellschaft lässt rebellische Gedanken zu. Warum? – Weil rebellische Gedanken die Menschen darauf aufmerksam machen, dass das Ganze ein abgekartetes Spiel ist. Und sobald den Menschen bewusst wird, dass das Ganze ein abgekartetes Spiel ist, sind sie eine Gefahr für die Gesellschaft, denn dann fangen sie an, über die Gesellschaft hinauszuwachsen.

Die Gesellschaft ist in einem hypnotischen Zustand; die Masse wirkt als hypnotisierender Faktor. Ihr werdet geboren, doch in dem Augenblick, da ihr zur Welt kommt, seid ihr weder Christen noch Juden noch Hindus noch Mohammedaner … Ihr seid nichts von alledem, denn das Bewusstsein kann zu keiner Sekte gehören. Das Bewusstsein gehört dem Universum, es kann nicht sektiererisch sein. Das Kind ist unschuldig, frei von all dem Unsinn der Christen, Juden, Hindus, Buddhisten, Jainas, Moslems … Das Kind ist ein reiner Spiegel. Aber die Gesellschaft beginnt sofort, das Kind zu bearbeiten und in ihre Schablonen zu zwängen. Das Kind wird als Freiheit geboren, aber die Gesellschaft macht sich sogleich daran, ihm seine Freiheit abzuwürgen. Eine vorgefertigte Schablone muss her, eine Verhaltensnorm.

Wenn du in eine christliche, hinduistische, jüdische Familie hineingeboren wirst, fangen deine Eltern sofort an, dir beizubringen, dass du ein Christ, ein Hindu, ein Jude bist. So erzeugen sie in dir einen Hypnosezustand. Niemand ist ein Christ, ein Hindu, ein Jude – aber einem unschuldigen Kind kann man leicht etwas vormachen. Das Kind ist noch unverdorben und schlicht. Die Gesellschaft liefert ihm Vorstellungen, sie liefert ihm Vorurteile, sie liefert ihm Theorien und Philosophien und Systeme und Religionen ... Schließlich ist dieser Mensch nicht mehr in der Lage, etwas unmittelbar zu sehen. Immer wird sich die Gesellschaft mit ihren Interpretationen dazwischendrängen.

Ihr seid nicht bewusst, wenn ihr etwas als »gut« bezeichnet – oder seid ihr in dem Moment wirklich da und schaut hin? Ist es euer eigenes Gefühl, dass etwas gut ist? Oder ist es nur eine Interpretation, die ihr von der Gesellschaft übernommen habt? Oder wenn etwas »schlecht« ist: Habt ihr es euch genau besehen und seid zu dem Schluss gelangt, dass es schlecht ist? Oder hat die Gesellschaft euch beigebracht, dass es schlecht sei?

Ein Beispiel: Wenn ein Hindu einen Kuhfladen sieht, ist das für ihn die reinste Sache auf der Welt. Kein Mensch auf der Welt käme auf die Idee, Kuhmist als etwas besonders Reines anzusehen. Kuhfladen sind die Exkremente einer Kuh – um nicht zu sagen Kuhscheiße –, aber ein Hindu hält Kuhfladen für die reinste Sache auf der Welt. Er wird ihn problemlos essen. Stellt euch vor, er isst ihn! Es ist kaum zu glauben, dass neunhundert Millionen Hindus darauf reinfallen können, aber sie fallen darauf herein. Sie haben ihre eigenen Vorurteile und vorgefassten Meinungen.

Ihr müsst eure Vorurteile ablegen und lernen, die Dinge wieder unmittelbar zu sehen. Doch keine Gesellschaft erlaubt euch, die Dinge unmittelbar zu sehen. Sie funkt immer dazwischen und liefert für alles Interpretationen. Und ihr fallt darauf herein.

Dieser Mönch erinnerte sich morgens immer daran: »Lass dir von anderen nichts vormachen!« Und er antwortete darauf: »Oh nein, das tu ich gewiss nicht.« Man muss sich das ständig in Erinnerung rufen, denn die anderen sind rundherum und sie täuschen euch auf sehr raffinierte Weise. Die anderen haben heute mehr Macht als je zuvor: Durch Werbung, Radio, Zeitungen, Fernsehen werdet ihr ständig von anderen manipuliert.

Nicht nur in Amerika hängt das ganze Geschäft heute davon ab, wie man den Kunden etwas vormacht, wie man anderen Menschen Ideen in den Kopf setzt. Eine Doppelgarage ist heute in Amerika ein absolutes Muss. Eine Doppelgarage muss her, wenn ihr glücklich sein wollt. Und niemand fragt: »Wie wollt ihr mit zwei Autos glücklich sein, wenn ihr mit *einem* Auto nicht glücklich sein könnt?« Wenn man mit *einem* Auto nur zu fünfzig Prozent glücklich ist, wie will man mit zwei Autos glücklich sein? Wer mit *einem* Auto unglücklich ist, wird mit zwei Autos doppelt unglücklich sein. Das ist eine einfache Rechnung.

Aber die Reklame, die Werbung, die Propaganda der ganzen Gesellschaft beruht nur darauf, andere zu manipulieren. Glück ist zu einer Ware auf dem Markt geworden. Man geht hin und kauft es sich. Man muss es sich erkaufen. Aber wie kannst du dir das Glück erkaufen? Glück ist keine Ware, es ist kein Objekt. Glück ist Lebensqualität, das Ergebnis eines bewussten Lebens. Ihr bekommt es nicht zu kaufen, unmöglich.

Wenn man sich die westlichen Zeitschriften ansieht, bekommt man das Gefühl, dass einem etwas fehlt. Sie suggerieren, das Glück ließe sich mit Geld einfach kaufen. Sie erzeugen das Gefühl, dass einem etwas abgeht. Dann fangt ihr an, dafür zu arbeiten, und ihr verdient das Geld, um euch das Glück zu kaufen. Und wenn ihr es gekauft habt, fühlt ihr euch betrogen. Aber dieses Gefühl des Betrogenseins geht nicht sehr tief, denn noch ehe ihr es richtig wahrnehmt, seid ihr schon wieder irgendeiner neuen Täuschung aufgesessen. Irgendjemand hat euch einen neuen Floh ins Ohr gesetzt, und nun treibt euch ein neuer Wunsch: Ihr müsst ein Chalet in den Bergen haben, oder ein Sommerhaus am Meer oder eine Jacht … Irgendetwas gibt es immer, was man unbedingt haben möchte, um glücklich zu sein. So werdet ihr von all diesen Dingen angetrieben, bis zu eurem Tod. Diese Reklamen, diese Werbesprüche lassen euch keine Ruhe, bis ihr unter der Erde liegt.

Der Mönch hatte Recht. Euch von anderen nichts vormachen zu lassen muss Teil eurer Achtsamkeit werden. Die ganze Gesellschaft beruht auf Ausbeutung; sie beutet die Menschen aus. Jeder ist ein Ausbeuter. Und die Ausbeutung geschieht nicht nur auf dem Marktplatz, sondern ebenso in der Kirche, in der Synagoge, im Tempel. Sie findet überall statt. Der Priester ist auch ein Geschäftsmann, und der Papst ist der Supergeschäftsmann. Weil ihr Frieden sucht, weil ihr euch so sehr nach Frieden sehnt, treten Leute auf, die sagen: »Komm zu uns, wir geben dir Frieden.« Ihr sehnt euch nach Glückseligkeit, und da gibt es Leute, die euch die Glückseligkeit verkaufen wollen.

Während Leute wie Maharishi Mahesh Yogi im Westen sehr erfolgreich sind, können sie im Osten nicht landen. In Indien finden sie kein Gehör. Dort ist niemand an ihnen interessiert. Aber die Amerikaner hören auf jede Art von Schwachsinn. Wer dort erst einmal auf dem richtigen Propagandakanal gelandet ist und die richtigen Werbeleute engagiert, hat ausgesorgt. Maharishi Mahesh Yogi hat so geredet, als könne man die innere Stille postwendend erwerben, als könne man Meditation innerhalb von einer Woche in der Tasche haben. Fünfzehn Minuten hinsetzen und sein Mantra rezitieren – das genügt, um für den Rest seines Lebens glücklich zu sein! Und der von der Werbung vergiftete amerikanische Verstand fühlt sich davon sofort angezogen, und alle laufen hin. Die Menge wechselt ständig, aber es sind immer viele da, und so ist immer etwas los. Selbst Kirchen und Tempel sind Shoppingcenter geworden.

Meditation lässt sich nicht kaufen, niemand kann sie dir geben. Du musst sie dir erringen. Sie ist nicht etwas Äußeres, sie ist etwas Inneres, eine Entwicklung, ein Wachsen, das durch Bewusstheit kommt.

Rufe dich bei deinem Namen, morgens, abends, nachmittags ... Immer wenn du das Gefühl hast, einzuschlafen, ruf dich beim Namen. Und ruf nicht nur, sondern antworte dir auch. Und sag es laut. Hab keine Angst vor anderen. Sie haben dir schon genug Angst gemacht, sie haben dich umgebracht mit der Angst. Sei nicht ängstlich. Erinnere dich sogar mitten auf dem Markt. Ruf dich bei deinem Namen und sag: »Bist du da?« Und dann antworte dir: »Jawohl, ich bin hier.«

Lass die Leute ruhig lachen. Lass dir von niemand etwas vormachen. Das Einzige, was es zu erwerben gilt, ist Bewusstheit – weder Ansehen noch Ehrbarkeit oder Beachtung durch andere. Denn das ist nur einer ihrer Tricks: Mit der Wohlanständigkeit machen sie dich folgsam. Sie sagen: »Wir erweisen dir unseren Respekt, wenn du dich beugst und folgsam bist. Mache dich unsichtbar und folge einfach unseren Regeln, dann wird die Gesellschaft dir große Ehre erweisen.«

Es ist ein gegenseitiges Arrangement. Je mehr du dich abtötest, umso mehr Ehre wird dir von der Gesellschaft zuteil. Je lebendiger du bist, umso mehr Hindernisse wird dir die Gesellschaft in den Weg legen.

Weshalb musste ein Jesus gekreuzigt werden? – Weil er ein lebendiger Mensch war. Vielleicht hat er schon in seiner Kindheit gerufen: »Jesus, lass dir von anderen nichts vormachen.« Und weil sie ihm nichts vormachen konnten, mussten die anderen ihn kreuzigen, denn er spielte ihr Spiel nicht mit.

Ein Sokrates musste vergiftet werden und sterben, ein Mansur musste hingerichtet werden. Das waren Menschen, die aus dem Gefängnis ausgebrochen sind. Ihnen konnte man sagen, was man wollte: Sie waren um keinen Preis zu überreden, wieder zurückzukommen. Sie kehrten nicht mehr in das Gefängnis zurück. Sie haben die Freiheit des weiten Himmels kennengelernt.

Also vergiss nicht: Sei achtsam und wach. Wenn du wach bist, werden deine Handlungen mehr und mehr von Bewusstheit durchdrungen sein. Dann wird nichts, was du tust, aus der Schläfrigkeit kommen. Das ganze Bemühen der Gesellschaft geht dahin, euch zu automatisieren, euch zu Robotern zu machen, euch zu perfekten und effizienten Maschinen zu machen.

Wenn du Autofahren lernst, bist du aufmerksam, aber nicht effizient. Aufmerksamkeit braucht Energie, und du musst dabei auf vieles gleichzeitig achten: die Schaltung, das Lenkrad, die Bremsen, das Gaspedal, die Kupplung. Da ist so vieles auf einmal, auf das du achtgeben musst, dass du nicht effizient sein kannst. Du kannst nicht rasant fahren. Erst mit der Zeit, wenn du geübter bist, musst du nicht mehr so achtsam sein. Dann kannst du ein Liedchen summen oder deinen Gedanken nachgehen oder Probleme lösen, während das Auto von allein fährt. Der Körper funktioniert dann automatisch. Und je automatischer du wirst, umso effizienter.

Die Gesellschaft braucht Effizienz, darum lässt sie euch immer mehr automatisch handeln. Bei allem, was ihr tut, schleichen sich Automatismen ein. Die Gesellschaft kümmert sich nicht um eure Achtsamkeit. Eure Bewusstheit ist der Gesellschaft hinderlich. Ihr sollt immer noch effizienter, noch produktiver werden! Maschinen sind einfach produktiver, als ihr es seid. Die Gesellschaft hat keinen Nutzen von euch als Menschen, sie braucht euch als mechanische Vorrichtungen. Darum macht sie euch effizienter und weniger bewusst. Das bedeutet die Automatisierung. So macht euch die Gesellschaft etwas vor. Ihr erlangt Effizienz, aber eure Seele geht dabei verloren.

Wenn ihr mich richtig versteht, könnt ihr sehen, dass die ganze Bemühung der meditativen Techniken dahin geht, euch zu entautomatisieren. Sie sollen euch wieder achtsam machen, euch wieder zu Menschen machen, nicht zu Maschinen. Anfangs werdet ihr weniger effizient werden, aber das soll euch nicht bekümmern. Am Anfang wird alles etwas durcheinandergeraten. Weil sich vieles bei euch automatisch eingespielt hat, wird am Anfang alles durcheinandergeraten. Ihr werdet nicht mehr so effizient funktionieren können. Es wird euch schwerfallen, weil ihr die unbewusste Effizienz gewöhnt seid. Um eine *bewusste* Effizienz zu erlangen, ist eine längere Bemühung nötig, aber mit der Zeit werdet ihr bewusst *und* effizient sein können.

Wenn es in Zukunft irgendeine Möglichkeit für eine wirklich humane Gesellschaft gibt, wird das Erste, das Grundlegende, was es zu verwirklichen gilt, darin bestehen: Seht zu, dass die Kinder nicht automatisch funktionieren. Auch wenn es etwas länger dauert, um ihnen Effizienz beizubringen: Seht zu, dass sie lernen, mit Bewusstheit effizient zu sein. Macht keine Maschinen aus ihnen. Es wird etwas länger dauern, weil zwei Sachen zugleich gelernt werden müssen: Effizienz *und* Bewusstheit. Eine wirklich menschliche Gesellschaft wird euch Bewusstheit vermitteln, und sei es auf Kosten der Effizienz, aber mit der Zeit wird auch die Effizienz hinzukommen. Wenn ihr bewusst seid, dann seid ihr auch fähig, mit Bewusstheit effizient zu sein.

Meditation ist am Anfang eine Entautomatisierung. Dann werdet ihr mit einer neuen Bewusstheit eure Arbeit tun: Die Effizienz des Körpers bleibt erhalten, aber mit wachem Bewusstsein. Dann wirst du nicht zur Maschine, du bleibst ein Mensch. Wenn du zu einer Maschine wirst, verlierst du alle Menschlichkeit.

Dieser Mönch entautomatisiert sich selbst. Schon morgens ruft er sich selbst und packt sich beim Schopf: »Sei wachsam!«, sagt er, und: »Mach dir nichts vor!«, und dann: »Lass dir von anderen nichts vormachen!« Diese drei Ebenen der Achtsamkeit müssen verwirklicht werden.

Ich habe gehört: Einmal kam ein junger Mann aus einer sehr reichen aristokratischen Familie zu einem Zen-Meister. Er hatte alles kennengelernt, hatte sich jeden Wunsch erfüllt, denn er hatte genug Geld; das war also kein Problem. Aber irgendwann hatte er die Nase voll. Er hatte genug vom Sex, genug von den Frauen, genug vom Wein. Er kam zu dem Zen-Meister und sagte: »Ich habe genug von der Welt. Gibt es für mich eine Chance, transformiert zu werden? Gibt es einen Weg, mich selbst zu erkennen und zu wissen, wer ich bin?«

Dann sagte der junge Mann: »Aber bevor du etwas sagst, will ich dir etwas über mich erzählen. Ich bin sehr unbeständig und kann nichts länger durchhalten. Wenn du mir irgendeine Technik gibst oder mir sagst, dass ich meditieren soll, kann es sein, dass ich es ein paar Tage durchhalte und dann weglaufe, obwohl ich genau weiß, dass nichts auf dieser Welt Sinn macht, obwohl ich weiß, dass dort nur Leiden auf mich wartet und der Tod. Aber so funktioniert mein Verstand. Ich kann an nichts dranbleiben, kann nichts durchziehen. Daran musst du denken, bevor du etwas für mich auswählst.«

Der Meister sagte: »Es wird sehr schwierig sein, wenn du nicht dabeibleiben kannst, denn langes Bemühen wird nötig sein, um all das wieder aufzulösen, was du bisher getan hast. Du musst in die Vergangenheit zurückgehen; eine Regression wird nötig sein. Du musst dich zurückerinnern an den Augenblick deiner Geburt, an die Zeit, als du jung und unschuldig warst. Diese Unschuld musst du wiedergewinnen. Du wirst also nicht nach vorne, sondern zurückgehen müssen, wirst wieder zum Kind werden müssen. Wenn du aber sagst, dass du unbeständig bist und schon nach wenigen Tagen davonlaufen wirst, ist es schwierig. Aber sag mir eines: Warst du jemals an einer Sache so tief interessiert, dass du völlig darin aufgegangen bist?«

Der junge Mann überlegte und sagte dann: »Ja, aber nur beim Schach. Das Schachspielen – das hat mich total interessiert. Ich liebe es, und es ist das Einzige, was mich rettet. Alles andere ist von mir abgefallen, nur Schach ist mir geblieben. Damit kann ich mir irgendwie die Zeit vertreiben.«

Der Meister sagte: »Dann ist etwas möglich. Warte mal.« Er rief seinen Aufwärter und sagte ihm, er solle einen Mönch holen, der seit zwölf Jahren in dem Kloster meditierte, und ihn bitten, ein Schachbrett mitzubringen.

Das Schachbrett wurde gebracht, der Mönch kam. Er hatte ein wenig Ahnung von Schach, aber seit zwölf Jahren hatte er in seiner Zelle meditiert. Er hatte die Welt und das Schachspiel und alles andere vergessen.

Der Meister sagte zu ihm: »Hör zu, Mönch! – Dies wird ein gefährliches Spiel. Wenn dich dieser junge Mann besiegt, dann nehme ich hier dieses Schwert und schneide dir den Kopf ab. Ich würde nicht wollen, dass ein meditativer Mönch, der seit zwölf Jahren meditiert, von einem gewöhnlichen jungen Mann besiegt wird. Aber ich verspreche dir, wenn du von meiner Hand stirbst, kommst du in den höchsten Himmel. Sei also unbesorgt.«

Der junge Mann wurde etwas nervös dabei. Dann wandte sich der Meister zu ihm und sagte: »Sieh mal, du sagst, dass du völlig aufgehst beim Schachspielen. Jetzt sollst du vollkommen darin aufgehen, denn es geht um Leben und Tod. Wenn du besiegt wirst, schneide ich dir den Kopf ab. Aber denke daran: Ich kann dir den Himmel nicht versprechen. Diesem Mann schon, er kommt ohnehin dorthin. Aber dir kann ich keinen Himmel versprechen. Wenn du stirbst, wird die Hölle dein Platz sein – du wirst sofort in die siebente Hölle kommen.«

Einen Augenblick überlegte der junge Mann, ob er sich davonmachen sollte. Dies war ein gefährliches Spiel. Dafür war er nicht hergekommen. Aber dann würde er seine Ehre verlieren und er war ein Samurai, der Sohn eines Kriegers. Nur wegen der Möglichkeit des Todes, wegen seines drohenden Todes zu flüchten, entsprach nicht seinem Wesen. Also sagte er: »In Ordnung.«

Das Spiel begann. Der junge Mann begann zu zittern wie ein Blatt im Sturm; sein ganzer Körper bebte. Er fing an zu schwitzen; der kalte Schweiß trat ihm aus, er schwitzte vom Kopf bis zu den Fußsohlen. Schließlich ging es um Leben und Tod. Das Denken kam zum Stillstand, denn wenn man sich in einer solchen Notlage befindet, kann man es sich nicht leisten, zu denken. Denken ist eine Freizeitunterhaltung. Wenn es keine Probleme gibt, kann man denken. Wenn aber ein reales Problem auftaucht, schweigt das Denken, weil der Verstand dafür Zeit braucht und in einem Notfall keine Zeit zur Verfügung steht. Man muss unmittelbar handeln.

Der Tod rückte jeden Moment näher. Der Mönch machte den ersten Zug. Und er sah dabei so gelassen und ruhig aus, dass der junge Mann dachte: »Also gut, der Tod ist mir gewiss!« Aber als seine Gedanken sich beruhigten, ging er völlig im Augenblick auf. Als die Gedanken sich legten, vergaß er sogar, dass der Tod ihn erwartete – denn auch der Tod ist ein Gedanke. Er vergaß den Tod, er vergaß das Leben, er wurde einfach ein Teil des Spiels, ganz vertieft, vollkommen darin versunken.

Und als nach und nach sein Verstand völlig verschwand, fing er an, immer besser zu spielen. So hatte er noch nie gespielt. Anfangs sah es aus, als würde der Mönch gewinnen, aber innerhalb weniger Minuten war der junge Mann so bei der Sache, dass er glänzende Züge machte und der Mönch allmählich an Boden verlor. Nur dieser Augenblick, nur die Gegenwart existierte. Es gab kein Problem mehr. Der Körper beruhigte sich, das Zittern hörte auf, der Schweiß verdunstete. Er fühlte sich leicht und schwerelos wie eine Feder. Das Schwitzen hatte sogar geholfen. Er wurde schwerelos. Sein ganzer Körper fühlte sich an, als würde er gleich abheben. Das Denken war nicht mehr vorhanden. Seine Wahrnehmung wurde klar, kristallklar; er konnte fünf Züge vorausschauen. Er hatte noch nie so fantastisch gespielt. Die Verteidigung des anderen brach allmählich zusammen. Innerhalb von Minuten würde er besiegt sein. Der Sieg des jungen Mannes war gewiss.

Dann plötzlich, als seine Augen so klar und spiegelgleich waren, als die Wahrnehmung tief und umfassend wurde, betrachtete er den Mönch. Er war so unschuldig! Zwölf Jahre Meditation – er war wie eine Blume geworden. Zwölf Jahre Disziplin – er war absolut rein geworden. Kein Wunsch, kein Gedanke, kein Ziel, kein Motiv existierte mehr in ihm. Er war die reine Unschuld . ... nicht einmal ein Kind ist so unschuldig. Sein schönes Gesicht, seine klaren himmelblauen Augen ... Dieser junge Mann fing an, Mitgefühl für den anderen zu empfinden. Früher oder später würde diesem der Kopf abgeschnitten werden! In dem Augenblick, als der junge Mann dieses Mitgefühl spürte, öffneten sich unbekannte Schleusen und etwas absolut Unbekanntes begann sein Herz zu erfüllen. Er war glückselig. In seinem Inneren begann es Blüten zu regnen. Er fühlte eine solche Seligkeit ... Noch nie hatte er eine solche Seligkeit, eine solche Schönheit, einen solchen Segen erfahren.

Nun fing er an, absichtlich falsche Züge zu machen, denn ihm war der Gedanke gekommen: »Wenn ich getötet werde, ist nichts verloren. Mein Leben hat keinen Wert. Doch wenn dieser Mönch getötet würde, wäre etwas Wunderschönes zerstört. Bei mir, nur dieses sinnlose Dasein ...« Er fing an, bewusst falsche Züge zu machen, um den Mönch gewinnen zu lassen. In diesem Moment warf der Meister den Tisch mit dem Schachbrett um, fing an zu lachen und sagte: »Hier wird niemand besiegt. Ihr habt beide gewonnen.«

Dieser Mönch war bereits im Himmel, er war schon angekommen. Es war unnötig, ihm den Kopf abzuschneiden. Er war überhaupt nicht beunruhigt, als der Meister zu ihm sagte: »Dein Kopf wird abgeschnitten.« Nicht ein einziger Gedanke darüber tauchte in seinem Kopf auf. Er hatte keine Wahl – wenn der Meister sagt, dass es so sein wird, dann ist es in Ordnung. Er sagte Ja dazu, von ganzem Herzen. Deshalb gab es keinen Schweiß, kein Zittern. Er spielte Schach. Der Tod war kein Problem.

Und zu dem jungen Mann sagte der Meister: »Du hast gewonnen. Dein Sieg war größer als der des Mönchs. Jetzt werde ich dich initiieren. Du kannst hierbleiben und du wirst bald erleuchtet sein.«

Die beiden grundlegenden Elemente waren eingetreten: Meditation und Mitgefühl. Buddha hat diese beiden Elemente grundlegend genannt: *Pragya* und *Karuna*, Meditation und Mitgefühl.

Der junge Mann sagte: »Erkläre mir das. Etwas ist geschehen, von dem ich keine Ahnung habe. Ich bin schon transformiert. Ich bin nicht mehr derselbe Mann, der vor ein paar Stunden zu dir gekommen ist. Dieser Mann ist bereits tot. Mit mir ist etwas geschehen – du hast ein Wunder vollbracht!«

Der Meister sagte: »Weil der Tod so unmittelbar drohte, konntest du nicht denken. Die Gedanken hörten auf. Der Tod war so nah, dass das Denken unmöglich wurde. Der Tod war so nah, dass es keinen Abstand mehr zwischen dir und dem Tod gab, doch Gedanken brauchen Raum, sich zu bewegen. Es gab keinen Abstand, darum hörte das Denken auf. Du bist spontan in Meditation gefallen. Aber das genügt nicht, denn diese Art von Meditation, die durch einen Notfall geschieht, geht wieder verloren. Sobald die Notsituation vorüber ist, geht die Meditation verloren. Deshalb konnte ich das Brett in diesem Augenblick nicht umstürzen; ich musste noch warten.«

Wenn sich wirklich Meditation ereignet, aus welchem Grund auch immer, muss das Mitgefühl folgen. Mitgefühl ist die Blüte der Meditation. Wenn das Mitgefühl fehlt, ist etwas mit eurer Meditation schiefgelaufen.

»Dann sah ich dein Gesicht. Du warst so voller Seligkeit, und deine Augen waren die eines Buddhas. Du schautest den Mönch an und du fühltest und dachtest: ›Es ist besser, mich selbst zu opfern als diesen Mönch. Dieser Mönch ist wertvoller als ich.‹«

Das ist Mitgefühl: wenn der andere wertvoller wird als du. Das ist Liebe: wenn du dich für den anderen opfern kannst. Wenn du zum Mittel wirst und der andere zum Zweck: Das ist Liebe. Wenn du aber der Zweck bist und der andere als Mittel dient, ist es Lust. Lust ist immer grausam, und Liebe ist immer mitfühlend.

»Dann sah ich in deinen Augen das Mitgefühl aufsteigen. Du fingst an, falsche Züge zu machen, nur damit du besiegt wirst, damit du getötet wirst und dieser Mönch gerettet wird. In diesem Augenblick musste ich das Brett umwerfen. Du hattest gewonnen. Jetzt kannst du hierbleiben. Ich konnte dir beides zeigen: Meditation und Mitgefühl. Nun folge diesem Pfad, lass beides in dir spontan werden – nicht mehr von der Situation abhängig, nicht von einem Notfall abhängig, sondern als echte Qualität deines Seins.«

Nehmt die Geschichte mit, tragt sie in eurem Herzen. Lasst sie zu eurem Herzschlag werden. Wenn ihr tief in der Meditation verwurzelt seid, wachsen euch Flügel des Mitgefühls. Darum habe ich gesagt, dass ich euch zwei Dinge geben möchte: Wurzeln in der Erde und Flügel im Himmel.

Meditation ist die Erde, das Diesseitige, das Hier und Jetzt. In diesem Augenblick könnt ihr eure Wurzeln ausdehnen. Tut es! Und wenn erst die Wurzeln da sind, können sich eure Flügel in die höchsten Höhen des Himmels aufschwingen. Meditation ist die Erde, Mitgefühl ist der Himmel, und wenn Meditation und Mitgefühl zusammenkommen, ist ein Buddha geboren.

Geht tiefer und tiefer in die Meditation, dann werdet ihr höher und höher im Mitgefühl steigen können. Je tiefer die Wurzeln des Baumes reichen, desto höher ragt sein Wipfel empor. Den Baum könnt ihr sehen, aber nicht die Wurzeln, doch sie sind immer im gleichen Verhältnis. Wenn der Baum hoch in den Himmel ragt, müssen die Wurzeln tief in die Erde reichen. Das Größenverhältnis ist gleich. So tief eure Meditation ist, so tief wird auch euer Mitgefühl sein. Demnach ist Mitgefühl das Kriterium. Wenn ihr glaubt, meditativ zu sein, doch es fehlt das Mitgefühl, dann macht ihr euch etwas vor. Mitgefühl muss sich einstellen, als Erblühen des Baumes. Meditation ist nur ein Mittel zum Mitgefühl. Mitgefühl ist das Ziel.

Bringe dich selbst zu immer mehr Wachheit. Rufe deinen Namen und antworte dir, um mehr Bewusstheit in dir hervorzurufen. Wenn du wirklich bewusst wirst, erlebst du einen enormen Zuwachs an frischer Energie. Dann wird sich Mitgefühl in dir ereignen, und mit dem Mitgefühl kommt die Seligkeit. Mit der Seligkeit kommt die Ekstase. Und mit dem Mitgefühl die Gewissheit.

Noch etwas?

Osho,

zu Beginn des Meditationscamps hast du gesagt, dass nun eine neue Phase deiner Arbeit beginnt. Wir haben das in der Meditation gespürt, aber vor allem hast du die Art verändert, wie du zu uns sprichst. Früher hast du zum Beispiel nie zugegeben, dass du ein erleuchteter Meister bist, und jetzt tust du es. Kannst du uns noch mehr über diese neue Phase deiner Arbeit sagen?

Ich kann immer nur das sagen, was ihr hören könnt. Es hängt von euch ab. Wenn du ein Schüler geworden bist, kann ich problemlos sagen, dass ich ein Meister bin. Wenn du aber kein Schüler bist, wäre es völlig bedeutungslos, dir das zu sagen. Wenn jemand kommt, der bloß neugierig auf mich ist, werde ich ihm das nicht sagen. Es wäre völlig sinnlos; er würde es nicht verstehen. Im Gegenteil, er würde es sogar missverstehen. Nur wenn ihr bereit seid, etwas zu empfangen, kann ich es euch geben. Und jetzt, wo ihr dazu bereit seid, kann ich vieles sagen, was zufälligen oder gelegentlichen Besuchern nicht gesagt werden kann. Sie sind bloß neugierig. Die Neugierde ist oberflächlich. Sie sind nicht gekommen, etwas zu empfangen. Ihr Verstand funktioniert auf sehr kindische Weise: Sie wollen nur alles wissen, aber sie haben nicht die Absicht, sich tiefer einzulassen.

Jetzt kann ich euch vieles sagen, weil ich weiß, dass ihr es nicht missverstehen werdet. Und selbst wenn ihr es nicht versteht, ist zumindest sicher, dass ihr es nicht falsch versteht. Dies wird eine neue Phase, und sie hat schon begonnen. Ich werde nur mit denjenigen arbeiten, die nüchtern sind, die nicht herumalbern. Ich werde nur mit denjenigen arbeiten, die wirklich an dem Punkt sind, dass sie Transformation wollen. Mit wirklich aufrichtigen, authentischen Suchern, die bereit sind, alles zu tun, was ich ihnen sage. Ihnen kann ich sagen: »Ich bin erleuchtet.« Ihnen kann ich sagen: »Ich bin ein Meister.« Ihnen kann ich sagen: »Kommt zu mir und labt euch aus der Quelle, dann wird euer Durst ein für alle Mal gelöscht sein.«

Das kann aber nicht jedem gesagt werden. Es kann nicht jemandem gesagt werden, der nur mal eben hereinschneit, einem Vorübergehenden auf der Straße. Je mehr ihr bereit werdet, umso eher kann ich mich in euch ergießen. Vorher waren eure Gefäße wohl bereit, aber sie standen auf dem Kopf. Selbst wenn ich etwas ausgeschenkt hätte, wäre es verschwendet gewesen. Jetzt sind viele von euch in der Situation, dass eure Gefäße nicht mehr auf dem Kopf stehen; jetzt stehen sie richtig herum. Jetzt kann ich anfangen zu gießen, und ich kann vertrauen, dass ihr es als eine Kostbarkeit empfangen werdet, dass ihr es hüten und bewahren und nur mit aufrichtigen Suchern teilen werdet. Noch viele Geheimnisse werden folgen, aber nur in dem Maße, in dem ihr bereit dafür seid.

Diese Phase, die neue Phase, hat schon begonnen. Ich werde nicht mit der Masse arbeiten und alle diejenigen fallen lassen, die aus anderen Gründen hier herumhängen, aber nicht, weil sie spirituell wachsen wollen. Es gibt die verschiedensten Arten von Leuten hier, und viele sind sich nicht einmal bewusst, warum sie hier herumhängen – aber ich weiß es. Ich werde sie fallen lassen. Eine geringere Zahl wird als Schüler angenommen werden. Und wenn ich euch fallen lasse, werdet ihr nicht einmal auf die Idee kommen, ich könnte euch fallen gelassen haben, denn ihr werdet denken, ihr hättet mich fallen gelassen. Das ist die Art, wie der unwissende Verstand sich stets tröstet. Ich werde jetzt nur noch mit wenigen arbeiten, ein paar Auserwählten. Und während ihr euch bereit macht, kann ich euch noch viel mehr Geheimnisse geben, und es wird leicht für mich sein, zu euch zu sprechen. Ich kann aufrichtig sein, ich muss euch keine Lügen erzählen. Ich werde nicht sagen, was ihr hören wollt, nein. Ich werde sagen, was euch tatsächlich gesagt werden muss. Und wartet nicht auf die Zukunft, denn keiner weiß, was die Zukunft bringt. Jetzt, in diesem Augenblick, öffnet euch, so gut ihr könnt, um mich zu empfangen.

Ich will euch eine Geschichte erzählen: Es geschah einmal dem Oberhaupt der Rothschilds, einer der berühmtesten europäischen Bankerfamilien. Baron Rothschild stand eines Tages in seinem Garten, als ein Mann, der wie ein Bettler oder Hausierer aussah, auf ihn zukam und ihn aufforderte, einen Lotterieschein zu kaufen. Er sagte: »Kommen Sie, versuchen Sie Ihr Glück.«

Der Baron wollte ihn loswerden. Er sagte: »Was soll ich mit einem Lotterieschein? Ich brauche ihn nicht. Ich habe genug.«

Der Bettler sagte: »Niemand hat je genug. Versuchen Sie Ihr Glück. Wer weiß, vielleicht gewinnen Sie!« Nur um den Störenfried loszuwerden, kaufte er den Schein.

Am nächsten Morgen klopfte der Mann wieder an und sagte: »Sehen Sie, Sie haben eine Million Dollar gewonnen!«

Der Baron war sehr erfreut und sagte: »Ich denke, dafür muss ich Sie belohnen.« Dann überlegte der Baron und sagte: »Was wäre Ihnen lieber? Ich kann Ihnen fünfundzwanzigtausend Dollar jetzt gleich geben, oder zehntausend Dollar pro Jahr für den Rest Ihres Lebens.«

Der Mann war nicht älter als dreißig oder fünfunddreißig. Er war vollkommen gesund, würde also noch mindestens dreißig, vierzig Jahre oder länger leben. Vierzig

Jahre lang zehntausend Dollar pro Jahr, das ergibt vierhunderttausend Dollar! – Oder fünfundzwanzigtausend Dollar jetzt gleich! Der Bettler überlegte einen Moment und sagte dann: »Bitte geben Sie mir fünfundzwanzigtausend Dollar jetzt gleich.«

Da war sogar der Baron überrascht. Er sagte: »Überlegen Sie sich gut, was Sie da machen. Ihr ganzes Leben lang, sage ich – zehntausend Dollar pro Jahr!«

Der Mann sagte: »Ich nehme lieber fünfundzwanzigtausend jetzt gleich. Denn wenn ich mir das Glück von Euch Rothschilds so recht betrachte, habe ich keine sechs Monate mehr zu leben, wenn ich das andere Angebot annehme. Wenn ich mir das Glück von Euch Rothschilds betrachte, werde ich keine sechs Monate mehr leben. Also geben Sie es mir lieber jetzt gleich. Der nächste Augenblick ist ungewiss. Beeilen Sie sich!«

Dasselbe sage ich euch auch. Jetzt gleich, in diesem Moment, bin ich hier, jetzt bin ich verfügbar. Wartet nicht auf die Zukunft, denn wer weiß …

Öffne dein Herz, sei empfänglich und lass dich drauf ein. Alles ist möglich. Jetzt gleich, in diesem Augenblick, kann ich dir den Schlüssel geben!

Die neue Phase hat begonnen. Macht euch dafür bereit, denn es geht nicht um mich, es geht um euch. Ihr werdet so viel bekommen, wie ihr empfangen könnt. Eure Fähigkeit zu empfangen ist das Limit. Wenn ihr völlig offen seid, gibt es kein Limit. Der ganze weite Ozean ist bereit, sich in den Tropfen zu ergießen, doch der Tropfen hat Angst und versucht sich zu schützen.

Kabir, einer der größten Mystiker, die je lebten, sagte zwei bedeutsame Sätze. Er sagte: »Am Anfang meiner Gottessuche dachte ich, mein Wassertropfen werde in den Ozean des Göttlichen fallen. Als es aber wirklich geschah, war es genau anders herum: Der Ozean fiel in meinen kleinen Tropfen.«

Es geschieht immer anders herum. Nicht ihr werdet Gott begegnen, sondern Gott wird euch begegnen. Wie könnt ihr ihn suchen? – Ihr wisst ja nicht einmal seinen Aufenthaltsort. Ihr kennt seine Adresse nicht. Er aber sucht ständig nach euch, und sobald ihr bereit seid, wird der Ozean in euch hineinfallen.

Meditation wird euch bereit machen, und Mitgefühl wird euch vollendet machen. Darum nehmt diese beiden Mantras mit: *Pragya*, Meditation, und *Karuna*, Mitgefühl. Lasst dies eure beiden Ziele sein. Lasst euer ganzes Leben sich um Meditation und Mitgefühl drehen, dann werdet ihr bald darauf eingestimmt sein. Und dann kann ich mich in euch ergießen.

Noch etwas?

Osho,

du hast gesagt, Meditation sei ein Erblühen. Der Duft dieser Blüte ist für uns die Dankbarkeit. Gibt es irgendetwas, das wir für dich tun können?

Ja: Meditation, Mitgefühl und Dankbarkeit. – Immer wenn ihr meditativ seid, fühlt ihr euch glückselig. Immer wenn ihr mitfühlend seid, fühlt ihr euch ekstatisch. Und daraus entsteht Dankbarkeit – nicht speziell gegenüber einem bestimmten Menschen. Einfach Dankbarkeit, die in euch emporquillt. Keine Dankbarkeit mir gegenüber oder Jesus oder Zarathustra oder Buddha gegenüber. Schlichte Dankbarkeit. Ihr seid so dankbar für euer bloßes Dasein, euer Lebendigsein und dafür, dass ihr meditativ sein könnt und Mitgefühl empfinden könnt. Ihr fühlt euch einfach dankbar. Diese Dankbarkeit ist nicht an jemand Bestimmten gerichtet; sie richtet sich auf das Ganze.

Wenn ihr euch mir gegenüber dankbar fühlt, kommt diese Dankbarkeit aus dem Verstand. Wenn ihr meditiert und das Mitgefühl in euch erblüht, werdet ihr einfach

Dankbarkeit empfinden, aber nicht mir gegenüber. Dann gibt es kein »Gegenüber«. Ihr seid einfach dankbar für alles. Und erst wenn ihr Dankbarkeit für alles empfindet, ist es auch wirkliche Dankbarkeit mir gegenüber, vorher nicht. Dann ist es eine freie Entscheidung. Dann entscheidet ihr euch für mich. Dann erst wird euer Meister wichtiger als das Ganze.

Aber wie es überall geschieht, fixieren sich die Schüler auf den Meister, und die Meister unterstützen sie darin. Das ist nicht gut, das ist hässlich. Wenn ihr wirklich zum Erblühen kommt, verströmt sich euer Duft nicht an eine bestimmte Person. Wenn ihr wirklich erblüht, strömt euer Duft in sämtliche Richtungen. Er bewegt sich überallhin. Jeder, der in eure Nähe kommt, wird von dem Wohlgeruch berührt und trägt euren Duft weiter. Und wenn niemand vorbeikommt, wird auf diesem stillen, einsamen Pfad euer Duft sich einfach ausbreiten, ohne an jemanden gerichtet zu sein.

Denkt daran: Der Verstand ist immer auf etwas Bestimmtes gerichtet, aber das Sein ist ungerichtet. Der Verstand bewegt sich immer in eine bestimmte Richtung, aber das Sein bewegt sich auf alles zu. Es ist eine nicht zielgerichtete Bewegung. Ein Ziel gibt es immer aufgrund einer Absicht: Ihr bewegt euch in eine bestimmte Richtung, weil ein Wunsch, ein Verlangen da ist. Wenn ihr aber wunschlos seid, könnt ihr euch da auf etwas oder jemanden zubewegen? Da ist Bewegung, aber ohne Absicht. Ihr bewegt euch in alle Richtungen, überfließend. Euer Meister ist dann überall, ich bin dann überall. Und erst wenn ihr an diesen Punkt kommt, seid ihr auch frei vom Meister. Dann seid ihr befreit von allen Beziehungen, befreit von jeglicher Anwesenheit, von allen Bindungen. Und wenn ein Meister euch nicht von sich selbst befreien kann, ist er kein Meister.

Für mich braucht ihr also nichts zu tun. Tut etwas für euch selbst! Meditation und Mitgefühl – das bedeutet, etwas für mich zu tun. Und wenn euer Duft sich verströmen will, ohne dass ein Gedanke darüber auftaucht ... Im Moment seid ihr am Überlegen, und ihr habt das Gefühl: »Was sollen wir tun?« – Das kommt aus dem Verstand. Wie kannst du dich dem Meister erkenntlich zeigen? Er hat so viel für dich getan, was kannst du nun für ihn tun? So redet der Verstand, der in Begriffen von Geben und Nehmen denkt. Nein, der Kopf hat hier nichts zu bestellen. Ihr könnt aber eines für mich tun: Lasst den Verstand fallen. Lasst euer Sein zur Blüte kommen und seinen Duft verströmen. Dann wird das Ganze glücklich sein, auf allen Ebenen, in allen Dimensionen. Dann werdet ihr ein Segen sein, und eure Dankbarkeit wird sich nicht begrenzen, wird sich nicht auf einen Punkt beschränken. Sie wird sich überallhin, in sämtliche Richtungen ausdehnen. Dann habt ihr den Zustand der Andacht, des Gebets verwirklicht. Dankbarkeit an sich ist Gebet.

Wenn du in die Kirche gehst, um zu beten, ist es kein Gebet. Wenn aber aus dem Mitgefühl Dankbarkeit überströmt, wird das ganze Dasein zur Kirche. Was auch immer du dann berührst, wird zum Gebet. Was auch immer du tust, wird andächtig, denn du kannst nicht anders. Wenn du tief verwurzelt und verankert bist in der Meditation und überfließt aus tiefem Mitgefühl, kannst du gar nicht anders sein: Du bist Gebet, du bist Dankbarkeit.

Aber denke daran: Der Verstand ist immer fokussiert; er hat ein Ziel, einen Wunsch, etwas zu erreichen. Das Sein ist unfokussiert; es hat kein Ziel, hat nichts zu erreichen. Das Königreich des Seins ist schon erreicht, der König sitzt schon auf dem Thron. Du bewegst dich, weil Bewegung Leben ist, aber du bewegst dich auf kein Ziel zu. Und wenn es kein Ziel gibt, gibt es auch keine Anspannung. Dann sind alle Bewegungen schön und voller Anmut.

Genug für heute.

Über den Autor

Oshos Lehren lassen sich nicht in ein enges Raster pressen, sie decken alles ab von der individuellen Sinnsuche bis hin zu den drängenden sozialen und politischen Fragen unserer Zeit. Seine Bücher wurden nicht von ihm geschrieben, sondern sind Transkriptionen der Audio- und Videoaufzeichnungen seiner Vorträge, die er im Lauf von 35 Jahren vor einem internationalen Publikum hielt.

Die Londoner *Sunday Times* zählte Osho zu den »1000 Gestaltern des 20. Jahrhunderts«, und der amerikanische Autor Tom Robbins nannte ihn »den gefährlichsten Menschen seit Jesus Christus«.

Osho hat über sich und sein Wirken gesagt, dass er dazu beitrage, die Voraussetzungen für die Geburt eines neuen Menschen zu schaffen. Er hat ihn oft als »Sorbas der Buddha« charakterisiert – ein Mensch, der die irdischen Freuden eines Alexis Sorbas ebenso wie die heitere Stille eines Gautama Buddha genießen kann. Durch alle Aspekte von Oshos Werk zieht sich wie ein roter Faden eine Vision, die die zeitlose Weisheit des Ostens und das höchste Potenzial westlicher Wissenschaft und Technologie vereint.

Bekannt ist Osho auch für seinen revolutionären Beitrag zur Wissenschaft der inneren Transformation. Seine Auffassung von Meditation bezieht das beschleunigte Tempo unseres modernen Lebens mit ein. Daher sind seine einzigartigen »aktiven Meditationen« so gestaltet, dass zuerst der in Körper und Geist angesammelte Stress freigesetzt wird, was es leichter macht, einen gedankenfreien und entspannten Zustand von Meditation zu erfahren.

Von Osho sind zwei autobiografische Werke erhältlich:

Autobiography of a Spiritually Incorrect Mystic.
St. Martins Press, 2000 (dt.: Autobiographie. Ullstein, Berlin 2005)

Glimpses of a Golden Childhood.
The Rebel Publishing House, 1985 (dt.: Goldene Augenblicke. Osho Verlag, Köln 2002; jetzt über Innenwelt Verlag, Köln, zu beziehen)

Die Webseite www.osho.com bietet in mehreren Sprachen einen detaillierten Überblick über Oshos Werk und seine Meditationen.

Osho International Meditation Resort

Das Osho International Meditation Resort ermöglicht die unmittelbare Erfahrung einer neuen Lebensweise, die mehr Achtsamkeit, Entspannung und Freude zum Ziel hat, ist aber auch ein wunderbarer Ort, um einfach nur Urlaub zu machen und auszuspannen. Es liegt in Pune, Indien, etwa 150 km südöstlich von Bombay. Pune, einst Zufluchtsort der Maharadschas und der reichen britischen Kolonialherren vor der Sommerhitze, ist heute eine aufstrebende moderne Großstadt, die mehrere Universitäten und diverse High-Tech-Industrien beherbergt.

Das Resort umfasst rund 15 Hektar Land im üppig grünen Wohnviertel Koregaon Park und bietet den Tausenden von Besuchern, die jedes Jahr aus über 100 Ländern nach Pune kommen, ein umfangreiches und vielseitiges Programm, größtenteils in modernen, klimatisierten Räumlichkeiten. Unterkunftsmöglichkeiten gibt es in zahlreichen nahe gelegenen Hotels und Privatwohnungen sowie in einem neu erstellten luxuriösen Gästehaus im Resort selbst.

Alle Angebote basieren auf Oshos Vision des neuen Menschen, der kreativ und erfolgreich seinen Alltag meistert, sich aber ebenso in Stille und Meditation zu versenken vermag. Neben dem täglichen Meditationsprogramm werden das ganze Jahr über Einzelsitzungen, Gruppenworkshops und Kurse angeboten. Die Themenbereiche reichen von Kunst und Kreativität über ganzheitliche Gesundheit, Beziehungsfragen und esoterisches Wissen bis hin zu persönlicher Transformation und Therapie. Das »Club Med«-Programm – »Med« für Meditation – bietet die Möglichkeit, auf einem liebevoll gestalteten Gelände auf »Zen«-Weise mit verschiedenen Sportarten zu experimentieren und Erholung zu finden.

Im Resort werden in Cafés und Restaurants im Freien sowohl Gerichte der traditionellen indischen Küche als auch eine Vielfalt internationaler Gerichte mit biologisch angebautem Gemüse von der eigenen Farm serviert. Das Resort verfügt zudem über eine eigene Filtrieranlage für sicheres, sauberes Trinkwasser.

Informationen über Anreise und Programme unter:
www.osho.com/resort

www.osho.com
Diese umfassende Website bietet auch in deutscher Sprache eine Onlineführung durch das Meditation Resort in Pune, eine Übersicht über die dort angebotenen Kurse und Seminare, Informationen über Bücher und CDs, die Adressen von Osho-Informationszentren weltweit sowie Auszüge aus Oshos Vorträgen und ein umfassendes Textarchiv.

Osho International
E-Mail: oshointernational@oshointernational.com
Website: www.osho.com/oshointernational

Anmerkungen

1 Das vorliegende Buch enthält Oshos Vorträge anlässlich eines Meditationscamps, das 1974 in Pune, Indien, stattfand.

2 das illusorische Ich als Zentrum der Persönlichkeit im Unterschied zum wahren Selbst

3 In der Folge gibt Osho eingehende Anweisungen zu seinen aktiven Meditationen. Sie gehen auf die unmittelbare Situation des Meditationscamps ein, anlässlich dessen diese Gespräche entstanden. Diese Anweisungen waren für jene gedacht, die damals vor ihm saßen, sind also für einen Leser kaum nachvollziehbar. Darum sind sie hier weggelassen. Leser, die sich für Oshos Meditationstechniken interessieren, seien auf einschlägige Bücher verwiesen.

4 kurze, formelhafte Wortfolge, die oft wiederholend rezitiert (geflüstert, gesprochen oder gesungen) wird

5 Bewusstseinszustand, der über Wachen, Träumen und Tiefschlaf hinausgeht und in dem das diskursive Denken aufhört

6 Das englische Wort *mind* bezeichnet den ganzen Komplex des denkenden, fühlenden, wertenden Bewusstseins. Es beinhaltet demnach weit mehr als die deutschen Begriffe Verstand, Denken oder Intellekt, da es auch das Fühlen und Empfinden mit einbezieht. Je nach Zusammenhang wurde *mind* in diesem Buch mit Verstand, Denken, Geist, Kopf, Hirn, Intellekt, Denkprozess, Gedanken u. a. übersetzt.

7 Schüler von Osho

8 Hindu-Asketen

9 Anhänger des Jainismus

10 Oshos Bezeichnung für Gläubige des Islam

11 »Gesegneter«, »Erhabener« (aus dem Sanskrit); ehrfurchtsvoller Beiname Buddhas und Mahaviras

12 Bhagavad Gita, »Gesang Gottes«, eine der zentralen Schriften des Hinduismus

13 Yoga-Praktizierender

14 expressive, reinigende Phase in der von Osho entwickelten Dynamischen Meditation

15 traditionelle asketische Mönche in Indien, Schüler eines spirituellen Meisters, wörtlich: »einer, der alles von sich abgestreift hat«

16 hinduistischer Philosoph

17 die Quelle des Ganges

18 englisches enzyklopädisches Lexikon

19 Zen-Rätsel, dessen Lösung zur unmittelbaren Erfahrung der Erleuchtung führt, weil die Grenzen des logischen Denkens durchbrochen werden

20 Halskette aus Holzperlen mit Oshos Bild

21 einer der größten Mystiker Indiens

22 indische Provinz, heute Bundesstaat

23 das göttliche Selbst; die kosmische Weltenseele

24 das individuelle Selbst, die unzerstörbare, ewige Essenz des Geistes; die Seele

Allegria

Das Wunschbuch, das zum Herzen führt

SAFI NIDIAYE
Der entscheidende Schritt
Das letzte Geheimnis der Wunscherfüllung
Geb. € [D] 16,95
€ [A] 17,50
sFr 29,90
ISBN 978-3-7934-2178-8

Die Fähigkeit zur Wunscherfüllung tragen wir alle in uns. Nur funktioniert alles ganz andersherum, als man es bisher gehört und gelesen hat. Die Erklärung liegt in dem rätselhaften Spruch aus Safi Nidiayes Channeling Buch *Den Weg des Herzens gehen*: Was du wünschst, musst du sein. Sei – und es wird. Weit mehr als ein weiteres Wunsch-Erfüllungs-Buch, handelt es sich hier um die Entdeckung einer grundlegend neuen Perspektive. Dieser Weg zur Erfüllung ist einfach, es ist nur ein »Wahrnehmen bis auf den Grund« – mit Schritten der körperzentrierten Herzensarbeit.